2018, MEXICO EN LA ENCRUCIJADA

EMETERIO GUEVARA RAMOS

INVIERNO DEL 2017

Emeterio Guevara Ramos

Copyright © 2017 por Emeterio Guevara Ramos

ISBN-13:978-1974004324

ISBN-10:1974004325

This book has been assigned a CreateSpace ISBN.

Todos los derechos reservados. Ninguna parte de este libro puede ser reproducida o trasmitida de cualquier forma o por cualquier medio, electrónico o mecánica, incluyendo fotocopia, grabación, o por cualquier sistema de almacenamiento y recuperación, sin permiso por escrito del propietario del copyright.

Las opiniones expresadas en este trabajo son exclusivas del autor y no reflejan necesariamente las opiniones del editor. La editorial se exime de cualquier responsabilidad derivada de las mismas.

Este libro fue impreso en los Estados Unidos de América

Para pedidos adicionales del libro, por favor contacte con:

Amazon, Barnes and Noble y Createspace.

DEDICATORIA

A los milennials que tienen en sus manos su futuro. Sabemos que tomarán las decisiones adecuadas.

CONTENTS

	Acknowledgments	i
1	Prefacio	1
2	De dónde venimos y a donde vamos	Pg 6
3	El inicio de la industrialización: la década de los cuarenta	Pg #16
4	La economía de México en los 50s	Pg #34
5	1960-70, la década del Nacimiento del México industrial moderno	Pg #44
6	La economía en la década 1970-80	Pg #63
7	La economía en la década 1980	Pg #82
8	El sexenio de Carlos Salinas de Gortari	Pg #126
9	La transición, el gobierno de Vicente Fox	Pg #162
10	El sexenio de Enrique Peña Nieto	Pg #209
11.	Comercio nternacional y desarrollo	Pg #253
12	Trump y México	Pg #280

RECONOCIMIENTOS

A todos aquellos mexicanos que siguen creyendo y luchando por un México mejor.

1 PREFACIO

Este libro es resultado de la inquietud despertada al realizar un trabajo final en 1980 para la clase de maestría "Economic of Less Developed Countries" (economía de los países menos desarrollados) presentada conjuntamente con Juan Carlos Romero Hicks y Humberto de Anda Padilla en el Southern Oregon State College, de Ashland, Oregón, se realizó en inglés lo que constituye el análisis hasta esa fecha. Posteriormente, se hace una ampliación de los apuntes con una extensión original de 55 páginas traducidas al español, que en versiones diferentes, se originaron en 1985 y 1993, para ser utilizados para las clases de Análisis Económico y Planificación Económica en México, impartidas en los postgrados de la Facultad de Contabilidad, la Facultad de Relaciones Industriales y la de Arquitectura.

En el año 2001 se hace una actualización y se siguen utilizando es las mismas materias. Finalmente, en los años de 2007 y 2013 -2014 se agregan los sexenios de Vicente Fox y Felipe calderón respectivamente. El resultado es una mayor extensión y el agregar material sobre los últimos años. Los agregados son analizados de una forma casi idéntica, pero sin la precisión metodológica que implicaron los primeros, debido a que se requería una estructura y una metodología estricta para presentarlos como trabajo final en Estados Unidos, mientras que la segunda parte (1980- 2014) que posibilita una mayor libertad y flexibilidad hasta un punto tal que difícilmente serían identificados como secuencia del desarrollo del trabajo anterior.

El propósito de actualizarlo es debido a que en los últimos años han sido publicados varios trabajos sobre el impacto del modelo neoliberal y los efectos de políticas públicas sobre pobreza, marginación y narcotráfico.

Además, es imprescindible incorporar los acontecimientos más recientes, que han afectado a la economía mexicana.

Esta revisión es importante debido a los acontecimientos que acompañaron la crisis de 1983 a 1988 y la estabilidad en estos años; de la nueva y profunda crisis y devaluación de fines de 1994 agravada en los primeros meses de 1995; del reto de 2008 -2009 con una crisis mundial más profunda y de los resultados de los veinte primeros años del Tratado de Libre Comercio con Canadá y Estados Unidos y sus consecuencias en materia comercial y de inversión externa. A pesar de los pronósticos optimistas de los tecnócratas oficialistas para 2007 y 2008, que aseguran que la crisis ya tocó fondo, la actual problemática es la más difícil que el país haya afrontado en los últimos setenta y cinco años. En 1982 y 1994 teníamos opciones para resolver aquellos problemas, hoy estas son inexistentes. Todas las cartas están puestas en un modelo económico neoliberal donde el TLC es la base, y que no necesariamente será la solución a nuestros problemas, además de las reformas estructurales que si vislumbran una posible salida si se aplican con rapidez. Tenemos que ser rigurosos al analizar las alternativas: sin una base amplia de contribuyentes que nos lleve a una recaudación cercana a 20 puntos del PIB, el país no tiene futuro.

Una de las razones que me impulsaron a emprender este trabajo fue la conveniencia de abordar varias cuestiones que habían sido omitidas en el trabajo anterior o que habían sido tratados en forma ligera. Aquí incluyo, además de las ampliaciones de varios temas no mencionados antes, referentes a los problemas estructurales de la economía mexicana que aún subsisten a pesar de los esfuerzos realizados para eliminarlos.

Sobre estos temas están apareciendo artículos muy rápidamente y el tratamiento que aquí se les otorga probablemente será considerado demasiado sucinto, especialmente dentro de algunos años.

El libro de ajusta bastante bien a la estructura de los apuntes aunque se ha alterado la disposición de algunas estadísticas que se encontrarán en los anexos. La discusión sobre el neoliberalismo ahora ocupa todo un capítulo e incluye parte del material publicado previamente en la revista "Regiones" del Centro de Investigaciones en Ciencias Sociales en la Universidad de Guanajuato.

El lector debe recordar que este libro describe en forma panorámica lo ocurrido en el país en 75 años. He tratado de presentar las ideas principales que aquí se revisan de modo que el lector que quiera profundizar en un tema específico consulte los textos originales para comprender totalmente una época determinada. Pero este libro no debe ser considerado como sustituto de las obras comentadas. Por el contrario, su objetivo es ofrecer al lector una comprensión suficiente de lo que se puede decir de cada tema, de forma que pueda profundizar en aquellos que le parezcan más interesantes. Si el libro consigue sus fines despertará el apetito del lector en medida suficiente para inducirle a que adentre en alguna de las etapas de la historia económica de México.

Con respecto a los lectores especializados en el tema, confiamos en que el libro les ofrezca una perspectiva útil para enmarcar la literatura atingente al tema, y que les dé a conocer algunas ideas y trabajos que desconocían. Sin embargo, no pretendemos haber cubierto toda la literatura relevante.

Aquella de la que nos hemos ocupado inevitablemente reflejará la existencia de prejuicios en la selección que derivan de la "perspectiva" del autor; esta última es, en gran parte, la de un economista, y más concretamente, la de uno que mantiene una considerable deuda intelectual con Keynes y Friedman aunque esto parezca contradictorio.

Por razones pedagógicas he intentado evitar afirmaciones explícitas sobre quién dijo algo por vez primera. Aunque esta práctica hace difícil evaluar cuales han sido las contribuciones seminales al tema, y la importancia relativa de las otras no debe inferirse necesariamente de la forma en que nos referimos a ellas.

Dadas las características de esta obra, el utilizar material que dista en el tiempo a veces hasta cuarenta años, soy consciente de que no siempre algunos de los lectores estarán de acuerdo con mis interpretaciones de tales ideas por lo que el lector debe tener en cuenta esta posible discrepancia.

Por último, deseo expresar mis agradecimientos a todas las personas que de una forma directa o indirecta intervinieron en mi formación económica, especialmente a mis maestros, el Dr. Byron Brown y el Dr. Michael Waigel del Southern Oregon State College. Con ellos tengo una inmensa deuda por el tiempo y el esfuerzo que dedicaron en mi etapa de formación que despertó en mí el interés por la economía. También mi gratitud a John W. Barchfield de quien abrevé de su sabiduría y visión analítica durante 10 largos años de discusiones interminables. Gracias a las diversas personas que contribuyeron con sus críticas a los manuscritos anteriores.

Guanajuato, Gto. Invierno 2017

México 2018, en la encrucijada

2 DE DONDE VENIMOS Y A DONDE VAMOS

1. INTRODUCCION

El escribir un libro sobre cualquier tema implica seleccionar aquellos aspectos particulares que deben ser objeto de énfasis. El presente panorama del análisis del inicio del período de industrialización del país, del de las grandes crisis y de la transformación estructural incluyendo, para terminar, el análisis de los acontecimientos actuales que marcan el derrotero de México al final de la segunda década del tercer milenio, con especial referencia a los problemas y políticas económicas. Me sorprendería bastante si muchos lectores especializados no estuvieran en desacuerdo con los puntos enfatizados que hemos elegido. Sin embargo, puede ser útil en este sentido que explique cuáles han sido mis objetivos. He intentado escribir un libro que esboce las principales características del escenario que México ha recorrido en las últimas siete décadas, y por otra parte que explique los instrumentos de política económica que han sido empleados en cada modelo aplicado en el país. Se trata, por tanto, de un intento de examinar los aspectos económicos y un poco los aspectos sociales. Hemos intentado incorporar los resultados de la investigación empírica reciente allí donde era posible, con el fin de evitar una aproximación al tema fundamentalmente teórica y generalizada. Aislar eventos y sintetizarlos presenta dificultades de diversa índole, por ello trataremos de presentar sólo aquella información relevante para nuestro objetivo.

Asumimos una perspectiva histórica porque el análisis del desarrollo más reciente no explica la génesis de los problemas originados por el modelo de desarrollo "hacia dentro".

Por ello nos planteamos la necesidad de reconstruir a grandes trazos el itinerario histórico del desarrollo de México en una perspectiva de análisis que explique la dinámica peculiar de los cambios clave que han ocurrido en las coyunturas por las cuales ha atravesado el país.

Para ello, se analizan primero los acontecimientos que marcaron la tendencia de la industrialización en México y las políticas que la impulsaron. En seguida, los problemas que se derivan del modelo económico seguido por México. Por último, se incluye un análisis de los eventos más recientes que determinarán lo que la actual administración puede hacer en lo que resta de esta década para proseguir la consolidación o la modificación del modelo económico actual. Al final se encuentran los anexos estadísticos en el cual se fundamentan la mayoría de los argumentos aquí expresados.

EL PLANTEAMIENTO DEL DESARROLLO

El proceso de industrialización de México presenta un carácter sostenido sin serios contratiempos o fracturas desde 1940 hasta 1981. Si bien es cierto que este proceso se caracteriza por períodos más o menos largos e intensos de expansión interrumpidos periódicamente por etapas de desaceleración más o menos profundas y críticas, en cada período surgen actividades dinámicas, se modifica el liderazgo y jerarquía entre distintas ramas industriales y ocurren cambios entre los agentes centrales del proceso; las etapas de agotamiento de la expansión se caracterizan por intentos infructuosos de la política macroeconómica por sostener el ritmo de crecimiento, seguidos por tensiones crecientes en la balanza de pagos y la desaceleración de la inversión y la producción. El período que se analiza abarca desde los años cuarenta hasta nuestros días. Se eligió por ser la época donde se empieza a fincar el desarrollo industrial del México moderno.

Anteriormente a esta fecha durante el sexenio 1934 1940, el Presidente Cárdenas había consolidado en el país el aspecto político; cuando arriba al poder el General Manuel Ávila Camacho en 1940, las estructuras centrales del nuevo sistema habían tomado ya forma y consistencia.

La primera etapa. Al generar el país la infraestructura necesaria para industrializarse y consolidar el crecimiento económico mediante la sustitución de importaciones de bienes de consumo y el incremento de las importaciones en bienes de capital, México aplica innovaciones tecnológicas para llegar a la producción en masa. El impulso a la industrialización fomentada por el Estado y apoyado por grupos de inversionistas nacionales y extranjeros permite al país alcanzar un crecimiento económico extraordinario. Aunque la pérdida del dinamismo del comercio internacional volvía altamente vulnerable la economía del país que exportaba materias primas y productos agrícolas para sostener su desarrollo. Lo que habrá de distinguir al período histórico de 1940 1970 es, por un lado, una notable estabilidad política, y por otro lado, un ritmo veloz de crecimiento y diversificación de la economía. Se conoce como el modelo de desarrollo estabilizador, tiene como característica un crecimiento sostenido de 6.2 por ciento promedios anuales, tasas bajas de inflación y un alto nivel de empleo con salarios bajos, la protección de la industria nacional, el inicio de la intervención del Estado en materia económica y la generación de la problemática social. El crecimiento del país es impresionante, cada década casi duplica su producción, por ello, la producción del país en 1970 es ocho veces más la de 1940, y es de dieciséis para 1980.

Este crecimiento es único en la historia de los países subdesarrollados por lo cual se le asigna el calificativo del milagro mexicano.

Sin embargo, si bien es cierto que el país crece y se industrializa, también lo es que la riqueza no se distribuye llegando a provocar problemas estructurales al coexistir un sector moderno con uno de un atraso ancestral, la riqueza con la pobreza y los altos niveles de bienestar con la secular marginación. Paralelamente, amparados en altos aranceles y por la prohibición de importación de gran cantidad de productos, los empresarios mexicanos se acostumbran a la ausencia de competencia en el mercado interno, la protección a la industria, que se hace para fortalecerla y propiciar su consolidación y desarrollo, produce una "parálisis" o esclerosis en los empresarios porque al tener la protección no se preocupan por mejorar los precios, la calidad y renovar la planta industrial de sus empresas.

Para que hacerlo si tienen un mercado cautivo y sin competencia. La protección del Estado a la industria nacional propicia el logro de las ganancias fáciles a costa de una demanda que no tiene alternativas y debe conformase con lo que ofrece el empresario mexicano. Así mismo, el gobierno propicia que los salarios se mantengan artificialmente bajos para que exista una acumulación de ganancias que, en el largo plazo, permita la reinversión y el crecimiento económico acompañado por la generación de empleos.

Con una baja capacidad adquisitiva las masas se alejan del mercado interno propiciando su depresión. Aunque este problema se ve parcialmente solucionado por el incremento de la capacidad adquisitiva de los sectores medios. Adicionalmente surgen como problemas sociales graves el déficit de vivienda, la cobertura educativa, el acceso de los mexicanos a la salud y la seguridad social y surgen las ciudades perdidas con problemas de equipamiento urbano.

La segunda etapa. Este período abarca desde 1970 hasta 1981, se conoce como el modelo de desarrollo compartido.

Durante su vigencia se da un gran impulso a los programas de bienestar social, el desempleo prácticamente desaparece, el crecimiento del PIB es de 6.5 por ciento en promedio anual, se promueve la inversión en el campo, se incrementan los salarios en términos reales, hay altos niveles de inflación y el estado es el rector de la economía con un gran sector paraestatal. En estas fechas se redefine la misión del Estado y pasamos de un Estado guardián al Estado del bienestar. También concluye la orientación del "desarrollo hacia adentro". Es cierto que este es el periodo dorado para las clases populares que por fin prueban las mieles del desarrollo, después de soportar sobre sus hombros durante cuarenta años la carga del crecimiento del país, pero también se generan problemas derivados del exceso del Estado en su intervención económica que hace que los empresarios se dediquen a especular en lugar de realizar inversión productiva. La intervención gubernamental asfixia a la iniciativa privada distorsionando los mecanismos del mercado.

La urgencia por modernizar la planta industrial del país deriva del agotamiento de un modelo que ya no funciona y es necesario sustituir. Por ello se intentan reformas a fondo en el ámbito económico para enfrentar la ineficiencia, corrupción y despilfarro de recursos que realiza la clase política ansiosa de conservar el privilegio, la arbitrariedad y el paternalismo que la distinguía.

Ante tal tarea y con un contexto internacional desfavorable, el crecimiento económico no es el factor único que debe transformarse sino también el ámbito tecnológico y científico y el sistema político.

La globalización y el incremento en el comercio internacional se presentan como coyuntura. El epílogo de esta transformación nos lleva al colapso financiero y a la peor crisis que el país que el país haya enfrentado en su época moderna.

La tercera etapa. En éste periodo incluyen los años de 1982 a 1989 es de crecimiento cercano a cero y se le conoce como la década perdida. Todos los indicadores económicos se desploman, se detiene el crecimiento, se incrementa el desempleo, aumenta la pobreza extrema, se pierde capacidad adquisitiva del salario, la inversión en infraestructura social se detiene y la inflación se convierte en el peor de los problemas para el país. Se orienta el "desarrollo hacia afuera", hace crisis la deuda externa y se instrumentan los programas de cambio estructural, la redefinición del papel del estado en la economía y el inicio de la desaparición del sector paraestatal. A partir de 1988 se inicia la total aplicación del modelo neoliberal en el que se fincan las esperanzas de la recuperación económica.

La necesidad de estabilizar la economía ante un fuerte choque perjudicial en los términos de intercambio y un elevado servicio de la deuda externa, conduce al estancamiento de la producción y a salarios reales y a un ingreso per cápita cada vez menores.

La ruptura del desarrollo del país propicia que cuatro décadas de crecimiento acelerado se detengan bruscamente al no estar dispuestos ya los acreedores internacionales a financiar la deuda externa de México, que crecía rápidamente. La crisis que sobrevino condujo a una completa revisión y reorientación de la estrategia de desarrollo del país, e inició el proceso de conseguir el equilibrio macroeconómico.

Al mismo tiempo que se abandonó la anterior estrategia de desarrollo dirigido por el Estado, a través de la sustitución de importaciones, se instrumentan las formas macroeconómicas de amplio alcance con el objeto de revitalizar el papel de las fuerzas del mercado y racionalizar la estructura de incentivos económicos. Sin embargo, con la renegociación de la deuda externa y a la austeridad fiscal, la economía comenzó a crecer una vez más en 1989.

La cuarta etapa. A partir de 1989 se inicia la llamada aplicación del modelo neoliberal que ya empieza a delinearse desde 1985, con el supuesto de que nuevamente recuperaríamos la capacidad de crecimiento. Se esperaba crecer a tasas históricas del seis por ciento a partir de 1990. La transformación de México que lo lleva de ser un país predominantemente rural, exportador de productos primarios, a ser la decimotercera potencia económica y una importante nación comercial en el mundo (OCDE, 1992: 13) se ve frustrada ante los acontecimientos económicos de 1994 cuando el ingreso per cápita de México ya es del mismo nivel que el de los países de la Organización de Cooperación y Desarrollo Económicos (OCDE) como Grecia, Portugal y Turquía.

Pese al éxito alcanzado en el control de la crisis de los ochenta, en 1995 el país enfrenta los más graves problemas económicos. Nuevamente la inflación va en aumento; sobrepasa la inflación experimentada por sus principales socios comerciales, amenazando con erosionar la competitividad internacional generada con la devaluación de 1994. El resurgimiento del elevado déficit de la balanza comercial en 1994 sugiere que aún es insuficiente el ahorro interno para financiar el auge de la inversión doméstica. Además, subsisten problemas de pobreza rural, desigual distribución del ingreso y de la riqueza, y precarias condiciones de empleo para una gran parte de la fuerza del trabajo.

Aunque el panorama para 1997 parece más halagador no puede decirse que se haya superado la etapa de grave riesgo. Sin embargo, la economía se estabiliza en sus bases macroeconómicas y vuelve a crecer a los niveles de los años 88-93.

La quinta etapa. El año 2000 termina con un alto crecimiento y se da la alternancia en la Presidencia de la República que pasa a manos del Partido Acción Nacional.

Los resultados económicos son decepcionantes pese al bono democrático y los altos niveles de precios petroleros.

La quinta etapa. En el año 2012 se vuelve a dar la alternancia y regresa el Partido Revolucionario Institucional al poder, es el inicio de transformaciones estructurales nunca antes vistas en el país que se encuentran aún en desarrollo.

3. LA ECONOMIA MEXICANA EN PERSPECTIVA.

La crisis de la deuda de 1982 marcó un decisivo punto de inflexión para la economía mexicana, y se generó un cambio drástico en el enfoque del desarrollo económico por parte del gobierno. Los rasgos sobresalientes de la nueva estrategia fueron la redefinición del papel del estado y la transformación de una economía sumamente regulada y protegida a una economía abierta y orientada hacia el mercado. Corregir las distorsiones y empezar a cosechar frutos de las reformas tardó ocho años.

Para entender porque tomó tanto tiempo regresar al sendero del crecimiento sostenido es necesario recordar que existieron cuatro décadas de políticas comerciales proteccionistas y de creciente intervención gubernamental en la economía (ITAM, 1992: 116-165)

Así se persigue agresivamente la desregulación de los mercados, se promueve el ingreso de capitales extranjeros, se reprivatizan las empresas estatales, se liberaliza el comercio, y se lucha contra la inflación a través de altas tasas de interés real y contracción fiscal. La reprivatización iniciada en 1983 se ha acelerado de tal manera que para 1997 no existirá un sector paraestatal significativo (Griespun, 1993: 13-121). Se piensa que México debe mantener salarios bajos y una fuerza de trabajo flexible para permanecer atractivo para el capital transnacional.

En distintas ocasiones el gobierno ha anunciado planes para cambiar las leyes sobre el trabajo, con la intención de "reescribir" los contratos colectivos de trabajo en esta dirección.

A. HACIA UNA ECONOMIA DE MERCADO.

Una estrategia que se convirtió en una acción gubernamental inmediata a mediados de la década de los 80´s, es la política de apertura económica a través de dos grandes líneas de acción: la liberalización comercial y la desregulación de la inversión extranjera. Para combinar el ajuste de los beneficios de la productividad, se inició una reforma en materia comercial de las más ambiciosas de los últimos tiempos. La cobertura de los permisos de importaciones fue reducida del 92 por ciento en 1985 al 12 por ciento de 1992. Los aranceles promedio se redujeron de 24 al 13 por ciento en el mismo período. Se han reducido los controles a las exportaciones, aun cuando en 1990 todavía cubrían el 17.6 por ciento de la producción. Con respecto a la liberalización de la ley de inversiones extranjeras, desde 1984,

México ha reducido progresivamente los obstáculos existentes con el fin de recoger los beneficios que dicha inversión puede ofrecer.

Derivado de esta liberalización los flujos de capitales extranjeros a México se ha incrementado.

B. EL TRATADO DE LIBRE COMERCIO.

A partir de 1990 México inició las acciones para lograr un Tratado de Libre Comercio con Estados Unidos y Canadá mismo que inicia sus operaciones en enero de 1994. La decisión del gobierno Mexicano se dio principalmente por el proceso acelerado de cambios y transformaciones producto de la globalización, que provoca cada vez más una interdependencia a nivel mundial.

La creación de una zona de libre comercio entre México y sus socios del norte, según sus impulsores, propiciará un aumento en la productividad y la ampliación de los mercados. Lo anterior se ha justificado oficialmente como una consecuencia lógica e inevitable de la integración económica a nivel mundial. El objetivo del gobierno mexicano es lograr que Estados Unidos elimine reglas proteccionistas, ello como parte de una estrategia de crecimiento en materia de inversiones, exportaciones, empleos y salarios. Las metas centradas en el incremento de productividad se asocian con el objetivo de obtener beneficios generalizados para la sociedad mexicana. El Tratado del Libre Comercio con Estados Unidos y Canadá extiende de manera natural el modelo de desarrollo "Hacia afuera" seguido por México durante años recientes.

Las reformas estructurales y las políticas de estabilización constituyen el punto de partida indispensable para esperar los beneficios de eficiencia, bienestar y distribución del ingreso, comúnmente postulados como justificación de un acuerdo comercial de esta naturaleza. En el plano comercial, México requiere de muchos cambios para enfrentar las nuevas condiciones.

Estas exigencias ya han originado profundas transformaciones en la organización de las empresas que necesitan ser eficientes y competitivas, tanto en el mercado nacional como en el mercado internacional, para evitar ser desplazadas por empresas de otros países. Existen en México posiciones extremas frente al TLC que acentúan las ventajas o desventajas posibles de éste mecanismo para la suerte de los trabajadores, los pequeños empresarios, los desempleados y los campesinos del país.

Por un lado se sostiene que, por ser economías complementarias, el

TLC funcionará como detonador del crecimiento, lo que permitiría dar atención a los rezagos sociales más importantes en materia de empleos y salarios. Contra ello se argumenta que los logros favorecerían selectivamente a las grandes empresas y a las transnacionales, situación que no se traduciría en ventajas tangibles para los asalariados.

En los últimos años se han consolidado varios de los cambios orientados a transformar las viejas estructuras de la economía nacional. La reprivatización, el saneamiento de las finanzas públicas y el impulso a la inversión privada interna y externa han provocado la consolidación de la transformación estructural de los orígenes de la inversión, lo que ha devuelto la confianza de los inversionistas tanto nacionales, como de otros países. No obstante los avances alcanzados en estos últimos años, los programas de cambio estructural han sufrido presiones desestabilizadoras, tanto en lo referente a la inflación como en el sector externo.

La nueva estrategia económica no ha sido capaz de resolver las contradicciones de la vieja estrategia orientada "hacia adentro" y dirigida por el Estado, en los que se refiere a desigualdad de los ingresos y pobreza extrema.

Las políticas neoliberales han tenido un gran costo social y económico. El servicio de la deuda requiere una transferencia real del 4.8% del PIB.

El porcentaje de participación de los trabajadores del ingreso nacional ha disminuido del 43% al 23% entre 1980 y 1994. Los salarios reales han disminuido en 56% de su valor de 1980. A partir de 1992 la mitad de la fuerza de trabajo vive en la pobreza (La Botz, 1992: 17-83, Banco de México, 1995: 12-45).

El deterioro de estos indicadores económicos y sociales que año con año se da, en gran parte se debe al modelo de desarrollo adoptado. Este modelo debe ser analizado y cuestionado en su impacto social. Necesitamos economistas con una orientación social y con un pleno dominio de la técnica que sean capaces de conjuntar dos grandes objetivos: el desarrollo económico y el bienestar social.

El Gobierno Mexicano persistentemente ha proclamado que la mejor manera de disminuir la desigualdad económica es creando más y mejores trabajos productivos a través de una orientación internacional de la economía. Sin embargo la promesa de pleno empleo es muy elusiva dado que el desempleo de la fuerza de trabajo es de casi 20 por ciento.

Con la actual orientación, por lo menos en el corto plazo, mejorar los niveles de empleo será difícil. Se reconoce que de 1986 a la fecha 10 mil empresas han cerrado sus puertas, y que otra cantidad similar lo hará en los primeros cinco años de la puesta en operación del TLC, la crisis de 1995 incrementa en 10 mil los números anteriores.

El modelo actual requerirá de personal altamente especializado para enfrentar la competencia en el mercado nacional e internacional, la selección de fuentes de financiamiento, el análisis de los proyectos de inversión y demás actividades relacionadas con el diagnóstico y pronóstico de las tendencias económicas que afecten directamente a las empresas.

En factores como el control de la inflación, la recuperación del crecimiento, el retorno de capitales mexicanos del extranjero y el flujo de inversión extranjera, hemos avanzado positivamente.

En otros como el desequilibrio en la balanza de pagos, desempleo, deterioro del poder adquisitivo, marginación y pobreza, sólo podremos avanzar mediante la consolidación de cambios estructurales que seguramente proseguirán en los últimos años del milenio. Para consolidar este Proyecto de Nación hacia el que nos encaminamos, la preparación de los mexicanos juega un papel determinante. Sin embargo, sólo su formación integral podrá garantizar que este proyecto no intensifique los problemas que desea superar.

3 EL INICIO DE LA INDUSTRIALIZACION: LA DECADA DE LOS CUARENTA

1. INTRODUCCION

La década que abarca de 1940 a 1950 constituye la entrada de México a la etapa de donde la industrialización se convierte en el perno que la política sostenía y desarrollaba. En este periodo se dejan atrás las formas de gobierno caudillista - personalistas que habían constituido la característica del siglo XIX y de las primeras cuatro décadas del siglo XX con gobiernos emanados de "la Revolución Mexicana".

Los gobiernos de Manuel Ávila Camacho (1940-1946) y de Miguel Alemán (1946-1952) se identificaban con esa tendencia modernizadora que se extiende desde la economía hasta la política. Las reformas económicas, políticas y sociales se habían dado ya durante el gobierno de Cárdenas, con la nacionalización del petróleo y los ferrocarriles, ambos plataforma que el régimen de Ávila Camacho aprovecha para estimular el desarrollo de una industria nacional que se ve como el único camino para el mejoramiento global del país.

De la industrialización comenzó a hacerse depender el bienestar de todos los mexicanos; de proyecto para la construcción económica del país pasó a ser, además, condición para la futura realización de las reformas sociales encomendadas por la Revolución al Estado.

El desarrollo de la economía Mexicana a partir de 1940 es un proceso en el cual el país pasa de una economía predominantemente agrícola a una industrial.

Es la historia del desarrollo de una base industrial moderna con todas las consecuencias y características de este tipo de proceso.

Ello incluye la supeditación de la agricultura a la industria, incremento en la urbanización, aumento del sector terciario y la creación de obras de infraestructura necesarias para llevar a cabo esa industrialización.

La modernización política, el impulso a la industrialización y la vinculación política - militar con los estados Unidos son los elementos que unidos nos explican el viraje que México da hacia la derecha. La rectificación de la visión cardenista comprendió la marcha atrás en la política educativa, la sustitución de la dirigencia sindical. El retroceso en el reparto agrario y la aparición de una orientación hacia la redefinición del rumbo de la política y la economía del país.

Las razones inmediatas del crecimiento de la industria mexicana a partir de 1940 las dio en gran parte la Segunda Guerra Mundial. La contienda aumentó la demanda externa de ciertos productos mexicanos, a la vez que eliminó la competencia del exterior en otros campos relacionados con el mercado interno. Por supuesto, este ambiente propicio fue explotado a fondo debido a la confianza del sector empresarial debido a la consolidación política iniciada por Cárdenas.

Esta situación y la capacidad industrial ya instalada pero no empleada permite a la economía mexicana hacer frente al aumento de la demanda.

Las industrias ya establecidas incrementan rápidamente su producción, como ocurre con las industrias del acero, cemento y papel así como la de química que nace y se consolida en éste período. El periodo de 1940 a 1950 estuvo caracterizado por la instauración de una estrategia de desarrollo de largo plazo en torno a la industrialización y en donde el Estado tiene un papel protagónico.

La precariedad del desarrollo industrial y la falta de formación empresarial moderna llevaron al Estado a intervenir en el ámbito económico. Y lo hace incluso en detrimento de otros objetivos sociales, para asegurar la renovación industrial y el crecimiento sostenido.

Desde sus inicios Ávila Camacho buscó un clima de entendimiento con los inversionistas nacionales y extranjeros que propiciara el deseado desarrollo industrial. Se reconoce a la empresa privada como el motor del desarrollo y se promete mantener tranquilo al movimiento obrero y a la izquierda, al mismo tiempo que se desarrolla un esquema de estímulos a la inversión que incluía financiamiento, exenciones fiscales e inversiones directas del Estado en infraestructura para la industria.

La nueva estrategia de desarrollo implicó una transformación en la calidad de la intervención estatal en favor del capital privado en al menos cuatro aspectos:
1. En el sentido estratégico del intervencionismo.
2. En el ritmo de la intervención.
3. En la modificación de la correlación de fuerzas en el interior del Estado.
4. en la relación del Estado con las clases sociales (Cordera, 1979: 119).

Con estos cambios el desarrollo económico adquirió una nueva orientación en donde el sector privado tuvo mayor importancia.

Lo anterior significo no sólo que el Estado ayudara a configurar las condiciones indispensables para asegurar la expansión privada, sino también, que modificara sus relaciones y alianzas con el resto de los agentes sociales sin perder por ello su capacidad rectora (Camacho, 1980:52-53).

Alentadas por la existencia de un amplio mercado para sus productos y por la voluntad industrializadora del gobierno, surgen numerosas empresas pequeñas y medianas.

Al mismo tiempo la inversión extranjera que tradicionalmente se concentraba en la industria extractiva y en los servicios, se desplaza hacia la manufactura para caracterizar el periodo que también se conoce como de "sustitución de importaciones".

A principio de la década de los cuarenta, esta estrategia de desarrollo no contaba aún con un plan detallado. Conforme avanza ese periodo fue imponiéndose una estrategia que en lo político implicó la institucionalización de las relaciones de poder y en lo económico un patrón de desarrollo basado en la sustitución de las importaciones (Blanca Torres, 1979: 282)

La sustitución de importaciones significó un proyecto de desarrollo orientado a impulsar un crecimiento estable basado en impulsos internos a la economía nacional y en una diversificación de la producción industrial que sustituyera paulatinamente las importaciones (Tavares: 32-33). Para ello, el Estado recurrió a una política expansionista que garantizó de inmediato el excesivo aumento de la demanda interna y una tasa de utilidades atractiva para la inversión privada.

En este esquema de desarrollo fue indispensable una definición de las principales funciones y modalidades de participación entre los actores económicos.

Así, al capital privado se le asignan las ramas productivas de bienes de consumo y el Estado se reserva la producción de insumos estratégicos y la infraestructura básica. Para fomentar la industrialización existe la Ley de industrias de Transformación, expedida en 1941, que incluye exenciones fiscales desde cinco hasta diez años al demostrar que entraban en el rubro de "nuevas" o "necesarias".

Las modificaciones posteriores a la ley extendieron los beneficios a plazos más largos. Otro de los elementos de apoyo es la modernización del Banco de México y la ampliación de las funciones de Nacional Financiera, para estimular el crédito y la formación de capitales a través de una política oficial de financiamiento selectivo a empresas industriales y agrícolas.

Con todo lo anterior se consolida la tendencia proteccionista para la producción nacional, si bien en un principio las condiciones económicas producidas por la guerra no hacían urgente una protección excesiva, después de 1946, y lo largo del periodo de Miguel Alemán, se establecen una serie de tarifas arancelarias que buscaban disminuir o evitar definitivamente la competencia desigual que los productos manufacturados en el exterior hacían a los de manufacturación mexicana. Más tarde se establece el sistema de permisos previos de importación que permite el crecimiento de la planta industrial pero que también produce la distorsión de la economía mexicana.

Debido a que la no existir competencia el precio, la calidad y la preocupación por introducir tecnología de punta reducen la competitividad de los productos mexicanos y se convierte desde entonces -y hasta nuestros días - en un problema de difícil solución.

El entorno proteccionista y de apoyos fiscales y crediticios beneficia a la industria manufacturera y le permite crecer a un ritmo de 7.5 por ciento anual durante toda la década.

Parte del éxito en este rubro debe atribuirse a la relativa estabilidad política laboral. Así, mientras la industria crece, el Estado adquiere su carácter de director del proceso económico, al erigirse como promotor del desarrollo industrial, como elemento clave para la conciliación de conflictos obrero – patronales.

También como garante de la inversión extranjera, y aún más, como inversionista en aquellos rubros prioritarios en que la empresa privada no deseaba o no quería arriesgarse.

De esta manera, el gobierno genera una dependencia de la economía de la inversión pública, al ser el promotor de un desarrollo de la industria fuertemente vinculado al Estado. Los antecedentes políticos y económicos de esta década están en las acciones de Cárdenas, quien crea la Confederación Nacional Campesina, lo que constituye un impulso a la organización de este sector (Suarez Gaona, 1987). También se alienta a los obreros a utilizar la huelga como un arma efectiva, creando la Confederación de Trabajadores de México como una forma de disminuir el poder de la CROM.

La expropiación de las compañías petroleras le da el control sobre la economía y así se consolida la estabilidad política y económica de México. Al inicio de la década de los cuarenta con el cambio de Gobierno de Cárdenas, Ávila Camacho asume la presidencia de la República y se beneficia de las condiciones favorables existentes para continuar con el proceso de industrialización mediante la "sustitución de importaciones" e introduce un estilo diferente de gobernar. El gobierno realiza las acciones adecuadas con relativa facilidad y habilidad para consolidar los sectores empresariales nacionales y extranjeros. Las palabras clave son ahora: moderación, estabilización, unidad nacional. Se sostiene que es una política que corresponde a un mundo lleno de conflictos y tensiones.

2. EL SEXENIO DE ÁVILA CAMACHO

El régimen de Ávila Camacho abandona la línea socialista de Cárdenas y canaliza sus recursos en la construcción de una infraestructura que apoye y facilite la tarea de la empresa privada.

Mientras que Cárdenas dedica el 37.6 por ciento del presupuesto federal a actividades destinadas al crecimiento económico, Ávila Camacho aumenta la proporción a 39.2 por ciento.

Por otra parte, el control político sobre las demandas de incrementos salariales en los sectores populares y la continuación del proceso inflacionario acentuado por la demanda producida por la Segunda Guerra Mundial, coadyuva aún más a que los beneficios del crecimiento económico vayan a parar preponderantemente al factor capital, mientras que el poder adquisitivo de los obreros y campesinos se mantuvo estancado y en algunos años del sexenio disminuye.

Ávila Camacho favorecido por la excepcionalidad de la Segunda Guerra Mundial, logra la pacificación política y social del país. Esta situación favorece el sometimiento de las masas obreras y campesinas dando como resultado que el populismo desarrollista, al ser privado de sus bases, ceda ante el empuje industrializador, el cual, a su vez, pasa a depender en mayor o menor grado del Estado.

La solución dada por Ávila Camacho fue impulsar el desarrollo industrial con apoyo de la inversión extranjera dentro de un cierto margen de control estatal. Estas circunstancias influyen para que en México se opere un cambio radical en la orientación de la política económica en comparación con la etapa cardenista. El terreno para el énfasis en el desarrollo económico está ya bien abonado: la reforma agraria había aumentado el nivel de vida de los campesinos, el movimiento, el movimiento obrero había mejorado su poder de compra, la industria estaba siendo protegida (y enfrentaba menos competencia extranjera) y financiada a través de créditos.

Las posibilidades de desarrollar el mercado nacional se habían ampliado, por lo tanto, como nunca. El cierre del mercado internacional también favorece la tendencia hacia un desarrollo interno, entonces se enfoca al desarrollo educativo (Brandenburg, 1964).

Este cambio radical, priorización de la industrialización y descuido del campo, es fruto fundamental de la falta de oposición de los sectores populares. El cardenismo había permitido a las masas mejores niveles de vida, a través de la elevación de sus ingresos. Paradójicamente, esto frena su espíritu de organización y sus líderes empiezan a subordinarse a los intereses del gobierno, quien los controla a través de canonjías y otros estímulos.

Este control llega a ser un hecho consumado con Miguel Alemán, quién usa prácticas represivas contra los obreros y campesinos, además de violar sus derechos eliminando prácticamente la democracia de las organizaciones sindicales.

Dentro de la estrategia de crecimiento, con Ávila Camacho se da un viraje a la inversión en favor de lo económico con menoscabo de lo social (Wilkie: 72).

Dentro de este proceso destaca la diversificación de las entidades públicas hacia el sector industrial.

Es la época en que el gobierno empieza a hacer las primeras inversiones experimentales en empresas manufactureras (Vernon, 1979: 114); de esta forma, el estado se compromete en las características del desarrollo industrial. El proceso de modernización y el crecimiento de las ciudades significan una demanda creciente de servicios básicos, agua, luz, drenaje, infraestructura, etc. que son proporcionadas por el estado en forma insuficiente. La causa principal del aumento del gasto público orientado hacia la industrialización.

Ese es el compromiso del Estado de participar directamente en la ampliación de la planta productiva nacional como exigencia del propio desarrollo económico y de su permanencia en el largo plazo (Torres, 1979: 286)

El nacionalismo impulsado por Cárdenas, con apoyo y en favor de los sectores populares, fue desvirtuado por Ávila Camacho. Con la industrialización y el desarrollo se pretende dar solución a las reivindicaciones populares. Esta fue una situación que gran parte de la industria norteamericana aprovecha, pues las garantías y facilidades que México les ofrece, al encargarse el estado de la infraestructura básica, les asegura las mejores condiciones de mercado.

Las inversiones extranjeras se vuelcan al sector financiero y comercial. La política oficial proporciona condiciones operativas de tipo monopolista y se desvirtúa la pretendida reivindicación de las masas que hasta ese momento se habían sacrificado en aras del progreso de México.

Como resultado de estas acciones la economía nacional se deforma adquiriendo un claro matiz de dependencia externa. Además, se hace muy estrecho el entrelazamiento entre quienes dirigen y gobiernan el estado y los nuevos sectores económicos.

En el ámbito internacional, Ávila Camacho enfrenta dos problemas. El primero, conseguir algún arreglo con las compañías petroleras expropiadas; el segundo, la coordinación de planes para la defensa hemisférica del continente americano.

Después de la expropiación, las compañías petroleras establecen un frente único para tratar con el gobierno de México o para actuar en su contra.

El trato de Cárdenas con la Sinclair Oil Company había ya debilitado la posición de las compañías y mejoraba la imagen de México en el exterior porque mostraba la buena voluntad del gobierno mexicano de compensar a las compañías petroleras.

Durante el sexenio de Ávila Camacho la inversión directa y el control del crédito permiten al Gobierno dirigir el curso del proceso económico. El capital extranjero, entonces su rival más poderoso en relación a la hegemonía económica, ya no tiene el poder abrumador y casi absoluto del pasado. En las primeras cuatro décadas el capital extranjero llega a ser el 50% del total de la inversión en México.

La situación cambia dramáticamente a partir de 1938 con la expropiación petrolera. A partir de entonces el capital externo queda en un segundo plano y desde 1940 hasta 1987 es únicamente entre el 6 y 10% de la inversión extranjera total efectuada en el país.

El gobierno de Ávila Camacho es de transición gracias a su política conservadora y a las condiciones de la época, prepara el camino hacia un estilo diferente en la política postrevolucionaria (Padgett, Wilkie, Vernon). Ávila Camacho afirma que "desde el primer día de mi gobierno proclamé el sincero olvido de agravios políticos" (los presidentes op. cit. vol. IV p. 52)

La guerra le da a Ávila Camacho la oportunidad de romper con las políticas establecidas en el plan sexenal, y comienza a gobernar según su visión y su sentir. La orientación no es ya hacia una clase en particular sino hacia todos los mexicanos.

El concepto del individuo como consumidor aparece, siendo que la "preocupación fundamental...estriba en crear el mayor bienestar posible para cada mexicano, alcanzarlo implica dar existencia en el país a las condiciones que permitan a cada quien satisfacer con holgura sus necesidades por las crecientes facilidades de acceso a la cultura (pág. 183).

De aquí se puede deducir la distancia enorme que existe en el contenido ideológico de Cárdenas y de Ávila Camacho. La lucha de clases ha sido sustituida por la armonía, la conciliación, la justicia social: "hemos procurado activar la obra de habilitación económica y conformación ética que demanda el propósito de sustentar nuestra vida sobre cimientos de inalterable concordia y de positiva justicia social" (p. 266)

La incipiente clase empresarial mexicana se beneficia espectacularmente con las medidas económicas que el Gobierno toma a su favor, y a partir de

1940, a pesar de algunas crisis de confianza en el Gobierno Mexicano por parte de las clases empresariales, la élite política y económica van convergiendo cada vez más en un proyecto común de desarrollo.

Los puntos centrales de este proyecto son los siguientes:

1. Sustituir en lo posible las importaciones de bienes de consumo con producción interna.
2. Lograr un crecimiento de la producción agrícola suficiente para poder exportar y hacer frente al incremento de la población.
3. Hacer crecer la economía a un ritmo mayor que el crecimiento poblacional.
4. Propiciar un alto nivel de inversiones.
5. Incrementar el nivel de vida de la población en general.
6. Mantener el control nacional sobre los recursos básicos y la actividad económica en su conjunto.
7. Canalizar la inversión extranjera hacia las actividades económicas donde los inversionistas mexicanos tenían temor de invertir. Pero siempre manteniendo mayoría de capital mexicano.
8. Desarrollar la infraestructura industrial y agrícola con recursos estables.
9. Proteger a las clases populares de la disminución de su poder de compra.

El gobierno de Ávila Camacho alienta la participación de las organizaciones empresariales en la definición del proyecto de desarrollo, esta participación se da a través CANACINTRA con la concertación o alianza del sector empresarial con el Estado y con la clase obrera organizada con un proyecto que incluye los siguientes puntos:

1. Intervención del Estado para planear, promover y dirigir el desarrollo económico; 2. Protección a la industria nacional contra los productos importados y, por ende, derogación del tratado comercial con Estados Unidos en 1942, que favorece las importaciones; 3. Limitación del capital extranjero invertido en la industria; 4. Expansión del mercado interno; 5. Reconocimiento a la legitimidad del movimiento obrero oficial; y 6. Continuación del reparto agrario.

Esta propuesta se instrumenta y produce una división entre los empresarios afiliados a la Coparmex que propugnaban su adhesión al liberalismo económico y se oponían al a intervención excesiva del Estado en la economía nacional. Como la transformación y modernización del país demanda de una política de financiamiento de largo plazo con altos niveles de capital y baja rentabilidad, estos financiamientos los otorga el Estado por no ser redituables para los bancos privados.

La institución responsable del financiamiento de la industrialización es Nacional Financiera (Ayala, 1988: 249). Esta es la institución más importante en los años cuarenta de financiamiento de la industrialización.

Así, la responsabilidad del desarrollo recae en el Gobierno y en la iniciativa privada nacional. Los enclaves dominados por el capitalismo foráneo pierden importancia por las medidas del Gobierno Mexicano.

Ávila Camacho entiende como una necesidad mantener la democracia, entendida ésta en el sentido de cumplir con los postulados de la revolución mexicana, pero con una orientación centrista. Doctrinalmente se opone a cualquiera de los dos extremos: socialismo y capitalismo despiadado. Por ello es fácil entender el giro dado a su política alejándose de la orientación "socialista" de Cárdenas.

3. EL SEXENIO DE MIGUEL ALEMAN

En 1946 es Presidente de la República el Lic. Miguel Alemán primer civil que ocupa el cargo después de la revolución. Es época de reajustes y proseguir el fomento de la industrialización: el país pasa por una etapa de reducción en su actividad económica como consecuencia del fin de la Segunda Guerra Mundial.

Es en este sexenio cuando el éxodo de los habitantes del campo a las ciudades empieza a ser considerable y a provocar problemas de ocupación; así mismo, la salida de trabajadores a los Estados Unidos aumenta a ritmo acelerado.

México sale de la euforia de la guerra. Con esta había acumulado un poder de compra que se canaliza hacia el establecimiento de las condiciones propicias para la inversión. Alemán al tomar posesión cuanta con reservas acumuladas que pueden orientarse hacia el fomento de la industrialización. Se abren todavía más, de par en par, las puertas al capital extranjero. La reforma agraria se frena fuertemente. El cambio también es cualitativo: se impulsa al pequeño propietario para oponerlo al ejido; la infraestructura de irrigación favorece a la propiedad privada, se protege al latifundio, los salarios se mantienen deliberadamente bajos para permitir la acumulación de utilidades que propicien la reinversión (Wilkie, 1967, p. 88)

Miguel Alemán consolida el cambio de rumbo hacia la industrialización y convierte a esta en la palabra mágica que abriría a México la entrada a un futuro moderno y próspero.

Alemán llama a la "unidad nacional"(González, 1967 Vol. IV: 512) y toma el concepto de mexicanidad como justificación y legitimación de su política económica, por cierto, política mucho más lejana a la de Cárdenas que la de Ávila Camacho.

El trabajar y crear riqueza con nuestro esfuerzo es el signo de la mexicanidad, que identifica nuestro progreso y será lo único que nos dé abundancia, creándose así una economía fuerte y conveniente para la nación al hacer más productivos los campos e intensificando el proceso de industrialización. Alemán justifica su descuido del pequeño propietario y del campo.

Lo hace diciendo que "no es el destino de nuestro país dedicarse sólo a la agricultura". La industria no es ya un complemento como con Ávila Camacho sino el fin último (González, 1967: IV, 509). Las medidas y los programas sociales desaparecen de la política de Miguel Alemán, pareciera más que es un economista de empresa y no un abogado al servicio de la nación. México según Alemán, no evidencia una posición internacional centrista como sostenía Ávila Camacho, sino que México compartía convicciones democráticas y de respeto a la legalidad.

El proceso de modernización económica que ocurre en esta década se da al mismo tiempo que surgen nuevas fuerzas sociales; cambios en las viejas alianzas, nuevas expectativas y un contexto nacional e internacional que pone a prueba el viejo discurso de la justicia social que postula la revolución mexicana.

La estrategia de desarrollo requiere una redefinición de los acuerdos suficientes que impidan la ruptura del pacto social y, al mismo tiempo, se modernice. Se establece una nueva relación con los empresarios (Blanca Torres, 1979: 279). Se pretende que el empresario contribuya al bienestar social colectivo, al generar empleos y riqueza (Medina, 1979: 37).

El apoyo de Alemán a los empresarios se institucionalizan mecanismos precisos para el otorgamiento de amplia protección aduanera a las manufacturas nacionales, se devalúa el peso para limitar las importaciones y se sigue una política suavemente antiinflacionaria que reduce la capacidad adquisitiva de amplios sectores de la población y con ello el mercado interno pero que produce una más rápida acumulación del capital. Al mismo tiempo que se apoyaba al capital nacional, se abren las puertas al capital extranjero considerado un elemento vital para dinamizar la economía nacional y para aliviar la presión de una balanza deficitariamente crónica a partir de 1946.

México se convierte en el paraíso de la inversión extranjera por el prestigio de su estabilidad política y de las grandes oportunidades que ofrece un país que se convierte en una de las economías más sólidas de los países en vías de desarrollo en el mundo.

Con Alemán el Estado se convierte en el motor de la industrialización del país. La mitad del gasto público se invierte en infraestructura de transporte y carreteras y una cuarta parte en petróleo, electricidad y en la creación de empresas de apoyo.

Consecuentemente, ocurre una reducción proporcional en el gasto dedicado a la educación, salud, servicios urbanos, aspectos que son pospuestos en aras de la entrada a la modernización industrial.

La culminación del cambio en la relación entre el Estado y los trabajadores se concreta en un control más estricto del movimiento obrero y la expulsión de la izquierda de las organizaciones.

4. LA ECONOMIA MEXICANA EN LA DECADA DE LOS 40's

El modelo de desarrollo mexicano durante la década 1940 1950 depende en gran parte del desarrollo de la agricultura, la canalización de grandes recursos oficiales y privados para consolidarla trae consigo la multiplicación de obras de irrigación favoreciendo al pequeño propietario sobre el ejidatario, en parte por considerar a este último menos productivo. Todo ello para consolidar la industrialización del país que se convierte en el objetivo primario y fundamental.

Es obvio que sin una agricultura dinámica, la industrialización no puede mantenerse. De 1943 hasta 1950 la proporción del presupuesto federal gastada en mejoras a la agricultura y proyectos de irrigación, fue entre 8% y 10% del total. Los gobiernos posteriores olvidaron definitivamente la visión Cardenista de construir una sociedad agraria con una base industrial pequeña que sirviera a sus necesidades y emerge el modelo mexicano; una sociedad urbana centrada en la gran industria y apoyada en la agricultura.

A partir de 1940 el crecimiento económico sostenido crea una atmósfera de optimismo y casi de euforia que vacila ante ciertos problemas, uno de los más inmediatos fue la balanza de pagos.

Las importaciones crecen más rápidamente que las exportaciones. En 1948 se devalúa el peso mexicano de $ 4.85 a $6.88 pesos por dólar. En 1940 se devalúa nuevamente y la tasa se fija en $ 8.65 pesos por dólar. A partir de 1947 la demanda de importaciones continúa creciendo a un ritmo aún más acelerado. Se descubre que el talón de Aquiles de la economía es el sector externo.

Para ese momento, México cuenta con un aparato técnico y burocrático capaz de formular e implementar políticas crediticias fiscales y monetarias que aceleran los procesos de desarrollo. Esto se hace a través de toda una red de bancos e instituciones de crédito oficial y privadas que captan recursos y distribuyen el crédito a las diferentes ramas de la economía. Dentro de este complejo financiero destacaron dos instituciones: El Banco de México (el Banco Central), y Nacional Financiera. Esta última se convierte en la agencia de desarrollo más importante del Gobierno. Las instituciones de la Banca privada tuvieron que obedecer a la política dictada por estas instituciones que fueron cuantitativas al inicio para más tarde llegar a ser cualitativas.

El modelo de desarrollo mexicano va a estructurarse atendiendo sobre todo a las fuerzas del mercado (oferta y demanda). No incluye la planificación y por consecuencia la coordinación de actividades. Generalmente la planificación es sólo sectorial o parcial, pero nunca global. Es hasta 1958 cuando se crea la Secretaría de la Presidencia en un esfuerzo de vigilar, encauzar y centralizar la acción económica oficial.

5. EL FORTALECIMIENTO DE LA INDUSTRIA

La evolución económica del país en esta década se caracteriza por el crecimiento rápido del producto interno bruto. Basado en la ampliación del mercado interior y por la modernización vinculada al avance industrial, el crecimiento se eleva hasta el 6 por ciento promedio anual.

El dinamismo económico se expresa en todos los sectores, a excepción de la industria extractiva. El proceso de modernización influye en la evolución sectorial de la economía. La migración del campo a la ciudad produce una demanda adicional de bienes y servicios básicos y de servicios de vivienda que estimula la producción nacional.

Esta ampliación del mercado fue satisfecha por empresas pequeñas y medianas (Cordera y Ruiz: 23). El incremento de las manufacturas en las exportaciones es notable pasando del 3 por ciento en 1940 al 30 por ciento en 1945 (Reynolds, 1973:245). La industrialización ocupa un lugar preponderante en la política, pues se plantea como la única respuesta posible y duradera frente a las vicisitudes del resto de la economía donde la minería atraviesa por una crisis y disminuye la producción minera en general y el uranio y otros metales radioactivos son incorporados a las reservas nacionales.

En 1941 los ferrocarriles vuelven al control directo del gobierno que promete respetar las conquistas obreras; a los dos años inicia su reconstrucción y reorganización. A mediados de 1944 empiezan a funcionar las primeras máquinas de motores diésel en el país. El estado adquiere totalmente el ferrocarril Mexicano. En este año hay una notable repatriación de fondos mexicanos procedentes del extranjero (Estados Unidos); el peso se revalúa de 6 por dólar a 4.85, cantidad en la que se fija su paridad. En 1943 se elevan los impuestos; la inmigración de capitales tiene consecuencias inflacionarias; el banco central en un intento para absorber excedentes monetarios y controlar la inflación vende centenarios a 4.10 por cada peso oro y acuña metal amarillo.

A partir de 1948 las plantas recién establecidas buscan una reducción en los aranceles aduaneros con el fin de ensanchar sus actividades.

Ante la baja actividad en la construcción las cementeras se enfrentaron a condiciones adversas provocadas por la sobreproducción. En 1949 la industria textil atraviesa por una crisis y se inician los debates en torno a su modernización.

En este año el presidente Alemán propone tomar las medidas técnicas sugeridas por la experiencia monetaria a fin de devolver el peso su estabilidad, sobre bases sólidas. Al principio el tipo de peso jugará según la presión de la demanda y la oferta. Poco a poco el banco central, irá fijándolo en el punto en el que "la naturaleza de las cosas " lo coloque. Como política de apoyo, el gobierno equilibra su presupuesto de gastos ajustándolo al de ingresos. Limita los gastos destinados a las obras públicas y no aumenta la deuda interior. El turismo se vuelve la actividad económica por excelencia y se hacen campañas invitando a los extranjeros a conocer los principales centros de atracción.

El comercio exterior es motivo de preocupación, porque sigue el Déficit en la Balanza Comercial.

Entre 1946 y 1952 "una serie de factores propiciaron, directa o indirectamente, el desarrollo del país. Entre ellos puede citarse: la nueva situación política, que favoreció las inversiones públicas en agricultura y además vigorizó el comercio interno de productos agrícolas. La expansión de las redes de transportes y de la infraestructura en general que facilitó la apertura de las nuevas tierras y permitió el mejor acceso a los mercados y el crecimiento de los mismos. Además, las inversiones en capital humano que después hicieron posible la adopción y adaptación del cambio tecnológico en el sector agrícola.

La reforma agraria propició que a través del reparto de tierras se llevara a cabo una política de redistribución del ingreso. La existencia de un mercado mundial en expansión, estimuló la producción de bienes agrícolas para fines industriales orientados básicamente hacia el mercado externo, con lo cual se creó un vigoroso sector de exportación que proporcionó las divisas necesarias para el financiamiento del desarrollo del país".

La modernización económica se expresa también en un desempeño favorable de las relaciones comerciales externas que facilitan durante algunos años un crecimiento económico acelerado. Sin embargo, al final de los conflictos bélicos, las necesidades de renovación de la planta productiva nacional influyen en el aumento de las importaciones y disminuyen las exportaciones. La balanza comercial se convierte nuevamente deficitaria, provocando fluctuaciones bruscas en las reservas internacionales conduciendo a devaluaciones sucesivas del tipo de cambio e incluso a las restricciones externas al crecimiento (Ayala, 1988: 256)

La sustitución de importaciones se orienta a los bienes de consumo; sin embargo se incrementan las importaciones de bienes de capital e insumos estratégicos que se traducen en un déficit crónico de la balanza comercial industrial. Esta situación se sostiene principalmente por la entrada de inversión extranjera directa.

En resumen el sistema económico adquiere, en el sector agropecuario y en el industrial, una mayor flexibilidad productiva, que después pierde.

Todo esto se conjuga con el uso más amplio de créditos del exterior ya que a nivel de la deuda externa era bastante baja en esas fechas. Al aumentar el endeudamiento e incrementar las importaciones y la oferta total, sin que se produjeran trastornos mayores a pesar del aumento de la inversión pública.

6. EL SECTOR EXTERNO EN LA DECADA DE LOS 40's

El sector externo durante esta década muestra una firme tendencia al alza, acentuada indudablemente por los factores de una naturaleza internacional. Sin embargo, a partir de 1947 existe una tendencia hacia la reducción de las exportaciones tendiendo hacia una balanza comercial desfavorable.

México es un país cuya economía se estructura en función de su comercio exterior, la prosperidad interna puede medirse con apreciable precisión por el crecimiento de sus exportaciones, pero esto es un aspecto del mecanismo del comercio exterior. Las importaciones han crecido superando las exportaciones y a partir de 1947 conducen al déficit comercial y, después de este año, la balanza comercial presenta un continuo saldo desfavorable.

La balanza desfavorable se explica no solamente por el mayor aumento relativo del precio unitario de los artículos importados por México, frente a los que exporta; sino también por el mayor tonelaje de compras (Ayala, 1988: 255-256). El aumento de las importaciones es el fruto de la demanda acumulada durante los años de la Segunda Guerra Mundial, época en la que nuestro país no pudo satisfacer las necesidades de su consumo y menos aún las de su industria de transformación, cuyas necesidades fueron difiriéndose para ser atendidas en la postguerra.

Al mismo tiempo, el cambio que venía operándose en el país hacia el objetivo de la industrialización propicia que el valor de los equipos, refacciones y partes sueltas sean notablemente superior al de los productos de consumo inmediato.

México efectúa importantes negocios con algunas naciones Europeas, la guerra modifica ésta situación principalmente en nuestras importaciones, ya que no es posible sustituir fácilmente el destino del gran número de nuestros productos.

Durante la Segunda Guerra Mundial nuestro comercio exterior total con toda Europa desciende hasta ser solamente 3.5 por ciento del total de nuestras exportaciones. México encuentra en los países Latinoamericanos mercados para sus productos, sin embargo, el grueso de nuestro comercio exterior se canaliza hacia Estados Unidos.

En el período 1940- 48, el comercio exterior de México experimenta un cambio fundamental en su composición, debido a la intensificación de artículos manufacturados del grupo "Productos Industriales" de nuestra clasificación arancelaria que comprende productos industriales, productos semielaborados y productos de la industria metalúrgica y de orfebrería.

Por primera vez en su historia, nuestro país tiene una elevada participación de productos y artículos industriales en su comercio de exportación. Los casos más importantes comprenden: La industria de tejido de algodón; su crecimiento en cantidad y valor aparece en toda su importancia desde 1942 y se mantiene con un incremento constante hasta 1946 (Ayala, 1988: 251-254). En el renglón de las importaciones, en el período 1940 48, se hicieron notables modificaciones en la participación de los diversos grupos arancelarios que en modificaron la forma tradicional de nuestras compras en el exterior.

El grupo de máquinas, aparatos y herramienta, bienes de capital esenciales para la industrialización tiene un crecimiento continuo produciendo importantes efectos en la economía de México.

En 1950, cuando desaparecen las restricciones de guerra y Estados Unidos está en condiciones de atender la demanda de los importadores de bienes de capital su participación aumenta hasta el 21.3% respecto al total de la importación.

Es la industria agrícola la que registra las cifras más altas de importación; su fuerte tendencia hacia la mecanización, el empleo de máquinas para las tareas de cultivo y la dotación de energía eléctrica a las granjas y ejidos, se traduce en un incremento de la importación total para la agricultura en arados, maquinaria agrícola en general, tractores, aparatos, refacciones, herramientas, etc.

En la industria textil la importación de equipos y maquinaria, con sus accesorios se eleva durante el período. En la industria del transporte automotor se registra también incremento en la importación de bienes de capital. En tanto que el sistema ferroviario importa material fijo, rodante, refacciones y carros de ferrocarril y plataformas.

La industria de armado de automóviles de pasajes y carga hace compras al exterior de éstos, las tres cuartas partes fueron realizadas en los años 1945 a 1948. La política de subsidios del Gobierno Federal se refleja en el incremento del valor total de las importaciones de productos vegetales (trigo, harina de trigo, maíz y azúcar) y animales (manteca de cerdo, huevos y leche). A pesar de los avances hasta aquí registrados en materia industrial México observa un predominio en la exportación de productos agrícolas y minerales y la importación se canaliza hacia los bienes manufacturados.

7. EL MILAGRO MEXICANO

La política industrial seguida durante la década de los cuarenta inicia una etapa de crecimiento acelerado de la economía que se prolonga hasta 1981.

Del exterior esta etapa recibe el nombre del "milagro mexicano". El crecimiento del país es de los más altos y sostenidos por mayor tiempo en el mundo lo cual coloca a México entre una de las economías más grandes del mundo.

El desarrollo industrial trajo consigo un enorme cambio en la composición social del país. En la medida en que aumenta la población empleada en la industria y los servicios, aumentan las migraciones del campo hacia los centros urbanos en donde se concentran las plantas industriales con el consiguiente crecimiento exagerado de las ciudades y la destrucción de la vida rural. El país empieza adquirir una imagen urbana. El ejido deja ser considerado como fundamento del proceso agrícola del país y se le da importancia a la pequeña propiedad que encubre el latifundio.

Así, el crecimiento de la economía, la industrialización y la urbanización del país no significaron mejores niveles de bienestar para las mayorías, al contrario, la concentración de los ingresos y la perdida de la capacidad adquisitiva van configurando la separación entre los que tienen mucho y aquellos que nada tienen.

Además, como la inversión pública se canaliza hacia la industrialización del país, surgen los problemas sociales que se agravan año con año: educación, salud, vivienda y equipamiento urbano.

Estos se convierten en el reto ya que hay que proporcionárselos a una población creciente. Estos serán los grandes retos en la nueva orientación de la economía en su rumbo hacia la industrialización.

4 LA ECONOMIA MEXICANA EN LA DECADA DE LOS 1950'S

1. INTRODUCCION

El impulso de México a la industrialización creciente de los cuarenta es la base para acelerar el crecimiento en los cincuenta. En esta década al no tener un absoluto control sobre la inflación y el desequilibrio externo se ahondan los desequilibrios estructurales y los problemas sociales se agravan, aun cuando el crecimiento económico sigue siendo de los más altos. La concentración de los ingresos empieza a ser preocupante, el aparato productivo sigue dependiendo de la inversión y el subsidio público, la generación de tecnología se estanca y la inversión extranjera se detiene. Todo lo anterior es el resultado de una política tendiente a favorecer a los grupos que tienen el poder económico y financiero con la idea de que en el largo plazo las clases populares se verán beneficiadas.

En este período la sociedad mexicana empieza a polarizarse para constituir dos Méxicos diferentes. Uno el de los altos ingresos que cada día se va pareciendo a las clases sociales medias y altas de los países en desarrollo, con una alta capacidad de compra y un alto nivel de bienestar. El otro, constituido por las clases marginadas, predominantemente rural, marginados completamente de la riqueza que en el país se genera y entrando a un círculo vicioso de pobreza, sin acceso a la vivienda, la educación, la salud y, muchas veces, sin trabajo formal.

Por el lado de la industria, existen varias ramas, la textil, la de piel, la agroindustria, la petroquímica y la de alimentos que se consolidan y dan un fuerte impulso a los centros urbanos durante esta década. La pequeña y mediana industria generadora de la mayor cantidad de los empleos da paso a la gran industria que se concentra en procesos intensivos de capital. Con ello, el país va adquiriendo los signos de la modernidad industrial, y los centros urbanos empiezan a ser el refugio de los campesinos desplazados de sus comunidades rurales por la destrucción de la vida rural vía la tecnificación del campo y por el atractivo de las luces de la gran ciudad.

Con la consolidación del proceso industrial del país, ya al iniciar la década de los cincuenta, la industria manufacturera genera cerca del veinte por ciento de la producción total y ocupa el 14 por ciento de la fuerza de trabajo, con una estructura productiva dominada por la industria de bienes de consumo generalizado y bienes intermedios necesarios para su producción, que en conjunto representan más del 70 por ciento del valor de la producción manufacturera y aproximadamente el 80 por ciento de las exportaciones de manufacturas. A esta situación se llega después de un largo proceso de sustitución de importaciones y la expansión de exportaciones de bienes de consumo e intermedios que, en buena parte, fue impuesto por las condiciones generadas por la Segunda Guerra Mundial.

Entre los agentes sociales que impulsaron este proceso pueden distinguirse varios grupos. Por un lado podemos identificar una fracción de propietarios industriales asociados a las industrias textil, calzado, jabón, alimentos, bebidas, tabaco y siderúrgica con fuertes lazos con el capital bancario y comercial local. Por otro lado, un nuevo grupo de empresarios que se oponen a la inversión extranjera y que son partidarios de la inversión del Estado en materia de promoción y protección industrial.

Este grupo impulsa la industria química, los productos metálicos y la industria del hule donde el capital extranjero vendrá precisamente a ocupar un papel importante además de la rama de la producción agrícola.

El Estado se inclina decididamente en favor de una política de industrialización cuyos rasgos son los siguientes:

a) Una política de protección industrial a través de la introducción del sistema de permisos previos a la importación y del sistema de exención fiscal.

b) La intervención directa en la producción manufacturera en algunas ramas como la siderúrgica, fertilizantes y papel.

c) El financiamiento de largo plazo de la inversión industrial a través del aparato financiero público en donde el papel más activo lo ocupaba Nacional Financiera; y,

d) Una política de apertura del sector manufacturero hacia la inversión extranjera que terminaba de inclinar la balanza entre el "nuevo grupo" y el resto de los propietarios industriales, comerciales y bancarios.

Durante la década de los cincuenta, México toma en cuenta las experiencias de otros países en lo que se refiere a la sustitución de importaciones.

Por una parte, el programa orientado a la sustitución de bienes de consumo no da los resultados esperados y aumenta la dependencia del exterior. Por otra parte, el orientado a la producción de bienes intermedios y de inversión, adoptado por Brasil que provoca el desequilibrio y ambos conducen a problemas en la balanza de pagos.

Basado en estas experiencias México consolida lo que se llama el modelo mexicano de sustitución de importaciones, que es una posición intermedia combinando las ventajas de ambos tipos.

A pesar de los problemas que implica este modelo, y los que plantea el desarrollo industrial el alto nivel de protección arancelaria y las restricciones cuantitativas, así como una industria que tomaba carices monopólicos y en algunos casos con capacidad industrial no utilizada, el hecho es que el desarrollo industrial mexicano se orienta a fortalecer la producción de bienes intermedios y de capital, y no se acentúa la rigidez y dependencia con el exterior. A la vez el turismo, la agricultura, las inversiones extranjeras y los créditos del exterior facilitaron el incremento casi continuo en la capacidad para importar los bienes básicos que requiere el país para sostener su proceso de crecimiento.

El gobierno mexicano utiliza diversos métodos de apoyo al desarrollo industrial. Estos se pueden clasificar en tres grupos principales de políticas:

1. Políticas de asignación de recursos.
2. Políticas impositivas.
3. Políticas comerciales.

La política de asignación de recursos se lleva a cabo en dos formas: la canalización de recursos a empresas industriales y la creación de una infraestructura de apoyo al desarrollo industrial. La política impositiva, en su aspecto de promoción industrial consiste en exención fiscal, que en algunas industrias alcanza el 40%. El instrumentador de los mecanismos estabilizadores de política monetaria, mediante el control que ejerce a través del encaje legal es el Banco de México.

Otro aspecto fueron las facilidades de importación y exportación para industrias "nuevas y necesarias" por períodos de cinco a diez años, según las características de los productos manufacturados.

La política comercial constituye un elemento muy importante de la política de fomento industrial y se maneja en base a modificaciones de los aranceles, precios oficiales de los artículos de comercio exterior y permisos, precios o licencias de importación. Los aranceles funcionan a base de cuotas específicas Ad Valorem. Estas últimas se aplican sobre los precios oficiales fijados por las autoridades, de modo que con sólo modificar el precio oficial es posible alterar la tasa de protección de cualquier producto. Esta política se utiliza como instrumento de industrialización, aplicando aranceles altos a las importaciones de bienes de consumo y modificando los precios relativos entre los bienes de consumo importados y los de producción interna.

No obstante las tasas de crecimiento bastante altas de la industria orientada hacia los bienes de producción, el coeficiente que relaciona la manufactura de bienes de producción industriales con sus importaciones respectivas sólo varían de 15.4 a 16.1 por ciento de 1950 a 1960.

Parece ser que no hay sustitución de importación neta, más bien el proceso productivo se hace intensivo en el uso de bienes de producción. En esta década en México se sustituyen los bienes de consumo duraderos y productos intermedios. Desafortunadamente, hasta la fecha no se cuenta con un estudio que estime de manera adecuada los niveles de sustitución, entre otras razones porque no existe una por sectores de origen de las importaciones industriales.

Los sectores que muestran fuerte sustitución en los insumos utilizados son: petróleo y carbón, industrias metálicas básicas, construcción y alimentos, bebidas y tabacos. En resumen, se aprecia una clara tendencia a la sustitución de bienes intermedios y a la continuación de sustitución de bienes de consumo.

El auge del sector exportador y las importaciones producen un impacto favorable en la diversificación de la estructura de importaciones y de exportaciones. México al igual que los países de América Latina se especializa en exportación de materias primas y en importador de manufacturas, con la idea de ir sustituyendo éstas últimas.

2. LA INTERVENCION DEL ESTADO EN LA ECONOMIA

Durante este período el desequilibrio externo se volvió permanente denotando una falla estructural en la economía mexicana. Los factores de inflexibilidad en la balanza de pagos surge ante las exigencias de sustitución de importaciones al concentrarse en la compra de bienes intermedios y de capital y al darse el deterioro en los términos de intercambio debido a la poca elasticidad de la demanda de productos agrícolas y de materias primas.

En 1950 se dan a conocer dos disposiciones económicas que entran en vigor en 1951. En primer lugar se aprueba una nueva ley, por la cual se conceden facultades al Ejecutivo para intervenir ampliamente en la actividad económica nacional. Así, el gobierno está en condiciones de regular las actividades industriales o comerciales, relacionadas con la producción y distribución de artículos alimenticios, vestido, y, en general, aquellos bienes importantes para el desarrollo económico. Así el Ejecutivo tiene facultades para imponer precios topes y para determinar la forma de distribución de artículos insuficientes en el mercado y para decidir sobre los artículos que deberán producir las empresas y puede decretar la ocupación temporal de las empresas, si esta medida se considera necesaria para mantener o incrementar la producción.

En segundo lugar, se deroga la prohibición de importaciones y se sustituye por un sistema de licencias y aranceles elevados. Se persigue hacer más competitiva la industria nacional al entrar a competir con bienes extranjeros. La importación de bienes superfluos se limitará incrementando los aranceles. La recesión de 1952 conduce a la devaluación del peso mexicano.

Los años de 1955 a 1957, son años de recuperación económica, en minería se logran volúmenes de producción, lo mismo que en la industria petrolera. Asimismo, se elevaron los volúmenes de manufactura de bienes de consumo y de bienes de producción. La agricultura nacional se caracteriza por altas cosechas.

Durante 1958 surge la preocupación de la dependencia de México con los Estados Unidos, ya que éste último país inicia una declinación en su actividad económica y se teme nos afecte en gran medida. Para disminuir dicha dependencia se buscan mercados en Europa para nuestros productos. Se pretende estructurar una diversificación mayor de los países compradores y de los productos exportados. Al final de la década inicia la recesión derivado de una disminución de la inversión privada y una reducción en los niveles de la inversión pública.

En 1959 se estima que la actividad industrial es la que registra un crecimiento mayor que los otros dos sectores, el crecimiento fue del 6 por ciento.

En el rubro comercial, el resultado de las transacciones de México con el exterior muestra una mejoría en comparación con años anteriores. Sin embargo, en éste año la exportación de bienes de consumo disminuye en comparación con 1958.

Durante esta década se da punto final a la etapa fácil e sustitución de importaciones, el gobierno empieza con la aplicación de políticas de corte keynesiano y monetarista recomendados en ese entonces por la CEPAL que favorecía el crecimiento del mercado interno.

La devaluación forzó el proceso de concentración del ingreso y se genera de modo indirecto ahorro interno para apoyarla inversión y continuar con el proceso de industrialización. El gobierno de Ruiz Cortines no sólo no elige mecanismos estabilizadores de corto plazo sino un modelo de largo plazo que combine la generación de infraestructura mediante el gasto público e incremente las inversiones para sostener la industrialización sin incrementar la inflación.

Se implementa un esquema de crecimiento que conjuga la generación de un ahorro voluntario creciente y la adecuada asignación de recursos de inversión con el fin de reforzar los efectos estabilizadores de la expansión económica en vez de los desestabilizadores que conducen a ciclos recurrentes de inflación-devaluación (Ortiz Mena, 1980: 90). Así, con avances y retrocesos, la economía mexicana se prepara para lanzar sus productos al exterior y proyectarse en el ámbito internacional como una nación que estaba preparada para enfrentarse a los retos de la década de los sesenta.

3. ADOLFO RUIZ CORTINES (1952-1958)

Adolfo Ruiz Cortines asume la presidencia en medio de una gran crisis económica que alcanzaba y definía tanto los espacios políticos y económicos como el terreno de la legitimidad. Ruiz Cortines sigue lo que se llama "la política del contraste" para parecer diferente del gobierno anterior.

Aunque se quería que fuera el cambio el que marcara la diferencia en su gobierno, profundiza en la misma línea que permite al gobierno consolidar el proyecto de industrialización y al mismo tiempo consolidar los mecanismos que sustentan la estabilidad política.

La industrialización del país se convierte en prioritario para el gobierno y se impulsa mediante diversos mecanismos: apoyo al sector manufacturero creando condiciones necesarias para su crecimiento, proteger a los sectores petrolero y eléctrico mediante cuantiosas inversiones públicas, brindar apoyo a la industria de la construcción, canalizar el gasto hacia la construcción de infraestructura industrial, invertir en aquellas áreas en las que el sector privado no quisiera hacerlo y regular la entrada de mercancías al país para consolida el crecimiento de la industria nacional.

La respuesta del capital nacional no es suficiente y la inversión extranjera toma el lugar de la nacional creciendo de una manera desorbitada y adquiriendo tintes monopólicos en algunas ramas económicas, además, cancelando la posibilidad de un desarrollo nacionalista tal como se había propuesta en la década pasada. La política de "puertas abiertas" a la inversión extranjera ayuda a dinamizar algunos sectores de la economía concentrándose principalmente en el sector manufacturero.

Las modificaciones que el proceso de industrialización produce en la economía tienen repercusiones directas en la relación entre los trabajadores y los empresarios. Ello repercute en la organización del movimiento obrero y en los organismos tradicionales de control.

En general, la política económica se presenta como una respuesta específica a problemas concretos que se intentan resolver ello explica la carencia de un plan de desarrollo que fijara las directrices de una política a largo plazo.

Las acciones de gobierno pretenden salvar los obstáculos más inmediatos conforme se presente, y se orienta hacia la consolidación del crecimiento económico, impulsar el proceso de industrialización y a evitar el enfrentamiento entre los elementos de la producción con el gobierno.

Los resultados inmediatos son positivos pues se retoma la senda del crecimiento, pero a largo plazo los costos sociales y económicos son de graves consecuencias. En la medida en que se responde a objetivos inmediatos, la política económica se dirige hacia el control de precios, lo cual provoca el estancamiento económico.

Al final de su sexenio se incrementa el gasto público como una forma de reactivación de la economía tratando de lograr el equilibrio entre inflación, desarrollo y paz social.

En este periodo no se considera la reestructuración agraria sino que el campo se considera como un sector secundario al que es necesario apoyar en forma indirecta con programas de crédito pero canalizado hacia los grandes propietarios quiénes eran los únicos "solventes", se invierte en fertilizantes y se termina algunas obras hidráulicas. La constante fuga de capitales y la necesidad de mejorar la balanza comercial siempre deficitaria lleva a la devaluación de 1954.

Las raíces reales del problema es la falta de competitividad de los productos mexicanos derivado, principalmente, de la protección que se brinda a los empresarios que impide que se modernicen y produzcan con calidad suficiente como para colocar los productos en el exterior.

La dependencia del exterior que se fomenta en esta década se manifiesta con más fuerza en los dos últimos años del sexenio de Ruiz Cortines; los sectores primario y secundario se vuelven más vulnerables a las variaciones del comercio internacional, mientras que dependencia financiera aumenta a través de la inversión extranjera y de los créditos externos hacia el sector público. Con el propósito de disminuir los efectos de la crisis se realizan intentos por mejorar el comercio exterior. Se adoptan medidas de apoyo a las exportaciones para incrementarlas en volumen y en valor con éxito temporal.

Al igual que devaluaciones anteriores, la medida no resulta tan negativa para los empresarios quienes le sacan jugo, para la sociedad en su conjunto, y para los asalariados en particular, la devaluación significa una reducción importante de la capacidad de consumo de por sí ya disminuida. La problemática social se va agravando y los problemas de acceso a la educación, la carencia de vivienda, el acceso la salud y el equipamiento urbanos en las ciudades pérdidas de los grandes centros urbanos parecen desbordarse y salirse del control gubernamental. La reanimación del mercado mundial despierta el optimismo en los inversionistas extranjero y de nueva cuenta el flujo de capitales se dirige a México. Al salir de la crisis los empresarios mexicanos exigen su derecho a dirigir los destinos del crecimiento y el desarrollo del país.

Piden se limite la inversión extranjera que ya los ha desplazado de algunas ramas importantes.

Los vaivenes de la política económica de Ruiz Cortines garantizan las bases de una fase prolongada de desarrollo estable.

En lo social no ocurre lo mismo y es que "conciliar desde un punto de vista político para crecer económicamente parecía el principio que presidió la administración de Ruiz Cortines a partir de 1954, principio que habría de prolongarse después de su gestión. La conciliación sin embargo, se vería apoyada ahora por una política salarial más favorable unida al otorgamiento de diversas prestaciones sociales, particularmente para los sindicatos que se consideraban "neurálgicos" en la producción de bienes y servicios" (Reyna, 1979).

En diversas partes del país empiezan las invasiones a tierras, los conflictos laborales, el descontento de los trabajadores y movimientos reivindicadores en los trabajadores de la educación y de ferrocarriles. El sacrificio salarial y la disciplina sindical se rompieron con protestas de diversa índole ya que el sistema privilegiaba en forma abierta y desproporcionada a las clases privilegiadas mientras que las clases que llevaban en sus hombros la carga del crecimiento del país eran los menos favorecidos.

5. ADOLFO LOPEZ MATEOS (1958-1964)

Cuando López Mateos llega a la presidencia modifica planes y programas para adaptarlos a su visión y modelo de país que deseaba construir, igual que los presidentes anteriores, e intenta salir de la profunda recesión que vive el país y de los movimientos sociales vigorosos que empujan al país hacia formas más moderna de relaciones sociales. El crecimiento acelerado de los años 50s, fincado en el uso intensivo y desmesurado de la mano de obra y de mecanismos autoritarios de control sindical, estaba llegando a su fin.

Se reconoce que el país ya no puede seguir creciendo sin una política que contemple la redistribución del ingreso y la ampliación del mercado nacional, para afianzar un crecimiento sostenido y la "paz social".

Las peticiones por el incremento de los salarios, la democratización de los sindicatos, la participación en la administración de las empresas del Estado y la solución a los problemas e vivienda, educación, salud y equipamiento urbano se empiezan a escuchar en todo el país hasta convertirse en un reclamo.

Frente a ese panorama, López Mateos elabora políticas para: neutralizar las protestas obreras, desarticulando huelgas y encarcelando a sus dirigentes; revisar las políticas fiscales de la federación con el objeto de incrementar los ingresos públicos; reorientar las inversiones del sector público hacia los sectores prioritarios de la industria; y prestar mayor atención a las obras de bienestar social. El Estado se alista para participar de manera abierta y decidida en la panificación del desarrollo del país, creando las instancias para administrar en forma equilibrada sus recursos y canalizarlos hacia áreas prioritarias.

Al terminar la década el país parece tener estabilidad social, política y económica, aunque en el primer rubro todo es un espejismo pues cada día aumenta el descontento de las clases marginadas quienes al no tener un canal institucional para hacer llegar sus protestas al gobierno empieza a construir formas no institucionales de acciones de protesta.

Así se muestra el descontento a una política que ha llevado al país a crecer a tasas formidables pero no ha llevado al incremento de los niveles de bienestar de una gran masa de la población que sufre los efectos de la marginación social, económica, política y cultural.

5 1960-1970: LA DECADA DEL NACIMIENTO DEL MEXICO INDUSTRIAL MODERNO

1. INTRODUCCION

Durante este periodo se consolida la economía con dos características generales: el crecimiento basado en medias de gasto público cede su lugar al crecimiento con estabilidad económica y la producción agrícola termina de ser sustituida por la producción industrial como eje del desarrollo industrial. Y es que como resultado de las políticas de industrialización aplicadas en la década anterior, la agricultura deja de ser el sector más dinámico y base del desarrollo global de la economía, al decaer su aportación al crecimiento del país, la industria, orientada por el Estado, toma su lugar y se convierte en el nuevo motor del desarrollo económico. La inversión canalizada hacia la construcción o adecuación de obras de infraestructura y en especial de vías de comunicación y obras para proporcionar energía eléctrica a las empresas se constituye en el nuevo impulso a la inversión extranjera y nacional.

Después de asegurar la "paz social" el gobierno de López Mateos pone en acción un plan de reordenación económica que enfatiza la necesidad de planificar el desarrollo y de distinguir los sectores preferenciales para la inversión, la idea del Estado planificador rebasa con mucho la idea de un simple supervisor de la actividad económica. Se contempla ahora como el rector de la economía que intenta presentar el lado positivo del haciéndolo parecer como un Estado de bienestar preocupado por el incremento de los niveles de bienestar de los grandes grupos marginados.

Todavía se tardaría tres años más el gobierno de López Mateos en reintegrar el desarrollo económico del país por la senda de la industrialización y este mismo tiempo necesitaría para restablecer los cauces institucionales a través de los cuales esperaba canalizar los conflictos sociales.

La realidad mexicana impacta el desarrollo económico con sus dos aspectos presentes: la ignorancia y la pobreza, por ello López Mateos considera que se requiere inversión de capital destinado a superar ambos aspectos. Contra la ignorancia se desarrollan planes para iniciar la educación técnica y contra la pobreza la atracción de inversión extranjera en proyectos productivos.

Al inicio de la década la estructura que la industria manufacturera presenta y el proceso de concentración del ingreso provocado por la aceleración inflacionaria y los efectos concentradores de la última devaluación determinan las posibilidades de crecimiento industrial hacia la producción de bienes intermedios, durables y de capital. Para lograrlo el Estado brinda su apoyo en materia de infraestructura e insumos estratégicos, mantiene una intervención activa y dinámica en el proceso de diversificación industrial como lo muestra la inversión estatal en equipo de transporte y metálicos básicos, además de su intervención en la industria de fertilizantes.

El capital extranjero fluye hacia aquellos sectores en que el proceso de producción es poco sofisticado (ensamblaje y químicos básicos, productos durables y electrónica). Al mismo tiempo, el capital local mantiene su posición de predominio en las industrias de bienes de consumo e intermedios tradicionales. El complemento de la falta de selectividad en la política industrial fue una política de apertura al capital extranjero el cuál se ubica en las ramas más dinámicas del período (química, hule, eléctricos y maquinaria agrícola).

Al inicio de la década, el Presidente López Mateos consciente de los cambios que se suceden a nivel mundial y los bloques económicos que se configuran, hace grandes esfuerzos para dar a conocer al país en el extranjero y diversificar su comercio y relaciones. Realiza visitas a otras naciones en misiones económicas, culturales y en busca de crédito internacional. Por primera vez, México aparece en el concierto internacional tratando de que se conozca su imagen real de país en plena pujanza económica.

La variante en la estrategia de política económica es una menor dependencia del incremento de las exportaciones. Para ello el gobierno propicia el incremento de la oferta de productos para satisfacer la demanda interna de bienes manufacturados. Se profundiza la industrialización substitutiva que requería fuertes inversiones en bienes y servicios de producción mediante el incentivo al ahorro y la inversión pública. La política de subsidios y apoyos al sector privado, financiados por endeudamiento interno e internacional produce buenos resultados al consolidar procesos industriales y permite la atracción de inversión extranjera.

El crecimiento demográfico es alto durante esta década y se convierte en uno de los principales problemas dado que ocasiona un incremento de en la demanda de servicios básicos, como resultado de ello se escapa el control sobre la escasez de vivienda, desempleo y las pocas oportunidades educativas. Los migrantes recién llegados a las grandes ciudades hacen nacer las ciudades perdidas donde el equipamiento urbano es nulo o reducido, todo ello afecta los niveles de bienestar y propicia la marginación social. Esas son las condiciones propicias para la inconformidad que se manifiesta de formas diferentes ante la falta de oportunidades de ascenso social.

La frustración y la pobreza genera los primeros brotes de violencia en el país, grupos armados no encuentran la forma de hacer llegar por los caminos o vías legales su inconformidad y surgen las vías no institucionales: la guerrilla y el terrorismo.

Como el problema de salud también llega a su cúspide, se establece el Seguro Social obligatorio para todos los trabajadores del campo. En lo económico, la minería se encuentra en crisis a pesar de que México conserva su primer lugar como productor mundial de la plata. Entre enero y junio de 1960, se fundan mil cuarenta empresas con poco más de mil millones de capital. Estas empresas abarcan principalmente las ramas de papel, productos químicos e industriales. Se termina de pagar la deuda por la nacionalización del petróleo y se nacionaliza la compañía de luz y fuerza.

2. LOS PLANES DE CRECIMIENTO

Durante 1961 la iniciativa privada presenta al gobierno un programa de acción de orientación social para acelerar el progreso socioeconómico del país. Las ideas sobresalientes se resumen a continuación:

1. La iniciativa privada será un instrumento para cooperar al bien general.

2. Apoyará a la política de que el capital privado no se mantenga ocioso, sino que produzca en beneficio de la colectividad mediante inversiones productivas y creación de fuentes de trabajo.

3. Coordinará su acción con el sector público encauzando su actividad hacia los objetivos prioritarios del gobierno.

4. Contribuirá a mantener la unidad de espíritu nacional evitando la infiltración de doctrinas extrañas (refiriéndose al comunismo).

5. Orientará a los trabajadores hacia un desarrollo integral con espíritu nacional.

El anterior programa es propuesto para contrarrestar la atonía en la actividad económica.

Durante 1962 se empiezan a formar bloques de países para intercambiar productos, tecnología, ayuda, etc., Aparece la British Commonwealth integrada por Inglaterra, Canadá, Australia, Sry Lanka (antes Ceilán), Chipre, Ghana, India, Malasia, Nueva Zelanda, Nigeria, Pakistán, Sierra Leona y Tanganica. Se forma el bloque socialista integrado por: Albania, Bulgaria, Checoslovaquia, Hungría, República Democrática Alemana, Polonia, Rumania, URSS, República Popular China, Corea del Norte, Vietnam del Norte y Mongolia exterior.

En Europa Occidental hay dos bloques: Por un lado la Comunidad Económica Europea, a la que pertenece Bélgica, Francia, Italia, Luxemburgo, Países Bajos y República Federal Alemana. Por otra parte Australia, Dinamarca, Noruega, Portugal, Suiza, Inglaterra y Suecia, integran la Asociación Europea de Libre Comercio.

La formación de estas asociaciones preocupa a los países de América Latina que comenzaron a integrarse en bloques económicos surgiendo la Asociación Latinoamericana de Libre Comercio integrada por Argentina, Brasil, Chile, México, Paraguay, Colombia, Perú y Ecuador.

México no obtiene ninguna ventaja al integrarse al bloque de países Latinoamericanos, puesto que todos ellos al igual que México resienten problemas económicos lo que impide una verdadera integración. Sin embargo estas integraciones de naciones en bloques económicos es un estímulo para que México modifique su estructura económica y acelerara su industrialización.

Al inicio de la década se insiste en la importancia que reviste la planeación económica para que los países deseosos de lograr progreso más rápido y equilibrado. Así, se establecen las bases del plan de acción inmediata 1963 1965, que servirá de guía para el plan siguiente 1965 1970. Su meta principal es lograr el aumento del 5 por ciento anual en el PIB. Los problemas a los que se enfrenta el gobierno mexicano en la implantación de este plan fueron:

1. Escasez de capital.
2. Falta de personal especializado.
3. Estadísticas deficientes.
4. Falta de alicientes para la cooperación del sector privado.

A pesar de estos problemas el PIB crece y su media anual de 6.3 por ciento se conserva. Se controla el aumento de precios. En cuanto a las relaciones comerciales y financieras con el exterior, se observa un aumento en la importación de bienes de capital. Se inicia el programa de vivienda popular a largo plazo, que es benéfico para grupos de bajos ingresos. La situación del país muestra tendencia favorable debido a la influencia positiva de varios elementos, unos externos y otros derivados de las relaciones financieras y comerciales con el exterior.

El progreso se alcanza dentro de un marco de estabilidad política y financiera reflejada en el tipo de cambio, que permanece inalterado y estable. Debido a mayores niveles de inversión, consumo y exportaciones, la oferta total de mercancías y servicios sigue aumentando.

La evolución de la economía mexicana en esta década depende en gran medida de la agricultura. Más de la mitad de la población depende de estas actividades, lo que influye determinantemente en el crecimiento del mercado interno. Para entonces, la mitad de los ingresos de divisas proceden de las exportaciones de productos agropecuarios.

Los objetivos de la política agrícola son principalmente eliminar las importaciones de productos agrícolas, mediante el desarrollo conveniente de la producción nacional. La demanda de los productos agropecuarios, al satisfacer la demanda interna sin recurrir a importaciones, favorece que se exporten algunos productos que antes se importaban.

Para fomentar la producción agropecuaria, se incorporaron al cultivo miles de hectáreas, se construyeron presas de almacenamiento, se realizaron obras de pequeña irrigación.

Con respecto a la política industrial, se pretende realizar planes de expansión de la industria, coordinando los esfuerzos de la iniciativa privada y del sector público. Para esto, el gobierno mantiene la producción en la industria petrolera y eléctrica, que se anticipa a la demanda y estimule el desarrollo.

Asimismo, propicia que las actividades industriales se extiendan a todas las entidades, con el fin de eliminar las diferencias regionales. Se desea que surja la industria rural primaria de transformación de productos agropecuarios en las mismas áreas rurales, que las artesanías se conviertan en una fuente importante de ingresos para los mexicanos. Esta política va de acuerdo al objetivo de la política económica en general, de acelerar el desarrollo nacional.

Además se pretende mantener el equilibrio entre las diferentes actividades, incrementar el número de empleos y fortalecer el poder de compra de la población para ampliar el mercado interno como base de la expansión económica. Las industrias química y petroquímica se desarrollan tanto en magnitud como en composición.

Las industrias ligeras, asimismo, permiten lograr la sustitución de importaciones en un gran número de productos. De esta manera, debido al acelerado ritmo de desarrollo, el sector comercio aporta durante el gobierno de López Mateos una porción creciente del Producto Nacional, absorbiendo mayor cantidad de Mano de Obra y ocupando una posición cada vez más importante dentro de la estructura económica.

2. COMERCIO Y SERVICIOS

La participación del comercio en el PIB fue en 1960 de 25.8 por ciento y de 26.2% en 1965, la fuerza de trabajo ocupada corresponden al 9.7 % de la población económicamente activa. En cuanto a los servicios de esparcimiento, alojamiento, enseñanza no oficial, instituciones de crédito, seguros y fianzas, asistencia médica, profesionistas, representaciones y agencias, servicios de preparación de alimentos y bebidas y otros, en los que se encuentran los de alquiler de objetos, funerales, panteones, etc., participaron con el 14.6 % en el PNB de 1960. En 1965 su participación fue de 22.8 % a precios de 1950.

3. POLITICA ECONOMICA Y COMERCIAL EXTERNA

Al igual que los demás países en vías de desarrollo, la balanza comercial de México es deficitaria, el desequilibrio llega a cerca de 575 millones de pesos en 1965. De ahí que el principal objetivo sea reducir el número de importaciones, puesto que este es un factor que ejerce fuerte presión sobre la balanza de pagos. Al reducir el desequilibrio comercial, se depende de los ingresos por servicios y de las entradas de capitales compensatorios para financiar el déficit y equilibrar la balanza de pagos.

Para esto se requiere que sean mayores los ingresos por exportaciones. Para reducir las fluctuaciones de los ingresos por éstas, México adopta una política de "promoción de las exportaciones", sobre todo de productos manufactureros. Se aspira a depender cada vez menos de los productos básicos de exportación. Se pugna por una creciente sustitución de importaciones por producción nacional.

4. INSTRUMENTOS DE LA POLITICA COMERCIAL

La política proteccionista tendió a frenar las importaciones de productos competitivos con los elaborados en el país, lo que a su vez se tradujo en una elevación de los precios interiores muy por encima de los exteriores agravada por los impuestos a las exportaciones. El argumento del proteccionismo era la sustitución de importaciones en un grado más avanzado, desdeñando el desequilibrio en la balanza de pagos.

La balanza comercial se caracteriza por una posición deficitaria persistente, pero tiende a decrecer por el crecimiento de las exportaciones. El aumento del desequilibrio comercial, sobre todo en los años de 1964 y 1965 se acompaña por la caída en los ingresos netos en cuentas de servicios, originada tanto en la reducción de algunos renglones de ingresos, como producción de metales preciosos y las remesas de braceros cuanto por el crecimiento de algunos de los más importantes renglones de gastos de turistas en el exterior, salidas por concepto de comercio fronterizo y pagos por inversiones extranjeras directas e intereses sobre deudas oficiales.

En conjunto parece ser decreciente la proporción del déficit de la balanza comercial, que se financia con cargo a los ingresos por servicios y, en consecuencia, aumenta la parte cuyo financiamiento debe trasladarse a compensatorios. Los sectores que recibieron mayor impulso fueron el agropecuario y la industria eléctrica y los recursos externos se aplicaron a obras productivas y se obtuvieron garantías específicas.

El más importante es el manejo de aranceles con el fin de influir en la distribución geográfica de las exportaciones e importaciones, alentando o no la adquisición o ventas de bienes ó la concurrencia a ciertos mercados. Para elevar al máximo las exportaciones, los aranceles que las gravan se abaten progresivamente. La carga arancelaria en México es aproximadamente de 60% siendo los niveles más altos de protección para los bienes de consumo duradero en un 147 por ciento. Aunque realmente los aranceles alcanzan niveles elevados, la carga protectora de México es notablemente inferior en relación a otros países de Latinoamérica.

Una de las características más sobresalientes del sector externo de la economía mexicana, durante el gobierno de López Mateos, fue el incremento de las exportaciones. El sistema de producción manufacturera en 1965 representa más de la cuarta parte del valor total de las exportaciones de productos alimenticios, principalmente los de la industria azucarera. Con respecto a las importaciones se constituyen en un 80% por bienes de producción y sólo una quinta parte por bienes de consumo, lo cual es resultado del intenso proceso de sustitución de las importaciones y de la política de protección de las actividades industriales ya mencionadas.

A excepción de 1963, las importaciones de productos alimenticios se mantienen por debajo de 3% del total, lo que indica un alto grado de autosuficiencia del país. La mayor parte de las importaciones de bienes de consumo y casi la totalidad de los bienes duraderos está representada por importaciones de autos, componentes y accesorios de los mismos.

En materias primas y bienes intermedios, destacan los insumos de industrias, ejemplo: El caucho natural o sintético para las diversas industrias productoras de hule o neumáticos. Las importaciones de bienes de capital están dominadas por las de maquinaria y equipo industrial.

5. POLITICA FISCAL Y MONETARIA

Durante el sexenio de López Mateos la política fiscal está orientada a asegurar al gobierno un nivel adecuado de ingresos que permitieron hacer frente al gasto público. Para ello se modifica la estructura del Impuesto Sobre la Renta. El crédito externo se destina a actividades autoliquidables que generan directa o indirectamente divisas necesarias dentro de los plazos convenidos. Las autoridades financieras no exceden la capacidad de endeudamiento y aprovecharon para acelerar el desarrollo, factor importante de la política es el financiamiento y se conserva la estabilidad monetaria para lo cual se mantiene un circulante monetario acorde con la producción de bienes y servicios y su intercambio, y aumento del crédito destinado a la producción.

Se mantiene la estabilidad interna de la moneda para evitar presiones en el mercado de cambio que pueden afectar la paridad cambiaria del peso mexicano. Todo ello dentro de la política económica general del país; lograr un acelerado desarrollo económico.

El Banco Central hace variaciones en la tasa de redescuentos, realiza la compraventa de valores en el mercado, cambios en la tasa de depósito obligatorio, fijación de tasas mínimas y máximas de interés que deban cumplir los bancos privados, así como el establecimiento de tasas respecto a los diversos renglones del pasivo con relación a su capital y reserva. Por otro lado, regula la actividad crediticia mediante control selectivo de crédito, pues este instrumento y las variaciones en el depósito legal son los principales mecanismos. Ello permite controlar los medios de pago y la liquidez del sistema, a la vez que ha otorgado volúmenes cada vez mayores de crédito a las actividades productivas.

6. EL GOBIERNO DE DIAZ ORDAZ (1964-1970)

Después de la desaceleración de principios de los sesenta, que corresponden al agotamiento de los efectos dinámicos del auge de inversión a mediados de los cincuenta, se inicia hacia 1964 1965 un nuevo período de expansión. El cambio más notable es la pérdida relativa del Estado de su liderazgo y del capital local frente al extranjero. La expansión transnacional encuentra su "período dorado".

El capital extranjero dominaba tres de las cuatro industrias de mayor dinamismo en los sesenta (automotriz, maquinaria no eléctrica y aparatos eléctricos) y difundida y creciente en la cuarta: la industria química. La acción de Estado parece perder su carácter activo y promotor, con la excepción de ciertas medidas de política industrial.

Entre otras tenemos la integración y la regulación de la rama automotriz, y se convierte en un interventor pasivo creando infraestructura y proveyendo de los insumos estratégicos a bajo costo. El Estado también abandona su función de establecer las políticas de financiamiento a largo plazo e intervenir dentro de la provisión de financiamiento.

La expansión del capital local adopta la modernización en los métodos de producción y ejerce la competencia al capital extranjero. El crecimiento de la demanda, forzó la expansión de la capacidad productiva y con ella, el progreso técnico. Se inicia también el florecimiento del negocio bancario, la intermediación comercial y los servicios.

El Presidente Gustavo Díaz Ordaz, se distingue por una política "dura". Durante su gobierno (1968) explota el descontento más grande que ha sacudido al país desde 1928. Estos sucesos tuvieron su origen en la presión demográfica sobre las ciudades, la escasez en educación, servicios y empleos. Sin embargo, en este año ninguno de los factores es suficiente para poner en entredicho la estabilidad y permanencia del sistema.

Para financiar obras y proyectos públicos, se recurre a empresarios y se hacen diversas emisiones y colocaciones de bonos en el exterior. Durante este año la economía de México presentó un panorama muy crítico en cuanto a crecimiento.

Fueron los factores los que hicieron que la economía redujera su crecimiento en comparación con 1964. Primero, un marcado descenso del gasto gubernamental en obras públicas y resultados agrícolas poco favorables. Sin embargo, también hubo dos motivos de aliento.

El primero es el impulso del sistema bancario de crédito al consumo.
El segundo, la mantenida inversión del sector privado, especialmente de industrias de transformación que tiene grandes oportunidades de desarrollo: Química, Petroquímica y Automovilística.

El progreso al que se alude, característico de una economía moderna y en expansión es absorbido por unas veinte ciudades, la mitad del norte del país y otras tantas de la región central. Durante 1965 se advirtió en ellas una tendencia interesante: Creación de nuevas empresas en el ramo de los servicios técnicos y administrativos para las actividades agropecuarias, comerciales, manufactureras e industriales en general, lo que se traducirá en una mayor eficiencia. La industria afirmó su posición como elemento dinámico y equilibrador de varias economías regionales.

El comercio exterior atraviesa por momentos difíciles: se intensifica la necesidad de importar bienes de capital, mientras que algunos productos sufren reveses en el mercado mundial. La inversión pública se ajusta para mantenerla en conveniente nivel.

Al inicio de su período, Díaz Ordaz promueve ante la Cámara de Diputados del Congreso de la Unión, reformas legales para democratizar las instituciones bancarias, la compañía de seguros y las de finanzas. El objeto es prohibir que puedan participar en forma alguna en el capital de dichas entidades financieras, gobiernos o dependencias oficiales extranjeras, entidades financieras del exterior o agrupaciones de personas extranjeras físicas o morales, sea cual fuere la forma que revistan, directa o a través de interpósita persona.

El proyecto económico de Díaz Ordaz señala las directrices y los objetivos de su gobierno para 1966-1970:

1. Alcanzar un crecimiento económico de por lo menos 6 por ciento en promedio anual.
2. Otorgar prioridad al sector agropecuario, para acelerar su desarrollo y fortalecer el mercado interno.
3. Impulsar la industrialización y mejorar la eficacia productiva de la industria.
4. Atenuar y corregir desequilibrios en el desarrollo, tanto regionales como entre distintas ramas de la actividad.
5. Distribuir con mayor equidad el ingreso nacional.
6. Mejorar la educación, la vivienda, las condiciones sanitarias y asistenciales, la seguridad, en general,, el bienestar social.
7. Fomentar el ahorro interno.
8. mantener la estabilidad del tipo de cambio y combatir las presiones inflacionarias.

7. POLITICA LA INVERSION EXTRANJERA

En 1966 Díaz Ordaz da a conocer que en materia de inversiones extranjeras se reconoce su importancia para que el desarrollo económico afirme la independencia.

En segundo lugar de conveniencia, se encuentra las inversiones indirectas, o sea, inversiones extranjeras en título. Por último, que la inversión extranjera directa se debe asociar minoritariamente al capital nacional; que se sustituya al capital o empresas nacionales y que respete la legislación nacional y la reinversión adecuada de una cuantía de sus utilidades. Establece que no se otorgarán preferencias, delimita campos de acción dando exclusividad en la nación en la industria básica y exige mayoría de capital nacional en algunas industrias secundarias, vinculadas con las básicas.

Con respecto a las inversiones extranjeras, éstas se sujetarán a las siguientes normas jurídicas:

a). No favoritismo.
b). Los fondos invertidos y los ingresos que de ellos se deriven pueden repartirse libremente en cualquier momento.
c). No reciben beneficios o exención especial diferentes a las que gozan los inversionistas nacionales, pero están sujetos a restricciones constitucionales y legales para acudir a ciertos sectores industriales.
d. Los extranjeros que sean parcial o totalmente dueños de empresas extranjeras no pueden adquirir bienes inmuebles en una zona de 100 kms.

de ancho a lo largo de la frontera y 50 kms. a lo largo de litorales nacionales.

e). Debe existir propiedad mexicana mayoritaria en empresas tales como: Emisoras de radio y Televisión, Compañías publicitarias, transportes dentro del territorio nacional, productos derivados de petroquímicas, exportación de recursos forestales y pesqueros, explotación de algunas reservas mineras mexicanas y ventas de bebidas no alcoholizadas.

f). Toda empresa que deseé nuevas concesiones de explotación debe ser propiedad al menos en 51% de su capital social, de mexicanos para que puedan obtener beneficios fiscales. Para tener acceso a concesiones especiales, se requiere un 66% de capital en manos de mexicanos.

Además de estos requisitos legales, el gobierno alienta a inversionistas extranjeros a asociarse con nacionales, para constituir empresas industriales y comerciales.

8. POLITICA OBRERA

El ambiente que prevalece en los sesenta para los trabajadores es el de un panorama desalentador. La experiencia de la derrota de los años anteriores. La disciplina impuesta por la burocracia se discute severamente. No sólo se reafirman la crisis de los mecanismos habituales de control obrero, sino la legitimidad del régimen se ve bajo serias amenazas. La utilización de la represión armada para resolver conflictos sindicales rompe el marco de la legalidad con que el Estado encubre sus decisiones de carácter laboral. Con ello también la posición de clase del Estado queda al descubierto y su apariencia de árbitro neutral se debilita.

Díaz Ordaz, en el discurso, muestra una gran preocupación por el respeto y cumplimiento de las garantías sociales. Considera que el derecho de huelga y de sindicalización es intocable y que usados dentro de ley no son sólo instrumentos de reivindicación económica, sino también cimientos de la auténtica justicia social. Las bases sobre las cuales ha de asentarse el mayor desarrollo industrial, el mejoramiento del nivel de vida de la clase obrera, la obtención de legítimas utilidades por parte de las empresas y un progreso económico del país son:

1. Un sindicalismo sano, vigoroso y autónomo.
2. El uso de los derechos individuales o colectivos.
3. La participación de los trabajadores en las utilidades de las empresas.
4. El esfuerzo cada vez mayor de los trabajadores por incrementar la producción.

En la realidad se operaba todo lo contraigo a lo que se anunciaba.

9. POLITICA ECONOMICA

Durante el gobierno del Lic. Díaz Ordaz se establecen los siguientes objetivos tendientes al desarrollo económico y social del país, constituyendo la política económica de sexenio 1965 - 1970.

1. Alcanzar un crecimiento económico por lo menos del 6% en promedio anual.

2.- En materia agraria, otorgar prioridad al sector agropecuario para fortalecer un mercado interno. Acelerar el reparto de tierras. Llevar al campo la mayor cantidad posible de recursos financieros y asistencia técnica y científica. Intensificar el proceso de industrialización de los productos agropecuarios y satisfacer las crecientes necesidades alimenticias y de la industria.

3.- En materia de industrialización, atenuar y corregir los desequilibrios en el desarrollo y mejorar la eficiencia productiva de la industria.

4. Distribuir con mayor equidad el ingreso nacional. Lograr un crecimiento real del ingreso cuando menos del 6% anual.

10. INDUSTRIA

El programa de fomento a la industrialización suscita el renacimiento de la minería. Se apoya la construcción o ampliación de 66 plantas de beneficio de minerales. En Coahuila se instala una nueva unidad coquizadora y se iniciaron los trabajos para la construcción de otra, concentradoras de fosforitas. Disminuye la exportación de azufre, el cual se emplea como materia prima en la industria de fertilizantes. Se constituyeron la Empresa Mexicana de Cobre, la Siderúrgica Lázaro Cárdenas Las truchas y el Consorcio Minero de Peña Colorada.

Se da asistencia técnica a 13 entidades para localizar futuras zonas industriales y se formuló una lista de 369 productos que podían ser elaborados en México en condiciones remunerativas, lo cual se consiguió en gran parte.

Se conceden estímulos fiscales a los productores mexicanos que envían sus artículos a las zonas fronterizas y a lo largo de la línea divisoria con Estados Unidos, se autorizó la libre adquisición de maquinaria y de materias primas para facilitar la exportación de los artículos fabricados en un intento para crear fuentes permanentes de trabajo y mejorar las condiciones de vida de miles de familias.

En materia de Hidrocarburos, se continúa la exploración, perforación y rehabilitación de pozos; aumentaron las reservas; se fundó el Instituto Mexicano del Petróleo; se terminaron 8 plantas de refinación; se inició la producción de hule sintético; se pusieron en operación las plantas de hidrógeno, dos hidrosulfurizadoras de gasolina y una reformadora de naftas; se inició la producción de hule sintético.

El desarrollo de la industria petroquímica se impulsa mediante créditos externos y nacionales; se construyeron plantas de acrilonitrilo, polietileno y de etilbenceno. Al finalizar el régimen funcionaban 217 plantas petroquímicas. Las 19 empresas eléctricas que previamente había adquirido el gobierno se integraron con la C.F.E. en una sola unidad administrativa. La industria manufacturera pesada aumenta su participación en el PIB de 8.3% (1964) a 10.2% en 1969. Las actividades industriales que registran mayor expansión cuyo promedio de crecimiento anual se indica, son: electricidad, manufactureras pesadas, petróleo y construcción.

11. LA PROTECCION A LA INDUSTRIA

En el decenio de los sesenta no se hacen modificaciones de importancia en la política proteccionista; se acordaron algunos cambios de orientación y los aranceles se elevaron en un promedio del 6% en 1965. Se observa una marcada preocupación por sostener el desarrollo dentro de marcos estrictos de estabilidad monetaria y cambiaria, para el financiamiento de importaciones y del presupuesto federal se recurre a la contratación de créditos externos y a la facilitación de la inversión extranjera directa.

Se transforman las clasificaciones y se ponen en práctica mejoramientos técnicos de distinto carácter, tanto fiscales como para afinar los mecanismos de control de las importaciones. El fortalecimiento de la posición externa de pagos, que se extiende hasta 1965, y las corrientes en rápido aumento de capital extranjero destinado a la industria, contribuyeron a hacer menos perentoria la necesidad de reformar la política comercial.

Pudo observarse una ampliación considerable del sistema de licencias que obedeció hasta cierto punto a preocupaciones de pagos.

Más adelante se producen ciertas modificaciones en las orientaciones de las política, que se consolidaron en los últimos años de la década, las cuales tendieron a una protección con carácter menos general y amplio, y se tomaron disposiciones que las conceden teniendo más presentes los costos, los precios y el grado de competitividad internacional y el objeto de incrementar la integración de las relaciones interindustriales.

El hecho de hacer más específica la política industrial se refleja en el interés de que el sector manufacturero contribuya a fortalecer la balanza de pagos por el lado de las exportaciones y de la sustitución de bienes intermedios o de capital. En estrecha relación con lo anterior, se revela la preocupación por los efectos de un proceso ineficiente de desarrollo industrial en los niveles de precios, por el ensanchamiento de los mercados internos y por la absorción de mano de obra.

Para hacer frente a esos problemas, además de las medidas indicadas y de las que se han adoptado para alentar la colocación de manufacturas en el exterior, existe el propósito de revisar el arancel y el sistema de controles cuantitativos con el objeto de reducir protecciones excesivas y de fijar exigencias más estrictas en lo que se relaciona con los costos de producción de las empresas que necesitan protección especial para desarrollarse.

12. POLITICA ARANCELARIA

El monto en que contribuyeron los gravámenes al comercio exterior en los ingresos del gobierno representó en 1968 el 13%, indicando un deceso en relación a 1959 que fue de 21%. Esto se debe a una menor velocidad de expansión de las importaciones con respecto al incremento de las actividades económicas internas y a repercusiones del proceso substitutivo.

Aunque en las modificaciones introducidas en el arancel hayan dejado de tenerse presente consideraciones fiscales, de hecho han predominado criterios proteccionistas o de balanza de pagos.

Por lo que a tarifas de exportación se refiere, se observa que en la medida en que los precios internos han ascendido en proporción mayor que los internacionales, o se han presentado condiciones desfavorables de la demanda, los gravámenes han tendido a reducirse para crear alicientes compensatorios.

Difícilmente puede restarse importancia a la influencia que tiene el manejo del arancel sobre la industrialización.

La tarifa mexicana tiende, de hecho, a proteger principalmente la producción de bienes de consumo y a establecer un régimen liberal para la importación de bienes intermedios y de capital. El promedio del arancel nominal, ponderado con el valor de la producción bruta por sectores, alcanzó en 1960 un nivel del 22%, siendo un arancel bajo comparado con los de otros países latinoamericanos y elevado en relación con los de otros más avanzados.

Derivado del hecho de existir desniveles tarifarios entre distintas ramas industriales, incluso dentro de una misma rama industrial, para diversos conceptos, se observa que por lo general se agrava con aranceles reducidos la importación de bienes de capital, materias primas e insumos con bajo grado de procesamiento, con derechos menos bajos los alimentos procesados y los bienes intermedios de manufactura compleja; y con gravámenes elevados el resto de los productos manufacturados (especialmente los bienes de consumo duraderos y no duraderos).

Esa peculiar forma de integración del arancel, difícilmente puede atribuirse a la aplicación de criterios deliberados de fomento industrial, salvo los de carácter muy general que se relacionan con la creación de un clima propicio para el desarrollo del sector. Excepto para la importación de bienes de capital y de algunos insumos, a cuyo respecto se mantienen derechos persistentemente bajos, los demás componentes de la tarifa parecen ser producto de repetidas negociaciones entre el gobierno y los grupos empresariales, o estar influidos por factores de tipo coyuntural.

13. EL SISTEMA DE CONTROLES CUANTITATIVOS

En 1949, se establece un sistema de licencias previas a la importación como instrumento de protección y de regulación de las compras en los mercados internacionales. Se llega a aplicar a cerca del 65% del valor de los bienes importados y alrededor de 2/3 de los rubros arancelarios.

Como instrumentos utilizados por el Estado, estos controles se han diseñado para enfrentar las dificultades coyunturales y de política de más largo plazo.

La tendencia a ensanchar la cobertura de las licencias a la importación sigue un proceso casi automático e irreversible. Al diversificarse la producción manufacturera y usarse en escala limitada el arancel, las solicitudes de protección de los empresarios llevaron a extender licencias a casi todos los rubros industriales. Desde este punto de vista para el gobierno, el sistema de licencias representó ventajas innegables, pues facilitó la previsión de compras en los mercados foráneos y la corrección de desajustes temporales en la balanza externa y ha constituido un elemento útil para la promoción y orientación de las inversiones industriales.

Esto es porque a base de los permisos previos se ha facilitado la instrumentación de programas específicos de integración industrial, la canalización de la inversión extranjera hacia actividades determinadas, en ciertos casos, y la sustitución y expansión de la oferta de artículos considerados prioritarios.

14. LOS PROGRAMAS DE FABRICACION

En estrecha relación con el manejo de controles cuantitativos de importación, la S.I.C. impulsa desde 1965 los "programas de fabricación", con lo que se pretende incluir a productores e importadores a sustituir compras en el extranjero, integrando verticalmente, al mismo tiempo, procesos industriales por medio de la elaboración de insumos, partes y piezas que se obtienen de proveedores extranjeros.

Se trata de promover el desplazamiento gradual de importaciones estableciendo convenios a nivel de empresa y de producto que obligan a los signatarios a elaborar determinados artículos, a cambio de cuotas de importación descendentes y determinadas franquicias fiscales. Estos "programas de fabricación" son mecanismos para encauzar y fomentar paulatinamente la sustitución de insumos importados por bienes producidos localmente.

Los principales estímulos que se otorgan a las empresas que siguen los programas, son extenderles licencias de importación de los artículos que se comprometen a elaborar o son necesarios para el desarrollo normal de sus actividades productivas, y exenciones arancelarias; o sea que se les garantiza el mercado interno en algunos casos, incluso antes de comenzar a producir. Por añadidura, son autorizadas a colocar sus productos en el mercado interno a precios superiores a los del exterior con un margen convenido de antemano con la Secretaría de Industria y Comercio.

La Secretaría aprobó 32 programas de fabricación en 1965, y luego aumentaron hasta llegar a 750 en 1965 70. Algunas de las ramas beneficiadas son: La automotriz, partes y refacciones automovilísticas, equipo de construcción, química y petroquímica, equipo para radio y comunicaciones, etc., en la mayor parte de los casos son inversiones de capital extranjero mexicano; se exige que se cuente con capital mexicano mayoritario.

15. LA ETAPA DEL FIN DE SEXENIO

Durante 1969 la economía rural está en crisis y el desequilibrio en la distribución del ingreso da lugar a un irritante desperdicio frente a una secular pobreza. La inestabilidad internacional se empeora afectando el crecimiento económico de México. Las modificaciones del franco francés (devaluación) y del marco alemán (revaluación), y las presiones externas hacen pensar en la inminente necesidad de devaluar el peso mexicano. Frente a lo anterior, el fondo monetario internacional señaló que México alcanzó en este año el mayor grado de liquidez en su historia.

Durante los últimos meses de Gobierno de Díaz Ordaz (enero noviembre 1970), se nota una desaceleración del avance económico. El receso de la economía norteamericana afecta a México. Para evitar una peligrosa espiral inflacionaria el Gobierno acentuó sus medidas restrictivas, con los cuales se limitó el crecimiento del medio circulante, escaseó el crédito y se hizo lento el movimiento financiero.

Mientras el país no contara con aquella abundancia de recursos económicos, las denominadas "clases populares" tendrían que seguir sacrificando sus condiciones de vida y de trabajo, en favor de un futuro mejor, futuro que quizá nunca llegara. Esta idea es explicita y oficialmente argumentada por Díaz Ordaz. Se supone entonces que el costo social en cual se incurre está previsto.

El apoyo a la industria nacional y a la inversión extranjera fue ilimitado. Los sesenta se convierten en el paraíso de la inversión extranjera que se asienta en el país en enclaves donde la utilidad es más alta.

16. LOS NACIENTES DESEQUILIBRIOS

Un análisis más profundo de la evolución de la economía y principalmente de las ramas del sector industrial, indican que el modelo de desarrollo estabilizador ha llegado a su agotamiento.

Los bienes de consumo tienen un lento pero sensible descenso en su producción haciéndose urgente una forma más efectiva para incentivar su producción y no agravar más la balanza comercial con importaciones de estos bienes. En cambio, los bienes intermedios y de consumo duradero, así como la industria petroquímica y la metalmecánica tiene un crecimiento sostenido durante el periodo.

El desajuste estructural de la dinámica del sector industrial de bienes de consumo es compensada por la oferta d bienes de lujo haciéndola altamente independiente de la tecnología extranjera. El incremento en las importaciones de bienes intermedios para sostener el proceso de industrialización genera un círculo vicioso: a mayores exportaciones más endeudamiento externo y más presión sobre el peso. La estructura productiva se empieza a desarticular y a entrar en un proceso de heterogeneidad tecnológica surgiendo los nuevos desajustes. El Estado mexicano en esta década confirma su carácter de clase y de compromiso con el proyecto de industrializador y de la intervención del capital extranjero en la economía nacional.

Su papel de garante, conductor y promotor de la inversión, se refleja en el cumplimiento del objetivo principal de crecimiento económico aunque sin preocuparse por la redistribución del ingreso ni de los niveles de bienestar de los trabajadores.

La coincidencia de la política económica con la de los grandes centros financieros e industriales del mundo, no solo evidencia el fracaso de políticas nacionalistas que promulgan que para salir del subdesarrollo del país la única vía es la industrialización; y que para acabar con la pobreza y la desigualdad social primero se debe producir abundancia y riqueza para después distribuirla.

De esta manera, conforme pasan los años sesenta, se registran manifestaciones y movimientos de resistencia y de oposición que reflejan el profundo malestar social derivado de las políticas económicas y que evidencian la caducidad de algunas formas tradicionales de control y legitimación del estado mexicano.

Así, con este panorama que no parecía muy favorable, y con el doble signo de la crisis política y económica, todo quedaba listo para iniciar el siguiente período gubernamental que sería el más controvertido de las últimas cuatro décadas, el período de Luis Echeverría Álvarez.

6 LA ECONOMIA DE MEXICO EN LA DECADA 1970- 1980

MEXICO AL INICIO DE LA DECADA

1. INTRODUCCION

Al principio de la década de los setenta el proceso de la industrialización se orienta, desde el punto de vista de la estructura productiva, crecientemente hacia la diferenciación y diversificación de los consumos modernos de bienes durables, reproduciendo el atraso en la producción de bienes de capital y desarticulando el sector agrícola.

En este período las empresas transnacionales aprovechan las ventajas relativas que México les ofrece y segmentan los mercados ante la ausencia de competencia generalizada a nivel de mercados específicos entre los distintos inversionistas.

La década de los setenta se caracteriza por una fuerte desaceleración de la expansión industrial que corresponde al agotamiento de los efectos dinámicos que las actividades líderes habían tenido en la década de los sesenta y, más precisamente al hecho de que el crecimiento de estas ramas, en el contexto de atraso de la producción interna de bienes de capital, tiende a producir tensiones crecientes de la Balanza Comercial y de Pagos.

También cabe resaltar el rápido proceso de formación y expansión de conglomerados de capital privado nacional que bajo el impulso de la propia desaceleración industrial ha venido ocurriendo a partir de 1974. Así el paso de los 25 mayores grupos conglomerados en las ventas de las 100 mayores empresas del país pasa del 35% en 1973 a 45% en 1978. (1)

El período que se analiza trae consigo cambios importantes en la presencia económica del Estado: Es su actividad productiva la que permite el proceso de expansión de 1977 a 1981. Surge entonces la pregunta: Hasta qué punto, la crisis del esquema del crecimiento anterior y la magnitud de los recursos petroleros disponibles ponen al Estado en la necesidad de retomar el papel de rector en el proceso de industrialización?. Esta pregunta la responderemos una vez que analicemos paso a paso, qué sucede en esta década tan controvertida en lo que al papel del Estado como rector de la economía se refiere.

Al iniciarse la década de los años setenta. México forma parte de un grupo de países a los que se les considera económicamente estables debido a su crecimiento económico, solidez monetaria, solvencia crediticia y estabilidad política.

En 1970, en México existen muchos factores que alientan el optimismo de los mexicanos, en sólo 30 años el país había sufrido una transformación radical. De una economía predominantemente agrícola y rural, se había transformado en una predominantemente urbana e industrial. México es para muchos el país subdesarrollado con una economía dinámica, con moneda sólida y buen pagador de sus deudas.

La otra cara de la economía la constituyen los siguientes factores: el crecimiento del número total de desempleados; incremento de las necesidades no cubiertas de servicios educativos, médicos, sanitarios, de vivienda y alimentación; una infraestructura de vías de comunicación terrestre obsoleta e inadecuada; y déficit creciente en la oferta de algunos bienes y servicios.

Adicionalmente se da el decaimiento del mercado interno por la falta de producción de bienes y servicios y por los bajos niveles de salarios de los obreros y campesinos.

La parte más objetiva de la verdad es que el crecimiento económico, la solidez monetaria, la solvencia crediticia y el control político favorecen a los grupos de altos ingresos. Mientras tanto millones de mexicanos empobrecen en términos relativos o absolutos y apenas les quedan alternativas inaceptables: Quedarse en el campo sin recursos para producir o emigrar a la marginación y el desempleo urbano. Esta forma de crecimiento no podía producir a largo plazo, sino una profunda crisis económica.

Parece obvio que el proceso de industrialización y la política económica adoptada no dan los frutos que de ella se esperan sobre todo en lo que se refiere a la mejoría de las condiciones de vida de las clases populares.

La distribución del ingreso en México en 1969 es la siguiente: El 50 por ciento de las familias con más bajo ingreso recibe el 15 por ciento del Ingreso Personal disponible (YPD). El 20 por ciento con más alto ingreso recibe el 64 por ciento y el restante 30 por ciento de las familias con ingresos medios recibe el 21 por ciento del YPD.

La desocupación en México es considerable y llega al 7 por ciento. Definiendo como subocupadas a las personas cuyos ingresos mensuales por trabajo son menores que el salario mínimo, cerca del 45 por ciento de la fuerza de trabajo en México en 1970 está subocupada. En el sector agrícola se incrementa el alto grado de concentración de la tierra, de la maquinaria agrícola, la poca atención por parte del sector público a las actividades agropecuarias.

La concentración del crédito, el seguro, la asistencia técnica, los almacenes, los precios de garantía, etc., en las zonas de mayor desarrollo y en ciertos cultivos, van minando el potencial de desarrollo agrícola del país y con ello, la fortaleza y las posibilidades de expansión de la industria y de la economía en su conjunto.

La industria opera con un bajo índice de eficiencia que no le permite competir con industrias foráneas y la producción nacional tiende a copiar el modelo de producción norteamericano.

Con una baja productividad, la industria mexicana obtiene por parte del Gobierno, aranceles proteccionistas, controles cuantitativos a la importación y subsidios gubernamentales. (2) Por otra parte, se argumenta que las empresas del Estado deben vender sus productos (bienes y servicios) a un precio bajo. Se dice que de ésta forma el Estado cumple su función social. También se afirma que una política de precios bajos acelera el crecimiento económico del país pues se coadyuva a la industrialización. Los resultados de seguir esta orientación son la limitación de la participación del sector público en la economía, la utilización de divisas para parcialmente suplir esas deficiencias.

Como el crédito interno no es suficiente para realizar las actividades encaminadas hacia la industrialización del país y hacia la creación de infraestructura, el Gobierno recurre al endeudamiento externo y a las inversiones extranjeras. Por otra parte, mientras más invierten las empresas extranjeras, más dinero sacan del país y en parte la balanza de pagos de México es deficitaria por esas remesas de dinero al exterior. Para financiar ese déficit el sector público se endeuda con el exterior cerrando el círculo vicioso que agrava la dependencia.

Resumiendo, México al inicio de la década de los 70's es muy diferente a lo que se creía. Junto a la solidez monetaria al crecimiento económico y la aparente estabilidad, están la creciente concentración de la riqueza, los rezagos en la atención de los servicios sociales, la concentración de la propiedad de los medios de producción, la penetración del capital extranjero, la insuficiencia agropecuaria, la insuficiencia industrial, el desempleo, la represión y el debilitamiento del sector público.

Cuando el Presidente Luis Echeverría Álvarez toma posesión reconoce los grandes retos a los que su gobierno debe enfrentar pues dice que "subsisten graves carencias e injusticias que pueden poner en peligro nuestras conquistas: la excesiva concentración del ingreso y la marginación de grandes grupos humanos amenazan la continuidad económica del desarrollo", por ello el "alentar las tendencias conservadoras que han surgido de un largo periodo de estabilidad, equivaldría a negar la mejor herencia de nuestro pasado", en ese momento, dice ," México está atento a todas las corrientes intelectuales científicas y económicas que hacen evolucionar al hombre... La conciencia histórica se fortalece con la conciencia crítica. Nos encontramos muy lejos de haber llegado a una etapa definitiva de nuestra evolución y estamos dispuestos a renovar, en profundidad, cuanto detenga el advenimiento de una sociedad más democrática" (Echeverría, 1976).

Los retos más importantes que Echeverría tiene en el plazo inmediato son la orientación del desarrollo económico y los problemas derivados de una estructura estatal demasiado autoritaria. La economía había logrado un crecimiento espectacular en las últimas tres décadas, sin embargo, la concentración del ingreso, por un lado, y la marginación, por el otro, amenazan la estabilidad del país y el crecimiento económico.

Los problemas de los sesenta se han agravado: carencia de vivienda, educación, acceso a la salud, equipamiento urbano y se ha sumado el problema de la alimentación, debido al deterioro del salario en los últimos años. En esta década se sustituye el desarrollo estabilizador y para ello se intentan reformas profundas en la orientación del financiamiento del desarrollo y la distribución del ingreso además del apoyo a las mayorías marginadas.

En los últimos años de los sesenta se vivió una tapa de radicalización extrema tanto en el ámbito estudiantil como con los obreros y campesinos. Los canales para el quehacer político democrático estaban cerrados, de ahí el número de activistas que deciden impulsar la guerrilla urbana. las agrupaciones que surgen son variadas: el frente Urbano Zapatilla, El Movimiento Armado Revolucionario; los Comandos Armados del Pueblo, Las Fuerzas Revolucionarias Armadas del Pueblo, el Movimiento Universitario Revolucionario, La Liga Comunista 23 de Septiembre, El movimiento de Lucio Cabañas, El de Genaro Vázquez Rojas.

Algunos estados se ven amenazados por la ola de robos, secuestros, asaltos y entrenamientos armados y el gobierno responde con una guerra sorda y secreta aplastando los movimientos en los cuales se encontraban estudiantes que simpatizaban con la izquierda radical.

2. EL GOBIERNO DE ECHEVERRIA

El primero de diciembre de 1970, Luis Echeverría Álvarez llega a la Presidencia. El país atraviesa por una situación en lo que se refiere a la producción agrícola y a la captación de fondos a través del impuesto. Es por ello, que propone modificaciones en las dos áreas surgiendo la nueva Ley de Reforma Agraria y la Ley del Impuesto Sobre la Renta.

Sin embargo, Echeverría rompe con la costumbre de los anteriores Presidentes de pedir la opinión al sector privado acerca de los proyectos de leyes. Esto provoca que el sector privado despliegue una campaña a nivel nacional en contra del Gobierno de Echeverría.

Las modificaciones tributarias propuestas se enmarcan dentro de un diagnóstico de la situación económica del país, pretenden modificar el desequilibrio presupuestal, el creciente endeudamiento con el exterior y el desequilibrio permanente y en aumento de la balanza comercial.

Los medios principales para ejecutar esa etapa de consolidación son:

1. Presupuesto Federal Restrictivo
2. Política monetaria restrictiva
3. Política de creación de empleo
4. Política de incremento de producción
5. Política de control de precios
6. Política de control de incrementos salariales
7. Política de redistribución del ingreso

Con esta política económica definida en 1971, se inicia una de las contradicciones más importantes no resueltas en el sexenio 1970 1976. Por un lado dadas las enormes carencias sociales que demandan una atención inmediata y la necesidad de consolidar la economía nacional ampliando la infraestructura y promoviendo la producción básica, requieren de una mayor acción del Estado, de incrementos en el gasto público y de una creciente participación del sector público en la economía.

Por otro lado, una política monetaria, crediticia y fiscal restrictiva se ve imposibilitada para financiar el gasto público. Los resultados económicos de esa política contradictoria se sienten de inmediato dándose una disminución económica en todo el país.

No solamente las condiciones internas sino también la crisis mundial iniciada a mediados de 1971, agrava el problema de la economía mexicana. Para enfrentar esa situación, internamente se tomaron cuatro medidas para combatir esa recesión.

1. Modificaciones fiscales

2. Mayores restricciones de crédito, acompañadas por una notable reducción en el aumento del medio circulante.

3. Una aplicación más fuerte y constante de los controles de precios.

4. Una política económica general destinada a reducir ligeramente la tasa de crecimiento interno.

Hacia fines de 1971 los problemas de la economía nacional difícilmente pueden ser superados por la vía de la política restrictiva impuesta por las autoridades hacendarías. Era claro que lo que se debía buscar era un crecimiento sostenido de la actividad económica, combinado con la estabilidad de precios y con una creciente justicia social. Para sacar a la economía de la recesión se expande el gasto público para, por vía del incremento de la demanda, reactivar la producción mediante el uso de la capacidad instalada no aprovechada generando así una mayor oferta de empleo.

Sin embargo esta política no da resultado y en junio de 1972 el Gobierno anuncia un programa destinado a reactivar a corto plazo la actividad económica del país. El gasto público se libera y se amplían los recursos financieros destinados al crédito agrícola y agropecuario.

Como la inversión extranjera contribuye a acelerar la recesión en la economía mexicana, al no invertir parte de sus utilidades, el Gobierno mexicano publica y difunde los diez criterios en relación con la inversión extranjera:

1. Ajustarse a las leyes del país

2. Ser complementarias del capital nacional y, en consecuencia, no desplazarlo o dirigirse a campos que estén adecuadamente cubiertos por las empresas nacionales.

3. Orientarse hacia nuevos campos de actividad o al establecimiento de nuevas industrias.

4. Asociarse con capital mexicano en proporción minoritaria como regla general.

5. Dar ocupación preferente a técnicos y personal administrativo, de nacionalidad mexicana y cumplir con las disposiciones legales relativas a la capacitación de personal mexicano.

6. Aportar una tecnología avanzada y contribuir a la evolución y creación de aquellas técnicas que mejor se adapten a las necesidades mexicanas.

7. Producir artículos destinados a la exportación.

8. Integrarse a la economía nacional incorporando hasta el máximo posible insumos y componentes del país.

9. Financiar sus operaciones con recursos del exterior y no recurrir al crédito interno.

10. En general apegarse y coadyuvar al logro de los objetivos y políticas de nuestro desarrollo.

Estos criterios son incorporados en la nueva ley que regiría las inversiones extranjeras. Para 1973 la iniciativa privada seguía en actitud pasiva y sin invertir. Además, prosiguen con su actitud de oposición hacia las políticas gubernamentales que reafirman el papel rector del Estado. Ante esta situación, el Estado sigue invirtiendo y creando empresas en México hasta llegar su participación a un 30 por ciento del total de la economía.

Para combatir la inflación que se genera, el Gobierno presenta un nuevo programa de 16 puntos que busca la estabilización de la economía. Los puntos del programa antiinflacionario son:

1. Ajustar el ritmo del gasto total del sector público, revisando su estructura sectorial y limitando su financiamiento estrictamente a actividades no inflacionarias.

2. En el consumo del sector público, se refuerzan las políticas de pago oportuno, planeación y racionalización del abastecimiento.

3. Vigilar que el circulante crezca en proporción a la actividad real del país.

4.- Financiar las actividades productivas a corto plazo principalmente agropecuarias, restringiendo consumos suntuarios, operaciones especulativas y acumulación excesiva de inventarios.

5. Mayor empleo de la capacidad industrial y agropecuaria para aumentar la oferta de alimentos, materias primas y bienes de consumo.

6. Estimar la inversión privada donde haya escasez de oferta.

7. Más vigilancia y control de precios sobre todo entre introductores y distribuidores.

8. Orientación al consumidor para seleccionar consumos.

9. Estricta vigilancia sobre la relación entre aumento de precios y los aumentos de los costos.

10. Fomentar la formación de cooperativas de consumo rurales, sindicales y urbanas.

11. Promover centros de ofertas y consumo por asociaciones industriales.

12. Racionalizar la exportación de alimentos, materias primas y artículos de producción insuficientes para la demanda interna.

13. Si es necesario importar granos y otros artículos por parte del Gobierno.

14. Ampliar las posibilidades de importar productos escasos en el mercado.

15. Reducir los controles y aranceles a la importación que influyen inconvenientemente en los precios.

16. Propiciar una relación adecuada entre los aumentos de salarios y los incrementos en la productividad y el costo de la vida.

El programa de los 16 puntos no tiene éxito, en parte porque el programa contempla algunas medidas restrictivas.

En parte por la política monetaria, fiscal, y crediticia restrictiva. Los principales aspectos de la política de Echeverría durante sus primeros 3 años de gobierno son:

a). El rápido crecimiento del gasto público en el sector rural.

b). El rápido incremento del gasto en bienestar social, principalmente en materia de educación y construcción de vivienda.

c). La aceptación y promoción de las demandas obreras por elevaciones de salarios para ajustarlos a los incrementos de los precios.

d). La participación más activa del sector público para fortalecer el desarrollo agrícola y defender la economía de las clases populares.

e). La multiplicación de la capacidad instalada en las industrias básicas: acero, energéticos, petroquímica, textiles, etc.

f). El incremento en los precios y tarifas de los bienes y servicios más importantes que proporciona el sector público.

g). La adopción de una actitud distinta a la tradicional en relación Gobierno - Iniciativa Privada.

h). Una política exterior más agresiva.

i). La adopción de un estilo distinto de trato con los sectores populares, escuchándolos, haciéndolos participar más en la toma de decisiones.

A fines de 1973, la pauta de "freno - aceleración" mina la confianza de los inversionistas productivos, siempre amenazados por la posibilidad de nuevas medidas restrictivas.

Al mismo tiempo, el gasto público en los períodos de activación tiene efectos inflacionarios.

3. MEXICO Y LA CRISIS ECONOMICA DE 1974 - 1976

Al diseñarse la política económica para el año de 1974, se presentan dos tendencias opuestas: por un lado se quiere continuar profundizando las políticas monetarias contraccionistas y por el otro lado, se busca una opción diferente a la contraccionista, es decir, una política económica que subordine los instrumentos de política monetaria y fiscal al servicio de los objetivos más amplios que los puramente estabilizadores.

Ante los planteamientos opuestos, la política para 1974 busca un camino intermedio. El plan de trabajo para 1974 es "combatir sin limitar la actividad económica, las presiones inflacionarias que proviene en gran parte de los bienes del exterior que la economía requiere y de la elevación de los precios internacionales. Se hace una mejor planeación de las finanzas públicas, se modera la tendencia del crecimiento del gasto público y se atiende a captar recursos destinados al consumo para canalizarlo a fines productivos".

Otra vez la política propuesta fracasa. El año de 1974 la inflación registra la tasa más alta de hasta entonces la historia de México. En promedio, el índice nacional de precios al consumidor crece 24 por ciento. También crece la economía, aunque a una tasa anual en términos reales menor a la de 1972 y 1973. El crecimiento del PIB de 5.9% . Para 1975 la misma política es seguida con los siguientes ajustes:

1. Restringir más la economía.
2. Reducir las inversiones públicas.
3. Aumentar los ingresos públicos vía impuesto, precios y tarifas de las empresas públicas (El Estado tenía ya una participación de 35% en la economía nacional).
4. Reducir el saldo negativo con el comercio exterior.
5. Mantener el tipo de cambio de la moneda.
6. Aumentar la captación de recursos por parte del sistema financiero.
7. Tener un estricto control sobre la oferta monetaria.

Para 1975 la situación es la misma que en 1974. No hay la recuperación económica esperada. En septiembre 15 17 se reúnen en París los presidentes de Estados Unidos y Francia, el canciller de la República

Federal Alemana y los primeros ministros de Italia, Inglaterra y Japón. Ahí, en esa reunión de Ramboviller, la primera desde la de Londres en junio de 1933, se admite que la recesión económica en el mundo en esos dos años (1974 1975) es la más grave desde la postguerra.

A la recesión mundial que afecta gravemente las exportaciones mexicanas se suma la actividad desafiante del Sector Privado y su resistencia a invertir. De hecho, en 1975 la inversión privada disminuye en términos reales. El capital nacional inicia su fuga hacía los Estados Unidos ante el rumor de una posible devaluación. Las importaciones empiezan a crecer dada la liberación comercial y un peso sobrevaluado que hacía baratas las mercancías extranjeras.

A mediados de 1975 es ya evidente que la economía mexicana se perfila hacia una fuerte recesión económica.

Ante esta situación, al definirse la política económica para 1976 triunfa la política contraccionista.

El año de 1976 se caracteriza por la propagación de falsos rumores acerca de la economía mexicana por parte del Sector Privado. También lo caracterizan la dolarización de la economía, la especulación contra el peso mexicano, la fuga de capitales, la política monetaria y de gasto restrictivo y el estancamiento de la economía.

El 31 de agosto de 1976, como resultado de las presiones internas y externas y de la situación económica se abandona el tipo de cambio de 12.50 por dólar y se deja flotar el peso mexicano. El Gobierno explica las razones de la devaluación de la moneda. En primer lugar, por la persistente salida de capitales que se traduce en aumento constante y excesivo de la deuda para cubrir la fuga de divisas. Además, se limitaba la capacidad de crédito del sistema económico que a su vez frenaba la expansión de la producción. En segundo lugar, por el fuerte desequilibrio entre exportaciones e importaciones de bienes y servicios, por deterioro de la competitividad frente al exterior, derivado de que la inflación en México es más alta que en otros países. Tercera, por la necesidad de aprovechar racionalmente la capacidad instalada y la nueva inversión, para incrementar el empleo.

Ante el rumor de un golpe de estado y de nacionalización de la banca mexicana, en noviembre 22 se publica un comunicado del Banco Central, mediante el que, a partir de esa fecha y hasta nuevo aviso "las instituciones bancarias se abstendrán de comprar y vender moneda extranjera". Esta medida es el resultado de que en los últimos días se hacen conversiones excesivas de moneda nacional a moneda extranjera. A mediados de noviembre, el dólar se cotiza a 28.48 pesos a la venta y 28.20 a la compra. Para fin de noviembre se cotiza a 21.50 pesos a la compra y 22.50 a la venta. Este nivel se mantiene hasta principios de 1980. México solicita y obtiene ayuda del Fondo Monetario Internacional para resolver sus problemas monetarios.

México establece un convenio con el F. M. I. en el que los objetivos pueden resumirse en los siguientes puntos:

1. Procurar acelerar la tasa de crecimiento, en términos reales, durante 1976 1979. Lograr el equilibrio para 1979.
2. Reducir la inflación a un 20% en 1977 y reducirlo a partir de ese año.
3. Revisar los salarios nominales y que la tasa del aumento nominal sea el equivalente a la que se registre en los principales países con los que México tiene relaciones comerciales.
4. Promover y canalizar las utilidades hacia la inversión ofreciendo garantías y asegurando una rentabilidad elevada.
5. Determinar el monto total del gasto público, reduciendo su participación en el P.I.B
6. Programar la inversión pública y el gasto corriente en función del impacto que puedan tener sobre los precios.
7. Regular las empresas paraestatales mediante mecanismos fortalecidos de control presupuestal.
8. Instrumentar una política de precios y tarifas de los bienes y servicios producidos por las empresas públicas que contribuyan a reducir el déficit del Sector Público y que mantenga una estructura flexible en función de los aumentos de los costos y evite subsidios a los consumidores.
9. Incrementar los ingresos corrientes del sector público en 1.5% del PIB en 1977.
10. Limitar el endeudamiento interno del gobierno al momento que resulte el incremento de la captación de recursos por parte del Banco de México (Vía encaje legal) con un margen de 1,500 millones de pesos, en 1977 de creación primaria de dinero.
11. Reducir las barreras no arancelarias a la importación así como los estímulos artificiales debidos a la exportación.
12. Reducir el endeudamiento externo mediante la fijación de topes absolutos. (3,000 millones de dólares neto en 1977).
13. Incrementar la reserva de divisas del país utilizando el 25% de endeudamiento externo neto de 1977 para reconstruir reservas en el Banco de México.
14. Retener el ahorro en pesos generados en el país dando seguridad a

los depósitos, reiterando la política de libre convertibilidad de la moneda, atacando la inflación y manteniendo un diferencial atractivo en la tasa de interés respecto a las que prevalecen en el interior.

15. Regular la creación de dinero, limitando la emisión de billetes al monto en que se incrementan las reservas internacionales del país.

A. Política internacional

La política internacional empieza a ser de importancia primordial para Echeverría quien cristaliza sus esfuerzos en la carta de los Deberes y Derechos Económicos de los Estados, que resume la postura del gobierno mexicano y que se incorpora como documento de las Naciones Unidas para normar las relaciones entre los Estados. Las bases de la Carta expresan la "libertad para disponer de los propios recursos naturales. Respeto irrestricto del derecho que cada pueblo tiene de adoptar la estructura económica que le convenga y para imprimir a la propiedad privada las modalidades que dicte el interés público".

La visión de Echeverría de imponer un nuevo orden económico internacional (NOEI) lo lleva a convertirse en líder de los países en vías de desarrollo y agregar en la Carta que se debe renunciar "al empleo de instrumentos y presiones económicas para reducir la soberanía política de los Estados".

La prohibición expresa a las corporaciones transnacionales de intervenir en los asuntos internos de las naciones. Abolición de las prácticas comerciales que discriminan las exportaciones de los países no industrializados. Ventajas económicas proporcionales según los niveles de desarrollo. Amplia y adecuada transmisión de los avances tecnológicos y científicos, amenos costo y mayor celeridad para los países atrasados".

El proyecto echeverrista a de romper con la dependencia lo lleva formar el grupo de los 77, grupo que se constituye inicialmente por ese número de países que no se alinean ni con el norte ni con el sur.

4. EL GOBIERNO DE LOPEZ PORTILLO

En el aire todavía existe un halo de rencor dirigido a un pasado que desemboca en un brutal desencanto. Al sentirnos nuevos ricos la sociedad mexicana se ve tentada a vivir una vida en la cual se despojara de la ancestral miseria y de ser subdesarrollados. El milagro petrolero y un poco de trabajo convertirían a México en un nuevo país en el que deberíamos preocuparnos sólo e administrar la abundancia. Con la borrachera de la riqueza en el país se disfruta y se gasta más de lo que se obtiene y de lo que se produce.

La alquimia de la comunicación da salida a esa frustración culpándose al presidente del país de todos los males que los mexicanos sufrimos al despertar en medio de una amarga pesadilla. El pueblo necesita de villanos para descargar su furia y cae sobre los malvados, los corruptos, nepotistas, malversadores de fondos públicos y explotadores del sistema: el primer nivel de gobierno.

Se culpa de todo y por todo al gobierno librando de toda responsabilidad a la sociedad que es la que en última instancia se gastó el dinero que no tenía.

Se especuló y se sacaron del país millones de dólares en un acto desprovisto de todo nacionalismo y en un afán de lucro indebido. La sociedad olvida rápidamente los viajes al extranjero, los artículos de fayuca y los enormes gastos en bebidas importadas y el ahorro en dólares y en bancos en el extranjero. Este proceso rebasó al gobierno y al país, ya estaba involucrada la abuelita que también deseaba hacer negocio con la especulación y la esperanza falsa de hacer dinero fácil. Al encontrar que no éramos ricos, el sentimiento de tristeza, de engaño, por un mal gobierno resulta paradójico para un pueblo maduro y que ataca a un régimen desprestigiado para lograr sanar las heridas abiertas con el propio cuchillo y por uno mismo.

Cuando López Portillo asume la presidencia del país la inflación es creciente, una drástica caída en la inversión privada, un enorme déficit gubernamental acompañado de un inusitado incremento en la deuda pública externa, un grave desequilibrio con respecto al sector externo, una devaluación de casi el cien por ciento, así como una abierta fuga de capitales por parte de los grandes grupos financieros y empresariales.

La crisis política se manifiesta por la pérdida total de confianza en el gobierno y de la legitimidad del Estado mexicano en el extranjero y llega hasta los organismos financieros internacionales los cuales suspenden los créditos a México. Además, la carta de intención con el FMI prácticamente ata las manos del gobierno con respecto a las políticas económicas debido a que el país se obliga a seguir los puntos establecidos en la carta de intención firmada en 1976 después de la devaluación del peso.

En estas condiciones, la capacidad de maniobra del gobierno están deterioradas y los esfuerzos se dirigen en principio a consolidar el liderazgo político. Una vez consolidado la planeación iniciada en este sexenio tiene como objetivo principal disminuir el déficit fiscal, el endeudamiento público, la inflación, incrementar el gasto social, implantar una reforma fiscal y sentar las bases de un proceso distributivo. La figura de López portillo adquiere tintes de legalidad, racionalidad, tecnicismo y mesura que posibilita grandes avances y permite la construcción de un aparato legal de apoyo para llevar a cabo la planeación del país.

Cuando López Portillo recibe el poder el 1o. de diciembre de 1976, el país está saliendo de la crisis económica y la recesión a nivel mundial está terminando.

López Portillo realiza algunos ajustes a la economía para lograr el equilibrio que busca:

1. Reconcilia al gobierno con la Iniciativa Privada incentivándolos a invertir (Alianza para la Producción).
2. Continúa la Reforma Administrativa en el Sector Público para erradicar el burocratismo que se había convertido en cuello de botella.
3. Implanta medidas de control monetario para evitar la corrupción en el sector público.
4. Algunas de las empresas improductivas para el Gobierno no son vendidas a particulares.
5. La economía de México es dividida en doce sectores a fin de evitar duplicación de esfuerzos y gastos, consiguiendo así eficacia y control.

Durante 1977 y 1978 la economía casi alcanza su recuperación. Sin embargo, el descubrimiento de grandes reservas petroleras cambia el esquema que se pretende seguir: No incremento a las importaciones.

Como México prefiere industrializar el petróleo a venderlo, necesita importar grandes cantidades de maquinaria y tecnología a fin de poder hacer frente a ese proyecto. México utiliza las exportaciones de petróleo como una forma de atraer divisas y poder pagar la tecnología importada.

Los parámetros del Comercio Exterior, por la presencia de las exportaciones de petróleo crudo, cambiaron sensiblemente durante 1979. Los productos mexicanos tuvieron un incremento, con respecto al año anterior, del 47 por ciento.

El aumento de la producción del petróleo crudo logra un significativo impacto en el crecimiento global de las exportaciones: de un 31 por ciento en 1978 a un 44 por ciento en 1979.

Los productos manufacturados que exhiben significativas alzas en sus ventas al exterior son en orden de importancia: Derivados del petróleo, estructuras y piezas para vehículos de transporte, automóviles para transporte privado, amoniaco, óxido fosfórico, óxido de plomo, abonos y fertilizantes.

Otros productos tienen decrementos, ellos son: Máquinas y aparatos de accionamientos mecánicos, cemento hidráulico, zinc, automóviles para transporte de mercancías, estructuras y perfiles de hierro y acero.

El 83 por ciento de las exportaciones son absorbidas por Estados Unidos, Japón, España, Israel y la República Federal de Alemania.

Los principales países vendedores de productos a México son: Estados Unidos (aumentó sus ventas en 51%); Japón (34%); República Federal de Alemania (42%); Francia (31%) y Brasil (104%). Durante 1980 se hacen claros los tres objetivos básicos para el país: alimentación, educación y bienestar social.

En el aspecto de bienestar social, el Gobierno establece claros puntos para promover una reforma social. Esta reforma es instrumentada a través del Plan Global de Desarrollo. Con el establecimiento del sistema de Planeación Democrática nace el Estado interventor, regulador de lo privado, donde el Estado asume la regulación y la promoción de la demanda.

A partir de 1978 se decide que el petróleo sea el eje del crecimiento y el desarrollo del país que implica mantener un nivel de inversión elevado que reactiva la demanda y la producción nacional pero que obliga a la iniciativa privada a someterse a los planes gubernamentales y a un mercado regulado. Los planes se dirigen a contener la inflación, regular la balanza comercial, elevar los índice de crecimiento y controlar la deuda externa y a promover el crecimiento en los sectores de alimentos, empleos, educación y energéticos.

Para ello se elaboran el Plan Nacional Agropecuario, El Plan Nacional de Desarrollo Urbano, El pan Nacional de Empleo, el Plan Nacional de Desarrollo industrial y el Plan Global de Desarrollo que integra racionalmente los demás planes y programas.

El Plan Global de Desarrollo (PGD), en sus cuatro grandes objetivos, contempla:

1. Reafirmar y fortalecer la independencia de México en lo económico, lo político y lo cultural.

2. Proveer a la población de empleo y mínimos de bienestar atendiendo con prioridad las necesidades de alimentación, educación, salud y vivienda.

3. Promover un crecimiento económico alto, sostenido y eficiente.

4. Mejorar la distribución del ingreso entre las personas, los factores de la producción y las regiones geográficas.

La estrategia del PGD se orienta en gran medida hacia el empleo. Busca un crecimiento de 2.5 millones de empleos generados durante su vigencia. Se apoya en los sectores productores de bienes básicos, social y nacionalmente necesarios articulando por la industria de bienes de capital, dando prioridad a las actividades con mayor potencial para generar empleo permanente y productivo.

El petróleo está íntimamente ligado a la estrategia. Por ello su explotación y exportación están condicionadas por las necesidades internas de la estrategia y de acuerdo a la capacidad de absorción de la sociedad. Además la estrategia de financiamiento del Desarrollo se basa en el ensanchamiento de las finanzas públicas, la generación del ahorro interno y la formación de capital.

El PGD se integra por 22 puntos básicos que supone la utilización concertada de todos los instrumentos y medios a disposición del sector público:

1. Fortalecer al Estado.
2. Modernizar los sectores de la economía y la sociedad.
3. Generar empleo en un ambiente digno y de justicia, como propósito básico de la estrategia.
4. Consolidar la recuperación económica.
5. Reorientar la estructura productiva hacia la generación de bienes básicos y la creación de una industria de bienes de capital.
6. Racionalizar el consumo y estimular la inversión.
7. Desarrollar en forma acelerada, el sector agropecuario para que se eleve el nivel de vida de los campesinos y se satisfagan las necesidades alimenticias de nuestra población.
8. Impulsar el sistema alimenticio mexicano.
9. Fomentar el gasto prioritario y reforzar a la empresa pública, eliminando los subsidios excesivos.
10. Estimular una política de productividad y una adecuada distribución

de los beneficios entre los trabajadores del campo y la ciudad y la sociedad en su conjunto.

11. Utilizar el petróleo como palanca de nuestro desarrollo económico y social canalizando los recursos que de él se obtengan a las prioridades de la política de desarrollo.

12. Destinar mayores recursos para provisión de mínimos de bienestar, particularmente para la población marginada, urbana y rural.

13. Inducir con pleno respeto a la libertad individual, la reducción en el crecimiento de la población y racionalizar su distribución territorial.

14. Obtener una mejoría en el nivel de vida de la población, mediante un incremento sustancial del consumo, a través del empleo productivo.

15. Ampliar y mejorar la educación básica para niños y adultos.

16. Vincular la educación terminal media y superior con las necesidades de trabajadores capacitados, técnicos medios y profesionales que requiere el sistema nacional de producción.

17. Impulsar la capacitación y organización social para el trabajo.

18. Desconcentrar, concentrando la actividad económica y los asentamientos humanos en un nuevo esquema regional, con énfasis en costas y fronteras.

19. Controlar y reducir el ritmo de inflación.

20. Avanzar en la estrategia de nuevas formas de financiamiento del desarrollo.

21. Establecer una vinculación eficiente con el exterior, que estimule la modernización y la eficiencia del aparato productivo.

22.- Ampliar la concentración de acciones entre los sectores público, social y privado, en el marco de la Alianza para la Producción.

En materia de empleo, el PGD busca alcanzar un crecimiento promedio del 4.2 por ciento al año, permitiendo absorber el incremento anual del 3.4% en la oferta de trabajo. Pronostica un crecimiento del 8 por ciento en el PIB. Un incremento promedio de 20.8 por ciento en las importaciones de bienes y servicios y en las exportaciones de 14.4 por ciento de incremento y un crecimiento anual en los primeros tres años de 4.5 por ciento en consumo per cápita y en 7.4 por ciento en la renta.

La inversión pública y el crecimiento del país traen una mejoría en el nivel de vida de los mexicanos, pero también significaron un aumento el gasto público que favorece la inflación

En el rubro de alimentos se elabora el plan del sistema alimentario mexicano (SAM). El SAM es un programa totalizador en el que se precisan objetivos y acciones; se fijan compromisos para darle un enfoque integral de producción, distribución y consumo, a través del SAM el gobierno va a compartir riesgos, a inducir cambios tecnológicos, a apoyar una organización campesina, a dar estímulos preferenciales a la industria alimentaria, a establecer una red de abasto. En resumen, todos los pasos llevaron al país a alcanzar la autosuficiencia alimentaria.

Así, con muchos planes y con una gran capacidad de trabajo termina en el año de 1980. México vislumbra un futuro prometedor, futuro que parece alcanzable si todos los mexicanos contribuyen a alcanzarlo.

7 LA ECONOMIA DE MEXICO EN LA DECADA DE LOS 80'S

1. INTRODUCCION

Durante el año de 1980, la política económica se caracteriza por un alto nivel de gasto público y creación de dinero. Esta política provoca una reacción favorable en la producción de bienes y servicios y el PIB se incrementa en 7 por ciento este año, sin embargo, el país se enfrenta a serios problemas de insuficiencia de mano de obra calificada, de recursos financieros, de abastecimiento de materias primas, que aunada al inicio de la recesión mundial provocan problemas de exportación.

La demanda de bienes y servicios no se cubre y el equilibrio se alcanza con un crecimiento de precios. Todo esto incrementa el proceso inflacionario, la inflación se convierte en la principal barrera que altera la distribución del ingreso y reduce la capacidad de crecimiento.

Durante este año los aspectos relevantes del sector financiero son:

1. Continuación de la política monetaria expansionista.
2. Captación bancaria en aumento.
3. Incremento de la captación de dólares.

El sector industrial tiene el siguiente comportamiento:

1. La mayoría de las ramas operan con alto grado de capacidad instalada y buen número de las altas inversiones efectuadas rinden frutos hasta 1982 y 1984.

2. Persiste la insuficiencia en el abastecimiento de materias primas en las ramas de automóviles, química, textil, línea blanca y aparatos electrónicos.

3. Los cuellos de botella en el transporte agravaron la escasez de insumos.

4. La aparición durante el primer semestre de problemas laborables en renglones claves afectó el avance de las manufacturas, en especial siderurgia y automóviles.

5. Los efectos de la crecida tasa inflacionaria registrada en el año se hicieron notorios en el caso de algunas ramas de bienes de consumo en gradual descenso de ventas.

6. La inflación de costos propicia la transferencia de recursos de la manufactura hacia los artículos más rentables.

7. Las exportaciones descienden significativamente por la recesión de Estados Unidos.

A pesar de que los primeros problemas se presentan en este año, durante el V informe en 1981, López Portillo aún destila optimismo, al informar lo siguiente:

1. México alcanza un crecimiento superior al 8% por cuarto año consecutivo.

2. En los últimos cuatro años se incrementa, en términos reales, en 50 por ciento el ingreso nacional.

3. Se crean en 1981 cerca de un millón de empleos. Solamente el sector agropecuario crea 80 mil plazas ofreciendo ocupación indirecta a más de 200 mil personas.

4. Se incrementan subsidios para alentar las actividades productivas ascendiendo a 138 mil millones de pesos, para actividades prioritarias 430 mil millones de pesos.

Algo que debe dejarse claro es el aspecto de la deuda externa. La elevación de tasas de interés explica gran parte del deterioro económico: Entre 1978 y 1981 la tasa de interés de los préstamos internacionales pasa del 8% hasta el 20%.

Esto explica, parcial, pero fundamentalmente, el que el pago de intereses sangra al país, los intereses pagados de la deuda pública y privada, en 1978 son 2,606 millones de dólares, mientras que en 1981 llega a 8,200 millones de dólares.

En el ramo agropecuario, los logros son significativos. El SAM comienza a rendir frutos en este año y se logra la autosuficiencia en los cuatro granos básicos: Maíz, frijol, trigo, y arroz. El sorgo sufre un incremento del 31% con respecto de 1980. En producción de alimentos alcanzamos un índice del 8.1% en relación a 1980.

El año 1982 se inicia con negros augurios. Al existir presiones financieras el 17 de febrero el Banco de México se retira del mercado cambiario. El día 18 la cotización pasa de 27 pesos a 38.75 devaluándose en 40 por ciento.

La política monetaria de 1978 a 1982 se puede resumir en los términos siguientes:

1. Política de gasto público para estimular el rápido crecimiento del producto y del empleo.
2. Incremento del circulante (38% sólo en 1981).
3. Control de precios y subsidios básicos.
4. La inflación no se controló y en 1981 alcanzó casi el 30%
5. No existieron controles para frenar la fuga de capitales.
6. Se permitió la importación desmesurada.
7. Incremento del déficit de la balanza en cuenta corriente.
8. La balanza comercial indicó saldos negativos crecientes.
9. La deuda pública asciende en 1981 a 48 mil 700 millones de dólares y para fines de 1982 ya es de 84 mil 600 millones de dólares.
10. Se permite la dolarización de la economía.

Ante esta situación el Gobierno elabora un programa de ajustes económicos de 17 puntos, los más importantes son:

1. Libertad cambiaria.
2. Adopción de la flotación de la moneda.
3. Reducción del déficit financiero global del sector público en un 3 por ciento.
4. Calendarización de los gastos públicos de acuerdo a los ingresos y egresos.
5. Reducción de todas las obras que no tengan una relación directa con el proceso productivo.
6. Establecimiento de tope al endeudamiento neto del sector público en el monto de 11 mil millones de dólares.
7. No se emitirán billetes que no estén garantizados por un equivalente de divisas y reservas monetarias.

Derivado de la devaluación en febrero y la decisión gubernamental de dejar el peso "deslizarse" en busca de valor real, México empieza a "dolarizarse" ante el temor de otra drástica devaluación. Esta se presenta el 5 de agosto y el tipo de cambio se establece en 70 pesos por dólar. A partir de esta fecha se establece una doble paridad cambiaria y se prosigue con el deslizamiento.

Para este mes de agosto se reconoce que el país vive "momentos difíciles" en materia económica y financiera, y padece una inflación muy elevada y una escasez crónica de divisas. En septiembre durante su VI informe de gobierno, López Portillo anuncia la nacionalización de la banca como última solución a los graves problemas que enfrenta el país.
También anuncia que el crecimiento de la economía nacional de los últimos años (1978 1982) supera en un 60% al de la economía mundial.

La producción industrial de México en 1981 equivale a tres veces la del conjunto de naciones exportadoras de petróleo del oriente medio.

México es el décimo país más grande del mundo capitalista tomando en cuenta el PIB generado en su industria manufacturera. El tamaño de ese sector es, en términos absolutos, superior al de los países desarrollados como Holanda, Suecia, Bélgica, Dinamarca y Noruega.

López Portillo acepta que para alcanzar las metas de desarrollo propuestas, "el petróleo es el único recurso que puede proporcionar haberes excedentes para aplicarlos a resolver el resto de nuestros problemas. No aprovechar estas condiciones hubiera implicado miopía y estupidez".

El año de 1982 es crítico para la economía mexicana. Los problemas acumulados tanto internos como externos se agudizan a lo largo del año y provocan la caída del ritmo de la actividad económica, una notable aceleración en la tasa de aumento de los precios y serias dificultades en la operación de los mercados financiero y cambiario. Todo lo anterior conduce a una contratación de las operaciones de cambio con el exterior.

Los indicadores económicos no podrían ser más desfavorables:

1. El índice nacional de precios al consumidor se incrementó en 98.8%.
2. El valor de PIB a precios constantes decreció en 2%.
3. Se restringió en crédito interno.
4. El déficit en cuenta corriente de la balanza de pagos resultó menor en un tercio del correspondiente del año anterior.
5. Incremento del circulante en 61%.

El efecto más negativo de la crisis se manifiesta en el desempleo.

Las ramas más afectadas son la de construcción, la turística y la automotriz. En menos escala se afecta la industria textil y del vestido, y la metalmecánica. La secretaría de Trabajo y Previsión Social afirma que de agosto a diciembre 400 mil individuos pierden su empleo, mientras que las centrales obreras situaban la cantidad en 700 mil desempleados más.

El inicio de 1983 la crisis total. Se dice que es la más grave crisis que haya sufrido el país desde 1910. A los mexicanos no se nos explica como de ser un país con la cuarta reserva petrolera del mundo y el décimo país por su producción industrial, puede estar sumergido en una crisis económica de tal magnitud.

Las palabras del ex presidente López Portillo, quien ante la riqueza petrolera declara: "Debemos estar preparados para administrar la abundancia ", parecen convertirse en una cruel burla.

EL SEXENIO DE MIGUEL DE LA MADRID H. 1982-1988.

1. INTRODUCCION.

En el presente capítulo se hace una breve revisión del sexenio del Lic. Miguel de la Madrid Hurtado, Administración en la que los efectos de la crisis se manifiestan con mayor fuerza en todos los órdenes de la actividad económica del país, y cuando la capacidad rectora del gobierno se puso a prueba.

Este fue el sexenio en donde se aplica el mayor número de planes económicos en tan corto tiempo; de déficit público y de especulación contra el peso mexicano. De igual forma, en estos seis años se registran las menores tasas de crecimiento económico, de empleo y de inversión productiva. En este período se desborda el problema de la deuda externa y problema de la deuda interna adquiere importancia significativa.

Para conocer cuál fue el desempeño de esta administración al enfrentar los diversos problemas que aquejaron al país principalmente los de índole económica, cómo actuó el gobierno para resolverlos y cuáles fueron los resultados de esa actuación, a continuación se realiza un análisis retrospectivo de los hechos y situaciones que ocurren en este período.

La situación que prevalece y determina la política económica a seguir por la administración de Miguel de la Madrid, se origina y desarrolla en los años previos a 1982. El sexenio de José López Portillo basa su política de crecimiento en el flujo de divisas provenientes de las exportaciones petroleras.

También se caracteriza por el alto grado de endeudamiento externo tanto en el sector público como en el privado; por el elevado déficit público que resultó de los gastos crecientes y de los ingresos insuficientes para sostener el ritmo de crecimiento del país; por el rezago de los precios y tarifas de los bienes y servicios que produce el gobierno; por la significación de los subsidios; por la concentración de las inversiones productivas de la industria petrolera y por la alta especulación cambiaria entre otros.

En el ámbito externo, el auge del mercado mundial del petróleo y de algunas materias primas registrado durante la década de los setenta, fue el principal factor de la producción internacional al inicio de la década de los ochenta, por esta razón se debilita el mercado mundial del petróleo, afectando los ingresos que por exportación de hidrocarburos recibía al país. Como si lo anterior no fuera suficiente, en los mercados financieros internacionales se produce una elevación de las tasas de interés que a su vez incrementan los pagos de servicios de la deuda.

Los efectos multiplicadores de estos hechos no se hacen esperar; la capacidad de generación de empleo no sólo se detiene sino que se contrajo, la captación de ahorro se reduce considerablemente, y por ello los niveles de financiamiento y las inversiones se redujeron y las tasas de interés muestran una tendencia marcada a la alza.

En suma, al finalizar 1982 el ingreso nacional, al igual que el producto, se contrae y el sistema financiero ya no capta suficiente ahorro; el sector público registra un déficit superior al 15% del PIB y el servicio de la deuda es ya desproporcionado: 40 centavos por cada peso gastado; diversos sectores de la producción se estancan; finalmente el país encuentra en una virtual suspensión de pagos con el exterior.

Bajo estas condiciones, el 1 de Diciembre de 1982 la Administración de Miguel de la Madrid asume el poder, y de inmediato propone 10 puntos básicos a seguir. Puntos que conforman el programa inmediato de reordenación económica (PIRE), el cual propone como objetivos prioritarios: " Resolver en lo inmediato los problemas económicos más apremiantes y fincar al mismo tiempo las bases para que, al superar la crisis, se haya avanzado en la solución de los problemas de fondo que la propiciaron".

Después de seis meses de gobierno, la estrategia económica que se había iniciado se define con mayor precisión en el Plan Nacional de Desarrollo 1983-1988 (PDN). En dicho plan se establecen las dos líneas que definen la política económica durante prácticamente todo el sexenio; la reordenación económica y el cambio estructural.

Los primeros logros del PIRE que termina en Junio de 1986 son:

a) El déficit financiero del Sector Público, como proporción del producto externo bruto (PIB), se reduce en el mismo periodo y las erogaciones de divisas por el pago del servicio de la deuda siguieron tan elevadas como antes.

b) La política restrictiva adoptada, la contención salarial y la alta inflación se reflejaron en los niveles de empleo.

Por una parte, el PIB desciende considerablemente en 1983 (4.2%), y por el otro lado la tasa de desempleo abierto se incrementa (9.2%).

c) La política de apertura comercial que se adopta y una política flexible en el tipo de cambio produce un crecimiento sensible en el volumen de las exportaciones.

d) El debilitamiento del mercado mundial del petróleo, caracterizado por una constante sobreoferta, dio como resultado una disminución en los precios internacionales del petróleo mexicano. El resultado de estos acontecimientos fue desastroso para el país debido a que se redujeron las ventas al exterior, perdiéndose casi la mitad del mercado, e internamente reduciendo la generación de divisas y los ingresos del gobierno, lo que impidió reducir su déficit público.

En suma, si bien es cierto que el PIRE desaceleró el ritmo inflacionario, también lo es que tales niveles seguían siendo elevados. De igual forma, los severos problemas coyunturales que experimentaba la economía mexicana, agravados constantemente por factores externos, impidieron que los esfuerzos encaminados a propiciar el cambio estructural fueron insuficientes y en ocasiones prácticamente no incidían en el cambio.

De igual forma, el abandono paulatino del programa de reordenación propició que la economía mexicana volviera a manifestar los desequilibrios coyunturales que la caracterizaban y que coyunturalmente se encarnará en el comportamiento desfavorable de las principales macroeconómicas. Así el desorden volvía a estar presente en el país.

2. EL ORIGEN DE LA CRISIS.

La crisis de la Balanza de Pagos fue la culminación de varios años de políticas erróneas apoyadas por un nivel de endeudamiento externo. Esta crisis se precipitó por el agudo deterioro de la cuenta corriente y la salida masiva de capital. A principios de 1981, el gobierno mexicano no fue capaz de responder a tiempo y de manera constructiva a tres aspectos externos que eran adversos al país.

a) La caída de los precios petroleros a nivel internacional.

b) Mayores tasas de interés.

c) Una profunda recesión en Estados Unidos (el mercado que absorbe más del 60% de las exportaciones mexicanas de bienes y servicios).

Las raíces del problema se remontan a 1978, cuando el gobierno adoptó políticas demasiado expansionistas. Debido a los descubrimientos de abundantes reservas petroleras, la producción y exportación de hidrocarburos constituyen los elementos clave para la estrategia de gran crecimiento que está apoyada por un alto nivel de gasto del sector público. La producción de petróleo crudo aumento a 1.2 millones de barriles diarios en 1978 a 2.8 millones de barriles diarios en 1982. El volumen de exportaciones de crudo aumento optimizadamente 40 por ciento anual durante este período, en tanto que el valor de las mismas, aumentó en cerca de nueve veces. En este año, aproximadamente el 75% de los ingresos por exportaciones provenían del petróleo que proporcionaba al mismo tiempo cerca de 50% de los ingresos totales del sector público.

Retrospectivamente, la crisis que empieza en 1981 parecía inevitable, pese a que este punto de vista no era sostenido por la mayoría de observadores. No obstante, la mayoría de los observadores consideran que los problemas de México eran manejables sin necesidad de cambios fundamentales en su modelo de desarrollo o en su sistema político.

Algunos analistas pronostican que la creciente riqueza derivada de los ingresos petroleros permitiría al gobierno evitar conflictos sociales. La crisis revela dramáticamente la debilidad fundamental de la economía mexicana y también de su sistema político. La crisis fue precipitada por la saturación de petróleo a nivel mundial, la recesión económica en Estados Unidos y las crecientes tasas de interés de los centros financieros mundiales, pero sus causas fundamentales fueron de carácter interno: Políticas monetarias y fiscal expansionistas, persistencia de la sobrevaluación del peso, excesiva dependencia del sector público en una sola fuente de ingresos (Exportación de Petróleo, estancamiento del sector agrícola, una planta industrial sobreprotegida e ineficiente, el excesivo crecimiento de la fuerza de trabajo (3.8 por ciento anual en los 70's), un modelo intensivo de capital que torno imposible crear una adecuada base de empleo, la corrupción endémica en el gobierno y la resistencia de arraigados intereses económicos políticos las reformas estructurales necesarias para atacar muchos de los problemas.

La dificultad radica en que el gobierno Mexicano intenta evitar el conflicto político y superar los problemas sociales y económicos acumulados desde 1940 en lugar de pagar el precio político que las políticas distributivas trajo consigo. El gobierno de López Portillo procuró expandir la riqueza económica e incrementar el papel que desempeña el estado en la economía, como banquero, empresario y empleador.

Durante la mayor parte del periodo posterior a la segunda guerra mundial la acción fiscal del México figuró entre las más bajas del mundo. Los funcionarios del gobierno temían que cualquier modificación de importancia en la estructura fiscal atemorizaría al sector privado e induciría la fuga de capitales.

No obstante, en dos oportunidades se intentó hacer reformas fiscales: En 1964 y 1972 ambas fracasaron debido a la oposición de las élites empresariales y a sus aliados dentro del gobierno. Cuando el sector privado rehusó aceptar impuestos más altos, el gobierno de Echeverría optó por un gasto deficitario en gran escala, el endeudamiento externo y un enorme incremento en la oferta monetaria. El mismo sector público se incrementó notablemente.

Con López Portillo llega nuevamente la tentación de resolver los problemas estructurales básicos a través de una mayor expansión del sector estatal y fue imposible de resistir. México pidió prestado utilizando el petróleo como garantía principal. Al llegar Agosto de 1982 el servicio de la creciente deuda se suspendió y se inició el largo proceso de renegociación.

Retrospectivamente, la decisión de López Portillo no fue tan imprudente como ahora parece. En ese entonces se esperaba que los precios del petróleo subieran indefinidamente pero empezaron a bajar a partir de 1981. Fue la brecha entre los 22 mil millones de dólares anuales que México esperaba recibir por sus exportaciones petroleras en 1982 y los 15 mil millones que realmente recibió durante ese año lo que precipitó la crisis de liquidez.

En síntesis, las opciones de política económica ocurrieron en un ambiente de incertidumbre, se asume un riesgo calculado al endeudarse significativamente a fin de lograr un crecimiento económico más alto e ingresos en el futuro.

También hubo una fuerte tendencia implícita hacia políticas expansionistas en el sector público de México. El auge petrolero se vio como la última oportunidad de transformar a México en una nación altamente industrializada. Las empresas del sector público y las privadas se expandieron indiscriminadamente, con mucha frecuencia en base a préstamos del exterior.

Realmente el auge petrolero había provocado esperanzas exageradas en todos los segmentos de la sociedad mexicana. El gobierno estaba dispuesto a conceder todas las demandas de programas sociales como también de infraestructura a gran escala, que beneficiaban al sector privado. El resultado fue un gasto excesivo, una economía recalentada y un estallido inflacionario.

Durante el sexenio anterior la inflación anual promedio es de 15 por ciento, durante el gobierno de López Portillo es de 36 por ciento. Los estrategas del gobierno parecían considerar la alta inflación como un precio desafortunado pero aceptable que era necesario pagar. En 1982 el virtual desplome de la economía mexicana y la crisis de confianza que la acompaño demostraron que este planteamiento para evitar el conflicto ya no era viable.

Lo anterior se puso de manifiesto cuando ni la nacionalización de la banca y los estrictos controles al tipo de cambio impuesto por López Portillo el 1o. de Septiembre de 1982, resultaron inadecuados para conservar los capitales en el país.

3. PROGRAMA DE ESTABILIZACION ECONOMICA.

En diciembre de 1982, cuando Miguel de la Madrid asumió la presidencia, la inflación se hallaba a una tasa anual del 50 por ciento. El peso se había devaluado en más de un 80 por ciento frente al dólar, en menos de un año el crecimiento económico para los 12 meses precedentes había sido negativo por primera vez desde la década de los 30's. El sector público atraviesa por un déficit presupuestario sin precedentes equivalente al 18 por ciento del PIB.

Las reservas del banco central estaban virtualmente agotadas y tanto la inversión pública como privada se habían frenado totalmente. Más de 2 millones de personas están desempleadas.

En su discurso de toma de posesión De la Madrid prometió adoptar medidas drásticas. Se comprometió a luchar contra el "Populismo Financiero". Por supuesto, la nueva administración estaba ya dedicada a un programa de severa austeridad, bajo las condiciones de un acuerdo con el Fondo Monetario Internacional para salir de apuros, el cual había sido negociado por López Portillo.

Cuando se anunciaron por primera vez las condiciones del acuerdo con el FMI, hubo escepticismo casi mundial acerca de la posibilidad del gobierno de cumplir con las especificaciones, especialmente las concernientes a la reducción de déficit del gobierno que se pretendía bajar de 18.5 a 8.5 por ciento del PIB en sólo un año. Sin embargo, el gobierno De la Madrid excedió los objetivos del FMI tanto en la reducción del déficit en el sector público como en la limitación de la deuda externa, estos objetivos se lograron primordialmente mediante reportes draconianos a la inversión pública y en el gasto corriente. El gasto en obras públicas se redujo en un 50 por ciento. En términos reales, el gasto público declinó en 13 por ciento durante el primer año de gobierno de De la Madrid: Una enorme reducción sin precedente.

El objetivo principal del programa de estabilización era restablecer el equilibrio interno y externo, a través de una combinación de políticas restrictivas en materia fiscal, monetaria salarial, así como realizar algunas modificaciones en algunos sectores clave de la economía, principalmente en el tipo de cambio y la tasa de interés.

La política fiscal pretendía disminuir el déficit del sector público a 8.5 % del PIB, a través de reducciones en el gasto, incrementar los ingresos en las entidades del sector público, implantar mayores impuestos al consumo interno de combustibles, e incrementar el impuesto al valor agregado. Se establecieron objetivos fiscales, los gastos del sector público se redujeron a un 5% del PIB, en tanto que los ingresos se incrementaron a casi el 4% del PIB.

Los subsidios se redujeron en 40% en términos reales a través de grandes aumentos en los precios controlados de los derivados del petróleo, la energía eléctrica y comestibles.

También se hicieron grandes esfuerzos para incrementar los ingresos públicos. Los precios de prácticamente todos los bienes y servicios públicos fueron elevados agudamente. Los subsidios fiscales para una amplia esfera de productos, incluyendo alimentos y otros básicos se redujeron. Se elevaron los impuestos, especialmente ISR e IVA.

La situación de la balanza de pagos de México mejoró significativamente en 1983, aunque el superávit resultó principalmente de una reducción del 42% en las importaciones. México pudo reanudar el pago del servicio de la deuda externa a costa de canalizar más del 60% de las divisas obtenidas por concepto de las exportaciones petroleras.

En la medida que México cumplía con sus obligaciones internacionales, los banqueros del exterior acordaron reprogramar 23 mil millones de dólares de su deuda a corto plazo y le ofrecieron mejores condiciones en préstamos a largo plazo. La negativa de De la Madrid de unirse a la OPEP y a un cartel de deudores Latinoamericanos reforzaría la imagen de México ante la comunidad bancaria internacional.

El objetivo de mayor prioridad es el programa de estabilización económica de De la Madrid era reducir la tasa de inflación, reflejo de la opinión del nuevo gobierno de que la desbocada inflación representaba la más grave amenaza a la estabilidad política del país, el arma principal de esta batalla fue la austeridad del propio gobierno. Sin embargo también se consideraron especiales los rígidos controles de salarios. Pese a los anteriores controles De la Madrid sólo obtuvo un éxito parcial. No obstante hubo una significativa desaceleración en la espiral inflacionaria anulada por el incremento de los precios en los bienes y servicios del sector público. La inflación ejerció una presión especulativa contra el peso y el banco de México juzgó necesario intervenir en los mercados de moneda extranjera para estabilizar el peso a menos de 200 contra el dólar.

Aunque el sistema de control de cambios decretado por el gobierno de López Portillo fue desmantelado en gran medida por De la Madrid, la nacionalización de la banca permitió al gobierno racionar la disponibilidad de dólares. Esto ayudó a reducir la fuga de capitales durante el primer año de gobierno de De la Madrid.

El programa de estabilización del gobierno de De la Madrid falló en inducir la repatriación de los capitales que salieron de México en los últimos dos años del gobierno anterior. La reserva federal de estados unidos informó que los ciudadanos mexicanos tenían cerca de 20 mil millones de dólares depositados en los bancos norteamericanos y mucho más capital invertido en bienes raíces y otras inversiones estadounidenses.

La persistente falla de confianza del inversionista también se reflejó en la disminución del 25% en la inversión privada de 1983. La entrada de inversión extranjera directa quedó reducida a un número insignificante (sólo 124 millones de dólares en 1983, comparado con los 680 millones de 1982 y 1100 en 1981). Las firmas estadounidenses proporcionaron el 60% de la nueva inversión extranjera directa en 1983.

No obstante, considerando todos estos factores, el programa de estabilización económica a corto plazo del Gobierno de De la Madrid triunfó a tal grado que sorprendió a la mayoría de observadores del exterior que creían que este programa sería un fracaso debido a las condiciones estructurales de la economía mexicana previas al mismo.

La profundidad de la recesión y el alto costo social que significó el programa de ajuste han motivado el debate entre los economistas mexicanos y norteamericanos acerca de la dureza del programa de austeridad de De la Madrid. Por ejemplo, La escuela de Wharton de Abel Beltrán del Río ha argumentado que durante 1983 México se excedió en el cumplimiento de las condiciones de su acuerdo con el FMI, ocasionando una contracción de la actividad económica más fuerte de la necesaria para lograr la estabilización de los precios, mientras se dejaba al país con insuficiente capital para permitir la reanudación del crecimiento económico.

Con los mismos datos, el economista William Cline del instituto para la Economía Internacional (Washington, D.C.) llega a la conclusión de que en resumen... es mejor equivocarse en el sentido de excederse, como lo hizo México, que tomar medidas desarticuladas con mucho menos éxito en la reducción de la inflación, como lo hizo Brasil.

Carlos Tello concluye que: El estilo del FMI practicado por el gobierno de De la Madrid mata pero no cura al paciente". Según su criterio, este planteamiento está basado en la falsa premisa que, incluso en un país como México con exceso de capacidad productiva, se debe combatir la inflación reduciendo la demanda agregada y disminuyendo la oferta a través de la austeridad gubernamental, Tello asegura que este planteamiento no dio resultado y que sólo ha pospuesto la solución real a los problemas del país: renovado crecimiento económico. "Estoy dispuesto a vivir con una tasa más alta de inflación si la alternativa es no crecimiento afirma".

Mientras esta relación crecimiento/inflación continuó siendo el debate político central, los indicadores económicos de 1984 mostraba una tendencia a mejorar. El principal problema siguió siendo lento o irrelevante crecimiento del PIB.

En 1985 la economía creció por segundo año consecutivo y se observaron avances importantes en el cambio estructural. El empleo registró un incremento significativo que continuó la favorable evolución que se había advertido en el año anterior.

Asimismo, la racionalización de la protección prosiguió al acelerarse la sustitución de permisos de importación por aranceles, y se adelantó en el proceso de reducción del tamaño del sector público.

A pesar de lo anterior, en 1985 se revirtió la tendencia descendente de la inflación anual que, se había dado desde Abril de 1983. El mercado cambiario se mostró inestable; y el proceso de saneamiento de las firmas públicas enfrentó algunas dificultadas.

Las tendencias desfavorables de la actividad económica se debieron entre otras causas al deterioro de los términos de intercambio que sufrió el país en 1985 y a una escasa disponibilidad de crédito externo.

Esta última obligó a que requerimientos del sector público y el crecimiento de la inversión y el consumo privado se financiaran casi exclusivamente con recursos internos, los que provocó fuertes presiones en los mercados financieros y empujó a la alza las tasas de interés internas. Además, de que la disponibilidad de recursos del exterior, escasa como fue, se presentará hasta la segunda parte del año, determinando un adelanto en el crecimiento de la deuda interna y, por consiguiente, un incremento en el gasto por concepto de intereses de la misma.

El valor del PIB a precios constantes creció 2.7%, tasa menor en un punto porcentual a la del año anterior, los indicadores del empleo, en cambio, registraron una mejoría respecto de los niveles que habían alcanzado en 1984, gracias, en parte, a la moderación de las demandas salariales.

En el terreno cambiario, la cotización en el mercado controlado sufrió una devaluación de 20% hacia finales de julio y el régimen de deslizamiento uniforme que se le había venido aplicando desde el 20 de Diciembre de 1982 se modificó a partir del 5 de agosto, adoptándose en su lugar el régimen llamado de flotación controlada. El tipo de cambio controlado alcanzó al término de 1985 un valor de 372.20 pesos por dólar, cifra que representó una depreciación del 93% durante todo el año, por otra parte, la cotización en el mercado libre al término de 1985 fue de 450 pesos por dólar, lo que representó una depreciación de 114% durante el año.

La inflación, medida por el incremento del índice nacional de precios al consumidor respecto del mismo período del año anterior, paso a 59.2% en Diciembre de 1985. La evolución de los precios correspondió íntegramente a la depreciación cambiaria.

Esto es explicable por las medidas de esterilización crediticia que se instrumentaron durante 1985, por el lapso que normalmente se da entre el aumento del tipo de cambio y el de los precios y, en parte, por el inicio del proceso de apertura comercial.

La escasa disponibilidad de recursos internos estuvo determinada por la combinación de perspectivas inflacionarias y de inestabilidad en el tipo de cambio controlado durante la primera mitad del año.

En 1985 entraron en vigor diversas disposiciones complementarias al régimen de control de cambios, ya sea para impedir las evasiones del control o para evitar que este obstaculice innecesariamente el desarrollo de la industria y del comercio exterior por su importancia cabe destacar el hecho que a partir de Noviembre el banco de México prohibió a las Sociedades Nacionales de Crédito celebrar operaciones pasivas en Moneda Nacional con Entidades Financieras del exterior y con casas de cambio extranjeras, salvo cuando la moneda nacional corresponda al contra valor en moneda extranjera vendida precisamente al Banco Mexicano. Esta moneda tuvo por objeto procurar una reducción del mercado de precios en el extranjero y dificultar las operaciones crediticias que tienen lugar fuera del territorio nacional. A raíz de su implantación, la operación del mercado de futuros del peso del país se vio entorpecida, lo que dio lugar a la desaparición de dicho mercado.

La caída de los ingresos petroleros en 1986 agudizó en forma extraordinaria las dificultades de balanza de pagos y Finanzas Públicas, pues el año anterior los ingresos por exportaciones de petróleo y productos petrolíferos habían constituido 48% de los ingresos totales de la balanza de pagos y 26.2% de los ingresos totales del Sector Público.

La sola disminución del valor de las ventas de 1986 representó 6.7 del PIB de ese año y provocó una severa contracción de ingreso y de la demanda agregada.

Ante esta situación fue necesario modificar la estrategia económica hacia final del primer semestre de 1986 con la adopción del programa de aliento y crecimiento (PAC), cuya vigencia se extiende desde finales del mes de junio de 1986 hasta la primera quincena de diciembre de 1987.

Sin embargo, también el PAC fue rebasado por la realidad económica que mantenía inherentes los principales problemas de índole estructural. En lo poco más de 17 meses que duró este nuevo programa, el comportamiento de las principales variables económicas dejó mucho que desear: La actividad productiva descendió a los mismos niveles de 1983; la inflación revirtió su tendencia mostrada durante la aplicación del PIRE con una mayor aceleración, los niveles de desempleo volvieron a incrementarse, al igual que el déficit financiero; las exportaciones totales descendieron como consecuencia del derrumbe del mercado petrolero; los precios del hidrocarburo bajaron hasta 50%; al mismo tiempo que continuaba la devaluación del peso mexicano.

Todos estos factores propiciaron, en los últimos meses de aplicación del PAC, un clima de elevada incertidumbre y alta especulación que no tardaron en reflejarse en la política económica. La evolución de la economía fue muy desigual durante 1987. En los primeros nueve meses la actividad económica se recuperó gradualmente y la balanza de pagos se fortaleció, gracias a la mejoría en el superávit primario de la Finanzas Públicas y el crecimiento de la intermediación financiera.

No obstante, la presencia de las presiones inflacionarias alimentó la incertidumbre en los mercados financieros y provocó una disminución en el plazo promedio de la capacitación de ahorro financiero.

Por ello, cuando en el último trimestre el colapso bursátil internacional coincidió con un agolpamiento de los prepagos de la deuda externa privada, el mercado cambiario se vio sujeto a fuertes presiones, a pesar de que el saldo de la cuenta corriente de la balanza de pagos continuaba siendo superavitario.

El repunte de la actividad económica se manifestó con especial vigor en la industria cuya producción se incrementó 2.9%, en tanto que los servicios crecieron 1.2% y el sector agropecuario disminuyó 0.3%. Las industrias de mayor crecimiento fueron la minería y la generación de energía eléctrica, en tanto que la producción manufacturera y la construcción tuvieron un menor dinamismo.

El 19 de Noviembre el Banco de México se retiró del mercado libre de divisas, ante el peligro de que mantener el tipo de cambio se tradujera en un drenaje inútil de la reserva del país. El tipo de cambio libre se elevó de inmediato 32.8%, pero en el transcurso de las siguientes semanas se redujo a un nivel cercano hasta en los 2,224 pesos por dólar, 30.9% superior al observado el 17 de noviembre.

Al comenzar diciembre, se había acumulado un severo rezago de los precios y las tarifas del Sector Público, ya que mientras que el índice nacional de precios al consumidor se había incrementado 125.8% en los primeros once meses del año, los precios de la gasolina y de la energía eléctrica residencial se habían aumentado únicamente 72% y 65% respectivamente.

Esta situación ocasionó durante 1987 una pérdida real de ingresos de cerca de 1.5% puntos porcentuales de PIB respecto de lo programado. Como respuesta a esta situación de desequilibrio creciente el 16 de diciembre los diversos sectores de la sociedad suscribieron un pacto de solidaridad económica con el objeto fundamental de abatir la inflación.

4. EL INICIO DE LA CONCERTACION.

La proximidad de las elecciones presidenciales en un entorno económico desfavorable y lleno de incertidumbre, agravaron las tendencias políticas y sociales. Ante esta situación y a escasos 11 meses para que finalizara su sexenio, Miguel de la Madrid, realiza una concertación entre Gobierno, Empresarios, Obreros y Campesinos que se tradujo en un pacto de solidaridad económica (PSE).

En este pacto se reconoció que el problema fundamental del país seguía siendo el proceso inflacionario recurrente, y sus efectos desfavorables sobre los ingresos de los trabajadores. Por tal motivo, las acciones de esta nueva estrategia se concentraron en atacar de raíz el fenómeno inflacionario. La finalidad de éste paquete de medidas fue evitar la hiperinflación, a través de una corrección de precios rezagados y una significativa recesión.

En la primera etapa se pretendió modificar precios y salarios en forma gradual. Sin embargo, el comportamiento favorable, de variables económicas tales como las finanzas públicas, las exportaciones, el turismo y la inflación, posibilitó que la concertación para el mes de marzo optase por medidas más rígidas, y severas. Fue así que para el mes de marzo se pactó la congelación de precios, el tipo de cambio y los precios de garantía.

Marzo fue el inicio del período de hibernación para la economía mexicana. La tercera etapa del pacto (abril - mayo), la cuarta (junio, julio y agosto) y la quinta etapa (septiembre, octubre y noviembre), fue una ampliación del programa de choque aplicada desde el mes de marzo, basándose para ello en el comportamiento favorable de las variables económicas ya mencionadas.

Mientras esto sucede, otros factores muestras que los problemas estructurales siguen presentes. Entre ellos, el crecimiento del producto, del empleo, de las inversiones, de los niveles de vida, etc.

1989 terminó con negros pronósticos con respecto al futuro. La política de austeridad (Plan de Choque) continuará durante 1989 con el Plan de Estabilidad y Crecimiento Económico (PECE), para tratar de eliminar las causas estructurales de la inflación. Esto provocaría un mayor desempleo, con un desempleo de cinco millones (extraoficialmente dicha cifra podría llegar a seis millones a finales de 1989), el reto para la siguiente administración es la generación de empleos suficientes para cubrir este rezago y al mismo tiempo ofrecer opciones de empleo a los mexicanos que cada año se incorporan a la fuerza potencial de trabajo.

Otro de los retos es el de la recuperación de la capacidad adquisitiva de los trabajadores, dado que el deterioro que los salarios sufrieron en el sexenio de Miguel De la Madrid fue altamente significativo. Sin capacidad adquisitiva no hay consumo interno. Sin embargo, el principal reto será conservar la estabilidad económica al "desamarrar" los factores que fueron clave del éxito del PSE y que continúan con el PECE: Salarios, precios de los bienes privados, precios de los bienes y servicios públicos y estabilidad cambiaria.

5. MANEJO POLITICO Y REFORMA.

En muchos aspectos, los desafíos políticos enfrentados por el gobierno de De la Madrid cuando asumió el poder eran todavía más atemorizantes y menos tratables que los problemas financieros.

Las expectativas para la capacidad de conducción de estos desafíos de De la Madrid eran menores, aún De la Madrid era calificado como un tecnócrata políticamente inexperto: Un administrador profesional del dinero público sin la sensibilidad política y sin alianzas personales con los tradicionales grupos de apoyo del PRI - Gobierno que necesitaría como presidente para mantener el orden durante un período de severa aflicción económica.

De la Madrid probó que estos escépticos estaban equivocados. Su actuación como estrategia político fue impresionante. En un momento en que el mexicano promedio creía que su país había saqueado por la élite política y cuando el sector público se hallaba prácticamente en bancarrota careció de los recursos necesarios para crear nuevamente apoyo a través de programas de bienestar social y obras públicas al estilo populista. Sin embargo, al final de su gestión el pueblo mexicano le reconoció los logros alcanzados. La política de De la Madrid de reconocer los triunfos electorales de la oposición donde se presentaban al menos a nivel municipal - representó un riesgo calculado ya que abrió las válvulas a la frustración popular en un momento en que el gobierno contaba con escasos beneficios materiales para distribuir y establecía el escenario para una confrontación eventual entre los reformistas y los de línea dura dentro del régimen. La lógica de la decisión de admitir a la oposición es clara: Ello proporcionó una alternativa al Pan como receptor del voto de protesta para que las elecciones funcionaran como válvula de seguridad social.

Como explicó un funcionario de PRI, "Las concesiones políticas están a la orden del día debido simplemente a que no contamos con el dinero para conceder las demandas económicas".

Algunos observadores políticos mexicanos pronostican que más que tratar de suprimir los resultados desfavorables en las elecciones, el gobierno aprovechará la oportunidad para continuar el proceso de liberación política, como válvula de seguridad para las presiones sociales y políticas creadas durante el programa de estabilización económica. Como lo expresó uno de ellos recientemente, "La pérdida de legitimidad del régimen ha sido demasiado severa para que se ignore. Habrá una apertura electoral".

De la Madrid y su círculo interno de asesores han demostrado claramente su habilidad para imponer un nuevo estilo político, mediante la elección de los miembros de su gabinete poco vinculados a la tradicional clase política de México, la inflexible determinación de instrumentar un programa de austeridad en todo el gobierno y sus ataques públicos a los poderosos críticos de sus políticas de De la Madrid logró transmitir una imagen de firme control y un estilo de gobierno sin compromisos ni arreglos, los cuales contrastan agudamente con el estilo más conciliador y a menudo vacilantes de sus predecesores.

6. LAS CONSECUENCIAS Y LOS RETOS DEL AJUSTE ECONOMICO.

A partir de 1982 las políticas económicas y sociales han estado dominadas por la necesidad de generar excedentes fiscales y de la balanza de pagos para cumplir con el servicio de la deuda.

Sin embargo, a pesar de que el país ha realizado un esfuerzo de ajuste sin precedente durante los últimos siete años, la meta de desarrollo autosostenido no parece aún cercana, a menos que se dé un cambio significativo y permanente en las condiciones de pago del servicio de la deuda.

Como se ha dicho, corresponderá ahora a los acreedores hacer un esfuerzo mayor; México ya lo ha hecho. México no es un caso aislado; la mayoría de los principales deudores latinoamericanos se encuentran en situación muy poco favorable y las perspectivas de crecimiento en los próximos años son inciertas. Proseguir en escala mundial con las políticas estrechas de los acreedores en forma alguna parece acercar a la economía internacional a un patrón de crecimiento sostenido como el alcanzado en la deuda de los sesenta, período que en general está implícito en las evaluaciones, casi siempre optimistas, de las instrucciones acreedoras sobre las perspectivas de recuperación de las economías de los deudores, siempre que sigan fielmente las políticas de restricción de la demanda interna; promoción de exportaciones y mayor apertura a la inversión extranjera.

A pesar de la naturaleza global del problema y de los efectos sociales y económicos del proceso de ajuste a que han sido obligados los deudores, existe aún poca disposición en escala internacional para considerar cambios del fondo en el sistema. El análisis de algunos de los principales agregados de la economía mexicana, muestra claramente los costos del ajuste de 1981 a 1986 el producto per cápita disminuyó en cerca del 14% y el deflactor del PIB se incrementó a casi 15 veces su nivel de 1981; al mismo tiempo, el tipo de cambio se incrementó 30 veces con respecto a fines de 1981.

Por otra parte, en el mismo período, el tipo de cambio se incrementó 30 veces con respecto a fines de 1981 y se estima que la población económicamente activa, se incrementó en alrededor de 18%.

Parecería evidente la necesidad de reanudar el crecimiento económico a fin de compatibilidad las demandas derivadas de tan acelerado incremento demográfico con la estabilidad como es bien sabido.

El ritmo de crecimiento de la deuda externa de México en el período 1978-1982 no tiene precedente, pues de fines de 1977, al final de 1982, la cifra se incrementó de 29,300 a 84,900 millones de dólares. Tal crecimiento tuvo como origen tanto la facilidad para obtener recursos en los mercados internacionales, como la decisión gubernamental de aprovechar la bonanza petrolera para lograr las máximas tasas de crecimiento del producto.

El comportamiento de México en este sentido no fue diferente del de otros deudores importantes. Sin embargo, como se ha subrayado repetidamente, el señalamiento de la cuota de responsabilidad de los gobiernos de la región en el origen del problema no debe oscurecer el hecho de que cualquier solución verdadera, en términos de la capacidad nacional para reanudar una trayectoria de rendimiento sostenido, y sostenible políticamente, no sólo puede lograrse por medio de la cooperación de todos los participantes: Los bancos acreedores, los gobiernos de sus países, las instituciones financieras internacionales y, en los países deudores mismos, tanto los gobiernos como los sectores privados.

El análisis de evolución del problema en el ámbito internacional y del proceso de ajuste en el nacional, durante los últimos años, tal vez sea útil para formular propuestas viables de solución. Estas, necesariamente, deberán ser de carácter cooperativo. Es útil recordar que todos, deudores y acreedores, sector público y privado, contribuyeron directamente al incremento de la deuda. De ahí la insistencia de México en la responsabilidad compartida que deben asumir también los acreedores. Debe destacarse, igualmente, que la magnitud absoluta de la deuda impide seguir considerando las posibles soluciones en términos estrictamente financieros: Las políticas comerciales tanto de los países deudores como de los acreedores deben estar directamente vinculados a cualquier solución posible.

La magnitud del proceso de ajuste económico efectuado a partir de 1983 no tiene precedentes en México y difícilmente en otra parte del mundo. Dicho ajuste se ha reflejado tanto en el sector público como en el privado. La inversión y el consumo de dos sectores se han reducido drásticamente a partir de 1982 la inversión pública ha sido particularmente afectada; de 1981 a 1986, disminuyó de 9.6% a 5.3% del PIB, a la vez que la población se incrementaba 11.6%. De esta manera, en 1986 la inversión pública per cápita disminuyó a sólo 50% de la alcanzada en 1981. Al mismo tiempo, los intereses sobre la deuda pública pasaron de 37% del déficit público en 1981 a 1.5 veces el déficit en 1984, 1.5 veces en 1985 y 1.1 en 1986.

La inversión privada, mientras tanto, disminuyó del 17.8% del PIB en 1981 a 11.9% en 1985, y a una crítica del orden de 11.2% en 1986. Como resultado, de la economía se ha estancado; sin embargo, la fuerza de trabajo se ha incrementado en alrededor de 18% en el periodo de 1981-1986. Tanto las cifras agregadas como la simple observación reflejan claramente el incremento del problema ocupacional.

Dicha situación, por supuesto, varía de una región a otra; la frontera norte es una notable excepción. En el futuro previsible la economía mexicana continuará siendo muy vulnerable a los choques externos, como se evidenció con la caída de los precios del petróleo en 1986. Igual caso se da con las tasas de interés en los mercados internacionales, así como el régimen fiscal estadounidense, o con las tendencias que se observan en los países desarrollados hacia un mayor proteccionismo.

A pesar del rápido incremento de las exportaciones no petroleras, aunque de enorme importancia durante los últimos años, ha sido errático.

Dichas exportaciones disminuyeron durante 1985, después de haberse incrementado en 1983 y 1984. En 1986 de nueva cuenta fue posible incrementarlas, en parte debido a la caída de los precios del petróleo.

La coyuntura a que se enfrentará la política económica durante los próximos años es particularmente compleja. Después de siete años de bajo crecimiento, una exigencia social de primera importancia es restablecer condiciones tales que brinden suficientes oportunidades para la población. La tarea de renegociación internacional es particularmente difícil, pues hasta ahora, como se ha señalado, ni los bancos acreedores ni los gobiernos de sus países se han mostrado dispuestos a negociar condiciones que compatibilicen el pago del servicio de la deuda con la satisfacción gradual de las demandas sociales y la recuperación de una trayectoria de crecimiento por parte de los países deudores.

En el ámbito económico, puede decirse que los principales problemas que será necesario resolver durante los próximos años son los siguientes.

Primero, la creación de empleos para una fuerza de trabajo que crecerá a una tasa superior a 3.4% anual de ahora a fines de siglo. Al mismo tiempo, debe absorberse un rezago de subempleo y desempleo que se calcula en alrededor de 30% a 40% de la PEA, es decir, de 8 a 11 millones de personas.

A pesar de la reducción lograda en los últimos años en la tasa de crecimiento de la población total, la PEA seguirá incrementándose a tasas elevadas como resultado de la inercia del crecimiento demográfico de años anteriores.

Segundo, el país deberá financiar un proceso de urbanización que ha propiciado el incremento de cerda de 90% en la población urbana durante los últimos 17 años.

De acuerdo con estimaciones recientes, la población urbana en 1985 era de 53.3 millones de personas. Para el 2000 se estima que será alrededor de 76 millones, es decir, 76% de la población total. Ello se compara con una proporción de 68% en 1985.

Tercero, el crecimiento deberá ser suficiente para permitir el pago del servicio de la deuda externa. Este, deberá reducirse significativamente a fin de ser compatible con la recuperación de una trayectoria de crecimiento. En 1985 los pagos por intereses fueron 47% de las exportaciones de mercancías, y en 1986, la cifra fue de 52%. Aun considerando la disminución en el monto de intereses de 10, 156 a 8, 343 millones de dólares, la drástica caída de los ingresos petroleros explica el incremento de la proporción. No importa cuán exitoso sea el país en aumentar sus exportaciones, en las condiciones actuales es simplemente imposible que la capacidad de importación permita reanudar el proceso de crecimiento y a la vez cambiar las expectativas sobre el futuro de la actividad económica. Este es un problema complejo; en la medida que sea posible transformar las expectativas, y en ello deberá influir favorablemente el factor público en los próximos años, se logrará mejorar el desempeño de la economía mexicana.

Cuarto, en algún momento en el futuro cercano de la política económica deberá permitir que los salarios reales se incrementen de nueva cuenta, dada la drástica caída que han sufrido en los últimos años. De 1978 a fines de 1988 el salario mínimo real se disminuyó en alrededor de 57%. El proceso de ajuste económico ha extrañado reducciones en el nivel agregado de la actividad económica, en el empleo, en la inversión pública y en los salarios reales. Por ello, la tarea de la que deberá hacer frente la política económica en los próximos años no tiene precedente.

La obtención de resultados positivos dependerá no sólo de que el petróleo alcance precios favorables, sino de manera fundamental de la posibilidad de efectuar reformas internas orientadas a elevar el nivel de eficiencia de la economía y, sobre todo, de la posibilidad de mejorar significativamente las condiciones de pago del servicio de la deuda externa.

Dicha evolución favorable en este último aspecto tendrá que incluir cuando menos lo siguiente:

a) La reducción de pago del servicio de la deuda que debe hacerse en divisas.

b) Una reorientación mundial de los patrones de comercio e inversión de acuerdo con la distribución de la deuda externa.

c) Una elevada tasa de incremento de las exportaciones.

Lo anterior requerirá de avances internos, pero también de cambios importantes en las políticas industriales y comerciales de los países acreedores, a fin de permitir a países como México generar superávit comerciales compatibles con sus obligaciones de pago de servicio de la deuda. Ya durante los últimos años, los deudores como México se han enfrentado a un creciente proteccionismo en los países industriales. Ello dificulta el logro de superávit comercial que requiere el servicio de la deuda.

7. CONCLUSIONES

La década de los ochenta es dominada por la crisis económica, pero también ha contemplado profundas transformaciones cuyas tendencias se expresan en los noventas.

Entre estos cambios se pueden señalar, en el plano de la estrategia de desarrollo planteada por el Estado y los grupos dominantes, el papel distinto que se asigna a las relaciones entre el sector público y el privado y, en el terreno productivo, la emergencia de una economía exportadora no petrolera que propicia una dinámica económica distinta en términos espaciales y sectoriales. Todo ello, en un nuevo esquema de modalidades de relación productiva y financiera del país con el resto del mundo.

La década de los ochenta recoge una aguda caída de los indicadores económicos fundamentales, pero sobre todo, el colapso definitivo del patrón de acumulación vigente durante las últimas décadas. Junto a los estertores del agotado modelo de crecimiento, se empieza a perfilar el tránsito hacia una nueva forma de acumulación, que todavía no logra enraizar en la estructurar económica y en el espacio nacional.

Esta nueva modalidad modifica la realización del excedente social con tasas de rentabilidad que premian la producción orientada hacia el mercado mundial y mantienen deprimidos los sectores y regiones vinculados al mercado interno. Esta fase de transición es dominada por la recesión y la reestructuración del conjunto productivo nacional.

De no darse esta reestructuración, la perspectiva sería más recesión, crecimiento lento e inestable y una ampliación de las diferencias entre clases, sectores y regiones.

La precipitación de los cambios económicos ocurridos no puede verse sólo como resultado de la política de ajuste - estabilización adoptada, sino fundamentalmente como parte de un proceso más amplio de transformación de las relaciones que han conformado las bases de operación del sistema desde los cuarentas.

LOS PROGRAMAS DE CAMBIO ESTRUCTURAL

1. INTRODUCCION

El Tratado de Libre Comercio (TLC) con Estados Unidos y Canadá extiende de manera natural el modelo de desarrollo "hacia afuera" seguido por México durante años recientes. Las reformas estructurales y las políticas de estabilización fincadas en éstas constituyen el punto de partida indispensable para obtener los beneficios de eficiencia, elevación de salarios, modernización de la planta productiva, bienestar y distribución del ingreso, comúnmente postulados utilizados como justificación de un acuerdo comercial de esta naturaleza.

El propósito del presente capítulo es evaluar la situación y perspectivas macroeconómicas de México frente al TLC con el fin de identificar sus retos y opciones para los próximos años.

Si bien fue insatisfactorio el balance de resultados durante la década de los ochenta, la estrategia iniciada entonces empieza a generar avances sustantivos reflejados en las principales variables macroeconómicas. De manera destacada, el sostenimiento del dinamismo de las exportaciones no petroleras a pesar de la apreciación real del peso frente al dólar, el flujo positivo de capitales del exterior, el descenso de las tasas de interés reales domésticas, el reinicio del crecimiento económico, y las menores tasas de inflación configuran un ambiente propicio para una mejor inserción de México en la economía mundial.

La hipótesis central es que el aprovechamiento de las oportunidades potenciales del TLC depende de avances adicionales en éste tipo de políticas internas, más que de una "coordinación macroeconómica" con los otros países. Debe enfatizarse que el reto interno de consolidar estructuras de mercados flexibles con estabilidad macroeconómica contempla no sólo el corto plazo sino un horizonte más a largo plazo.

Hasta ahora, la coherencia y profundización en las medidas de política económica permiten mantener una perspectiva optimista respecto a la continuación de los flujos de capital del exterior que complementan el ahorro interno en el impulso al crecimiento económico. Por otra parte, la mayor integración con Estados Unidos y Canadá plantea desafíos para la presente década con relación a reformas estructurales en áreas aún no abordadas, y la conformación de condiciones que reproduzcan sostenidamente tasas de inflación similares a las de los países industrializados.

2. BENEFICIOS ESPERADOS DEL TLC

El TLC de México con Estados Unidos y Canadá tiene como finalidad reducir los obstáculos remanentes al intercambio de bienes y servicios entre las tres naciones e incrementarlo, por lo que la justificación última se encuentra en los beneficios asociados al comercio internacional.

Las tendencias mundiales hacia el proteccionismo y la formación de bloques comerciales ponen de manifiesto la relevancia de un TLC que incluya coherentemente la mayor parte de las transacciones entre estos países, en contraste con el tratamiento por sectores o problemas específicos utilizados en el pasado.

En primer lugar, el TLC puede incrementar la eficiencia económica si la dinámica del intercambio comercial supera las posibles desviaciones estructurales y efectos adversos que produce el mismo. Es previsible que el TLC implique un incremento neto del comercio entre México y Estados Unidos en la medida en que estos países reducen las barreras no arancelarias que son el principal obstáculo al libre comercio. Sin embargo, dadas las características de la planta industrial mexicana y sus niveles de competitividad, existe el riesgo enorme de que en el corto plazo s dispare el déficit en la balanza comercial.

Aún más, el desempleo que se genere como producto del cierre de empresas ineficientes será uno de los factores negativos en la búsqueda de incrementar la eficiencia en los siguientes.

Al reducirse los aranceles a las importaciones disminuye el precio para los consumidores nacionales, lo que puede mejorar las condiciones inflacionarias y conducir a un patrón de consumo de bienes de consumo final distorsionado. Por otra parte, al alcanzarse economías de escala por la ampliación de mercados los costos de producción se tornan competitivos.

Ahora bien, el TLC favorecerá más la eficiencia en la industrias previamente protegidas que producen a costos superiores a los mundiales entre menor sea el grado de complementariedad de los países en estas áreas.

La remoción de barreras no propicia la explotación de ventajas comparativas entre los países miembros, por el contrario, se incrementará más la eficiencia en los sectores protegidos que producen a costos iguales o inferiores a los mundiales entre mayor sea el grado de complementariedad de los países en esos sectores; ya que la remoción de barreras propiciará la explotación de ventajas comparativas. Para el caso de Estados Unidos y México, un ejemplo de la primera situación podría ser la producción de autos compactos y de la segunda la horticultura.

En segundo lugar, es de esperarse que si el TLC amplía el comercio y promueve la eficiencia, el ingreso real de la población aumente. Si esto es dinámico, el beneficio se dará a través de mayores tasas de crecimiento económico que reducirán la pobreza absoluta respecto a la situación previa generando un ingreso per cápita ascendente.

En tercer lugar, los mayores flujos de inversión y comercio explotarán la ventaja comparativa de México en procesos intensivos en mano de obra (anteriormente protegidos pero eficientes), incrementándose el valor real de los salarios en toda la economía (aún en sectores que no experimentan incrementos en productividad al incrementarse el costo de oportunidad de la mano de obra) mejorando así la distribución del ingreso entre el trabajo y el capital.

Al implicar una mejor asignación de los recursos empleados, es probable que en el corto plazo un TLC favorezca más a los trabajadores mejor calificados por educación o capacitación; respecto a los trabajadores no calificados. No obstante, la importancia de ésta limitante se reduce una vez que se toman en cuenta los beneficios derivados de un mayor nivel de ingreso real per cápita, y las posibilidades de abatir a mediano plazo las fuentes de desigualdad mediante el mejoramiento generalizado del capital humano.

3. LA NECESIDAD DE LAS REFORMAS

El modelo de desarrollo "hacia adentro" seguido por México desde los años cuarenta propició una industrialización sustentada en subsidios fiscales y financieros crecientes a favor del capital y el uso variable de aranceles, permisos y precios oficiales sobre las importaciones. A partir de esos años el estado empezó a crear empresas públicas para apoyar el proceso de situación de importaciones principalmente en las áreas de petróleo, petroquímica, transporte y comunicaciones, registrándose sin embargo la mayor expansión de entidades desde la década de los sesenta. El desempeño macroeconómico inicial fue destacado: entre 1953 y 1970 el PIB creció a una tasa anual promedio cercana al 6.0 por ciento, el ingreso real per cápita se recuperó 84.7 por ciento.

Aumentó significativamente la participación del sector industrial en el producto, el desarrollo se financió primordialmente a través del ahorro interno, y la inflación anual promedio, medida a través del INPC, se mantuvo en solo 3.8 por ciento.

No obstante lo anterior, a finales de los años sesenta empezaron a evidenciarse desequilibrios que sugerían el agotamiento de la estrategia seguida: la presencia de variados objetivos en la política del estado la regulación en los mercados, la distribución del ingreso y la promoción de la industrialización fue deteriorando la capacidad financiera de las empresas públicas.

Adicionalmente, el coeficiente de importaciones a PIB, cuyo abatimiento era un objetivo esencial, empezó a aumentar como resultado de la incapacidad de la planta productiva de generar los insumos necesarios para el desarrollo. Al proliferar los procesos productivos de baja escala y pobre innovación tecnológica, y al reducirse mediante subsidios el precio relativo del capital, se desalentó el uso de la mano de obra.

Para mitigar estos efectos, el gobierno decidió fortalecer el modelo original convirtiendo la inversión pública en el motor primario del desarrollo. De 1970 a 1982 las empresas paraestatales pasaron de 471 a 1155 y en participación dentro de la inversión bruta de 19 a 30 por ciento. Por otra parte, el auge petrolero permitió abandonar el proceso de liberalización comercial iniciado en 1977 y posponer indefinidamente la adhesión de México al GATT.

Los resultados económicos en ésta segunda etapa no fueron tan destacados, aun cuando el PIB continuó registrando tasas de crecimiento elevadas, el déficit fiscal y el endeudamiento externo se agravaron aceleradamente.

La inflación fue en ascenso, lo que dado el tipo de cambio fijo implicó una drástica apreciación real del peso frente al dólar y un deterioro sistemático de las reservas internacionales. En 1982 se recurrió a devaluaciones abruptas, al control generalizado de cambios y de importaciones y a la estatización bancaria, que hicieron imposible mantener el esquema de desarrollo anterior.

4. LA REFORMA DEL ESTADO EN MATERIA ECONOMICA

Una pieza central de la nueva estrategia económica ha sido la redefinición del papel del estado en la economía, a partir de la cual el gobierno ha devuelto al sector privado de producir bienes y servicios que no son "estratégicos" y ha ido adecuando los mecanismos de regulación para permitir un funcionamiento adecuado de los mercados.

Como primer implicación, se ha registrado un saneamiento sostenido de las finanzas públicas por lo menos en tres aspectos:

1. Una recuperación de los ingresos presupuestales por encima de los niveles previos a 1983. Estas medidas se vieron reforzadas desde 1987 con una reforma tributaria que amplió la base gravable de las empresas, redujo sucesivamente la tasa correspondiente del ISR de 42 por ciento en 1986 al 35 por ciento en 1992, y disminuyó anualmente la tasa marginal máxima del ISR aplicable a personas físicas de 55 por ciento en 1986 a 35 por ciento en 1992.

2. Un severo recorte del gasto programable, que como proporción del producto pasó del 28.2 por ciento en 1982 al 22.4 por ciento durante 1983. Este factor y el anterior han hecho posible mantener significativos superávit primarios, y

3. Un financiamiento creciente a través de valores gubernamentales, que dificultaría la estabilidad macroeconómica.

Sin embargo, el gobierno tiene por delante el reto de mejorar la composición del gasto por lo menos en dos sentidos; incrementar la razón capital/corriente que aún parece baja respecto a los niveles observados en los años setenta, si bien los proyectos actuales exhiben seguramente una mayor rentabilidad, y destinar una mayor proporción al gasto social dirigido a atender necesidades extremas resultantes del deterioro en la distribución del ingreso. Como señalaremos más adelante, es en este segundo rubro donde se ha registrado el mayor progreso a partir de 1988.

Una segunda vertiente de la reforma ha sido el proceso de privatización que ha comprendido la venta de múltiples empresas paraestatales, así como la apertura a la participación privada de actividades tradicionalmente reservadas al Estado. En una primera etapa 1983 1987, se vendieron 64 empresas caracterizadas por ser empresas de tamaño medio y pequeño, típicamente sujetas a un entorno competitivo. En la segunda mitad de 1987 el sector industrial paraestatal participaba en sólo 13 de las 28 ramas productivas que mantenía en 1982, y se estaba retirando totalmente de las ramas automotriz, farmacéutica, petroquímica secundaria y diversas de la industria manufacturera, tales como refrescos embotellados, textiles y envases domésticos.

Durante ésta primera fase el impacto fiscal de la privatización no fue significativo ya que no incluyó la venta de los principales monopolios estatales. Se estima que los ingresos obtenidos por la venta de empresas públicas durante esos años alcanzaron aproximadamente 2620 millones de dólares (MD). El proceso de venta fue lento porque, como en otros países, éste implicó un amplio proceso de aprendizaje, si bien se utilizaron mecanismos sencillos porque la mayoría de las empresas registraban utilidades.

A partir del segundo semestre de 1988 la privatización ha comprendido la venta de varias empresas de tamaño considerable, algunas de ellas con poder monopólico, como las aerolíneas Aeroméxico y Mexicana de Aviación, los Ingenios Azucareros, las mineras Cananea y Real del Monte, la compañía telefónica TELMEX, los 18 bancos comerciales y las siderúrgicas AHMSA y SICARTSA. Durante 1988 1991 el número de entidades paraestatales se redujo en 291, de las cuales 229 correspondieron a procesos de venta que generaron al gobierno un monto de recursos devengados de aproximadamente 14 542 MD. Cabe destacar que durante 1991, sólo los ingresos por la transferencia del control accionario de TELMEX ascendieron a 1758 MD.

Una tercera vía de la reforma del Estado ha sido la adecuación del marco regulatorio de la actividad económica para remover obstáculos a la competencia y facilitar la participación del sector privado en la economía. Entre las modificaciones al marco regulatorio sobresalen:

1) el nuevo reglamento sobre inversión extranjera y la abrogación de la ley de control a la transferencia de tecnología que facilita la entrada de capital y tecnología foráneos.

2) el programa de autopistas y puentes concesionados a la iniciativa privada.

3) la revisión y adecuación del marco regulatorio de la industria de telecomunicaciones que complementa la privatización de TELMEX.

4) las reformas que permiten la libre comercialización e importación de

azúcar suplementando la privatización de los ingenios.

5) la reclasificación de la petroquímica básica y secundaria que amplía el número de productos en ésta segunda clase susceptible de control privado.

El impacto del proceso de privatización y desregulación empieza a ser significativo en términos de beneficios fiscales y de eficiencia. Se ha favorecido a las finanzas públicas no sólo a través de los ingresos de una vez y por todas derivados de la venta de las empresas, sino asociada a éstas.

Adicionalmente, la eficiencia ha aumentado mediante la reducción en costos de producción, comercialización y distribución provenientes de la desregulación y, en algunos casos, la mejora en la calidad de los bienes y servicios de las empresas privatizadas (ejemplo, aerolíneas) (ITAM, 1993:1-52).

En principio, la privatización debiera mantener inalterado el patrimonio del gobierno toda vez que el precio de venta tiende a reflejar sólo el valor presente de los ingresos netos futuros de la empresa privatizada.

Sin embargo, en algunos casos (ejemplo, bancos) los elevados precios obtenidos respecto a su valor en libros parecen estar incorporando además expectativas de un incremento en eficiencia, casos en los que el cambio de propiedad podría estar representando una mejora patrimonial para el gobierno.

5. LA REFORMA COMERCIAL

La reforma comercial ha buscado apoyar la recuperación económica y financiera de México a través del impulso al comercio exterior y la mayor competencia que éste implica. Durante 1983 - 1984 desapareció el requisito de permiso para 35% de fracciones de Tarifa del Impuesto General de Importación (TIGI) y se redujo el número de tasa arancelaria.

Sin embargo, los cambios más profundos se iniciaron en julio de 1985, con la puesta en marcha del proceso de sustitución de permisos previos por aranceles, la eliminación de éste requisito para 90% de las fracciones de la TIGI, y la reducción de la dispersión arancelaria a 0 50%, si bien para compensar los abruptos cambios se decidió incrementar transitoriamente el arancel promedio de 8.5 a 13.3%.

En abril de 1986 se implantó un acelerado programa de reducción arancelaria en cuatro etapas, que culminaría con una tarifa máxima de 30%

en octubre de 1988.

También en ese año México se adhirió al GATT, empezó el desmantelamiento de los precios oficiales que habían servido como mecanismos indirectos de protección, y la desaparición del requisito de permiso previo a las importaciones alcanzó 92% de las fracciones.

No obstante, en diciembre de 1987 se adelantó la última etapa de la reducción programada de aranceles, haciéndose ésta más severa a través del establecimiento de cuatro tasas arancelarias entre 0 y 20% que disminuyó significativamente la dispersión en la protección efectiva, desapareció el impuesto adicional de 5% a las importaciones, 96% de las fracciones de la TIGI quedaron exentas del requisito de permiso y se abrogaron los precios oficiales

La celeridad y profundidad de la reforma comercial son evidentes al considerar que de 1985 a 1987 el arancel promedio ponderado descendió de 13.3% a 5.6%, y los permisos de importación como proporción de las fracciones de la TIGI pasaron de 10.4% a 3.9%. Además la fase más agresiva de la liberación comercial coincidió con la abrupta caída de los precios del petróleo. Cabe añadir, que durante 1986 1897 el tipo de cambio nominal jugó un papel preponderante para atenuar parcialmente los efectos del desmantelamiento de la protección, con la depreciación real del peso frente al dólar de 16.4%. Sin lugar a dudas, los resultados de la apertura comercial han sido satisfactorios. De 1985 a 1991, el comercio exterior no petrolero como proporción del PIB ascendió de 10.9% a 20.1%, y el valor de las exportaciones no petroleras aumentó más de tres veces.

En éste proceso se ha dado una notoria diversificación del comercio exterior que ha incluido un mayor dinamismo de sectores exportadores como el automotriz, la petroquímica y el de hortalizas y frutas, los cuáles utilizan intensivamente las ventajas comparativas de los recursos naturales y la mano de obra, y un auge de importaciones que sirven de insumos principalmente a las industrias de exportación. Adicionalmente, existe evidencia de que la productividad laboral ha crecido en el sector manufacturero, y el empleo ha aumentado significativamente en los sectores orientados a la exportación. Por ejemplo, durante 1985 1990 la industria maquiladora registró en promedio anual un incremento en el empleo de más de 15%, y una caída en los salario reales de sólo 2.3%, lo cual contrasta favorablemente con lo observado en el resto de la economía.

La apertura ha propiciado una nueva cultura empresarial basada en metas de productividad más que en expectativas de subsidios gubernamentales, como lo refleja la menor demanda por parte de los empresarios de que se garantice un tipo de cambio real arbitrariamente elevado para incentivar las exportaciones. En esta situación las empresas requieren bienes intermedios y capital para modernizar los procesos productivos.

6. LA REFORMA FINANCIERA

A partir de 1983 el sistema financiero estuvo sujeto a una excesiva y desigual regulación que obstaculizó la intermediación eficiente y el apoyo a la inversión privada. A partir de la estatización bancaria se uniformó a los bancos dentro de un sistema único, se limitaron sus áreas de operación y en 1984 se autorizó sólo la participación minoritaria (34%) del sector privado en el capital social. Estas restricciones pusieron en desventaja a la banca frente a las casas de bolsa.

La inestabilidad macroeconómica implicó para los bancos el estancamiento de su captación al ofrecer instrumentos a tasas fijas y canalizar obligatoriamente sus recursos al financiamiento del déficit público y al subsidio de ciertas actividades. Las casas de bolsa, por el contrario, ampliaron sus operaciones al ser los intermediarios autorizados en el mercado de valores públicos asociado a rendimientos variables y ofrecer instrumentos atractivos de captación.

A pesar de que a partir de 1985 se fueron removiendo algunos impedimentos enfrentados por los bancos y se registraron innovaciones, la severa restricción crediticia impuesta durante el primer semestre de 1988 puso en evidencia la proliferación de los mercados informales de crédito y, por ende, la necesidad de una reforma financiera que impulsara uniformemente la eficiencia de todos los intermediarios y complementara la modernización de otros sectores. Los indicadores reflejan el deterioro registrado por el sistema financiero mexicano durante 1982- 1988. Si bien el coeficiente de captación financiera a PIB permaneció prácticamente constante, la participación bancaria dentro de ésta registró un persistente descenso hasta llegar a 23.3% en 1988.

El financiamiento bancario registró aumentos sistemáticos que reflejan una severa ausencia de competitividad.

Por lo tanto se dirigió, en primer término, a liberalizar gradualmente las operaciones bancarias. En octubre de 1988, se eliminaron las restricciones al monto de emisión de aceptaciones bancarias, permitiéndose la inversión libre de esos recursos una vez cubierto un coeficiente de liquidez de 30%, y se autorizó el otorgamiento de avales bancarios sobre el papel comercial extrabursátil.

En abril de 1989, el régimen de inversión de las aceptaciones se extendió al resto de los instrumentos bancarios y se eliminó la fijación de tasas máximas de interés por parte del Banco Central. En septiembre de 1991 se eliminó el requisito de coeficiente de liquidez sobre la captación marginal bancaria en moneda nacional, otorgando una considerable libertad a los bancos sobre la cartera de sus inversiones (Indicadores económicos, 1989-1993).

En segundo lugar, en mayo de 1989 se publicó el nuevo Reglamento de Inversión Extranjera, aplicable a todas las actividades de la economía, que establece lineamientos precisos para reducir obstáculos a los flujos de capital del exterior, disminuyendo la interpretación casuística que se venía haciendo de la ley en esta materia. Se suprimió el requerimiento de autorización gubernamental para participación sin límite en proyectos que no excedan 250 mil millones de pesos dentro de actividades no clasificadas en el anexo del reglamento; se estableció el procedimiento para autorizar la participación por encima de 49% del capital de sectores clasificados, con aprobación automática después de 45 días; y se permitió la participación extranjera en acciones "N" y a través de fideicomisos de hasta 20 años (renovables) para empresas con problemas financieros y necesidades tecnológicas o de exportación.

En tercer lugar, en diciembre de 1989 se modificaron seis ordenamientos legales con el fin de otorgar espacios equitativos a los distintos intermediarios financieros, así como reconocer y regular la formación de agrupaciones. Respecto a la banca múltiple se permitió:

1) Un manejo de descentralizado de las decisiones operativas e incentivos para la buena administración.

2) la participación minoritaria de la inversión extranjera y el incremento de la participación de particulares en el capital social.

3) la autorización de la integración de grupos financieros bancarios incluyendo a los intermediarios más importantes, con excepción de aseguradoras y casas de bolsa.

En contrapartida, se autorizó la formación de grupos no bancarios comprendiendo a todos los participantes financieros excepto a la banca múltiple, y la operación de sociedades controladoras de grupos financieros.

Respecto a los intermediarios no bancarios, se permitió la participación minoritaria de la inversión extranjera en el capital social, y se liberalizaron las tarifas, comisiones y márgenes de operación correspondientes a aseguradoras y afianzados.

En cuarto lugar, en mayo de 1990, se reformó la Constitución para establecer el régimen mixto en la presentación de banca y crédito y se aprobó una nueva Ley de Instituciones de Crédito para determinar las condiciones en que el sector privado puede participar mayoritariamente en el control de los bancos. Complementariamente, se promulgó una Ley de Agrupaciones Financieras y se adecuó a la Ley del Mercado de Valores para regular globalmente la libre asociación de intermediarios de diferentes clases, incluyendo a bancos con casas de bolsa.

La nueva legislación busca un balance entre liberalización y regulación. Por el lado de la liberalización, se reconocen diferentes formas de asociación para los intermediarios, admitiéndose agrupaciones sin controladora en torno a bancos y casas de bolsa, así como asociaciones a través de controladora para los grupos más amplios.

Esta reforma permite que los intermediarios presten sus servicios a través de las sucursales de cualquier intermediario integrante del grupo, lo cual posibilita las economías de escala en información y tecnología. Cabe advertir, sin embargo que la asociación constituye una opción que los intermediarios financieros pueden tomar, pero de ninguna manera un modelo único o necesario para el desempeño de la banca.

Un elemento adicional de la actual reforma se relaciona con el más amplio papel concedido a la inversión extranjera, ya sea directamente en el capital social de los intermediarios como a través de las sociedades controladas.

La mayor parte del capital extranjero además de fomentar la modernización de las instituciones, representa una señal de que sistema financiero mexicano se dirige hacia una mayor apertura a la competencia externa en los próximos años. La apertura es definitivamente necesaria para garantizar una mayor competencia y eficiencia entre los intermediarios financieros.

La reforma introduce una regulación más severa: el requerimiento para la participación de una misma persona física o moral en el capital pagado pasa de un máximo de 15% a uno de 5%; el capital neto mínimo asciende de 3 a 6% de la suma de activos y operaciones de pasivos contingente. El fenómeno de piramidación se encuentra prohibido a través de las cláusulas que regulan la inversión de entidades integrantes en otras entidades financieras de un mismo grupo.

En suma la nueva legislación busca reducir la tendencia de concentración del capital, las inversiones y los riesgos inherentes a ésta. Finalmente, en noviembre de 1991 se eliminó el sistema cambiario dual con lo que desapareció el requisito de registrar las transacciones comerciales a través de un mercado controlado de cambios.

Las diferentes fases de la reforma financiera, apoyadas por los avances en otras áreas de la política económica, han empezado a brindar resultados positivos en términos de la recuperación de la captación total y la participación bancaria dentro de ésta, así como el reciente auge de la inversión extranjera y el consiguiente empuje de la Bolsa Mexicana de Valores. Un efecto central es la tendencia incipiente hacia márgenes de intermediación más estrechos toda vez que éstos se habían ampliado a medida que se agudizaba la inflación y los bancos buscaban captar parte del impuesto inflacionario.

7. POLITICAS DE ESTABILIZACION

Para abatir la inflación, de 1983 a 1987 el gobierno puso en marcha dos programas de estabilización. El primero bajo el nombre de Programa Inmediato de Reordenación Económica (PIRE), buscaba superar los problemas fiscales y de balanza de pagos que se aceleraron con el desplome de los precios del petróleo. El gobierno redujo de forma generalizada sus gastos he incrementó sus ingresos a través de mayores tasas impositivas y ajustes en los precios y tarifas públicas.

Asimismo, se renegoció dos veces la deuda externa y se creó el Fideicomiso para la Cobertura de Riesgos Cambiarios (FICORCA) para que el sector privado escalara sus pagos sobre sus pasivos con el exterior.

El saneamiento de las finanzas públicas permitió una reducción de la inflación de 39.7 puntos porcentuales durante los dos primeros años del programa, si bien la economía experimentó una profunda recesión en 1983.

La percepción equivocada de que los problemas estructurales se habían superado dio lugar a una recuperación gradual durante 1984 1985. El mayor crecimiento estuvo acompañado de incrementos en los subsidios para la inversión privada y en el gasto público corriente que resultaron en un revertimiento a la alza de la inflación a partir de mediados de 1985, agravado posteriormente con las erogaciones extraordinarias para contrarrestar la catástrofe sísmica de la ciudad de México en ese año.

En febrero de 1986, ante la segunda caída de los precios del petróleo, el gobierno implantó un programa de emergencia que incluyó una severa restricción fiscal y monetaria, depreciación sistemática del peso frente al dólar y un nuevo acuerdo con el Fondo Monetario Internacional (FMI). Si bien las acciones anteriores dieron como resultado una recuperación de los ingresos tributarios y una acumulación significativa de las reservas internacionales, la acelerada depreciación del peso frente al dólar impulsó el proceso inflacionario convirtiéndose en el componente adelantado más significativo del mismo. En 1987 la inestabilidad interna y la caída de los mercados bursátiles originaron especulación contra la moneda que desembocó en el retiro del Banco de México del mercado cambiario libre y en una abrupta devaluación del peso.

Analizados en su conjunto, los resultados de éstos dos programas de estabilización lucen desalentadores, sobre todo si se tiene en cuenta el rezago social en que se incurrió y las reformas estructurales que se estaban introduciendo. Cabe reconocer que el potencial de estos esfuerzos se vio limitado por factores incontrolables como los sismos y las dos caídas de los precios del petróleo. Las medidas de cambio estructural requieren tiempo para generar beneficios y su aprovechamiento presupone medidas de estabilización permanentes que no necesariamente se dieron.

En promedio anual durante 1983- 1987, el crecimiento de la economía fue de sólo 0.02%, el producto per cápita descendió 2.1%, las remuneraciones salariales reales en el sector manufacturero cayeron 6.9%, las transferencias netas de recursos al exterior (medidas como superávit en cuenta corriente excluyendo intereses) alcanzaron 7.9% del PIB, la deuda externa aumentó 5 puntos del producto y la inflación (INPC) fue de 93.7%. La gravedad de las transferencias netas de recursos al exterior se resume en el límite que éstas pusieron a la inversión y el consumo del país. Durante 1983 1987 el crecimiento real anual de estos renglones fue en promedio de 5.3 y 0.2%, respectivamente, destacando la contracción del gasto público de capital y el consecuente rezago en la infraestructura del aparato productivo.

Ante estos resultados, en diciembre de 1987 se inició un tercer programa de estabilización, bajo el nombre de Pacto de Solidaridad Económica (PSE), con el objetivo de reducir la inflación a tasas comparables con las de los países industrializados sin incurrir en graves costos sociales en términos de desempleo o salarios reales. El programa se ha distinguido no sólo por la incorporación de políticas "heterodoxas" de concertación de precios sino por su definición en función de una sola meta, en contraste con los intentos anteriores de estabilización.

La meta de inflación internacional, que para México significa ser competitivo en materia de precios frente a sus principales socios comerciales, cobra especial relevancia frente al TLC, toda vez que subraya la necesidad de asegurar condiciones internas favorables para una inserción más eficaz en la economía mundial.

En el sexenio de Miguel de la Madrid el proyecto modernizador surgía al interior del aparato estatal y del sistema político que encarnaba la preservación del status quo. Las medidas de ajuste o reestructuración pretendían fundamentarse con la autoridad y el poder que el Estado tenía frente a los empresarios, aunque dichas prerrogativas habían caducado en la medida del enorme poder adquirido desde los años setenta por los grupos financieros. Como resultado de ambas contradicciones el equipo modernizador se encontró en contraposición tanto del grueso de la burocracia y la base y dirigencia del partido oficial como con la gran burguesía.

Estas contradicciones determinaron que el proyecto oficial de modernización sólo avanzara limitadamente durante un primer periodo comprendido entre 1983 y finales de 1987. Por ello la crisis, que en un principio se circunscribía al terreno económico, se extendió al político, pareciendo llegar a su consumación cuando se produjo la fractura del partido oficial, al momento de desatarse la lucha interna por la sucesión presidencial en 1987, proceso que condujo al "voto de la crisis" un año después.

Este impasse determinó que la iniciativa quedara en manos de los funcionarios más conservadores. El precio del petróleo al caer en 1986 provoca el Shock económico. El grupo de salinas de Gortari promovió el ingreso al GATT y la apertura comercial. Sin embargo, para acceder al crédito el gobierno propició el incremento de tasas de interés derivándose después el ajuste económico.

De los logros de De la Madrid Cuatro aspectos merecen especial análisis: 1. la renegociación de la deuda externa. 2. el saneamiento adicional de las finanzas públicas. 3. el papel de los controles de precios. 4. los resultados obtenidos.

7.1 RENEGOCIACION DE LA DEUDA EXTERNA

La renegociación de la deuda externa obedeció a cuatro objetivos gubernamentales: (1) reducir la deuda histórica; (2) disminuir la relación deuda externa a producto; (3) reducir las transferencias de recursos al exterior, y (4) lograr un financiamiento multianual.

El 11 de abril de 1989 el gobierno mexicano firmó una Carta de Intención con el FMI en la que ésta institución aprobó sin modificaciones las políticas macroeconómicas del país y otorgó un aval independiente de las decisiones de la banca comercial acreedora. El acuerdo se orientó a garantizar las condiciones de crecimiento económico sostenido, por lo que las metas fueron reducir el nivel de transferencias netas al exterior a 2% del PIB y garantizar un financiamiento de siete millones de dólares (MD) anuales (contribuyendo el FMI con aproximadamente 3600 MD desembolsables en tres años).

Como paso más innovador, el 4 de febrero de 1990 se suscribió un acuerdo con los bancos comerciales acreedores, según el cual éstos se comprometieron a convertir 48 044 MD de deuda del gobierno mexicano a alguna o algunas de las siguientes opciones:

1. Reducción del valor nominal del principal: intercambio de deuda vieja por bonos de salida, los cuales involucran un descuento de 35% del valor nominal original, son amortizables totalmente al final de 30 años.

2. Tasa de interés fija de 6.25%: intercambio de deuda vieja por bonos de salida a la par (valor nominal original), los cuáles son amortizables totalmente al final de 30 años, pagan 6.25% de interés, y se garantiza permanentemente el principal y 18 meses de intereses.

3. Recursos frescos, equivalentes a 25% del monto sujeto a esta opción, desembolsables en 4 años (7% en 1989 y 6% anual en 1990 1992), pagan LIBOR + 13/16 y son amortizables en 15 años con 7 de gracia.

Del monto base, 41% se aplicó a la opción 1, 47% a la opción 2 y 12% a la opción 3, teniendo las tres opciones efectos retroactivos a julio de 1989. Las garantías en las opciones 1 y 2 fueron de dos clases: (1) compra por parte de México de bonos "cupón cero" a treinta años, emitidos por el Tesoro de Estados Unidos que devengan una tasa de interés fija de 7.925% y garantizan el principal de los bonos de salida, y (2) inversión por parte de México de un fondo de mercado para garantizar permanentemente 18 meses de intereses de los bonos de salida.

Las dos primeras opciones resultaron las más atractivas para México, y la tercera un complemento para la reducción de deuda. Sólo disminuyendo la deuda, ya sea a través del principal de los intereses, no se imponen compromisos adicionales a las generaciones futuras. El monto base sujeto a la tercera opción quedó automáticamente reestructurado a 15 años con 6 de gracia. Esta última cláusula y la conversión de deuda vieja por bonos de salida bajo las opciones 1 y 2, representa una reducción multianual de las transferencias al exterior.

La deuda negociada fue elegible para "swaps" destinados a la privatización de empresas paraestatales (hasta 50% del capital) o inversión en infraestructura. El monto de "swaps" autorizado fue 3500 MD para 1989 1992 conviniéndose que si algún monto originalmente sujeto a las opciones 1 y 2 se destina al mecanismo de swaps, se cancela la obligación de garantías de los correspondientes bonos de salida.

Se incluyó una cláusula de contingencia que se activará si el precio del petróleo desciende por debajo de 10 dólares por barril a precio de 1989, en cuyo caso el país será compensado hasta por 800 MD (50% proveniente del FMI y la otra mitad otorgada por los bancos comerciales con aval del Tesoro Estadounidense). Se introdujo además una provisión de "recaptura prospectiva" aplicable a partir de julio de 1996, referida al incremento en el rendimiento o sobretasa de los bonos de salida (opciones 1 y 2), si el precio de barril de petróleo rebasa 14 dólares por barril a precios de 1989.

7.2 Saneamiento de las finanzas públicas

El mejoramiento adicional de las finanzas públicas desde 1988 representa el pilar del programa de estabilización. La dinámica de este saneamiento se aprecia a partir de la restricción presupuestal del gobierno en términos reales, que iguala el uso total de recursos a las fuentes de financiamiento:

Se incluyen como usos el déficit primario y los pagos de intereses reales sobre la deuda pública total siendo los intereses reales (negativos) sobre la deuda monetaria en moneda nacional el impuesto inflacionario. La suma de usos, referida como déficit operacional, se financia a través del cambio en el valor real de la deuda pública.

Un elemento esencial dentro de cualquier programa de estabilización es la reducción del impuesto inflacionario como fuente de financiamiento. Tal gravamen opera de manera similar a otros impuestos, teniendo como base el saldo real de dinero en poder del público y siendo la tasa impositiva la inflación misma.

Dado un impuesto inflacionario, la única opción para financiar un mayor déficit operacional es incrementar el valor real de los débitos. Lo anterior enfrenta, empero, una limitante infranqueable: el servicio de la deuda pública, tarde o temprano, no puede exceder la capacidad de pago del gobierno. De superarse este umbral el elevado costo real de la deuda hace que las autoridades recurran eventualmente al impuesto inflacionario, tal y como se hizo en el pasado.

El avance logrado durante el actual programa de estabilización es evidente al considerar que durante 1988 1991 los intereses reales en moneda nacional se han concentrado en la deuda no monetaria como reflejo del financiamiento público a través del mercado, y el impuesto inflacionario remanente tiene un origen diferente al déficit público. En una economía cerrada, éste impuesto surge de la posibilidad de imprimir moneda de curso legal, frecuentemente para financiar el déficit público, a un costo nominal virtualmente nulo para el gobierno. Sin embargo, actualmente la inflación en México no proviene de la emisión primaria para financiar el desequilibrio fiscal (éste financiamiento ha sido inclusive negativo, y, como veremos más adelante, tiene sólo parcialmente una explicación monetaria relacionada con la entrada de capitales estando la economía abierta y el tipo de cambio prefijado.

Por otra parte, la necesidad de mantener un considerable superávit primario podría reducirse en el futuro si continúan disminuyendo las tasas de interés domésticas y, por lo tanto, el servicio de la deuda pública interna. El saneamiento financiero ha sido coherente con la mayor disponibilidad de financiamiento hacia el gobierno reflejado en el incremento del plazo promedio de vencimiento de la deuda pública.

El plazo promedio de 1988 1991 rebasó el observado en 1983 1987 y a finales de 1991 fue de 2.5 veces superior al correspondiente en 1987.

Asimismo, se reduce la vulnerabilidad financiera del sector público ante posibles fluctuaciones en las tasas de interés domésticas, aspecto central por el que la magnitud de la deuda pública interna resulta relevante.

Una consecuencia crucial de la mejoría en materia de finanzas públicas ha sido la creciente participación del gasto social y rural dentro de las erogaciones programables (particularmente a través del Programa Nacional de Solidaridad, "Pronasol"), que en 1991 alcanzó 50.3%, cumpliéndose de ésta manera con el propósito redistributivo de la política fiscal. La reorientación del gasto hacia el combate de la pobreza extrema ha sido esencial para fortalecer el consenso social a favor de las reformas.

7.3 Los controles de precios

Junto al saneamiento de las finanzas públicas, la política de controles generalizados de precios jugó un papel primordial para abatir rápidamente la inflación y atenuar los efectos recesivos de las medidas fiscales de austeridad durante la primera etapa del programa. El efecto benéfico real puede racionalizarse considerando que los controles de precios, al deprimir los márgenes de utilidad de las empresas con algún poder monopólico pueden propiciar mayores niveles de actividad económica si es significativa la presencia de mercados imperfectos. Por otra parte, no se generaron presiones inflacionarias porque al mismo tiempo se congeló el tipo de cambio y se restringieron los salarios. Aun cuando esta explicación es estática, los efectos previstos de los controles parecen haberse distribuido a lo largo del tiempo.

Dado que los beneficios de los controles de precios son necesariamente transitorios, se han ido removiendo éstos gradualmente con lo que las concertaciones dentro del Pacto han pasado a ser oportunidades para anunciar compromisos de política económica para cierto tiempo, más que mecanismos de control de precios. De hecho, sólo los precios públicos y unos pocos precios privados (referidos a artículos básicos) pueden considerarse actualmente bajo un régimen de control.

No obstante aún se presenta el reto de remover los controles remanentes de precios ya que pueden ser inconsistentes con el objetivo de eficiencia, dado que se trata de bienes típicamente no sujetos a la competencia internacional. El proceso de revisión de precios controlados tiende a ser discrecional y los resultados dependen de la fuerza de negociación de las partes involucradas (incluyendo empresas públicas). Por otra parte, el proceso es susceptible de incurrir en incoherencias entre regiones dada la ausencia de coordinación y la imprecisión de las atribuciones de los organismos regionales de vigilancia.

Por otra parte, en ocasiones se argumenta que los controles de precios no han generado distorsiones en la economía toda vez que los "índices de escasez" calculados oficialmente se mantienen bajos, y las revisiones actúan oportunamente ante un incremento de estos índices. Cabe señalar, sin embargo, que un índice reducido de escasez no implica necesariamente la ausencia de distorsiones si la apertura comercial puede abastecer al país de bienes sustitutos (no iguales) a los que se están dejando de producir internamente dado el precio regulado.

7.3 Resultados macroeconómicos

Los resultados globales del Pacto han sido satisfactorios. En primer lugar los avances en materia de desinflación fueron espectaculares durante las primeras dos fases del programa: en veinte meses la inflación se redujo más de 140 puntos al pasar la tasa anual de 159.2%, en diciembre 1987, a 16.8% en agosto de 1989, con 1.4% de ritmo mensual promedio durante la segunda fase. Sin embargo, durante la tercera fase los avances no han sido tan claros ya que la tasa anual de inflación fue en ascenso continuo desde octubre de 1989 a noviembre de 1990 para luego descender, registrando un promedio de 24.7% durante 1990 1991.

En segundo lugar, a partir de abril de 1990 se han venido reduciendo las tasas de interés reales internas, cuyo nivel extraordinariamente elevado durante los dos primeros años del Pactos se constituía en uno de los principales obstáculos para la recuperación del crecimiento. Por ejemplo, desde ese mes a diciembre de 1991 la tasa de interés promedio de los Cetes a un mes perdió 30 puntos porcentuales lo que representó una disminución de 27.8 puntos del rendimiento real anual correspondiente. La mayor disponibilidad para invertir a valores gubernamentales refleja una mejora en la percepción del público en torno a la solidez global del programa económico. Esto último se manifiesta en la acumulación sistemática de las reservas internacionales registrada durante el lapso considerado, que resulte de un saldo considerablemente superavitario en la cuenta de capitales. Ello ha permitido que las transferencias netas de recursos al exterior se ubicaran por debajo de 2% durante 1990 1991.

Tal vez los resultados más favorables del Pacto se refieren a la moderada recuperación del PIB per cápita y el mantenimiento del crecimiento del empleo, que si bien han registrado un dinamismo modesto arrojan un balance superior a las experiencias de estabilización previas.

A la luz de este progreso podemos concluir que los desafíos esenciales en el manejo macroeconómico frente al TLC se refieren a los elementos que garanticen un crecimiento sostenido a través de la ampliación del comercio y la inversión, entre los que destaca la consolidación de la inflación a niveles internacionales (Criterios de política económica, 1989 - 1993).

8. LA BALANZA DE PAGOS Y EL TIPO DE CAMBIO

La selección de una política monetaria y cambiaria adecuada frente al TLC requiere que consideremos la experiencia reciente en materia de balanza de pagos y tipo de cambio. Una frecuente preocupación de múltiples analistas se centra en el deterioro de la cuenta corriente y la apreciación real del peso frente al dólar, por una parte, y la volatilidad potencial de la cuenta de capitales, por la otra.

A) Cuenta corriente y tipo de cambio real

De 1988 a 1991 la cuenta corriente pasó de un déficit de 2.4 MMD a uno de 11.7 MMD mientras que el tipo de cambio real se apreció en 19.2%. Examinadas aisladamente, estas variables podrían interpretarse como reflejo de una política cambiaria no realista. Por ejemplo, John Williamson se ha referido a la necesidad de mantener un "tipo de cambio competitivo", en el sentido de que promueva el crecimiento de las exportaciones, como uno de los diez componentes del "Consenso de Washington" en torno a lo que debe ser una reforma de política económica. El propósito de esta sección es argumentar que no existe evidencia de un desequilibrio en la balanza de pagos y que las tendencias recientes podrían continuar en el futuro. El deterioro de la cuenta corriente durante 1988 1991 estuvo impulsado principalmente por el saldo decreciente registrado por la balanza comercial.

8 EL SEXENIO DE CARLOS SALINAS DE GORTARI 1988-1994.

La política económica de Salinas es la continuación e intensificación de los amplios lineamientos establecidos por la administración de De la Madrid, cuando Salinas fue el arquitecto de la política económica nacional estando a cargo de la Secretaría de Programación y Presupuesto. Sin las reformas iniciadas en la administración anterior la economía mexicana no habría alcanzado los resultados favorables del período 1989-1993.

La crisis política y económica que atraviesa el país redefine la perspectiva y el enfoque aplicado por los tecnócratas de orientación modernizadora y del propio Salinas de Gortari quien asume su liderazgo antes de ser presidente del país. Su propuesta de modernización conlleva dos formulaciones que expresan una modificación radical del enfoque anterior. A través de la primera reconocía la inviabilidad de la vieja relación autoritaria entre el Estado y los grupos financieros dado el cambio de correlación de fuerzas y las transformaciones en el proceso en el proceso de acumulación de capital. Con el segundo, el agotamiento de patrones históricos que posibilitaron la reproducción del sistema político estatal mexicano. Dicho agotamiento redefiniría los espacios de confrontación social y política, obligando al Estado mexicano a establecer un nuevo equilibrio entre las diversas clases y fuerzas sociales a partir de la definición de las condiciones de su hegemonía. La estrategia económica de reducción de la inflación es el centro de atención principal, porque es precondición para iniciar y sostener el crecimiento, en parte por la necesidad de estabilización para estimular las expectativas en el proceso de inversión.

Para lograrlo se elabora el Pacto de Solidaridad Económica (PSE) que se instrumenta en diciembre de 1987, éste es la aplicación de un enfoque "heterodoxo" para combatir la inflación combinando controles de precios y salarios con ajustes fiscales y monetarios. Para establecer ambos controles se creó un mecanismo permanente de consulta y negociación con los sindicatos y con el sector privado. El control salarial se convierte así en una de las herramientas claves en la batalla contra la inflación y ese será su papel durante todo el sexenio.

El éxito del plan antiinflacionario se explica por varios factores. El apoyo de los grupos financieros cuyas empresas ejercen la función fijadora de precios de las actividades más importantes de la economía, demostró ser un mecanismo adecuado para detener la espiral inflacionaria. La reconversión industrial se vio favorecida por la estabilidad e incrementó su ritmo de crecimiento en la productividad. La parte monetaria de la inflación configurada por la expansión extraordinaria del circulante, al rehabilitar la orientación hacendaria se tuvo un efecto positivo. La apertura comercial favorece la lucha contra la inflación a través de dos medios: con el establecimiento de un mecanismo de arbitraje de precios derivado de la competencia. Por otro, al producir la liquidación de las empresas ineficientes que operaban en varios renglones del aparato productivo.

A l avanzar el desmantelamiento del obsoleto complejo empresarial con el cual el estado subsidiaba a los grandes empresarios, se desplegó una ofensiva para recuperar credibilidad política actuando en varios terrenos: medidas efectivas para desterrar a agentes sociales indeseables que se habían gestado gracias al sistema de inequidad y corrupción propio del régimen autoritario vigente (cortar cabezas de líderes y atacar el narcotráfico), y el entendimiento con la oposición de derecha para apoyar el programa liberal. Se esgrime la bandera de la izquierda con el programa de solidaridad y la renegociación de la deuda externa.

El PSE constituye el primer eje bajo el cual se despliega la política salinista de modernización. En torno al PSE se integran los aspectos nodales de la reestructuración: por un lado la apertura comercial, la racionalización del aparato de gestión estatal y los alcances de la propiedad pública y privada. El pacto entre las cúpulas empresariales expresa una nueva concepción sobre los alcances del poder público versus el poder privado. La reforma del estado se sustentó económicamente en la privatización. Políticamente en cambio no llegó a darse un despliegue equivalente. Eso le exigía al mismo tiempo apoyarse en las propias instancias de control que consideraba superadas, como el presidencialismo o el corporativismo, pero también actuar en el marco impuesto por la tradición del partido, para evitar la ruptura de éste.

La administración salinista continuó el proceso de reforma estructural, con la negociación exitosa de la reducción y reestructuración de la deuda externa contribuyó a mejorar las expectativas acerca de la estabilización de la economía mexicana y permitió reducir las tasas de interés disminuyendo la presión en el balance fiscal y estimulando la recuperación económica. Las políticas económicas y el incremento de los precios del petróleo en 1990 permitieron regresar a la senda del crecimiento sostenido durante los primeros tres años del sexenio.

2. LAS REFORMAS ECONÓMICAS SALINISTAS

La viabilidad del proyecto salinista de modernización pasa a depender de su capacidad para recuperar el crecimiento económico de manera sostenida y duradera.

Además de las consideraciones sociales inmediatas estaba la cuestión de su autoridad moral y la solidez de su liderazgo frente a los neoliberales.

El cambio del entorno fue generado a través de la subvaluación cambiaria y luego continuado por la apertura comercial lo que permitió aumentar la eficiencia productiva y la competitividad internacional de la industria. Pero la liberación de nuevas fuerzas dinámicas de tipo abierto e intensivo estaba destinada a provocar mayores tensiones sobre el sistema institucional vigente como lo pusieron de manifiesto los conflictos escenificados en la bolsa de valores.

Al avanzar en dos amplios frentes (el productivo y el financiero) los grandes consorcios lograron capitalizar los avances de la reestructuración global de la economía mexicana, acelerando su paso y definiendo su orientación. Las grandes empresas que se reestructuran controlan las actividades de mayor potencial de proyección internacional, lo cual las convierte en competitivas. Su capacidad competitiva se fue fortaleciendo gracias al proceso de imitación, conservación y aprendizaje de otros agentes mediante contactos con sus socios o competidores externos.

Su avance se expresó en la existencia de una tradición empresarial arraigada, en redes consolidadas de proveedores que pueden continuar ramificándose, de cuadros gerenciales, de técnicos y obreros que se han desarrollado de forma incremental. Al apoyarse en estos recursos humanos y materiales han podido llevar a cabo diversas innovaciones que produjeron ganancias significativas en el mercado exterior. Los arquetipos de estas innovaciones se encuentran en la industria del hierro y del acero, vidrio, cemento, resinas sintéticas, y fibras artificiales. Es evidente por lo tanto que este potencial productivo no fue en rigor creado por la reestructuración de los años ochenta. El papel de la reestructuración consistió en revertir su sesgo parasitario y empujarlos a una segunda etapa de desarrollo intensivo a través de la modificación radical del entorno en que operan.

El proceso de recuperación es por su naturaleza desequilibrado y ha intensificado los diversos desequilibrios heredados de la etapa histórica anterior. Además de la divergencia en las condiciones de la recuperación de rama a rama de actividad, lo que ha originado un crecimiento desigual, se produjo una exorbitante presión que desequilibró la balanza comercial debido al incremento de las importaciones de medios de producción y, en menor medida, a la difusión de nuevas pautas de consumo personal, de la misma manera los requerimientos de inversión han sobrepasado al ahorro interno disponible, pasando a plantear elevados requerimientos de capital externo.

3. LA MARCHA DE LA RECUPERACION ECONOMICA

Los gastos de consumo privado experimentaron una notable recuperación, principalmente en lo que atañe a los bienes de consumo duradero, que experimentaron una virtual revolución gracias a la liberalización de las importaciones. El notable aumento del consumo provino esencialmente de los sectores que estaban recuperando su poder de compra, ante todo los vinculados al aparato financiero y bursátil que desempeñaban funciones de supervisión y control de operaciones productivas (gerentes, ingenieros, supervisores, etc.,). La recuperación del consumo popular aún es incipiente en virtud de que el salario obrero se recupera pero a un ritmo mucho más lento. La reducción de las tasas de interés pasivas a partir de abril-mayo de 1990 impulsó la recuperación y creó un clima de verdadera euforia en los círculos privados que se contagió a las esferas gubernamentales.

Sin embargo el impulso económico pasó a desenvolverse en condiciones enormemente complejas al interrelacionarse factores externos cambiantes con las transformaciones desencadenadas por la reprivatización bancaria. Se pasará a continuación a examinar la incidencia de ambos factores en el proceso de recuperación económica.

Aún en 1990 existía en los altos círculos gubernamentales y empresariales cierta aprehensión sobre sí las entradas de capital alcanzarían la magnitud requerida para cubrir el déficit de la balanza comercial, pero al año siguiente la situación cambió radicalmente cuando los flujos de capital hacia varios países de América Latina, entre ellos México, se incrementó de manera sorprendente, generando una serie de problemas nuevos sobre la gestión pública de la economía.

La extraordinaria afluencia de capital externo principalmente de inversión en cartera, atraído por las perspectivas de rentabilidad creadas por la reestructuración, tendió a potenciar el auge cuya vitalidad ya había quedado demostrada cuando este último literalmente irrumpió en el marco de una economía maniatada por controles al crédito. Pero junto a los efectos potenciadores se exacerbaron las tendencias desequilibradoras determinadas por el desigual grado de reestructuración del aparato productivo y de su capacidad para abatir los costos de producción una vez que incrementa el poder de compra interno y externo de la economía. En los sectores más avanzados, como química, caucho, plásticos, minerales no metálicos y metalúrgica básica ha continuado el incremento de productividad y de competitividad lo cual ha arrastrado a los salarios. En contraste, en las ramas rezagadas, las menos expuestas a las fuerzas creadas por la apertura como los servicios, se ha presentado un fenómeno inverso que ha significado la subsistencia de presiones inflacionarias.

En ambos casos se generan fuerzas que impactan el tipo de cambio pero por razones opuestas. En el primer caso tiende a aumentar el valor real respaldado por el incremento de la productividad, en el segundo se produce un aumento artificial inducido por el comportamiento alcista de precios. Lo anterior significa que aunque existe un foco de presiones inflacionarias el sector más avanzado de la economía (el que compite con las importaciones y está orientado hacia el mercado exterior) sigue conservando su competitividad internacional.

La irrupción de fuerzas expansionistas en contextos donde se presentan desequilibrios estructurales le confiere una enorme significación a la gestión estatal, ya que esta última puede acrecentar las restricciones o mitigarlas. La respuesta del gobierno se ha canalizado bajo dos grandes lineamientos. el primero ha implicado combinar controles de precios para ciertos productos y la liberalización para otros a fin de llegar a una convergencia del nivel inflacionario nacional y el de Estados Unidos.

El segundo ha consistido en "esterilizar" una parte de los ingresos del capital provenientes del exterior para evitar el aumento de las importaciones y del poder de compra interno y así contrarrestar la amplificación de los desequilibrios y su traducción en presiones inflacionarias. Paradójicamente el sector en el cual se han liberado más ampliamente los precios, el de los servicios personales (educación, transporte, servicios médicos, vivienda), se caracteriza universalmente por asimilar con mayor lentitud el progreso técnico y por tanto se rezaga imponiendo una carga al resto de la economía.

La política de esterilización es contradictoria además de costosa ya que presiona a un aumento de la tasa de interés doméstica que resulta en un estímulo más para el capital externo que busca colocación rentable.

También al favorecer las inversiones en títulos de renta fija, tiende a debilitar las inversiones en acciones inhibiendo un proceso que estimularía la reconversión productiva.

Tampoco el gobierno ha podido aplicar de manera consecuente la política de esterilización que ha sido relajada temporalmente para expandir el crédito y evitar estrangulamientos en sectores con alto potencial exportador.

Teniendo en cuenta el potencial de recuperación intrínseco que posee la economía derivado de la liberación de fuerzas dinámicas, la esterilización que se está efectuando no es sino una forma de inhibir el crecimiento. Este hecho resulta en extremo paradójico ya que significa que existe un potencial de crecimiento mayor del que puede aprovecharse al mismo tiempo que llega del exterior más capital del que puede asimilarse productivamente, resaltando de paso la limitación de los medios públicos de gestión de la economía. En consecuencia la tendencia del crecimiento ha sido más errática.

Un factor adicional que fortaleció la recuperación durante los años de 1998 a 1993 lo constituye la repatriación de capitales y el flujo de inversión extranjera que propicia un incremento de las reservas de divisas y permite aislar el impacto del déficit en la balanza comercial que llegó a 4,139 millones de dólares en 1990, a 11,020 en 1991 y se pronostica que en 1992 puede ser del orden de los 19,000.

En materia de Finanzas Públicas, el gobierno siguió la estrategia de incrementar los ingresos mediante tres acciones. La primera se dio a través de la revisión de precios y tarifas del sector público. En la quinta fase del pacto para la estabilidad y el crecimiento económico (PECE) se aumentaron entre 10% y 33% los precios y en noviembre de 1991 se volvieron a incrementar en porcentajes entre el 10% y 50%. En segundo lugar, se implementó una política dura de recaudación fiscal con la finalidad de aumentar la base gravable.

Por último, la obtención de ingresos extraordinarios altos por el aceleramiento en la desincorporación de empresas públicas, aunado a lo anterior y la estricta disciplina presupuestal se redujeron las tasas de intereses y se amortizó parte de la deuda interna. La reprivatización también implicó el desencadenamiento de efectos de signo contrapuesto. De un lado generó una reestructuración completa del sistema empresarial privado - monopólico que fortaleció a los grupos financieros. En ese momento no interesa destacar la enorme potencialidad que poseen al actuar como un combinado industrial y financiero más allá de su propio potencial. La atención debe concentrarse en las implicaciones del mayor poder de los grupos de capital privado una vez que se hicieron del control de los bancos y transformaron su estructura organizativa.

El estado mexicano quedó condicionado a reconocer en ellos el principal agente motor de la economía en momentos en que su poder de regulación de la misma está redefiniéndose de manera precaria por efecto de la profundización de la privatización y la reducción del gasto público, retrasándose por ello la creación de un nuevo intervencionismo no burocrático ni basado en el subsidio indiscriminado. La capacidad estatal para generar alternativas quedó, en consecuencia severamente restringida al menos en un primer momento. Para contrarrestar el agotamiento de la modalidad precedente de desarrollo el Estado ha tenido que garantizar las mejores condiciones de rentabilidad al sector privado monopólico obstaculizando las posibilidades para el desarrollo de agentes no monopólicos.

El enorme poder de las sociedades mercantiles para la explotación de tierras y bosques corrobora lo anterior y arroja serias dudas sobre la posibilidad de implementar un desarrollo socialmente aceptable.

Pero el efecto más inmediato de cambio en el status de la banca se dio evidentemente en el manejo del crédito. El exorbitante encarecimiento de las tasas activas de interés fue el resultado del ejercicio de poderes monopólicos en el momento que el Estado abandonaba una forma de regulación (basada en el control de un enorme complejo productivo) y aún no podría generar otro basado tanto en la aplicación de estrictas medidas de supervisión y control acordes a las condiciones concurrenciales existentes, como en la definición y uso de políticas industriales activas.

La falta de acción estatal inmediata resulta tanto más desconcertante cuanto que los mercados financieros internacionales pusieron inesperadamente en sus manos los recursos para intervenir en el mercado de dinero y capitales con el fin de romper el monopolio ejercido por la banca privada. En consecuencia, en tanto que la tasa de interés activa rebasaba la tasa de ganancia todas aquellas empresas que carecen de acceso al crédito internacional se vieron confrontadas ante severas restricciones que obviamente limitan el alcance de la recuperación en curso.

Evitando una confrontación directa con los grupos financieros el gobierno respondió al cambio en los patrones concurrenciales buscando mecanismos para ampliar el espacio económico y así contrarrestar la resurrección de fuerzas parasitarias de origen monopólico. Este esfuerzo es el que finalmente conduce a la negociación trilateral de un tratado de libre comercio.

Pero aunque el TLC podría generar tendencias que contrapesen a los poderosos grupos monopólicos nacionales no puede dar los resultados inmediatos que se requieren para hacer frente a las nuevas restricciones que amenazan con bloquear la recuperación y su extensión al campo de la pequeña y mediana empresa.

La política de contención del crecimiento se convirtió en eje de la actuación estatal a partir de la crisis de confianza.

Para responder fue necesario elevar las tasas de interés a mediados de 1992. A pesar de que en septiembre de ese mismo año se superó el shock externo el gobierno mantuvo la restricción del crédito sin aplicar otras acciones compensatorias con lo cual casi se asfixió temporalmente el proceso de recuperación, dándose paso, en los siguientes meses, a una situación de devastación social por la magnitud del cierre de empresas, despidos y acumulación de deudas impagadas. Con ello la subetapa iniciada a fines de 1988 parece haber quedado cerrada y se abre otra únicamente cuando las fuerzas de la recuperación logren ser manejadas de manera efectiva.

LAS TENDENCIAS DE FIN DE SEXENIO

La firma del PSE permitió desatar los nudos que impedían capitalizar los avances de la reestructuración productiva impulsada inicialmente por la subvaluación cambiaria. A partir de allí comienza a profundizarse rápidamente la apertura comercial, la privatización y otras formas estructurales que sustentan el nuevo dinamismo económico.

La liberación de las nuevas fuerzas dinámicas tendió a ampliar su campo de incidencia arrastrando al resto de la economía, aunque de manera contradictoria y desequilibrada. La recuperación económica pasó a operar poco después en condiciones más complejas dada la naturaleza cambiante de los factores externos y el influjo de la nueva correlación de fuerzas entre el sector público y el privado monopólico, lo cual exigió el desarrollo de nuevos instrumentos de regulación y control estatal. Pero la respuesta institucional fue insuficiente por lo que el crecimiento real de la economía quedó por debajo del potencial y una parte sustancial del capital captado externamente fue "esterilizado".

La restricción del crédito creada por los grupos financieros que controlan los bancos se convirtió también en una fuerza restrictiva que el gobierno pareció incapaz de neutralizar a pesar de poseer los medios para ello (las enormes reservas internacionales). Pero no sólo se inhibió el crecimiento, también se retardó considerablemente la necesaria vinculación entre la progresión de la productividad y el salario, vinculación que hubiera posibilitado una más amplia recuperación salarial.

El limitado avance de la democratización y el insuficiente control social sobre el propio Estado ha dificultado también la consolidación de un nuevo tipo de gestión estatal que se requiere para hacer frente a la compleja transformación que ha experimentado la economía y la sociedad mexicana.

Una transformación de esta magnitud plantea riesgos y desafíos formidables a todas a aquellas fuerzas que desde una perspectiva popular y democrática luchan por sustentar alternativas viables. El primero y fundamental de estos riesgos consiste en visualizar las transformaciones en curso bajo una óptica ya obsoleta concluyendo que no existen condiciones de dinamismo endógeno y que el proceso actual concluirá por desembocar en una catástrofe.

El rechazo a la modernización justificada bajo éstos u otros términos podría paralizar la acción social que se requiere para neutralizar el sesgo concentrador del proceso y para abrir un nuevo campo de lucha que permita superara las carencias económicas, sociales, políticas y culturales bajo las cuales ha vivido el pueblo mexicano.

La reivindicación de un verdadero proyecto de modernización social deberá por lo tanto efectuarse en el marco de la confrontación, no sólo por el entorno mundial, sino también porque las reivindicaciones sociales requieren sustentarse en fuerzas materiales reales.La insuficiencia de los medios institucionales para encauzar y amplificar las fuerzas dinámicas que están operando una vez que se complejizó su movimiento, más la incertidumbre generada por la terminación del sexenio probablemente alentarían a algunos sectores a demandar una vuelta al populismo y al nacionalismo aislacionista para capitalizar el sentimiento de frustración si el TLC fuera rechazado.

Al contrario, el reto se encuentra en convertir el nuevo dinamismo potencial en mayor crecimiento real aprovechando el impulso para profundizar las reformas, dándoles a éstas una mayor expresión social (creación de empleo, vinculación del salario con la productividad, énfasis distribucionista del gasto público). Las mejores garantías para que este reto se cumpla se encuentran en la ampliación del protagonismo de las fuerzas sociales más amplias y el uso de los instrumentos adecuados a la magnitud del proceso transformador.

4. EL CAMBIO ESTRUCTURAL.

Los ajustes realizados por el gobierno en las arreas tradicionales de los instrumentos macroeconómicos incluyen las siguientes:

* Política Fiscal.- En ésta área se fijó un objetivo de reducir el déficit fiscal 18% a un superávit del 8% del PIB.

* Costos de los Intereses de la Deuda Interna.- Con tasas reales de interés, altos los costos llegaron a ser del 20% del PIB y se trata de ubicarlos a niveles manejables.

* Reforma Impositiva.- La reforma en la estructura de los impuestos fortalece el balance fiscal. En este aspecto se realizó una disminución del ISR pasando del 42% al 35% y del 15% al 10% en el IVA.

* Gasto Social.- Después de haberse reducido a más de la mitad del gasto en rubros sociales, el gobierno incrementó el gasto a través del programa de solidaridad (incluye educación, salud y desarrollo urbano).

* Privatización.- La desincorporación de las empresas controladas por el estado iniciada por De la Madrid alcanza un ritmo frenético durante el sexenio Salinista. Los ingresos por este concepto permitieron la inversión en el rubro social sin crear problemas inflacionarios.

* Política Salarial.- Con Salinas se continuó con el control salarial, regulando los incrementos a los mínimos para alcanzar los objetivos en materia de inflación.

* Paridad Cambiaria.- En este período se decide establecer una tasa casi fija de intercambio, con un deslizamiento primero de 40 y después de 20 centavos diarios.

* La Liberalización Comercial.- La apertura comercial iniciada en 1986 se acelera a partir de 1991, lo que permitió disminuir las presiones inflacionarias, incrementar la capacidad de compra y estimular las exportaciones.

* Repatriación de Capitales.- Se mantuvo el proceso de entrada fuerte de capitales externos debido principalmente a la puesta en venta de los bancos y a las inversiones extranjeras en el mercado accionario y en participaciones de empresas mexicanas (TELMEX, TAMSA, VITRO, ECT.). El gobierno mexicano autorizó a extranjeros la compra de valores gubernamentales y estableció las bases para el desarrollo de las áreas internacionales de los intermediarios financieros.

Para consolidar el sistema financiero del Banco de México reglamento las operaciones de captación de dólares de los bancos.

* Reservas.- El ingreso del recurso externo permitió el aumento de las reservas brutas para alcanzar en diciembre de 1991 la cifra histórica de cerca de 17,00 millones de dólares.

A diferencia del sexenio 1982-1988, cuando el rumbo de la economía fue sumamente errático, durante los tres primeros años de gobierno de la administración salinista se mantuvo una tendencia creciente del PIB. El pacto de estabilidad y crecimiento económico cumplió eficazmente su función como elemento de control de presiones de corto plazo. Por lo anterior, la tarea estabilizadora del PECE se mantendrá en lo que resta el sexenio, aunque sólo así se podrá avanzar en la transformación estructural de la economía.

5. LA CONSOLIDACIÓN.

Al finalizar el sexenio se consolidaron varios de los cambios de fondo instrumentados por la administración de Salinas y, al término de 1994 se hicieron otras propuestas importantes para transformar viejas estructuras de la economía nacional.

Con la reprivatización se registraron grandes avances en el proceso de "Adelgazamiento" de aparato estatal, lo cual constituye uno de los objetivos estructurales, con los recursos obtenidos en los procesos de privatización se fortalecieron las finanzas públicas.

A partir de los cambios mencionados, por primera vez desde los años cuarenta, y a pesar de lo cuantioso de la inversión pública, el sector privado fue el motor principal del crecimiento.

Paralelamente al saneamiento de las finanzas públicas y del adelgazamiento estatal, la transformación estructural del origen de la inversión alcanzó su consolidación. Esto significa que el crecimiento económico de éstos seis años fue el más sano de los últimos dos sexenios, cuando la inversión pública contribuía con casi el 80% de la inversión total.

El buen comportamiento de la economía mexicana devuelve la confianza a los inversionistas y a los banqueros del exterior. De esta forma, se mantienen los flujos de dólares, lo que da un mayor margen de maniobras en el manejo del tipo de cambio.

No obstante los avances alcanzados en el sexenio, los programas de cambio estructural no han estado exentos de presiones desestabilizadoras tanto en control de la inflación como en el sector externo y la paridad cambiaria. Estas señales de alerta sólo podrán ser apagadas con la consolidación de los cambios estructurales que se realicen en el siguiente sexenio. A los tres primeros años les correspondió una tasa de crecimiento en términos del PIB de 3.1% para 1989, de 3.9% en 1990 y de 4.9% para 1991.

Con este crecimiento se hizo un período de tasas de crecimiento al alza similar al presentado durante la etapa del desarrollo estabilizador. Aunque lo anterior puede ser augurio de un largo período de crecimiento, también puede serlo del sobrecalentamiento y la consecuente generación de presiones inflacionarias. De mantenerse en ascenso la tasa de crecimiento será difícil alcanzar los objetivos inflacionarios del largo plazo. De las ramas de la economía que mejor han respondido tenemos la agropecuaria que fue una de las que registraron las tasas más altas de crecimiento. Sin duda el factor climatológico fue determinante para el incremento de 6 en términos reales. Con todo y que se alcanzó la autosuficiencia en algunos productos, el sector agrícola se mantuvo al margen de la modernización.

La reforma al artículo 27 constitucional, y se espera que con la ley reglamentaria, se orientaran las acciones tendientes a integrar a este sector a la modernización y a impulsar la inversión.

6. CONCERTACION Y CONTROL.

Pese a la aceleración del crecimiento del producto interno bruto en los tres primeros años del sexenio y su disminución en los últimos tres, las tasas de inflación no se disparan, aunque tampoco se alcanzan las metas del gobierno. Sin duda, esto es producto del estricto control de precios y de la concertación intersectorial aunado al saneamiento de las finanzas públicas. No obstante estos avances, para que la economía mexicana registre tasas anuales de un dígito será necesario ir más allá en las transformaciones estructurales. El PECE es un instrumento de corto plazo que no responderá a las expectativas del mediano y largo plazo. Las burbujas inflacionarias de cada fin de año muestran que la economía mexicana estructuralmente no puede mantener tasas de inflación bajas. Esto hace imprescindible la existencia de instrumentos de concertación.

No obstante la contracción de la demanda, el mercado interno marca nuevas tendencias. Durante los últimos años se ha acelerado el proceso de concentración de la demanda en una capa reducida de la población y ahí ha repercutido en la contracción del mercado. Uno de los objetivos que la administración de De la Madrid no pudo cumplir y posiblemente tampoco lo haga la de Salinas es el incremento en la capacidad adquisitiva de las mayorías. Año con año los salarios van perdiendo capacidad de compra.

A continuación se resumen los comportamientos de algunas de las áreas más importantes de la economía.

SECTOR EXTERNO. Una vez que se dio la apertura comercial y se vio que el impacto en las empresas mexicanas no afectaba significativamente la economía en su conjunto, se iniciaron los procesos de "consulta" para negociar un tratado trilateral de libre comercio con Canadá y Estados Unidos de América. Con esta apertura y contrariamente a lo vaticinado por las autoridades, las importaciones mexicanas siguen registrando una fuerte aceleración. Todo parece indicar que la balanza comercial será deficitaria durante un largo tiempo, esto provoca un déficit en cuenta corriente que se ha financiado por la cuenta de capital que la balanza de pagos.

INDUSTRIA. La actividad industrial ha observado un sensible crecimiento, pese a que en el medio industrial prevalece la opinión de que son necesarias modificaciones en el marco legal, a fin de estar en mejores condiciones para competir con el exterior, hubo decisiones que influyeron positivamente en el ánimo de los inversionistas. El proceso de privatización de la Banca, el estricto control del gasto público y el control de la inflación son algunas de ellas.

Además, las obras de infraestructura mantuvieron un ritmo positivo como se aprecia en el incremento de la generación de electricidad y en la construcción de carreteras.

ALIMENTOS, BEBIDAS Y TABACOS. Para el conjunto de las empresas procesadoras de alimentos fue muy difícil mantener sus volúmenes de ventas. El efecto combinado de la caída del poder adquisitivo en el mercado interno y la actitud proteccionista de Estados Unidos repercutió en las posibilidades de estas empresas.

Entre quienes se salvaron de ese comportamiento, destacan los productores de cerveza y cigarros.

TEXTILES Y PRENDAS DE VESTIR. Este ramo no ha podido recuperarse del impacto de la caída de 1988. Como en años anteriores el de 1991 también fue testigo del cierre de un número importante de empresas de este giro. Sin embargo, se espera que con el Tratado del Libre Comercio se encuentre el camino de la superación de la crisis actual por la que atraviesa.

FARMACEUTICA. La demanda de medicinas ha registrado un crecimiento que se satisface básicamente con producción nacional. Sin embargo, existe la lucha por los mercados entre las firmas con capital nacional y las filiales de transnacionales que culminó con la eliminación de ciertos privilegios que gozaban las de capital nacional en algunos casos como los contratos de las instituciones de salud pública.

PETROQUIMICA. Las inversiones anunciadas para este sector y que se realizarían en 1991 no se dieron. Todo parece indicar que se abandonó el esquema de financiamiento previsto originalmente y en el que estaban en juego grandes inversiones de empresas japonesas y francesas. Los proyectos más importantes son las plantas de propileno y la de etileno además de la refinería que sustituiría a la de Atzcapozalco.

CEMENTO. A pesar de que esta rama ha debido reducir sus exportaciones cerca de 50%, como resultado del impuesto antidumping fijado por Estados Unidos, ha logrado muy buenos resultados gracias a la creciente demanda interna.

MINERIA. Los últimos años han sido terribles para la minería de metales preciosos. La producción de oro y plata ha caído a que los precios de estos metales se han recuperado. El sector minero de la plata está prácticamente en quiebra y se requerirá de apoyos extraordinarios para que no desaparezca.

QUIMICA. La contracción del mercado estadounidense le ha significado a esta rama una mayor competencia en el mercado nacional. Las condiciones en que ha operado la producción de químicos básicos les han impedido modernizar sus instalaciones. Aunque se mantiene el mercado las inversiones han sido bajas.

SIDERURGIA. En 1991 se iniciaron los pasos para el proceso de privatización de esta rama. En un contexto donde la siderurgia a nivel mundial se encuentra en crisis se llevó la desincorporación de AHMSA, aceros planos y sicartsa.

AUTOMOTRIZ. Este sector ha tenido una recuperación en los tres últimos años. El mercado interno se mantuvo con un gran dinamismo y las exportaciones figuran entre las más importantes de las que México realiza.

PETROLEO. México ha venido incrementando sus volúmenes de extracción para mantener los niveles de exportaciones alcanzados durante la guerra del Golfo Pérsico.

TURISMO. La industria sin chimeneas continúa proporcionando saldos favorables al país, es una de las actividades que más han captado inversiones.

CONSTRUCCION. Aunque no con el ritmo de 1990 esta rama sigue en crecimiento debido principalmente a las obras carreteras concesionadas. El rezago existente en infraestructura hace suponer que continuará promoviéndose esta rama.

CONCLUSIONES

La administración salinista deseaba crear las condiciones de estabilidad que permitieran a México transformarse en un país receptor e capitales externos.

Al final de la administración derivado de los sucesos políticos de la escaramuza y presentación del EZLN en el escenario nacional, la muerte de Luis Donaldo Colosio, y la de Francisco Ruiz Massieu fue cada vez más difícil recibir la cantidad de recursos necesarios para mantener las inversiones que requería el desarrollo del país. La competencia de otros destinos de capitales igualmente atractivos y el hecho de que lo piases industrializados empezaron a demandar inversión de capitales propició que disminuyera el flujo que en los años anteriores tenía México.

Aprovechando el amplio margen que le proporcionó el sistema presidencialista en la toma de decisiones, la administración salinista aplico el modelo orientado a privilegiar la acción del libre mercado, la estabilización de los indicadores macroeconómicos mediante la privatización, una estricta política monetaria y la apertura comercial. A pesar de ello para los que respaldan la política neoliberal México no puede ser ejemplo de país modelo y e coinciden varios analistas que el modelo no fracasó, lo que falló fueron los operadores y las circunstancias internas, entre las que se encuentran el tamaño de la población y las demandas de mayor democracia, el decaimiento de un sistema político anacrónico y disfuncional y los sucesos de 1994.

Muchas de las acciones emprendidas durante el gobierno de Salinas tardarán en manifestarse varios años. Sin embargo, una cosa es cierta: los cambios ocurridos en el país desde 1998 a 1994 no tienen comparación en la historia del país. El control de la inflación, el proceso de privatización y descentralización de empresas paraestatales, las reformas constitucionales para fortalecer la economía y la política, y la entrada en vigor del TLC, han cambiado el rostro de México. No es poco lo que se hizo, pero tampoco es poco lo que resta por hacer.

El sexenio de Salinas fue actor y testigo de importantes cambios de la manera de administrar al país. Adoptando como objetivo central la estabilización de la economía se llevó a cabo una drástica reestructuración basada en dos aspectos fundamentales:

a) Una reforma de la administración y la razón de ser del gobierno, que significó cambios en la política tributaria, y una reforma presupuestal que a su vez implicó una renegociación de la deuda, la privatización de paraestatales y una reorientación de los recursos para combatir la pobreza extrema, y

b) una reforma en las relaciones y las transacciones económicas, basada en la radical apertura a la competencia internacional en el área , la desregulación y modificaciones legales en materia de inversión extranjera, competencia económica, propiedad intelectual y de inversión en el campo.

El mecanismo más socorrido para impulsar la reestructuración económica fue la concertación entre los sectores que intervienen en la producción. Los pactos iniciados en 1987 se llevaron a través de todo el sexenio.

Con Salinas de Gortari le dimos el adiós al Estado empresario. El programa de desincorporación de empresas estatales tuvo como finalidad fortalecer las finanzas públicas, canalizar adecuadamente los recursos del sector público hacia las áreas estratégicas y prioritarias, eliminar gastos y subsidios no justificables, promover la productividad de la economía, mejorar la eficiencia del sector público y disminuir el tamaño de su estructura.

México y América Latina

Durante el sexenio salinista se impulsa la expansión hacia el sur de los empresarios mexicanos incrementándose el capital invertido que rebasa los 4 mil millones de dólares y abarca el 60 por ciento del territorio de América Latina y el Caribe.

Ante el cambio radical de la economía mexicana ante la globalización y la apertura comercial y del TLC las compañías mexicanas exportan y producen fuera del territorio nacional erigiéndose en verdaderas multinacionales a la largo de Latinoamérica participando en sectores como telecomunicaciones, energéticos, turismo, transporte, servicios y otros rubros.

Los procesos de integración incluyen ya tratados de libre comercio con Chile, Costa Rica, Bolivia, Colombia, Venezuela, Guatemala, El Salvador y Honduras. Ese último con miras a iniciar en 1997. Existe además el acuerdo "Cuatro más uno" con el Mercosur (Argentina, Brasil, Paraguay y Uruguay) para un acceso inmediato a todos estos mercados.

La relación es incipiente pero se está incrementando el intercambio al considerar a estos mercados no como suplementarios sino como complementarios para diversificar el mercado de México.

Uno de los objetivos de este sexenio es incrementar la competitividad. El instituto Internacional para el desarrollo gerencial que desarrolla año con año la encuesta sobre competitividad mundial y que ubica a México en 1994 en el lugar número 26.

Las recomendaciones de este Instituto consideradas como las reglas de oro son:

1. Las facetas principales de la competitividad son las propiedades y los procesos.
2. Un proceso de transformación exitoso promueve la riqueza al mismo tiempo que nuevas riquezas para generaciones futuras.
3. Es posible ser rico y no ser competitivo basándose exclusivamente en bienes existentes (recursos naturales, industrias establecidas, etc.)

4. Un país pobre, con pocos bienes acumulados, puede convertirse en una nación competitiva, a través de un eficiente proceso de transformación.

5. Los países pobres pueden ser más competitivos que los ricos.

6. La internacionalización puede basarse en la atracción, agresividad o en ambas.

7. La competitividad puede darse como un criterio duro (hard criteria, que puede ser medido) como la productividad o el crecimiento, o con un criterio blando (soft criteria) como la educación y las actitudes de la población.

8. El denominado hard criteria tiene ciclos más cortos, de meses o años, que e soft criteria, que puede llevar años o décadas.

9. Mientras más se desarrolla económicamente una nación, dependerá más del criterio blando.

10. La competitividad es sostenible a largo plazo.

Tratando de ubicar a México en la senda de la competitividad que le impriman las características típicas de un país de primer mundo y ya inserto en el proceso de globalización, termina el sexenio con nubes negras y amenazas de tormenta.

EL SEXENIO DE ERNESTO ZEDILLO 1994-2000

A la llegada a la presidencia de la República de Ernesto Zedillo el país enfrenta condiciones de incertidumbre en el aspecto político y una gran presión en el aspecto económico. Derivado de los acontecimientos de enero de 1994 y el levantamiento armado del EZLN, la muerte de Luis Donaldo Colosio en marzo, el caos y de "descarrilamiento de trenes" previsto para julio, y, por último, la muerte de Francisco Ruiz Massieu en septiembre del mismo año, el país se encuentra inmerso en expectativas fatalistas que configuran el escenario donde tendrá lugar el desarrollo del último sexenio del segundo milenio.

Aunado a lo anterior, Ernesto Zedillo inicia su sexenio con críticas sobre la integración del gabinete debido a la inclusión de personas que son acusadas de estar vinculadas al asesinato de Ruiz Massieu. Antes del mes de gobierno, el 20 de diciembre, en medio de fuertes presiones cambiarias y de acciones de conversión de deuda en dólares a posiciones en pesos de empresarios mexicanos, Zedillo decide devaluar el peso propiciando una crisis de credibilidad que lleva a la salida de capitales extranjeros. Una vez más los mexicanos entramos de lleno en la incertidumbre económica después de la violenta e inesperada - para muchos - devaluación del peso - iniciada con un aumento en la banda de flotación el 19 de diciembre y que, ante la ola especulativa, fue entregada - al retirarse el Banco de México - a las fuerzas de la oferta y demanda para depreciarse en la primera semana de enero de 1995 más de 70 por ciento, rompiendo con todos los pronósticos de la política económica para ese año.

La situación es urgente en extremo, y sin embargo el gobierno de Zedillo da muestras de estar de no saber o no querer remediar la situación. Las medidas necesarias tarden días en diseñarse y se incrementa la crisis de confiabilidad. Desde la Casa Blanca Clinton promueve la ayuda norteamericana en un paquete de cerca de 50 mil millones de dólares para estabilizar el mercado financiero y recobrar la confianza de los inversionistas extranjeros, principalmente de Europa y Japón. Se ponen de pie los viejos mecanismos del poder para seguir con las mismas políticas que cavaron el desastre, mientras los dueños de las transnacionales enfocan sus baterías a la obtención del petróleo mexicano ya que este se da como garantía por los préstamos.

El programa de ajuste económico que puso en marcha la administración del presidente Ernesto Zedillo se caracteriza por la severidad con la que se propuso contraer la economía para lograr, en el menor tiempo posible, la corrección del desequilibrio en cuenta corriente. No obstante, se observaron varios factores que suavizaron un desplome que pudo haber llegado al 10 por ciento del PIB. Uno de ellos fue la disminución de mercancías extranjeras en el mercado interno lo que origino que las ramas que habían sufrido la competencia de bienes importados pudieron recuperar parte del mercado que habían perdido. Las empresas con experiencia exportadora aumentaron sus ventas al exterior lo que se convirtió en el motor de caída de 1995 y del repunte de 1996.

1.   EL INICIO DE UNA NUEVA CRISIS

Todo comenzó como suelen iniciarse las grandes crisis económicas que ha tenido México: con un problema de liquidez, "un problema de caja" como dijera en 1982 Jesús Silva Herzorg.

El diagnóstico inicial de la crisis derivada del error de diciembre de 1994 que se manifiesta abruptamente con la devaluación del peso frente al dólar, establecía que en tres o cuatro meses se estabilizarían los mercados financieros y que antes del segundo semestre de 1995 la economía se enfilaría hacia una etapa de crecimiento sostenido.

México 2018, en la encrucijada

Lejos de estabilizarse, los mercados financieros se desquiciaron y se tuvo que reconocer la magnitud de la crisis: la mayor en toda la historia del México moderno (desde 1917).

Los antecedentes más próximos a diciembre del 94 se remontan a la insurrección chiapaneca que causo pánico entre los agentes económicos nacionales y propicio la salida de 3 mil 700 millones de dólares, pero los extranjeros continuaron con el flujo normal de capitales a México: entre enero y marzo llegaron 9 mil 690 millones de dólares. En el segundo trimestre de 1994 hubo una nueva estampida de capitales propiedad de nacionales hacia el exterior provocada por la muerte de Luis Donaldo Colosio, que rebasó los 3 mil millones de dólares. La salida de los capitales extranjeros se evitó con la colocación de Tesobonos con altos rendimientos. Todo porque el flujo de inversión extranjera era indispensable para seguir financiando el déficit de cuenta corriente. AL final el flujo se reduce y en el segundo trimestre solo llegaron al país 2 mil 835 millones de dólares. Esta caída del cuantioso déficit de la cuenta corriente y la fuga de capitales hicieron que al término de 1994 la reserva bruta de divisas en el Banco de México cayeran al nivel de 6, mil 148 millones de dólares, casi 10 mil menos que en marzo del mismo año.

Entre julio y septiembre de 1994 la balanza de pagos del país registró una entrada por más de 4 mil 200 millones de dólares y por concepto de la inversión extranjera la cifra de 4 mil 640 millones de dólares.

Sin embargo, el déficit seguía creciendo y la contracción del flujo de recursos externos amenazaba terminar con la reserva de divisas. La devaluación fue el último recurso concebido por la administración del presidente Ernesto Zedillo. Pero al no estar acompañada de un control cambiario utilizando los 16,500 millones que tenía el país a su disposición como respaldo del Estados Unidos y el FMI, no tuvo los efectos esperados. La devaluación conduce a una serie continua de cierre de empresas por el alto costo del dinero. Se desatan en cadena pérdidas de empleo e inflación y más presión sobre el peso, el dólar llega a cotizarse a seis pesos hasta llegar a alcanzar el máximo de 7.80 en enero de 1995.

Para enfrentar esas condiciones México busca, y lo consigue, el apoyo de Estados Unidos y el FMI para amortizar los Tesobonos y para apuntalar a la banca nacional en el cumplimiento de sus obligaciones con la banca mundial, se diseña conjuntamente con el FMI y el gobierno de Estados Unidos un plan de rescate del sistema financiero mexicano que consiste básicamente en un plan de choque. Este lleva a los resultados previstos: un desplome en producto interno bruto del 6.7 por ciento, la pérdida de más de 800 mil empleos, el cierre de 30 mil empresas y la crisis generalizada.

Contrario a lo que se cree, no fue la salida de capitales extranjeros lo que provocó la devaluación, fueron los capitales nacionales quienes, al igual que cada fin de sexenio en los últimos 24 años, sacaron sus capitales, en tanto los inversionistas extranjeros tenían más de 24 mil millones de dólares en Tesobonos con vencimiento al corto plazo.

Era debido al bajo nivel de reservas y la reducción d eso flujos externos por lo que el país no contaba con los medios para garantizar el pago de cerca de 51 mil millones de dólares en manos de extranjeros que incluía los Tesobonos más la inversión en bolsa.

La crisis que inicia en 1995 se caracteriza por el doble impacto inflacionario y recesivo causado por la devaluación de más del cien por ciento. Por ello, el plan de choque para alcanzar el camino de estabilización financiera como única prioridad para ese año, supuso la aplicación de una política antiinflacionaria draconiana y a partir de febrero de 1995 se puso en marcha un programa de ajuste económico que no sólo rompió con la tradición de los pactos y concertaciones intersectoriales, sino que abandonó los ajustes gradualistas que se hicieron en el pasado para pasar a un "secamiento" total de la economía.

Al abandonar las recetas heterodoxas, se regresó a la economía básica en la instrumentación del plan de choque basado en el manejo ortodoxo de los instrumentos de política económica.

A dos años y medio de aplicado ya muestra factores positivos: las tasas de interés registraron un retroceso para ubicarse cerca del nivel de 1994, el tipo de cambio se estabiliza en 7.73 por dólar siendo más bajo que el 7.80 de diciembre de 1995, la bolsa de valores registra ganancias y su nivel se ubica por encima del de 1994, la tasa de inflación muestra una tendencia descendente y la balanza comercial sigue mostrando saldos positivos aunque está disminuyendo. Sin embargo, no se puede decir que la crisis ya se ha superado.

Lo que preocupa son los costos de la estabilización que se muestran en los hogares y en las empresas indican que la situación de deterioro económico aún llevará un buen tiempo. El programa de estabilización de 1995 ha sido el más severo de la historia contemporánea. Ningún país había aceptado pagar un precio tan alto por la confianza de los inversionistas extranjeros. La producción nacional cayó en más del 7 por ciento.

2. LOS ASPECTOS POLITICOS DE LA CRISIS

Uno de los problemas que deberá superar el presidente de México es el de credibilidad. Para amplios sectores de la sociedad los compromisos asumidos desde su campaña son meros deseos, pero todavía no se ve como podrá alcanzarlos.

El actual drama de México no tiene precedente: la crisis de 1995 es la más grave de nuestra historia reciente. Entraña tanto el fracaso de un modelo económico como la quiebra del sistema político. Es una crisis de fin de régimen como ha sucedido ya antes en 1976, 1982 y 1988. Pero el grupo gobernante no lo entiende así y sus acciones agravan las cosas. Los gobernantes de este sexenio no quieren y no pueden enfrentar los problemas cambiando de políticas, por lo que intelectuales y partidos de la oposición, además de grandes grupos sociales, durante este año, piden la renuncia del Presidente de la República.

Los analistas estadounidenses llegan a la conclusión que la crisis mexicana es claramente de origen político, producto de la falta de confianza de los mexicanos (y de los inversionistas extranjeros) en el gobierno zedillista. La crisis económica, política, social y moral que agudizaron los gobernantes actuales - que son los mismos del sexenio anterior - no es desde luego sólo económica, aunque éste sea su aspecto más inmediato, ya que las políticas neoliberales terminaron por descapitalizar al país, desmantelar la planta productiva de la nación, concentrar la riqueza en unas cuantas manos y empobrecer a la inmensa mayoría de los mexicanos. La crisis mexicana tiene un claro origen político, y lo más sorprendente es que los gobernantes mexicanos sigan autoengañándose atribuyéndosela a la sociedad.

El desastre lo generaron parcialmente Carlos Salinas y su gabinete con políticas económicas depredadoras, que se implementaron para no poner en riesgo las elecciones del 21 de agosto de 1994, y por el insuficiente control y el deficiente manejo de la política monetaria del Banco de México que actuó subordinadamente a la presidencia del país.

La desconfianza la acrecentó Zedillo con su discurso inaugural, con el gabinete que designó, con su impotencia para tener una respuesta patriótica ante los acontecimientos con su sometimiento a la Casa Blanca y con los fraudes electorales que convalidó en Chiapas, Tabasco y Veracruz. Y, desde luego con su empecinamiento en mantener en la gubernatura a Eduardo Robledo más tiempo del necesario, en el gobierno de Chiapas.

La dimisión de Ernesto Zedillo a la presidencia de la República, fue una petición que aparece en prensa a partir del 8 de enero y dura varios meses. Se le acusa de que a tan sólo unas cuantas semanas después de haber asumido el cargo condujo a la nación a la crisis más grave de las últimas cinco décadas, el desasosiego financiero y económico, de consecuencias políticas, económicas, jurídicas y sociales todavía no calculables. En la crítica situación actual, salvar al "sistema" antidemocrático representa hundir más a México, y para ello contribuyeron las cúpulas del PAN al apoyar un modelo que decían "se los había robado el PRI", sin darse cuenta de las dimensiones de la crisis y la pobreza en que se sumió al país además de la desconfianza y falta de credibilidad generada.

3. LA REFORMA DE ESTADO

El panorama político, económico y social del México actual difiere sin duda radicalmente del que se presentaba quince años atrás.

Por una parte, la izquierda, precariamente aglutinada con todas sus contradicciones internas en el PRD y, por otra, una amplia gama de organizaciones civiles y movimientos sociales portadores de los valores del marxismo, el nacionalismo, el postmaterialismo y del socialismo, pueden considerarse las impulsoras más directas herederas del proceso de modernización política y cultural que supusieron los enfrentamientos después de las elecciones federales de 1988, el levantamiento de Chiapas, la conformación de Alianza Cívica, El Barzón, las ONGs, etc. a quienes la crisis económica y las transformaciones culturales, la reestructuración del neocorporativismo en el ámbito laboral, la desaparición en la sociedad del "populismo", el alejamiento del Estado de bienestar, la desaparición de las políticas keynesianas o como se les quiera llamar, todo ello nunca más volverá, y por lo tanto, para estas organizaciones es urgente la organización para defender los erosionados programas de bienestar social.

Estas presiones sobre el Estado lo han llevado a la modificación de procesos y posturas que en sí mismo, ya implica una reforma de Estado. No vemos o no queremos ver estas transformaciones que son enormes que nos enfrentan a la reforma de un estado que parcialmente reformado. El proceso actual de reforma del Estado mexicano se encuentra en un dilema que continúa el debate de la interpretación histórica que representa el inicio de una serie de profundas transformaciones que implica juzgar los alcances de nuestro desarrollo. Es tiempo de romper paradigmas y avanzar hacia una reforma que satisfaga los requerimientos de un Estado moderno que se integra al bloque de países democráticos con todas las oportunidades que ofrece el nuevo milenio.

Una adecuada valoración de los rasgos que diferencian el actual reencuentro con la reforma del Estado con las realizadas anteriormente (1977, 1985, 1989) nos proporcionará un marco de referencia para no caer en muestras de optimismo como el que vivimos después del acuerdo de los pinos el año pasado que, como lo comenté inmediatamente, no mostraba los signos de que pudiera lograr un avance significativo debido a las circunstancias de ese momento.

Sin embargo, hoy los tiempos son diferentes, los avances logrado sirven de base para interpretar que existe la disposición para avanzar y destruir los obstáculos de las inercias de los grupos de poder que se oponen a un cambio que los marginará de los beneficios que actualmente obtienen con una estructura que permite la corrupción y las ventajas de la utilización del poder para enriquecerse. Los retos son muchos, las dificultades mayores, comentaremos algunas de ellas por rubros.

La reforma política. La reforma política ha avanzado lenta pero inexorablemente y se han constituido las bases normativas e institucionales para configurar un nuevo sistema electoral que deje a todos satisfecho, ya que no puede haber una reforma "final" pues siempre será necesario realizar los cambios y ajustes que la evolución de las sociedad y de la vida política requiera.

El avance deberá darse en la misma línea ya fijada: una autoridad electoral ciudadanizada que se caracterice por ser descentralizada a permanente y que abarque por lo menos tres niveles o esferas de decisión: el que represente a los partidos políticos y esté coordinado por los ciudadanos que deben tener la capacidad decisoria, los órganos ejecutivos y técnicos y los órganos de vigilancia.

Es necesario avanzar en la ciudadanización de los órganos decisorios para consolidar la autonomía de la autoridad electoral, pero también deberán ponerse los candados necesarios en los órganos de vigilancia para evitar os posibles excesos de los órganos decisorios.

Los Tribunales electorales a nivel federal y estatal deben consolidarse como la autoridad máxima jurisdiccional de la materia al asignárseles la facultad para resolver conforme a derecho las controversias electorales.

Queda todavía mucho por avanzar en las condiciones de la competencia en un régimen de partidos pues tanto los topes a los gastos máximos como los controles al mismo todavía no garantizan la igualdad y la proporcionalidad, ya Tabasco lo demostró, tampoco la legalidad en el uso de recursos. Es así mismo importante establecer los mecanismos de acceso equitativo a los medios de comunicación. Este es el peor de los problemas por la contradicción entre la libertad de prensa y la orientación de los monopolios de la comunicación que siempre tendrán su partido y su orientación política y beneficiarán a quien ellos lo consideren adecuado a sus intereses -y siempre estos coinciden con la orientación oficial que es la única que les garantiza las prebendas y los beneficios.

Debemos llegar a una reforma política donde se fortalezca la imparcialidad de las instituciones electorales, se de una mayor transparencia y certidumbre a los procesos electorales y se eliminen los viejos vicios. Para ello ya se ha avanzado a nivel de partidos, organizaciones civiles y gobierno en los seis grupos de grandes temas electorales: derechos políticos; organismos y autoridades electorales; competencia electoral; régimen de partidos; legalidad; y representación.

Por su parte la Comisión Plural para la reforma del estado trabajará en siete rubros: Equilibrio de Poderes y Fortalecimiento del Poder Legislativo, Nuevo federalismo; Derechos Indígenas y regiones Étnicas; Seguridad y Justicia; Nueva Relación del Gobierno con la sociedad; Medios de Comunicación; y Planeación Democrática y Desarrollo. Pero el camino por andar aún es largo y está sembrado de espinas.

La reforma del poder Ejecutivo. El presidencialismo en México produjo la práctica innegable donde un sólo poder, el ejecutivo, se auxilia" de los otros para propósitos funcionales en un reiterativo pero bizarro ritual republicano y representativo, donde el régimen político descansa en el dominio abierto y ostentoso del presidente convirtiéndose en un ritual que se había insertado en la cultura política mexicana.

El poder exagerado del Presidente, un poder equivalente al que caracteriza las dictaduras, que se fue consolidando y que tuvo su expresión máxima durante el período salinista cuando la presidencia volvió a resumir en ella la burocracia y al partido hegemónico que envolvió al sistema político, debe cambiar. Afortunadamente la orientación de Ernesto Zedillo aunado a su convicción hará más fácil este proceso de transformación. Debemos llegar un régimen donde la figura del Presidente del país sea la de un estimulador, catalizador o coordinador de las acciones de los diferentes órganos e instituciones políticas y gubernamentales siempre dentro de los límites de poder establecidos por la ley.

Es cierto que este cambio desestabilizará parcialmente a una sociedad acostumbrada al autoritarismo y que verá en ello un signo de debilidad. La diversidad ideológica, cultural, política y social deberá ser asumida en toda su magnitud para que el cambio se gradual y sobre bases firmes.

La reforma social. Los límites entre el Estado y la sociedad civil se han tornado inciertos. El aparato estatal ya no está en la posición de asumir sus competencias por sus propios medios y por lo tanto, debe pedir y acudir en busca de apoyo activo a las organizaciones intermedias que están dispuestas a asumir un papel protagónico para reivindicar su estatus. A cambio requieren que se les reconozca el derecho a participar en las consultas sobre las reformas que el Estado lleve a cabo.

En un futuro cercano deberán existir mecanismos legales para permitir la participación y de esa manera legitimar la función que la sociedad civil desempeña en nuestra sociedad al mismo tiempo que se establecen las bases de una nueva relación entre las clases y los grupos sociales. No es posible vivir en una sociedad que es elitista y discrimina a los propios mexicanos convirtiéndolos en ciudadanos de segunda o de tercera en su propio país, como es el caso de los indígenas, los campesinos y los grupos que se ubican en la pobreza extrema. Para ellos habrán de encontrarse soluciones creativas que los inserten de lleno en una dinámica social donde sean los partícipes del cambio y no unos meros espectadores del mismo.

La reforma económica. Este es el rubro donde más se ha avanzado pero en un sentido opuesto al deseado por algunos partidos (PRD y ahora se suma el PRI) al incluir a los organismos intermedios se consolida la posición de que el modelo económico actual debe modificarse, de que el neoliberalismo debe ser reencauzado. La reforma económica deberá -en un momento dado-ser capaz de consensar el rumbo económico del país y su efecto en la sociedad. Dadas las actuales posturas este será un punto sensitivo en la reforma del estado que difícilmente convencerá y dejará satisfechos a todos a los participantes.

Como dijera Colom "El viento de la historia no ha borrado las estructuras elementales de lo que se entiende por el Estado de Bienestar". Todavía muchos recuerdan -en especial los grupos marginados - los niveles de bienestar que tenían hasta 1981. En México lo que se ha producido es una diferenciación cualitativa de sus distintos modelos aglutinada en torno una política social negociada con los actores económicos a través de pactos que con el tiempo - más de 8 años - cada vez convencen menos.

Los empresarios han sustituido el esquema de economía social de mercado por los dogmas anti-intervencionistas del neoliberalismo y por las políticas monetaristas con esquema de desarrollo económico. Esta orientación hacia dejar que el mercado sea el medio substitutivo de la regulación económica ha arrojado como resultado una depuración del sector público según criterios de rentabilidad económica y una privatización selectiva de las instituciones que apoyan la política social del Estado, llevando al debate no el papel compensador del Estado frente a la dureza de las condiciones sociales impuestas por el neoliberalismo, sino la perdida de la capacidad y deseabilidad de los instrumentos estatales para dar respuesta a nuevas exigencias que transcienden el horizonte definido por el secular conflicto entre favorecer al capital o a los trabajadores.

El dilema surge de la contradicción entre la toma institucional de decisiones y el empleo de la capacidad para decidir la política económica y social debido a las presiones de los sectores que se verán afectados por dichas políticas. En pocas palabras, es el margen de maniobra que tiene un Estado para transitar desde la implantación de políticas económicas que en el corto plazo favorecen a los grupos financieros y en el largo plazo la sociedad en su conjunto se beneficiará del crecimiento del país.

El problema es que desde tiempos de López Portillo los trabajadores han escuchado que ha llegado el tiempo de recompensarlos ya que ellos han cargado en las espaldas el mayor peso del crecimiento del país sin recibir nada a cambio. Y no solo no se eleva la capacidad adquisitiva de los trabajadores, sino que se empeoran cada vez más. Y no creo que las cúpulas que los representan -aún con su entreguismo y manipulación de las masas- quieran hacerse responsables de consolidar el modelo neoliberal que estamos siguiendo, pero ya no es posible dar marcha atrás en el modelo -por lo menos no en forma radical - a lo más que se puede aspirar es a darle una "maquillada". Este será el punto neurálgico en la reforma del estado.

Reforma Jurídica. La reforma al Poder Judicial y el cambio en el marco normativo que nos lleve a un auténtico estado de Derecho es la otra asignatura pendiente. Se ha avanzado más no lo suficiente para desterrar las componendas para desviar la justicia de aquellos que tienen poder o dinero.

Para bien del país esperamos que ahora si - por fin - se comprometan los diferentes actores para que se establezcan las bases de un Nuevo Estado.

A. HECHOS Y POLITICAS

El 1995 y 1996 el gobierno de Ernesto Zedillo naufraga a la deriva:

insiste en las mismas políticas económicas del salinismo que llevaron a México al desastre, sigue apoyándose en las estructuras tradicionales del "sistema" y en los hombres del sexenio anterior, y para salvarse no atina más que a modificar la Constitución Mexicana de acuerdo a las exigencias de los grandes grupos financieros extranjeros para permitir la inversión en las empresas privatizadas, y a endeudar más al erario público.

Los dirigentes del PAN y del PRD (que se supone son partidos de "oposición ", que representarían una alternativa de gobierno), en vez de intentar poner un alto a tanta incompetencia y a la forma en que el grupo en el poder está comprometiendo a la Nación llevándola a un mayor desastre, parecen empeñados en servirle como tabla de salvación: al grupo gobernante, al gobierno y desde luego al "sistema". El "acuerdo" político de los partidos en 1995 es el apoyo de un grupo de dirigentes panistas y perredistas a un gobierno que se hunde en el descrédito por su falta de patriotismo y por su ineptitud, y a cambio les satisfaga sus intereses particulares: no de que detenga la entrega de las riquezas de México al exterior o de que acepte el tránsito a la democracia, sino de que les otorgue mayores espacios políticos a esos partidos.

Los "Compromisos para un Acuerdo Político Nacional", suscritos por los dirigentes del PRI, del PAN, el PRD y el PT (18 de Enero), teniendo como testigo a Ernesto Zedillo, y bautizados por la propaganda oficial como el "Pacto de los Pinos ", no son en realidad "un Pacto" (ya que no entraña ningún acuerdo concreto), no comprometen en nada al gobierno (pues este no lo suscribe) y, desde luego, no propician en nada un tránsito a la democracia (ya que no hacen señalamiento expreso alguno del "Sistema de Partido de Estado" y de su posible desmantelamiento).

Este documento al que la propaganda gubernamental pretende considerar como "histórico" y que abusivamente compara con el "Pacto de la Moncloa" de España, no constituye sino un paso importante en el intento del gobierno zedillista por maniatar al PAN y al PRD en medio de la crisis y todo ello a fin de alcanzar una mínima capacidad de gobernabilidad para los próximos meses, y poder reconstruir al "sistema" y recomponer las políticas neoliberales.

El nuevo "pacto", pretende sustentar el inicio de un proceso de tránsito a la democracia, no está generando por lo más que una mayor desconfianza en las capacidades de la administración zedillista.

En este "Acuerdo" mal escrito e incongruente, el gobierno se sume, por ejemplo, como parte, pero no lo firma, ya que Zedillo aparece como "testigo". Y lo que es más sorprendente, con un lenguaje perogrullesco, se afirma en él de manera que el gobierno, (que no lo firma) "se compromete a cumplir las responsabilidades que le competen" (lo cual evidentemente es innecesario reiterarlo en un pacto entre particulares) y " a propiciar la adopción de reformas democráticas sustantivas en las entidades federativas "(lo cual implicaría obviamente violentar la autonomía de los estados).

El "Acuerdo " no puede ser visto por lo tanto desde una perspectiva institucional más que como un texto muy pobre, sin más valor político que el de ser un símbolo de otros posibles acuerdos verbales (entre Zedillo y los líderes de los partidos) y que aún visto con benevolencia, no entrañaría más que una expresión de fe de sus cuatro signatarios en "el diálogo" y "la democracia " (lo cual es evidentemente absurdo), una vaga promesa de éstos de cumplir con la Constitución (lo cual es innecesario) y un ofrecimiento de realizar "una reforma electoral" (cuyo contenido desde luego no se precisa) tras de la cual los partidos se comprometen a no volver a realizar acciones de protesta postelectoral (como si ellos pudiesen comprometer a la ciudadanía).

El pacto del 18 de Enero tiene por lo tanto que entenderse como lo que no es: es decir en términos no de lo que está escrito sino de lo que no está conforme a las reglas del "sistema" y a sus valores entendidos, al más puro estilo salinista. Como una oferta que hace el gobierno de Zedillo a los partidos (al PAN y al PRD), tanto de una posible reforma a la legislación electoral (lo que está explícito) como de darles mayores espacios políticos a cambio de su "institucionalidad" (en términos del "sistema").

Nadie lo entendió, obviamente como lo que pretendía ser: un compromiso del régimen (frente a la sociedad) para impulsar un tránsito a la democracia y a un Estado de Derecho , y todo mundo supuso (en términos del "sistema") que el "Acuerdo" significaba para el PRD las cabezas en bandeja de plata de Madrazo (Tabasco) y de Robledo (Chiapas) y para el PAN el que se creen condiciones electorales que les permitan ganar al menos dos de las cuatro gubernaturas en disputa en 1995 (que podrían ser Jalisco y Yucatán).

El acuerdo no tiene por otra parte credibilidad alguna, ya que el gobierno de Ernesto Zedillo no puede presentarse como dispuesto a la transición democrática ya que con los hechos ha dado muestra durante varias semanas de no querer otra casa que recomponer el sistema. La transición democrática de un régimen sustentado en un Estado de Derecho, no se podrá alcanzar obviamente maquillando a las leyes electorales, como pretenden el gobierno y muchos analistas, sino que es una cuestión de régimen político. Y Ernesto Zedillo y sus amigos protectores (Córdoba y Salinas), que lo saben bien no dan muestras de tener la menor intención de desmantelar al sistema de partido de Estado y de poner en riesgo su control de poder, sino todo lo contrario, de ahí que el escenario sea muy preocupante para México.

El gobierno zedillista no tiene la confianza que requiere no se la van a dar las cúpulas de los partidos "de oposición", aún y cuando declinen seguir siéndolo.

Ni siquiera por que la dirección nacional de Acción Nacional, en términos de las "reglas no escritas del sistema", le haya afirmado a Zedillo durante su entrevista en Los Pinos que " no aprovechará la crisis económica en beneficio suyo " (19 de septiembre). El caso del PRD es por otra parte más preocupante, ya que su convalidación de este nuevo "Acuerdo" Político permite la continuación de Roberto Madrazo en la silla de gobernador de Villahermosa.

La idea de que en medio de la crisis se podrá empujar al gobierno de Ernesto Zedillo a romper con el "sistema", es decir tanto con Salinas y sus intereses como con los dinosaurios, no tienen sustento. Zedillo está profundamente unido a los intereses priístas y en particular a los que representan Córdoba y Salinas, que siguen en lo interno, pesando como sus mentores y guías, y no está dispuesto a romper con ellos

El "Acuerdo" del 18 de enero no hubiese sido posible desde luego sin el levantamiento del EZLN y sin que mediase la grave crisis económica y política que se ahonda en el país, y ello demuestra algo que todos sabemos . Que el fin del "sistema" de Partido de Estado no vendrá si no hay una movilización de la sociedad.

En el futuro inmediato se ha planteado que la economía mexicana puede transitar de una situación de estanflación con grandes deterioros en el bienestar popular, a otra donde se logre la estabilización de precios, la recuperación del crecimiento en forma sostenida y evitar una mayor erosión de los niveles de bienestar de la población. El triángulo que se ha conformado alrededor de la deuda, la estabilidad y el crecimiento es tal, que a diferencia de 1988 cuando no hubo un conflicto entre la estabilización y el pago de la deuda, para 1995 existe una "crisis de estabilización" como le ha llamado R. Dornbusch.

La situación es tan complicada en este corto plazo, que aun dejando de pagar, la economía no tiene asegurada la senda de la estabilidad y con crecimiento. Se requiere necesariamente de recursos frescos y, al mismo tiempo, mantener los niveles de reservas existentes con el fin de crear un ambiente de confianza que propicie el incremento de la inversión privada.

En la perspectiva de una negociación global con el objetivo de volver a crecer, un mayor endeudamiento no en incongruente, puede ser simplemente necesario e inevitable para retornar el crecimiento.: Es necesario analizar el endeudamiento desde otra perspectiva, etiquetar los recursos que lleguen y los liberados hacia una inversión productiva, lo que implica vincular los objetivos de crecimiento y desarrollo económico con la deuda externa.

En el largo plazo recorrer este sendero se antoja difícil y complicado. Aunque es imposible tener respuestas a las preguntas principales y obligadas respecto al futuro inmediato, existen algunos nudos centrales del crecimiento futuro a la luz de los cambios recientes. No se trata desde luego de hacer un pronóstico detallado, sino de esbozar posibles trayectorias a partir de las propuestas oficiales.

4. GOBERNABILIDAD

Cuando pensábamos que los hechos violentos desencadenados con la muerte del cardenal Posadas hasta la de Francisco Ruiz Massieu habían terminado con la llegada de Ernesto Zedillo a la presidencia de la República y Lozano Gracia a la Procuraduría de la República se desata nuevamente la violencia en el estado de Guerrero son hechos calan en la sociedad. Tanto en el campo político, como en el de las prácticas institucionales, el deterioro de las instituciones es notable y preocupante.

Existen peligrosas perspectivas desestabilizadoras en una naciente democracia legitimada con el reconocimiento de (o la entrega del poder) triunfos de la oposición en los estados de Jalisco, y Guanajuato; propiciado, en parte por la decadencia histórica de un sistema, antaño pilar de nuestra estabilidad; nos llevan a una seria encrucijada donde el autoritarismo o la ingobernabilidad son los únicos caminos que parecen viables en el horizonte de la política mexicana.

Con todo ello, va tomando cuerpo la idea de que la ingobernabilidad remite tanto al colapso del sistema político como al modelo económico seguido en los últimos 13 años que no ha podido satisfacer las demandas sociales, como por el desarrollo político que busca extender una desmedida participación y control democráticos. Esta conciencia del peligro que implica la ingobernabilidad asumida casi unánimemente, aunado al incumplimiento de las promesas realizadas durante la campaña de Zedillo que nos hace abandonar el sueño de "bienestar para nuestras familias" hace surgir de nueva cuenta la petición de analistas serios y responsables de la renuncia de Zedillo a la presidencia de la República. Esta situación se presenta debido a una doble insuficiencia: la falta de legitimidad y consenso político y la crisis del estado de derecho.

A. LAS CONVULSIONES DEL ESTADO MEXICANO

Estamos viviendo una realidad que presenta una gran diferencia en lo que es el Estado de derecho y el Estado de facto, este ha crecido y se ha desarrollado paralelamente al lado de aquel destruyéndolo lentamente a partir de enero de 1994.

El Estado de facto lo encontramos en: a) un corporativismo corruptor del sindicalismo independiente y combativo que es desplazado por el charrismo ;b) en el control vertical que el Estado ejerció durante décadas sobre las organizaciones civiles; c) un presidencialismo autoritario convertido en la instancia máxima de las decisiones políticas que perpetuaba el poder de su propio grupo a través de la designación de su sucesor y, además, concentrador de las facultades para decidir los senderos que deberían de seguir los estados del país; d) un partido único o de Estado que se convirtió en el instrumentador de la política del presidente y en el aglutinador del poder derivado del ejercicio de la actividad pública.

Este es el Estado de facto que hizo desaparecer al Estado de derecho y que funcionó proporcionando al país sesenta años de estabilidad económica y política.

La reforma del poder judicial, pilar del programa de Zedillo hizo agua con la denuncia del magistrado Polo Uscanga y las declaraciones del juez norteamericano Ronald Hedges que sigue el proceso de extradición de Ruiz Massieu al descubrir "una historia ejemplar de corrupción en el poder político mexicano". La negativa de extradición significa un duro golpe para el Estado de derecho.

Al entrar en crisis y empezar a desgranarse y romperse en pedazos, el Estado de facto se resiste a desaparecer y los grupos que se beneficiaron con el establishment no quieren perder sus privilegios. Al intentar retomar la senda del Estado de derecho los grupos que se sienten afectados ante la reestructuración inician sus actividades de desestabilización del país para obligar al presidente a tomar en cuenta en su equipo o en su gabinete a los "duros" como ya ocurrió con la incorporación de Chuayffet en la secretaría de Gobernación.

Es un hecho público la disputa por el control político entre Zedillo y el grupo salinista, el resultado parece ser totalmente desfavorable para Zedillo quien con la salida de Esteban Moctezuma de la secretaria de Gobernación, ha requerido del grupo de línea dura que se incrusta en el poder y hace que se tambalee su proyecto de gobierno.

Zedillo afirma que "después de todas estas cosas malas que nos han venido ocurriendo, empezamos a suponer que en este México hay un pequeño grupo, muy pequeñito, de malosos que quisieran que las cosas fueran como antaño" y después en la última conferencia mensual de prensa de que "detrás de los hechos criminales que se han generado en el país hay un propósito común de desestabilización social".

A pesar de que Zedillo aseguró que "mi gobierno no vive una crisis de legitimidad y aunque me llamen un presidente débil, mi régimen no transitará al autoritarismo o la "línea dura" y mantendré la apertura para consolidar el diálogo nacional" podemos preguntarnos hasta cuándo podrá sostener su postura o hasta donde la sociedad soportará esta situación. Y todavía queda el peligro de los militares, que aunque siempre han sido leales a las instituciones, en la medida en que el país se encuentre al borde de la ingobernabilidad, surgirá en ellos la tentación de la solución radical implantando una dictadura. Claro que esto aún está lejos de suceder pero de acuerdo a la trayectoria de incremento de los eventos de violencia ¿qué tan lejos está?

B. INGOBERNABILIDAD Y DESCOMPOSICIÓN SOCIAL

Si no hay cambio en la orientación de los programas neoliberales, se seguirán incrementando los elementos causales de la descomposición social. Cada día habrá más pobres, más desempleados, más frustración y más desencanto.

La descomposición social que se empieza a dar en el país es preocupante por dos razones: primero, porque no se ha visto todavía cual va a ser el Estado que suplirá al que aún se niega a morir pero que presenta rasgos disfuncionales para los tiempos de cambio que recorren el mundo. Segundo, no sabemos si la estructura actual resista los embates de la desestabilización concertada que amenaza con desbordarse.

Tampoco es una solución lo que los medios de comunicación extranjeros perciben ya como la instauración de un Estado policiaco -

militar sin la necesidad de un golpe de Estado. Lo que ocurre actualmente en Chiapas, Sinaloa, Guerrero, Nayarit y Jalisco, donde el ejército mexicano se ha desplazado configurando un Estado militarizado. Se ha dicho que la participación del ejército se debe a una estrategia militar de contrainsurgencia y de combate al narcotráfico, pero de cualquier manera revela que el control del país se nos está escapando de las manos. Las medidas anticonstitucionales implantadas por el jefe del departamento del Distrito Federal en el programa de Reacción Inmediata Máxima de Alerta debe ser una señal e alerta de hasta donde se está dispuesto a llegar en la vorágine de violencia y delincuencia que azota al país. Si esta es la línea débil de Zedillo ¿Cuál será la magnitud de las medidas si optara por la línea dura?

Nos encontramos ahora "donde la "insoportabilidad" de una situación castrante de lo social, lo político y lo humano se ha tornado en el esterilizante sentimiento de impotencia. No es el sistema político mexicano quien necesita una reforma, sino el ethos político mexicano. Es necesario transformar la naturaleza propia del sistema, es decir, eliminar las pretensiones de validez, de orientación práctica con que asume la realidad social.

Toda teoría de la sociedad que plantee críticamente la pregunta por la legitimidad de un poder que estatuye la aceptación de la desigual distribución del producto social, no puede asumir como principio rector ni la coerción ni la simple facticidad de su normativa legal. La ingobernabilidad alude, precisamente a la demasía económica y política, contingencias que amenazan con arruinar la capacidad de variación y de autoajuste del sistema. El sentimiento de la aparición de la ingobernabilidad conduce a la tensión que genera acciones legitimadoras de unos y la refeudalización política de otros".

D. LA VIOLENCIA REAPARECE

La aparición del EPR propicio la movilización del ejército en los estados de Chiapas, Tabasco, Guerrero, Veracruz, Oaxaca, Hidalgo y Querétaro. Su presencia se debe, la cerco militar sobre el EZLN en el sur primero, después también al EPR. EL despliegue militar es impresionante a pesar de haber sido haberlo considerado como un ejército de "pantomima". El control de gobierno en la sociedad se empezó a perder a partir del asesinato de Luis Donaldo Colosio, de ahí la presencia militar.

Después de ser el sistema político más gobernable de América Latina por casi cinco decenios, la perdida de la gobernabilidad es un hecho en nuestros días. En sus días de gloria el entramado político contó con un entramado institucional que le permitió detectar y canalizar con gran efectividad las demandas de la sociedad. Al ir perdiendo los controles e irse democratizando la sociedad la coalición dominante (PAN y PRI restó legitimidad y efectividad al parto democrático. Además, la vieja estrategia corporativa en la que los campesinos, los obreros y la clase popular sostenía al régimen y a su gobierno empieza a deteriorase al ver disminuidas sus cuotas de poder y perder los espacios para sus "negocios".

Otros factores que inciden en la perdida de gobernabilidad tienen que ver con la eficiencia gubernamental, la capacidad de la autoridad para mantener y aplicar la ley, la inseguridad a la que están expuestos los mexicanos y un sistema de justicia que aún se vende al mejor postor. ello lleva a que el gobierno empiece a utilizar la violencia contra la violencia rompiéndose el equilibrio institucional, primero se dirige hacia la oposición (el PRD) después hacia cualquiera que se enfrente a las políticas gubernamentales, socavando con ello, las bases institucionales d un Estado de derecho.

5. LA REFORMA POLITICA

La reforma electoral ha significado una luna de miel para los partidos políticos enfrascados en sacarla adelante para que sirva de marco a la contienda electoral de 1997. Las disputas en tono virulento y los enfrascamientos inútiles dieron paso a las propuestas mesuradas y resaltar más los puntos de acuerdo que de los desacuerdos.

La aprobación de la ley resultado de la reforma recorrió el inusitado camino de ser aprobada por unanimidad en ambas cámaras dando un ejemplo notable de unidad para sacar l país de los problemas poselectorales en esta etapa difícil por la que en aspectos económicos atraviesa el país.

Es cierto que como el PAN lo manifiesta, el problema seguirá siendo no la ley sino su aplicación. Y es que en las últimas reformas - hemos conocido cinco reformas electorales: las de 1979 y 1986 aprobadas por el PRI sin participación de la oposición, las de 1989 y 1883 por el PRI y Por el PAN, la de 1994 aprobada por los tres partidos, y la actual por el PRI; PRD; PAN y PT - se adelanta en la letra de la ley, pero se retrocede en su aplicación a los comicios que desde entonces se han sucedido, constituyéndose la práctica electoral en el obstáculo insalvable para alcanzar la democracia electoral.

Por primera vez en 20 años, también, el gobierno en esta reforma electoral no tuvo ni mantuvo una posición definida e intransigente desde su inicio ya que los tiempos, los temas d la agenda y las conclusiones fueron tomadas por los partidos políticos con representación oficial en el Congreso de la Unión.

Por ello es cierto que parte del mérito debemos atribuírselo a Ernesto Zedillo quien en su primer informe de gobierno aseguró y deseo que antes del segundo informe se contara ya con una nueva reforma electoral que será la base de la reforma de Estado.

La reforma adelanta el cambio en la integración el IFE (ocho consejeros electorales, un presidente, sin la presencia del secretario de Gobernación y privación del derecho a voto de los consejeros del Poder Legislativo, partidos con voz y sin voto), las nuevas reglas d financiamiento y gasto de partidos y su acceso a radio y televisión. Destaca la nueva definición del Tribunal Federal Electoral y el método de su integración a propuesta de la Corte de Justicia de la Nación. Ningún partido podrá obtener más de 300 diputados y que el máximo de diferencia entre votos y curules era del 8 por ciento lo que le da más democracia y representatividad. La novedad es la creación de la lista de 32 senadores plurinominales.

CONCLUSIONES

Es preocupante que la actual administración haya apostado todo a una sola carta: El Tratado del Libre Comercio (TLC). En esta perspectiva el éxito o no el TLC no es importante para México. Las razones son por lo menos tres: 1) La modernización y la apertura comercial que se pretende con el TLC ya ha avanzado lo suficiente y de hecho la reducción de las tarifas en los próximos diez años de vigencia será mínima; 2) El flujo de inversión extranjera que se dice se incrementará con el TLC, actualmente ya lo es y la confianza que México está ganando en el extranjero hacen prever que este será el punto decisivo. Sin embargo, con el TLC y sin una economía estable traerá consecuencias negativas para el flujo de capitales; 3) Las consecuencias políticas que se darían en caso de que revise el TLC serán catastróficas para el PRI porque con Salinas se involucraron en una dinámica desgastante para que se aprobará en su empeño en sacar a toda costa este proyecto. La revisión de las condiciones del TLC sería un fracaso para el PRI.

En todo caso otro de los argumentos que se utiliza que es el de la disminución del desempleo tampoco es decisivo. Los análisis más serios revelan que en los primeros 5 años de entrada en vigor del TLC se generarían apenas alrededor de 50 mil empleos anuales. Para un País que requiere generar un millón de empleos anuales lo anterior no es significativo.

Lo que podemos esperar en todo caso para 1997 -98 es el incremento del empleo y una reducción de la inversión externa que obligará a México a revisar su política comercial para evitar que disminuya el superávit de la balanza comercial.

9 LA TRANSICIÓN DEMOCRÁTIVA: EL GOBIERNO DE VICENTE FOX

Al sistema político mexicano, controlado por el Partido Revolucionario Institucional (PRI), se le caracterizó como autoritario, entre otras razones porque cometió reiterados y sistemáticos abusos contra los derechos humanos y por la ausencia de rendición de cuentas. Con la llegada del Partido Acción Nacional (PAN) a la Presidencia en el año 2000 se esperaba un cambio de fondo, porque una de las promesas de campaña del candidato Vicente Fox fue respetar los derechos humanos. Se esperaba que terminara con el "patrón de conducta de violación, negación y encubrimiento". Empero, los gobiernos panistas evadieron la posibilidad de que una comisión de la verdad investigara las violaciones a los derechos de los mexicanos en el antiguo régimen y permitieron que la impunidad continuara.

Fox pactó con el viejo régimen y le otorgó una amnistía de facto a los perpetradores de abusos. Calderón continuó con esa política utilizando, para ello, una estrategia de indiferencia y silencio. El panismo ha ignorado o negociado los derechos humanos. Una expresión que captura la esencia de esa política es la de "piadoso olvido". Fue utilizada por Vicente Fox en su discurso de toma de posesión para pregonar su compromiso con el cambio. Las causas de esa política y las consecuencias que tuvo fueron desastrosas para la transición verdaderamente democrática y para la seguridad nacional.

Esta política continúa porque la sociedad civil organizada que sigue luchando por la implementación de estos principios ha carecido de una agenda común que le permita materializar sus demandas de hacer justicia y conocer la verdad.

La escasa coordinación entre las víctimas y sus familiares, las organizaciones de derechos humanos, nacionales e internacionales, y los activistas e intelectuales vinculados con el tema no aciertan a resolver el dilema de crear una comisión de la verdad o una fiscalía que investigara los delitos del pasado, porque las organizaciones de las víctimas impulsaban una estrategia basada en el castigo a los culpables de los abusos para así, posteriormente, conocer la verdad de lo ocurrido.

Mientras este impasse continúa, en algunas regiones persiste o ha aumentado la represión y criminalización de la protesta social; hay abusos de militares en el contexto de la "guerra contra el narcotráfico" y se utiliza en exceso la prisión preventiva. Ante ello, los interesados en la instauración de un Estado de derecho tienen el reto de redefinir la agenda de los derechos humanos con el objetivo de refundar una democracia cuya consolidación fue frenada por el panismo.

El triunfo en unas elecciones impecablemente democráticas de Vicente Fox, candidato presidencial del conservador Partido Acción Nacional (PAN), significó para México, más que un mero cambio de gobierno, el final de 71 años de régimen político monopolizado por el Partido Revolucionario Institucional (PRI). En sus seis años de mandato, la falta de mayoría legislativa dejó en el tintero importantes reformas estructurales y constitucionales, y el sobrio crecimiento económico, acompañado, eso sí, de salud financiera y una inflación históricamente baja, dificultó la corrección de los déficits sociales. En política exterior, Fox fracasó en la obtención de Estados Unidos de un acuerdo migratorio y mantuvo unas relaciones conflictivas con varios colegas latinoamericanos. El deterioro de la paz social y el clima político al final de su mandato en 2006 no le impidió ser sucedido por el aspirante del oficialismo, Felipe Calderón, tras una cruda polémica electoral.

PROPUESTAS DEL GOBIERNO DE TRANSICIÓN

Ubicado según él en el "centro izquierda ligero", y en cualquier caso en el ala menos conservadora del PAN, el político guanajuatense llegó al poder con la promesa de acometer una ambiciosa y radical reforma del Estado, de la economía y de la sociedad mexicanos, para subsanar las rémoras y déficits democráticos tras 71 años de gobierno ininterrumpido del PRI.

Una tarea formidable en la que, él mismo lo reconoció, iba a encontrar múltiples dificultades. El mandatario propuso un "desarrollo económico con rostro humano", no sometido a los dictados neoliberales, que asegurara un crecimiento equilibrado y sostenido del PIB, del 5% al 7% anual, que concediera oportunidades a la iniciativa empresarial, a la inversión extranjera y al ahorro privado como instrumentos generadores de empleo, precisando la meta de crear un millón 300 mil puestos de trabajo anuales hasta 2006, y que favoreciera el acceso de las extensísimas capas empobrecidas (alrededor de 45 millones de mexicanos sobre una población total de 98 millones) a la muy desigualmente repartida riqueza nacional.

Fox contemplaba reformas estructurales que mejorasen la competitividad de la economía, aunque en la campaña desmintió que fuera a privatizar íntegramente Petróleos Mexicanos (PEMEX, el emblemático monopolio del sector energético, que ya había segmentado sus actividades y cedido algunas sucursales al capital privado en régimen de franquicias) y la Comisión Federal de Electricidad (CFE). Éstas eran las últimas ramas productivas que quedaban en manos del Estado luego de una década de privatizaciones intensivas realizadas por las administraciones salinista y zedillista.

Su agenda incluía otras máximas preocupaciones sociales, como la corrupción generalizada, el narcotráfico, el crimen organizado y la delincuencia común, lacras todas ellas que prometió combatir con implacabilidad. Su compromiso de democratizar y vigorizar la vida social mexicana se fundamentaba en una profunda reforma educativa, la profesionalización de las administraciones públicas, medidas para asegurar el federalismo y el equilibrio de poderes del Estado (empezando por una limitación de la todopoderosa institución presidencial), y el impulso de la participación de la sociedad civil sin exclusiones flagrantes, para lo que propuso introducir en la Carta Magna las figuras del plebiscito y el referéndum.

Todavía en esta línea, Fox ofreció una Comisión de Transparencia para investigar los magnicidios y otros graves abusos cometidos en las últimas décadas, en particular la brutal represión estudiantil de 1968 bajo la presidencia del autoritario Gustavo Díaz Ordaz. Con respecto al conflicto armado en Chiapas, que se hallaba estancado en su reconducción negociada desde febrero de 1996 (cuando se firmaron los luego no aplicados Acuerdos de San Andrés sobre Derechos y Cultura Indígenas), Fox se declaró dispuesto a llegar a un arreglo que pasaría por una reunión personal y sin intermediarios con los dirigentes del Ejército Zapatista de Liberación Nacional (EZLN) y la concesión de autonomía efectiva a las comunidades indígenas.

Sobre política exterior, además de su proximidad a Estados Unidos de sobra conocida, Fox expresó su deseo de continuar la cooperación tradicional con Cuba, pero sin cuestionar la actitud inaugurada por Zedillo, antes al contrario, de reclamar un mayor respeto de los Derechos Humanos y políticas democratizadoras, lo que había supuesto un enfriamiento de las relaciones bilaterales.

DIEZ COMPROMISOS DE FOX

Apenas unas semanas antes de las elecciones presidenciales del año 2000, el 30 de mayo de ese año, el entonces candidato Vicente Fox Quesada publicó en los diarios de la capital y en su página web personal un desplegado que en 10 puntos establecía los que serían sus compromisos con el pueblo mexicano, si lograba ganar la contienda electoral.

En una reunión histórica, el candidato a la Presidencia de la República de la Alianza por el Cambio, Vicente Fox Quesada encabezó el foro Convergencia Plural para la Transición Democrática "Puente de Esperanza", con diferentes personalidades de la política mexicana de entre las que destacan: Héctor Castillo; Francisco Curi; Ángel de la Rosa Blancas; Francisco de Paula León; Alfonso Durazo; Porfirio Muñoz Ledo; José Ojeda Jiménez; Joel Ortega Juárez; Evaristo Pérez Arreola; Layda Sansores; Ricardo Valero Becerra; entre otros. En este encuentro, Vicente Fox mencionó sus diez compromisos para asegurar la transición hacia la democracia luego de ganar las elecciones del 2 de julio:

1. mantener el carácter laico del Estado mexicano y de la educación pública.
2. promover reformas legales y constitucionales que acoten las facultades del Presidente de la República; garanticen la autonomía y el equilibrio entre los poderes legislativo, ejecutivo y judicial; y hagan realidad el federalismo y el municipio libre.
3. respetar la libertad, la diversidad y la pluralidad de la sociedad mexicana; y a no usar nunca el poder del Estado para imponer estilos de vida, creencias religiosas o códigos particulares de comportamiento. A respetar la libertad de creación, la cultura y las expresiones de todos los grupos que conforman la sociedad mexicana.
4. crear las condiciones políticas para la solución pacífica del conflicto en Chiapas, y para el desarme de los grupos armados que existen en el país, con estricto apego a derecho.
5. promover acciones para eliminar toda forma de discriminación y exclusión de grupos minoritarios; y a promover políticas públicas y acciones de gobierno tendientes a lograr la equidad de género.
6. que la educación sea prioritaria y se garantice el aumento sustantivo de los recursos a la educación y la investigación, el combate efectivo al rezago educativo, así como el incremento en el promedio de escolaridad y de la

calidad educativa de los mexicanos.

7. poner fin al sistema de complicidad y de privilegios y a combatir la corrupción sin salvedades, pero sin venganzas políticas ni revanchas partidistas.

8. defender la soberanía del país para que la inserción de México en los procesos de globalización sea con el objetivo superior de elevar el nivel de vida de los mexicanos, sin poner en riesgo el futuro y la independencia de la nación. No voy a privatizar PEMEX ni la CFE. Diseñaremos esquemas de financiamiento alternativos para que puedan adquirir recursos para su modernización y sus servicios beneficien en mayor medida a los mexicanos.

9. establecer como prioridad suprema del nuevo gobierno una política social que:

a) Combata la pobreza y las desigualdades.
b) Evite que los programas sociales sean condicionados con fines electorales.
c) Impulse esquemas de desarrollo que tengan como condición la protección al ambiente.
d) Reactive la agricultura para acabar con el rezago en el campo.
e) Incluya a la sociedad civil en la gestión de las demandas ciudadanas y en la supervisión de las acciones de gobierno.

10. Culminar el proceso de reforma electoral, impulsado en la última década por la oposición, para garantizar definitivamente condiciones equitativas de competencia y transparencia.

Vicente Fox agregó además que con la alternancia gana México y ganan todos los mexicanos. Por ello invitó a toda la sociedad mexicana a sumarse, por el bien de México y de los mexicanos, a la causa de la transformación del país.

Determinar el grado de avance logrado por Vicente Fox en el cumplimiento de cada uno de los 10 compromisos de campaña adquiridos, habría sido lo primero que por lógica la obligación a analizar, sin embargo aunque parezca mentira, no existe referencia específica a dichos compromisos adquiridos y sus logros a la fecha, en ninguna de las páginas gubernamentales actuales ni en los boletines de prensa del sexenio.

Por el contrario el Gobierno Federal publicó en 2003 y como anexo en todos los diarios, el folleto denominado "A la mitad del camino", allí se hace un análisis de tipo estadístico de los avances logrados en los primeros 3 años de gobierno, pero desde puntos de vista completamente distintos a los que se incluyeron en el desplegado del 30 de mayo de 2000.

Lo que queremos expresar claramente, es lo importante que resulta en los tiempos actuales, y que será de aquí en adelante, que los políticos dispuestos a luchar por ganar elecciones de puestos públicos cumplan con sus compromisos de campaña o que por lo menos no se olviden de darles el seguimiento adecuado, conforme avanza su gestión de gobierno. No es posible que cuatro años después del inicio del sexenio presidencial en ningún sitio aparezcan los logros o los pendientes de sus promesas de campaña.

Puede ser que algunos de los compromisos ya estén cumplidos o exista por lo menos un cierto grado de avance en los programas, pero es evidente que no se les ha dado el seguimiento como tales y ésta, no cabe duda, es una de las razones por las que Vicente Fox ha perdido una buena parte de la avasalladora popularidad con la que inició su sexenio.

Pero si a esto le agregamos que muchas de sus promesas, las más impactantes y las que el pueblo escuchó y recordó de su boca en los discursos de campaña, no se incluyeron de manera clara en los 10 compromisos anteriores, el desconcierto ha sido mayor.

PERCEPCION DE LAS FALLAS DEL GOBIERNO DE VICENTE FOX.

Incumplimiento de las promesas de campaña.-

Como ya se indicó, Fox hizo una gran cantidad de promesas en sus discursos de campaña que quedaron grabadas en las mentes de los mexicanos y mexicanas (como él diría) y ninguna de ellas ha sido olvidada hasta la fecha. Veamos al menos 4 de ellas:

Crecimiento del PIB al 7% anual.

Esta promesa imaginamos que no fue debidamente analizada por sus asesores. México ni en sus mejores épocas de los años sesenta, logró crecer a ese ritmo promedio anualizado en un sexenio. En el sexenio de Gustavo Díaz Ordaz, entre 1965 y 1970 el promedio anual de crecimiento fue del 6.8 %. Resulta extraño que ya en el mismo año 2000 en que la economía norteamericana comenzaba a declinar y sabiendo que a raíz del TLC la economía de México dependía mucho de ello, se haya prometido un crecimiento tan alto.

Analizando la tabla siguiente nos refleja lo siguiente:

El crecimiento promedio de la economía de México en los últimos 6 años ha sido de solamente 2.28%, la tercera parte de lo prometido, pero también se aprecia que salvo China, ninguna de las economías analizadas creció a niveles de 7%. Es decir que se trató de una promesa prácticamente imposible de cumplir en una etapa de desaceleración de las economías de todos los países industrializados.

En el año 2000, que fue el último del boom de la economía norteamericana México logró crecer el 6.6%. Resulta interesante ver que los principales socios comerciales de México, Estados Unidos y Canadá, han crecido a un ritmo del 2.5% anual y que Chile otro de sus socios ha crecido al 4.5%. Se aprecia que Argentina y Venezuela, tras las crisis que vivieron, crecieron alrededor del 3% en el período, y Brasil a pesar de la crisis que vivió se recuperó e incluso superó ligeramente a México, con 2.41%. Las economías con graves problemas como Perú y Colombia superaron ampliamente a México en el período, con crecimientos arriba del 4%. Junto con Chile son los más altos de Latinoamérica en el sexenio 2001-2006. Las economías que obtuvieron mayor crecimiento después de China, fueron la India y Corea del Sur.

En conclusión, fue una promesa excesiva, incorrectamente evaluada e imposible de cumplir, pero los resultados obtenidos en el sexenio fueron verdaderamente pobres y altamente decepcionantes. México debió haber crecido al mismo ritmo que Chile, Colombia y Perú en niveles de 3.5 a 4.5 % por lo menos.

Generación de 1,300,000 empleos por año.

Esta cifra resulta exageradamente alta aún bajo la premisa de un crecimiento del 7% anual. Se estimaba entonces que por cada punto porcentual de crecimiento se podrían generar del orden de 100 mil empleos por año. Lo anterior significaría que bajo dicha suposición, la generación de empleos habría sido alrededor de 700 mil por año. Por lo tanto otra vez se muestra falta de congruencia o exagerado optimismo al prometerla.

Eliminación del impuesto por Tenencia de Automóviles.

Recordamos bien el momento en que escuchamos a través del televisor la buena nueva de que Vicente Fox (entonces candidato) terminaría para siempre con el impuesto anual de la Tenencia de Automóviles y que además el ISAN (Impuesto sobre automóviles nuevos) sería reducido. Nunca más se volvió a ocupar del tema en la Presidencia.

Terminar con la inseguridad, la violencia y el robo.

Desde la percepción de muchos, esta debió ser la más importante de las promesas de campaña de Vicente Fox, pues aunque algunos no estén de acuerdo, consideramos que el desarrollo económico de este país habría sido mucho mejor, si tan sólo se hubiese mejorado la seguridad.

No encontramos muchas referencias a la seguridad en la página de campaña de Vicente Fox, este y muchos otros de los puntos que allí se mencionan, es notorio que no se han cumplido.

Otras de las fallas del Gobierno de Vicente Fox fueron: Falta de austeridad en el gasto; los sueldos y prestaciones de funcionarios públicos, debieron ser establecidos y regulados desde el principio a niveles razonables, de acuerdo con las posibilidades económicas de este país. El mal ejemplo del gobierno federal, se ha reflejado en los excesos de gobiernos estatales y municipales.

No haber determinado con claridad y desde el principio, el rol de la Primera Dama y haber propiciado la posibilidad de su candidatura presidencial.

Haberle dedicado tanto esfuerzo al logro de las reformas estructurales y al aumento del IVA en alimentos y medicinas. Por el contrario, mejor habría sido impulsar el desarrollo de la economía interna, fundamentalmente al Turismo y ligado íntimamente con ello, la lucha frontal contra la inseguridad.

La falta de discreción y prudencia que privó durante su sexenio, pero fundamentalmente durante la campaña electoral, que también, por desgracia, fue promovida desde el año 2004.

LA POLÍTICA EXTERIOR DE MÉXICO DURANTE EL SEXENIO DE VICENTE FOX

El sexenio empezó en tono muy optimista, particularmente con respecto a los cambios que muchos esperábamos en el sistema político y la situación social y económica nacional.

Y aunque la política exterior no estuviera entonces —como no lo está ahora tampoco— entre las prioridades de la sociedad mexicana en general, el sentimiento de optimismo de alguna manera se extendió también al campo de las relaciones internacionales de nuestro país. El llamado "bono democrático" —los méritos de haber transitado a la democracia tras 70 años de autoritarismo— le dio a nuestro país una legitimidad renovada en el ámbito internacional; le planteó oportunidades para que asumiera mayor influencia diplomática en distintos foros.

Vicente Fox, en concreto, tuvo la oportunidad de ocupar un lugar de influencia preponderante entre los líderes del mundo o, al menos, de América Latina.

¿Dónde estamos seis años después? ¿Cuál es el balance de este sexenio en política exterior? No es el objetivo de este espacio realizar una descripción amplia y detallada de todos los procesos, de las distintas iniciativas o proyectos realizados durante todo el sexenio. El objetivo, más bien, es acercarnos a algunos asuntos particularmente relevantes.

Desde principios de su sexenio, el presidente Fox planteó tres objetivos centrales para la política exterior de su gobierno: proyectar una nueva imagen de México frente a la comunidad internacional, priorizar la relación estratégica con Estados Unidos y fortalecer la presencia de nuestro país en los principales foros multilaterales. El primer objetivo conduciría al país a asumir la membresía plena del club de las democracias respetuosas de los derechos humanos; el segundo, a buscar un acuerdo migratorio con Estados Unidos y en términos generales profundizar la integración de América del Norte.

El tercero prendía lograr que México ocupara en la esfera internacional "el lugar que le corresponde" a un país de su tamaño y sus capacidades económicas. El ya mencionado "bono democrático" facilitó la consecución del primer objetivo: México ingresó en fast track al club de las democracias, y pudo con un inteligente cambio de estrategia modificar radicalmente su imagen en derechos humanos. Uno de los cambios más claros en la política exterior de México se dio precisamente en este tema: el gobierno dejó de negar que el país tuviera problemas importantes de derechos humanos.

Por lo contrario, se comprometió públicamente a asumir el déficit en derechos humanos (particularmente investigando las violaciones del pasado) y aceptó abiertamente el monitoreo, la crítica y la asesoría de actores internacionales (intergubernamentales y no gubernamentales).

Más allá de aceptar el escrutinio internacional, México asumió una posición pro-activa en los foros internacionales de derechos humanos, proponiendo acciones y resoluciones sobre un amplio número de temas.

De esta manera, promovió con éxito una percepción de que ya no era "parte del problema", sino "parte de la solución". Tal ha sido el reconocimiento que nuestra diplomacia ha logrado construir en este tema, que México fue electo para presidir el recién creado Consejo de Derechos Humanos de la ONU.

Sin embargo, esta estrategia no ha estado libre de contradicciones y cuestionamientos, particularmente en lo que toca a su elemento más controversial: el voto "contra Cuba" en la Comisión de Derechos Humanos de la ONU.

Ciertamente, la causalidad de esta nueva posición es poco clara: ¿fue una acción congruente en el sentido de decir: "Si yo he abierto las puertas a los organismos internacionales de derechos humanos, tengo que pedir que otros países también lo hagan"?; ¿o fue parte de las "señales de amistad" que nuestra diplomacia quería enviar a Washington?; ¿o fue una manifestación clara y directa de las convicciones ideológicas del nuevo gobierno? Como sea, sus efectos han sido evidentes: mayor tensión y alejamiento diplomático con el régimen de Castro, y cierta desconfianza de otros gobiernos latinoamericanos de orientación izquierdista.

En la relación con Estados Unidos, el gobierno de Fox supuso que la afinidad ideológica del Presidente de México con George W. Bush daba a nuestro país una oportunidad ideal para promover ciertos objetivos. Se pensó que México podría ser una prioridad en la agenda de política exterior estadounidense y que, en concreto, podría conseguirse un "acuerdo migratorio integral"; la famosa "enchilada completa", el objetivo número uno de la política exterior mexicana del sexenio.

En un principio, el discurso del Presidente Bush alimentó en cierta medida estas aspiraciones de nuestro gobierno. Pero tras los atentados del 11 de septiembre, resultó claro que las prioridades de Washington eran otras. Para algunos analistas, y por supuesto para la propia administración Fox, los atentados "causaron" un cambio en las prioridades estadounidenses, echando por tierra las posibilidades del acuerdo migratorio, el cual, de otra manera, habría progresado. Sin embargo, podría argumentarse que con atentados o sin ellos, el "acuerdo migratorio integral" nunca fue una posibilidad real, tal como sugiere el desarrollo reciente de los debates sobre el tema en Estados Unidos.

Por otro lado, el gobierno de Fox ha argumentado que el hecho de que el tema migratorio esté hoy por hoy —y a pesar del 11 de septiembre— en la agenda política estadounidense se debe a que el gobierno mexicano "lo puso sobre la mesa". Parece, no obstante, que no es posible identificar una causalidad directa e inequívoca en este sentido; sin duda, hay elementos de política (meramente) interna que pueden también explicar la emergencia del tema en la agenda norteamericana. Como sea, al final del sexenio no hay acuerdo migratorio ni una mayor integración en Norteamérica (la cual, por cierto, pareció alejarse aún más recientemente, tras el cambio de gobierno en Canadá).

En relación con el tercer objetivo mencionado —buscar un mayor protagonismo de nuestro país en los principales foros multilaterales,— podemos recordar la organización de importantes reuniones internacionales: la Cumbre de las Naciones Unidas para el Financiamiento al Desarrollo, la V Conferencia Ministerial de la Organización Mundial de Comercio, la cumbre de la APEC, la Cumbre Extraordinaria de las Américas y la cumbre de la ALCUE, entre otras.

Sin embargo, lo más destacado en este sentido fue la participación de México en el Consejo de Seguridad de la ONU, en el cual nuestro país logró hasta el final mantener una postura contra la intervención de Estados Unidos en Irak; decisión que fue apoyada por la mayor parte de la sociedad mexicana y dio notables bonos de legitimidad interna al gobierno. Para muchos, no obstante, participar en el Consejo de Seguridad nos causó problemas innecesarios, principalmente mayores fricciones con el gobierno norteamericano, disminuyendo aún más las oportunidades de conseguir "la enchilada completa" migratoria.

En suma, nuestra diplomacia logró proyectar una nueva imagen de México ante la comunidad internacional (una de un país democrático y amigo del proyecto internacional de derechos humanos) y fue protagonista en los principales foros multilaterales; no logró, por otro lado, ni un acuerdo migratorio ni avanzar en otros sentidos la integración en América del Norte. Dos de tres no está mal, dice el dicho.

No obstante, podría el lector no estar de acuerdo con la proyección de México como un país promotor de derechos humanos (recordemos los casos de Guadalajara, Lázaro Cárdenas y Atenco).

Candil de la calle, oscuridad de la casa.

Parece, como sea, que en derechos humanos debemos rescatar los beneficios de la apertura al escrutinio internacional para el desarrollo del proyecto de derechos humanos en México; así como iniciativas específicas que se materializaron en instrumentos internacionales o mecanismos especiales de supervisión relacionadas con los derechos de los migrantes, las mujeres, los pueblos indígenas y las personas con discapacidad.

Podría, por otro lado, concluir el lector que buscar ser protagonista en foros multilaterales trajo más problemas que beneficios. En concreto, ¿qué ganamos participando en el Consejo de Seguridad? (En ese mismo sentido se podría cuestionar qué ganaríamos participando en operaciones de mantenimiento de la paz) Las opiniones en este tema han sido ampliamente divergentes. Sin duda, ser miembro responsable de la comunidad internacional implica riesgos, no solamente beneficios. En concreto, podemos rescatar de esta experiencia específica el haber dejado claros los límites de nuestra relación estratégica y nuestra alianza con Estados Unidos. Por otro lado, hay que considerar la utilidad instrumental que en política interna puede tener este protagonismo internacional; después de todo, no apoyar la guerra en Irak, como decía, dio importantes bonos de legitimidad al gobierno de Fox.

Pero los intereses de los gobiernos no siempre coinciden con los de sus respectivos Estados; lo cual tiene implicaciones éticas que no debemos soslayar.

No podemos dejar de señalar, finalmente, los "efectos secundarios" de haber reforzado la prioridad dada a la relación con Estados Unidos, así como los votos "contra Cuba" en la Comisión de Derechos Humanos de la ONU. Estos dos factores, en conjunto con los garrafales deslices diplomáticos de Vicente Fox, así como la fallida apuesta del Secretario de Relaciones Exteriores por lograr la Secretaría General de la OEA, distanciaron a México mucho más de lo que quisiéramos de un buen número de países de América Latina.

Si bien es exagerado e inexacto argumentar que México fue en algún momento "el líder" de la región, así como lo es decir que las relaciones con toda la zona son pésimas, es necesario reconocer que se han afectado profundamente las relaciones con Cuba y Venezuela, y que se pusieron inútilmente bajo tensión con Bolivia, Argentina y —lo más delicado— Chile. Sin duda, el que México haya perdido buena parte del prestigio —traducible en influencia— que tenía en la región no es una buena noticia, aunque el comercio con la región y (de manera particular) la inversión mexicana en los distintos países continúen aumentando.

De esta manera, el Presidente Fox deja un panorama de zonas negras, blancas y grises en materia de política exterior. Debemos, sin embargo, ser más exigentes que indulgentes en el ejercicio de rendición de cuentas de final de sexenio y concluir que no podemos estar satisfechos con el trabajo de esta administración en las relaciones internacionales de nuestro país contra la corrupción y la criminalidad, fenómenos que golpeaban con la impunidad habitual.

Por activa y por pasiva, sobre los aspectos tangibles del bienestar económico pidió Fox tiempo y paciencia a los mexicanos, quienes, según se desprendía de las encuestas de opinión, estaban menos interesados en los planes de liberalización de las ramas de la economía que en la mejora sustancial de su nivel de vida.

En los primeros meses de 2002 el presidente restó importancia, presentándola como una coyuntura pasajera, a la recesión económica de tres décimas con que había cerrado el ejercicio de 2001.

Fox intentó también darle la vuelta a otro dato contundente arrojado por los análisis no gubernamentales, a saber, que desde diciembre de 2000 se habían destruido más de 500 mil puestos de trabajo. Ambas realidades suponían dos incumplimientos flagrantes de los compromisos electorales.

Las imputaciones de falta de liderazgo, inconsistencia en los diversos frentes de actuación gubernamental, propensión a la verborrea, excesiva dedicación a las cuestiones internacionales y, sobre todo, de no cumplir con lo prometido, siguieron lloviendo a lo largo de 2002. Fox sufría presiones desde dos frentes antagónicos: la empresa privada y los sectores políticos más conservadores de su propio partido le instaban a que avanzara sin remilgos por la senda de las reformas estructurales; al contrario, las izquierdas y los movimientos sociales le advertían contra la "tentación" de arrojarse a los brazos del "neoliberalismo".

A la sensación de debilidad del foxismo contribuían las divergencias ventiladas en el seno del Ejecutivo, sobre todo en materia de política exterior. El presidente del Comité Ejecutivo Nacional (CEN) del PAN, Luis Felipe Bravo Mena, mantenía un apoyo crítico al jefe del Estado. A mayor abundamiento, el PVEM, por decisión de su nuevo líder, Jorge Emilio González Martínez, declaró rota la alianza con el PAN el mismo día, el 1 de septiembre de 2001, en que Fox dio cuenta al Congreso de su primer Informe de Gobierno.

Los verdes, que andaban molestos por su marginación de las tareas gubernamentales, se sumaron al coro de reproches de todo el arco político opositor por la ausencia, a su entender, del cambio general prometido por la plataforma foxista.

El 2 de julio de 2001, coincidiendo con su 59 cumpleaños y el primer aniversario de su victoria electoral, el presidente mexicano contrajo matrimonio civil por sorpresa y en la más absoluta intimidad con una estrecha colaboradora desde que llegara al Gobierno de Guanajuato en 1995 así como militante activa del PAN desde 1988, Marta María Sahagún Jiménez, su secretaria de prensa en la campaña presidencial y que últimamente se había desempeñado como coordinadora general de Comunicación Social y portavoz de la Presidencia.

Fueron las segundas nupcias para los dos contrayentes: Sahagún, madre de tres hijos, Manuel, Jorge y Fernando, había obtenido en 2000 la nulidad de su primer matrimonio civil con el médico veterinario Manuel Bribiesca Godoy (a su vez hijo del que fuera diputado federal panista Manuel Bribiesca Castrejón), mientras que Fox estaba divorciado de Lilián de la Concha desde 1991.

EL CENTRO FOX

El presidente anunció en Phoenix, Arizona, en la reunión anual de la consultora de vivienda National Multi Housing Council (NMHC), la construcción en San Francisco del Rincón, en unos terrenos próximos a su hacienda, del Centro Fox, un ambicioso complejo de dependencias, al estilo de las presidencial libraries de los ex mandatarios de Estados Unidos, que constaría de centro de estudios, biblioteca y museo.

La institución nacía con el propósito de "administrar y operar un foro académico y un centro de estudios de las experiencias de la democracia en México y el mundo", "construir una memoria bibliográfica, museográfica y cultural de las obras, acciones y políticas públicas que han sido exitosas en nuestro país", y "transparentar el quehacer de la administración del licenciado Vicente Fox Quesada".

Fox precisó que su centro de estudios se financiaría exclusivamente con fondos privados. En relación con este punto, en septiembre de 2007, mientras el ex mandatario se hallaba en Roma para recibir el nombramiento de copresidente de la Internacional Demócrata Centrista (IDC), la prensa mexicana se hizo eco del estilo de vida ostentoso que el matrimonio Fox llevaba en el rancho San Cristóbal, el cual había incorporado al predio una piscina, un lago artificial, bungalows y primorosos jardines.

Al mostrar, orgulloso y sonriente, su hacienda renovada a los reporteros de la revista Quién, Fox dio pábulo a interrogantes sobre si los emolumentos oficiales cobrados como presidente en ejercicio y su actual pensión darían como para costear estas nuevas comodidades. En agosto Fox anunció la publicación para octubre de un libro de memorias titulado Revolution of Hope: The Life, Faith and Dreams of a Mexican President.

El tomo, escrito conjuntamente con el consultor de relaciones públicas Rob Allyn quien anteriormente había prestado sus servicios a George Bush en su etapa de gobernador de Texas-, seguía a otro libro autobiográfico aparecido en 1999, Fox a Los Pinos, donde el mandatario exponía su pensamiento político y sus visiones de México. Editado en inglés, aunque luego se traduciría al español, este segundo volumen iba a narrar, explicaba su autor, "algunos momentos difíciles" vividos durante el sexenio de gobierno.

En unos extractos adelantados por el Washington Post, Fox, sin duda llevado por el resquemor que le habían producido las promesas incumplidas de Bush en materia migratoria, aparecía mofándose de su "amigo para siempre", al que retrataba como "el tipo más gallito que haya conocido en mi vida" y como un "cowboy de pacotilla" que hablaba un "vergonzoso español de escuela". Asimismo, el autor criticaba a Estados Unidos por haberse erigido "en juez, jurado y policía del mundo" después de los atentados del 11-S.

LOS ACIERTOS DEL GOBIERNO DE VICENTE FOX.

Es evidente que como ha dicho Fox, este país ha cambiado, para los muy jóvenes no es fácil apreciarlo, pero los que hemos recorrido más de medio siglo de historia mexicana, apenas hoy hemos podido apreciar la Democracia.

Control de la Inflación.

Quizá el mayor éxito económico del gobierno actual, fue el excelente resultado obtenido en su lucha contra la Inflación. De una u otra forma todos hemos logrado percibirlo en los precios de los artículos que consumimos, en su mayoría han mantenido precios estables y que en algunos casos incluso han bajado.

Eso ni en sueños era posible en sexenios anteriores. Desde 1968 no se había logrado una inflación anual de 3.3%, que fue la cifra final del año 2005.

El promedio sexenal anualizado de la Inflación logrado por Fox, fue de 4.45%. Niveles menores solo se lograron en los sexenios de López Mateos y Díaz Ordaz en los años 60.

Desde 1935, en que se iniciaron los períodos sexenales y salvo los de López Mateos y Díaz Ordaz, ningún otro presidente logró mantener la inflación de un dígito en todos los años de su mandato, como lo hizo Vicente Fox.

Libre flotación del Tipo de Cambio Peso/Dólar

Este es otro gran logro sexenal, pero a la vez histórico. Se puede afirmar que es la primera vez que el tipo de cambio se mantiene en libre flotación durante todo un sexenio, aun retrocediendo hasta 1935 en que iniciaron los períodos sexenales, pues incluso en los sexenios de López Mateos, Díaz Ordaz y Ávila Camacho que mantuvieron el tipo de cambio fijo y sin cambio en todo su sexenio, el control de la paridad se fijaba como premisa sexenal. En México el tipo de cambio se ajusta a la alza y a la baja ¡y a nadie le importa! ¿Cuál es la razón fundamental? que la inflación está controlada.

Disminución de la Deuda Pública Exterior

Este es otro logro de la administración del gobierno de Vicente Fox, la Deuda Externa pública neta del gobierno federal pasó de 70,000 millones de dólares en el año 2000 a 49,900 millones de dólares para fines del 2006, es decir hablamos de una importante reducción de la Deuda Externa Pública. Desde 1942 en que se firmaron los acuerdos Suárez-Lamont, la deuda externa subió y subió sexenio tras sexenio, excepto en los dos últimos, el de Ernesto Zedillo y el de Vicente Fox.

El porcentaje de la Deuda Externa Neta con respecto al PIB corriente fue de 5.61% para fines de 2006, el más bajo desde 1958. Tan sólo baste recordar que durante el sexenio populista de López Portillo, representó el 90% del PIB. Por otra parte el valor de las Reservas Internacionales es suficiente para cubrir la totalidad de la Deuda Externa Pública.

Control del Déficit Público

Este siempre ha sido un anhelo de todos los gobiernos en funciones, excepto los de corte populista, pero no es fácil de lograr. Durante el año 2005, el gobierno de Fox obtuvo un buen resultado reduciendo el déficit fiscal a 0.09% del PIB. Las cifras de 2006, resultaron aún mejores reportando un Superavit Fiscal de 0.11%. El promedio anual del sexenio fue un Déficit Fiscal de 0.4% del PIB.

Incremento de las Reservas Internacionales

Al final de muchos sexenios anteriores, Echeverría 1976, López Portillo 1982 y Salinas 1994, las arcas nacionales quedaron en la ruina y prácticamente vacías. Al final de este sexenio y por el contrario de los mencionados, las Reservas Internacionales se mantuvieron en un nivel de 67,600 millones de dólares, las más altas de la historia del Banco de México para un fin de sexenio, aun haciendo los ajustes por inflación del dólar. El ascenso de las Reservas entre 2000 y 2006 fue de más de 90.19%, o sea un promedio anual de crecimiento del 11.31%

Incremento del Gasto en Desarrollo Social

Un repaso de los porcentajes sexenales desde 1935, reflejan que el sexenio de Vicente Fox, promedió el porcentaje más alto en Gasto de Desarrollo Social, calculado como porcentaje del Gasto Programable. Dicho porcentaje promedio anual se ubicó en 61.5% para fines de 2006. La peor crisis económica de la historia mexicana moderna, que se dio a fines 1994 y principios de 1995, provocó pérdidas catastróficas en todos los niveles, pero su peor efecto se reflejó en el incremento de la pobreza extrema, que pasó de 21 por ciento de la población en 1994 a 37 por ciento en 1996.

Uno de los más sonados triunfos del gobierno de Fox, fue el reconocimiento tácito del Banco Mundial en cuanto a que los programas sociales que se aplican en México, han permitido disminuir el porcentaje de la pobreza extrema en 17 puntos porcentuales. Sin embargo esta reducción apenas es 1% menor del porcentaje que teníamos en 1994, antes de la crisis provocada por Salinas de Gortari

Construcción récord de Vivienda Popular

El gobierno de Vicente Fox calcula que al final del sexenio se habrán otorgado un total de 3 millones de créditos para la construcción de vivienda popular, lo cual representa una cifra récord. Tan sólo en el año 2004 se otorgaron un total de 575,000 créditos, de los cuales 325,000 fueron del ISSSTE. Una de las transformaciones radicales, ha sido la forma en que las familias tienen acceso a los créditos, sin tantos trámites e intervencionismo de terceros.

Transparencia y Acceso a la Información

El Instituto Federal de Transparencia y Acceso a la Información, es una de las más importantes aportaciones del gobierno del presidente Fox, mediante el cual se establecen y garantizan los procedimientos para que más de 256 dependencias y entidades de gobierno federal, tengan la obligación de atender las solicitudes ciudadanas de información y además mantenerla actualizada y completa en los portales de internet de cada una de ellas. Este es otro de los grandes avances de la democracia mexicana.
Tan solo baste recordar de qué manera se ocultaba la información económica, al grado de que un dato como las Reservas Internacionales del Banco de México, solamente podíamos conocerlo de manera indirecta 3 veces al año.

Apertura Democrática, División de los Poderes.

Independientemente de todo lo arriba descrito, es mi opinión que lo más valioso del sexenio de Vicente Fox, ha sido su total apertura democrática.

Hablar de democracia de los 11 sexenios de PRI que muchos tuvimos que vivir, resultaría un absurdo; pero si podríamos hablar al menos de la semi democracia. ¿Que era la semi democracia?, bueno al menos la opción que teníamos todos los ciudadanos de libre tránsito, libre decisión en las profesiones, en el trabajo, en los negocios; libre opción de compra de bienes y servicios y en general el derecho a expresarse, asociarse y opinar... mientras no fueras en contra del gobierno. Este país ha cambiado, antes había muchos límites, no se podía hacer propaganda política por radio y televisión, las noticias en dichos medios tenían que cumplir con la autocensura.

Los periódicos que eran los más dispuestos a la crítica gubernamental, estaban expuestos al cierre mediante las limitaciones en el suministro de papel, que era un monopolio del estado. Pero hay algo más, hablar mal del presidente en turno estaba completamente vedado y se castigaba de las más diversas formas, que más vale no tener que recordar. Hoy por el contrario Vicente Fox nos ha enseñado, que se puede llevar la investidura presidencial y seguir siendo un hombre común y corriente, que como todos tiene aciertos y que comete errores.

Hoy no solamente se habla mal del presidente en público, se le critica, se le satiriza, aparece en las caricaturas más ridículas imaginables, se le imita a él y a su esposa y se transmiten los programas en red nacional.
A veces se exceden y se pierde el buen gusto y el respeto a la investidura

presidencial, sin embargo Fox continúa sonriente y jamás ha ejercido el exagerado poder que tuvieron sus antecesores. ¡Vaya que si hemos cambiado!

Pero hay muchas cosas más, se ha permitido que el Congreso plural pueda ejercer su poder tal como lo fijan nuestras leyes constitucionales y el presidente ha tenido que aceptar sus decisiones. De igual manera, por primera vez en mi vida he podido ver a la Suprema Corte de Justicia tomando decisiones autónomas que exigen el respeto de la ley y que se cumpla.

Hoy se generan, gracias a la gran libertad de expresión que tenemos, una enorme cantidad de informaciones y noticias, de las cuales muchas de ellas son contradictorias entre sí. Así es la libertad de expresión y tenemos que acostumbrarnos a ello, ahora es más importante analizar y comprobar los contenidos de la información que nos entregan antes de darla por cierta.

Aquí hemos tratado de presentar un conjunto de datos apoyados con cifras oficiales, que nos muestran las luces y las sombras de Vicente Fox. Como ser humano resulta razonable que en su sexenio tengamos una mezcla de aciertos y de fallas, pero aun así y tan solo por el hecho de habernos permitido conocer de qué manera se debe ejercer la verdadera democracia, el cambio habrá valido la pena. Es evidente que la mayoría de los ciudadanos esperábamos con impaciencia la llegada de un gobernante libremente elegido por el pueblo y que una vez que esto fuese posible, el buen desempeño del nuevo gobierno hiciera crecer nuevamente a este gran país y resolviera de inmediato todos los problemas. Como hemos podido ver, esto no fue del todo así, sin embargo queda muy claro que el balance final es positivo. No todas las variables macro económicas lograron mejoría y una de las más importantes que fue el crecimiento del PIB se quedó muy atrás de lo prometido.

Sin embargo debemos reconocer que aún con las fallas inherentes del gobierno de Fox, no toda la responsabilidad fue suya. Dos factores influyeron de manera especial: la desaceleración de la economía de Estados Unidos a partir del segundo semestre del año 2000, que redujo de manera importante el flujo de exportaciones mexicanas y por otra parte la obstrucción permanente y sistemática del Congreso a la aprobación de los proyectos de ley del Ejecutivo.

LA LUCHA CONTRA EL NARCOTRAFICO DE VICENTE FOX

La llegada de Fox rompió varias inercias de corrupción por omisión entre el gobierno mexicano y el narcotráfico, lo cual se reflejó en una política del gobierno de Fox de mayor confrontación. Ella da como resultado el arresto de varios líderes del narcotráfico como Osiel Cárdenas, del cártel del Golfo, Benjamín Arellano Félix, del cártel de Tijuana, Adán Amezcua, del cártel de Colima y otros líderes importantes como Gilberto García Mena, alias el June, del cártel del Golfo.

Al mismo tiempo, el gobierno de Vicente Fox continuó con la tendencia de hacer cambios institucionales como respuesta al crecimiento de la delincuencia organizada. Durante su primer año de gobierno realizó dos reformas de gran importancia en materia de seguridad.

Por un lado, estableció una nueva secretaría de Estado, la de Seguridad Pública, a la cual se transfiere la Policía Federal Preventiva.
Por otro lado, desapareció la Policía Judicial Federal dentro de la Procuraduría General de la República y, en su lugar, se creó la Agencia Federal de Investigaciones (AFI) que pretendía ser un FBI a la mexicana, con el uso de técnicas científicas de investigación y tecnología de punta. El gobierno de Fox también buscó regular la actividad de la agencia de inteligencia civil, el Cisen, mediante la Ley de Seguridad Nacional, aprobada en 2005, que establecía controles judiciales para las intervenciones telefónicas realizadas por ese organismo.

Por otro lado, durante el gobierno de Vicente Fox se continuó utilizando al Ejército en el combate al narco e incluso se nombró como procurador general de la República a un militar, el general Rafael Macedo de la Concha, lo cual facilitó una coordinación entre la Procuraduría General de la República (PGR) y el Ejército. No obstante, la coordinación de la PGR con la Policía Federal Preventiva y las policías estatales y municipales, por medio del Sistema Nacional de Seguridad Pública, no fue buena, por lo que el gobierno de Fox privilegió a la Procuraduría y a las fuerzas armadas para realizar los operativos de captura de narcos.

A pesar de los esfuerzos del gobierno de Fox para combatir el narcotráfico, los resultados fueron mixtos. Si bien logró la captura de varios capos, los volúmenes de droga traficada a Estados Unidos no disminuyeron y las bandas del narco siguieron operando. Como afirma el procurador general de la República del gobierno de Calderón, Eduardo Medina Mora, si bien se registraron capturas "muy importantes de líderes emblemáticos", lo cierto es que no se provocó "la desarticulación de la estructura operacional, de mercadeo y financiera", ni se afectó la logística de esos grupos delictivos (Cisen, 2009: 73).

Adicionalmente, el descabezamiento de las organizaciones criminales rompió el equilibrio en el mundo del narcotráfico, lo cual provocó una guerra entre el cártel de Sinaloa y el cártel del Golfo por el control de la plaza de Nuevo Laredo. Ello empujó al gobierno de Fox a instrumentar, en junio de 2005, el operativo policiaco-militar México Seguro, luego de que el jefe de la Policía de Nuevo Laredo, Alejandro Domínguez Coello, fuera asesinado a sólo siete horas de haber tomado posesión del cargo.

A pesar de este operativo, la ola de violencia continuó en Nuevo Laredo y se reprodujo en otros estados del país como Guerrero y Michoacán. El programa fue rebautizado en marzo de 2006 como Proyecto Frontera Norte, pero de todos modos la violencia continuó durante ese año, lo cual provocó serias fricciones con Estados Unidos.

ECONOMÍA: LA FALLA DE FOX

México no tiene una economía sólida y por ello es la economía del subcontinente que más ha resultado afectada por la recesión estadounidense. La sincronía de México con respecto al ciclo de la economía estadounidense no representa una casualidad. La integración del sistema productivo de nuestro país al sistema productivo de la potencia hegemónica responde a un proceso histórico de larga duración, que se reforzó con la entrada en vigor del TLCAN. La elección de un modelo orientado "hacia fuera, donde el sector exportador constituye el eje de la acumulación de capital, así como el desmantelamiento y estancamiento de los sectores y ramas vinculados al mercado interno, convierte el crecimiento económico de México en una variable dependiente de las importaciones estadounidenses.

Durante el tercer trimestre de 2000, la economía estadounidense comenzó a desacelerarse. El crecimiento anualizado del PIB se redujo del 5.7% en el segundo trimestre al 1.3% en el tercero. Con diferencia apenas de un trimestre, la economía mexicana resintió sus efectos.

Si en Estados Unidos pueden surgir dudas sobre si técnicamente existen condiciones recesivas, en México existen plenamente esas condiciones, pues el PIB ha registrado bajas durante tres trimestres consecutivos. La recesión comenzó prácticamente desde el segundo trimestre de 2001 cuando el PIB se estancó; en los siguientes dos trimestres se registró decrecimiento (-1.6% y -1.8%). A lo largo de 2001, el PIB disminuyó 0.3%. A pesar de la reactivación del PIB en Estados Unidos durante el primer trimestre de 2002, la recesión en México continuó e inclusive se profundizó en México, pues el PIB se contrajo a una tasa anualizada del 2%. La recesión mexicana fue impulsada por una baja pronunciada de las exportaciones y de la tasa de inversión. La inversión ha sido el componente de la demanda agregada que se ha contraído más severamente. La inversión bruta fija disminuyó 5.9% en 2001. Mientras la inversión privada se redujo 5.1%, la inversión pública registro una caída mayor (-9.6%).

El consumo no bajó en la misma proporción que la inversión, aunque si registró una disminución sensible en su tasa de crecimiento, la cual disminuyó de 7.5% en 2000 al 2.8% en 2001.

La recesión en México es generalizada, ya que afecta a la mayoría de las ramas económicas. En 2002, se manifestó de manera más aguda en la industria manufacturera (-3.9%), la construcción (-4.5%), la minería excluyendo al petróleo (-4.3%), el comercio (-1.3%), y en algunos servicios como turismo.

Por su la completa dependencia del sector exportador y de las maquiladoras respecto del mercado estadounidense, han resentido con fuerza la recesión. De hecho ésta se manifestó primero en el sector exportador y de allí se transmitió al resto del sistema productivo. Las exportaciones de mercancías se han contraído en forma significativa. Durante 2001 las exportaciones totales disminuyeron 4.8%.

La baja en las ventas externas afectó por igual a las exportaciones petroleras (debido a la fuerte caída del precio del crudo registrada el año pasado como consecuencia de la desaceleración de la actividad económica mundial), así como a las exportaciones de las maquiladoras y a las manufactureras. Las exportaciones comenzaron a perder dinamismo a finales de 2000, pero es a partir del primer trimestre de 2001 que comienzan a registrar tasas negativas. La contracción se agudizó durante el último trimestre del año pasado y continúa durante los primeros meses de 2002.

Las importaciones también han resentido los efectos de la recesión, pero han disminuido a un ritmo inferior al de las exportaciones, lo cual comprueba la alta dependencia del sistema productivo respecto de los insumos importados y la existencia de un amplio margen de sobrevaluación del peso. En 2001, las importaciones totales registraron una disminución del 3.5% respecto al año anterior. El comportamiento de las importaciones por destino de los bienes ha sido diferenciado.

A diferencia de lo que sucedía en crisis anteriores, cuando la recesión corregía el desequilibrio de la balanza comercial, en esta ocasión ante la ausencia de depreciación cambiaria, el déficit comercial se ha incrementado. En efecto, este ascendió a 9,792 millones de dólares en 2001, contra 8,003 en 2000. Ello refleja también la gran dependencia de la acumulación de capital, bajo el modelo económico neoliberal, respecto de las importaciones.

El costo de la recesión en materia de desempleo ha sido muy alto. Conservadoramente se estima que la pérdida de empleos, tan solo en 2001, ha sido de alrededor de medio millón de plazas, aunque algunas instituciones, como la Universidad Obrera de México, calculan un total de 818 mil. El número de asegurados permanentes en el IMSS, que es una referencia indirecta del nivel de empleo en el sector formal, registró una disminución de 453,351 plazas entre noviembre de 2000 y diciembre de 2001. Según datos del INEGI tan sólo en las maquiladoras se perdieron 188,704 empleos, una reducción del 17.1% entre noviembre de 2000 y noviembre de 2001. Si al medio millón de empleos perdidos agregamos un millón 300 mil plazas que deben crearse anualmente para absorber al incremento natural de la fuerza de trabajo, significa que alrededor de dos millones de compatriotas vieron esfumarse la oportunidad de conseguir un empleo remunerado el año pasado.

Recesión y neoliberalismo

A la vieja usanza de los gobiernos priístas, las autoridades de la administración foxista no encuentran otra explicación de la presente recesión que no sea los efectos adversos de la recesión estadounidense y ninguna salida que no sea esperar con la paciencia de Job, a que el ciclo económico cambie de dirección en el Norte.

Así, en el Informe 2001 del Banco de México (2002, p. 19) se explica la recesión de la siguiente manera:
"En 2001 – afirman – la evolución de la actividad económica en México estuvo determinada fundamentalmente por la situación cíclica de desaceleración económica que caracterizó a la economía mundial y en particular, por la que atravesó el principal socio comercial del país, los Estados Unidos. La desaceleración de la economía mundial se vio agudizada por las repercusiones económicas de los atentados terroristas del 11 de septiembre en los Estados Unidos. Dichos eventos acentuaron la pérdida de fortaleza de la actividad económica en México, sobre todo en aquellos sectores asociados a la exportación, el transporte aéreo y al turismo."
Banco de México (2002). Informe Anual 2001. México, Banxico, p. 19

Nada menos, pero nada más. En realidad, la recesión que agobia a México y que está por cumplir su primer aniversario, no sólo es un reflejo pasivo de las dificultades de la economía estadounidense. Es también el precio de aferrarse a la política neoliberal aplicada en el país desde 1983.

Durante su campaña, Vicente Fox había ofrecido cambiar el modelo económico neoliberal y poner el crecimiento económico y la creación de empleos en el centro de sus objetivos planteando una tasa de crecimiento del PIB del 7% anual y crear un millón 300 mil empleos anuales durante su gestión. Dichos objetivos fueron abandonados o en el mejor de los casos aplazados, ante la desaceleración de la economía estadounidense. En materia económica, en vez de cambio y de búsqueda de nuevas estrategias de desarrollo que los reveses de la globalización neoliberal señalaban como una necesidad urgente, ha habido una mera continuación de las políticas económicas restrictivas y de las "reformas estructurales" aconsejadas por Wall Street e impuestas e instrumentadas por los estados nacionales y el FMI. Fox se ha manifestado en diversas oportunidades por mantener el modelo económico y por continuar con la aplicación de políticas ortodoxas.

A finales ese año, ya en plena recesión, afirmó que su gobierno mantendría la estabilidad monetaria, el control efectivo de la inflación, la reducción de las tasas de interés y la responsabilidad fiscal. Se declaró partidario de continuar con el cambio estructural, pues, según él, llegó la hora de "sacar adelante" las reformas hacendaria, energética, de telecomunicaciones, laboral y rural.

"Nuestra estrategia – afirmó - ha demostrado su viabilidad y eficacia y no responde a una moda, ni a una creencia ideológica ni a un capricho personal. El modelo se mantendrá porque es sencillamente una condición indispensable para el desarrollo".

Y apenas hace unos días en una entrevista concedida a un diario alemán, si bien se manifestó por "construir una globalización humanizada", afirmó: Yo no creo que la globalización no tiene la culpa de lo que suceda a favor o en contra de determinado país (...).

En particular como país, vemos la globalización como un reto, y a nosotros, a México, nos ha permitido avanzar y crecer hasta el nivel que hoy tenemos. Difícil encontrar mejor apología del neoliberalismo. El programa económico de Fox es neoliberal no sólo en sus propósitos, sino también en las acciones emprendidas durante su primer año de gobierno.

En los siguientes cuatro años Fox mantendría inalterable sus políticas económicas. Estas han mantenido inalterables los parámetros del modelo de economía de mercado abierta impulsado por sus antecesores. Entre otras

cosas:
- Se conserva sin cambios la política de apertura comercial y sigue sin existir una política industrial que promueva la articulación de las cadenas productivas.
- Se considera que el Tratado de Libre Comercio de América del Norte (TLCAN) no debe revisarse en su contenido actual. Se plantea sí un TLCAN plus, lo que implica abrir la discusión con Estados Unidos de los flujos migratorios, pero a cambio de efectuar concesiones en materia energética, en función de la estrategia trazada por las transnacionales del petróleo estadounidenses y el clan Bush-Cheney.

- La apertura irrestricta de la cuenta de capital sigue sin alteraciones. Los flujos privados de capital siguen siendo el principal mecanismo de financiamiento de los desequilibrios presupuestal y de la balanza de pagos. Salvo algunos cambios fiscales incipientes introducidos por el Congreso en el paquete fiscal, se rehúye cualquier intento de gravar o regular dichos flujos.
- Se mantiene una política de flexibilidad total a la inversión extranjera directa.
- Se mantienen las políticas privatizadoras y de apertura al capital privado en los sectores estratégicos en manos del Estado: generación y comercialización de energía eléctrica, producción y distribución de gas natural, petroquímica, seguridad social, pensiones, etc.

- Se promueve una reforma laboral que, bajo el criterio de elevar la competitividad y la necesidad de adaptarse a la globalización, tiene por objetivos principales flexibilizar la contratación de la fuerza de trabajo y reducir los derechos y prestaciones de los trabajadores.
- Se siguen aplicando topes salariales y los incrementos de salario se establecen, como se ha hecho durante las últimas dos décadas, en función de la inflación esperada y no de la inflación pasada, lo que impide la recuperación de los salarios reales.
- La política cambiaria es la misma del zedillismo, es decir una "flotación sucia" que provoca la apreciación permanente y peligrosa del peso.

Ante la desaceleración de la economía, se decidió aplicar una política económica procíclica en vez de una política anticíclica que contrarrestara los efectos recesionistas provenientes del centro hegemónico estadounidense. El Banco de México, no sólo mantuvo la política monetaria restrictiva aplicada a lo largo del sexenio anterior, sino que la profundizó a través de la política de "cortos", lo que impidió la reactivación del crédito bancario y restringió el gasto.

Curiosa manera de "consolidar el desarrollo económico sostenido" privilegiando el uso de políticas restrictivas de corte ortodoxo. La ortodoxia no se limitó a la esfera monetaria, sino que se extendió al manejo de la política fiscal. La doctrina de austeridad y déficit presupuestal cero se ha mantenido incólume.

Se aplica una especie de consejo monetario en el terreno fiscal, al limitar el gasto público a la captación efectiva de recursos fiscales. Para enfrentar la baja de estos provocada por la recesión, se han aplicado diversos recortes al gasto público, dejando de lado el presupuesto autorizado por el Congreso.

Resulta difícil imaginar cómo crecer al 7%, crear 1,300,000 empleos y reducir la pobreza sin abandonar el mito del equilibrio fiscal y sin incrementar el gasto público, principalmente el gasto de inversión. Todo ello en aras de erradicar la inflación y acercarla a la de nuestros socios comerciales del norte, como si la inflación fuera el problema económico principal en la actualidad y, no como parece ser el caso, las tendencias recesivas y a la deflación, no sólo en México sino en la economía mundial.

Lo que no se dice es que ambos, restricción monetaria y política de "déficit cero" - análoga a la aplicada infructuosamente por Cavallo en Argentina – tienen como principal objetivo mantener tasas de interés reales altas para atraer el ingreso de flujos externos de capital especulativo, los que vienen a obtener altos rendimientos y a apropiarse de lo que queda de la riqueza nacional, no a ampliar la capacidad productiva de la economía. La entrada de esos capitales permite, de paso, sostener la estabilidad artificial del tipo de cambio.

Perspectivas y conclusiones

El discurso oficial del gobierno de Fox sobre el curso de la recesión y sobre su salida, es color de rosa. En su opinión, la economía mexicana enfrenta un problema de origen externo, inevitable en los tiempos actuales de globalización.

Consideran además, que la respuesta de la economía mexicana ha sido ejemplar, pues por primera vez en la historia la baja en la actividad económica se ha presentado en un marco de estabilidad financiera y política y sin devaluación de la moneda, a diferencia de otros países, que, como Argentina, enfrentan una situación caótica. El Presidente Fox afirmaba: "Tenemos, pues, una economía que descansa sobre bases sólidas. Una

economía que, además de garantizar que no enfrentamos crisis como las que por desgracia están ocurriendo en otros países hermanos, nos permitirá reiniciar el crecimiento en cuanto se superen las actuales turbulencias y dificultades internacionales". No sólo eso, sino que quizás respondiendo a las críticas sobre el incumplimiento de sus promesas de campaña, aseguró que:
"Enfocaremos nuestros esfuerzos en lograr una recuperación sostenida del ingreso y del nivel de vida de la población; especialmente a los más desprotegidos, a los que han permanecido al margen del desarrollo".

Para apoyar su visión optimista sobre el futuro de la economía, los responsables de la política económica mencionan, entre otros indicadores la baja inflación, el descenso de las tasas de interés, la fortaleza del peso, y la existencia de altas reservas monetarias internacionales.

La recuperación, según nuestras autoridades, ya comenzó o el peor de los casos está a la vuelta de la esquina. Se considera que la recesión estadounidense ya terminó y que la economía de nuestros vecinos y socios volverá crecer, lo que redundará en una reactivación automática de nuestras exportaciones y de nuestra economía.

Las cosas no parecen, por desgracia, tan sencillas. La recuperación estadounidense, de consolidarse, lo cual no es seguro pues cabe la posibilidad de una recesión de doble zambullida, no será un proceso suave ni sencillo.La actual recesión no es una pausa cíclica típica, sino está inscrita en una larga expansión plagada de endeudamiento y excesos financieros y basada en un régimen de acumulación con dominación financiera altamente inestable. En ese entorno complicado la economía mexicana creció de 2000 al 2006 a un decepcionante promedio de 2.3 por ciento anual a pesar de terminar el sexenio con un alto crecimiento de 5% (2001: -0.61%; 2002:0.13%; 2003:1.42%; 2004:4.30%; 2005:3.03%; 2006:5.0%).

Por desgracia hasta 2006 la economía norteamericana no supero sus niveles de desestabilidad y en 2007 sería la causa de la crisis más grande desde la gran depresión.

☐

EL SEXENIO DE FELIPE CALDERON

Los mexicanos enfrentamos numerosos retos y un profundo

estancamiento en la construcción de nuestra democracia y de un Estado en donde los derechos humanos sean respetados por gobernantes y gobernados, en donde encontremos la verdad y la solución al pasado autoritario y en el que los nuevos retos son la violencia homicida, el crimen organizado, el narcotráfico y la impunidad.

Los nuevos retos de una gobernanza democrática obligan a reformular las estrategias de seguridad interior y nacional; asignar nuevas funciones y controles a los actores y a las instituciones responsables de sendas políticas, a las policías, al Ejército y a los servicios de inteligencia. La violencia se ha incrementado de una manera inédita en la historia contemporánea. Los términos crimen organizado, narcotráfico, militarización, violación de los derechos humanos, políticas públicas inefectivas, militarización, politización de la procuración de justicia, corrupción e impunidad son comunes en la opinión pública y en los análisis contemporáneos.

¿Cómo reorientar las políticas de seguridad nacional y de seguridad interior? ¿Cómo cambiar las vetustas ideas del régimen autoritario sobre los enemigos o "amenazas" internos y externos del Estado? ¿Cómo reubicar la función de las fuerzas armadas en la democracia? El primer reto de la seguridad es reducir la violencia y la violación persistente de los derechos humanos de la población, causada por las autoridades gubernamentales, el narcotráfico y el crimen organizado.

El contexto internacional presenta numerosos desafíos. El problema persistente del narcotráfico y las políticas estadounidenses han doblegado a los gobiernos; éstos han claudicado en su propia política de producción, consumo y comercio de drogas ilegales. La nueva seguridad nacional de Estados Unidos y su lucha contra el terrorismo han tenido desastrosas consecuencias

Derivado del paso de tan solo dos años del final del periodo del Presidente Calderón, queda claro que estamos preocupados por la cercanía temporal respecto al periodo estudiado. En ese sentido —hay que decirlo— el análisis es una empresa audaz tanto por las dificultades propias de la investigación de horizonte temporal tan cercano como por el hecho de tratarse —como cualquier evaluación— de una visión crítica del gobierno aludido.

Generalmente aquellos trabajos que tratan de dar cuenta de periodos de gobierno completos —valoraciones sexenales— suelen centrarse en un gran tema específico: la disputa política; ello puede abarcar la economía y/o algunas acciones específicas de gobierno. Sin embargo, como lo muestran trabajos como la colección Historia de la revolución mexicana de El Colegio de México, las obras de Fowler sobre presidentes mexicanos (2004), e incluso los trabajos especializados en historia económica como los de Ayala (2000), Cárdenas (1996) y Tello (2009), las evaluaciones de los periodos sexenales están marcadas por el presidente como protagonista. Esta visión panorámica en el estudio de los sexenios es resultado de lo complejo tener información detallada. También quizá por una natural tendencia en la cultura política mexicana —que por supuesto permea en el ámbito académico— a identificar con la figura presidencial algo así como el desempeño agregado del gobierno nacional.

Además, una constante de trabajos como los citados es la lejanía temporal de las investigaciones respecto a los gobiernos estudiados; y también, por tratarse de lecturas tan generales no alcanzaban a especificar las fallas u omisiones cometidas durante la gestión analizada.

Sin embargo, la realidad política ha cambiado y a la rama administrativa se le suman ahora nuevos actores políticos que adquieren un carácter fundamental para entender las coyunturas críticas y los procesos de cambio político de largo aliento; incluso dentro del propio poder ejecutivo muchos organismos y sus altos mandos representan políticas y gestiones que —para bien y para mal— deben estudiarse paralelamente a la gestión presidencial. En ese sentido lo que sigue es una contribución que entiende la nueva pluralidad de actores y determinantes del gobierno. En concordancia con lo anterior, la estrategia es agrupar seguir tres grandes líneas o temas generales: conflictos y cooperación política; políticas sectoriales; y grandes problemas nacionales. En el primer grupo se incluyen análisis de política exterior, la relación con el Congreso de la Unión, y la alianza del gobierno con el Sindicato Nacional de Trabajadores de la Educación (SNTE).

En el segundo grupo se abordan las políticas de salud; sobre radiodifusión y telecomunicaciones. En el rubro de grandes problemas nacionales se presentan los de seguridad y narcotráfico. Debido a que abordamos el periodo contemporáneo se basan en indagaciones concienzudas en diarios y fuentes oficiales; por ello se erigen como un referente para los interesados en cualquiera de las materias mencionadas o bien en el estudio del gobierno calderonista.

En segundo lugar, a diferencia de una investigación periodística, el tratamiento de la información no se queda en la crónica ni en la mera descripción, sino que cada trabajo plantea una problemática por analizar.
En tercer lugar, y en relación con el punto anterior, cabe destacar el perfil

de los autores de las fuentes, todos ellos profesores versados en la problemática que abordan en la obra, hecho que da pie para realizar algunas lecturas sobre la empresa académica que subyace en la publicación del libro.

Al trabajar en un periodo de manera simultánea, son capaces de perfilar exitosamente la situación política y gubernamental del momento. No obstante, la debilidad de esta posibilidad es por supuesto que la selección de temas abordados pareciera hecha más en función de los investigadores disponibles para participar en el proyecto que a partir de una definición propia de la problemática. Por ejemplo, en una evaluación general del sexenio calderonista destacan por su ausencia el tema de las finanzas públicas federales y la relación con otros actores centrales en el nuevo contexto político del país como los partidos políticos —especialmente el propio—, el poder judicial, el conjunto de sindicatos y los gobiernos estatales; también está ausente un análisis sobre la figura presidencial en sí misma. En cuanto a políticas sectoriales quedan fuera del trabajo áreas como la política industrial y/o la relación con los principales grupos empresariales, la política energética y la política en materia de ciencia y tecnología.

Por otro lado, puede distinguirse como característica constante a lo largo de la obra una clara intención evaluativa; de hecho, desde el inicio se reconoce explícitamente una lectura crítica en las preguntas que de acuerdo con la introducción de la obra guiaron el proyecto: ¿Cómo va a pasar a la historia Felipe Calderón Hinojosa? ¿Qué hizo durante su gobierno? ¿Cómo le fue a México bajo su mandato?

Tales son las preguntas que se tratan de responder a lo largo de este capítulo. Cabe decir que esta vocación crítica de ninguna manera demerita la obra; sin embargo, sí evidencia la complicación que suele tener la realización de trabajos que están inmersos en la impronta de la coyuntura pero cuyos objetivos de conocimiento son de mayor horizonte.

LA HERENCIA DEL PASADO

Cuando Felipe Calderón asumió la Presidencia en diciembre de 2006 heredó una situación en materia de seguridad caracterizada por lo siguiente: a) control del narcotráfico de diversos territorios del país; b) una guerra entre cárteles de la droga causante de altos niveles de violencia; c) renuencia del gobierno de Fox para usar la fuerza pública; d) conflictos con Estados Unidos por la narcoviolencia en la frontera; e) flujo estable de drogas hacia Estados Unidos, que no se vio afectado por las políticas antinarco de Fox; f) aumento considerable del consumo de drogas ilícitas en México, sobre todo a partir de la década de los noventa.

Los operativos policiaco-militares

Frente a este panorama, y en un contexto de crisis de legitimidad interna por su triunfo apretado en la elección de 2006, el gobierno de Calderón decide lanzar una campaña de combate directo al narco con el apoyo del Ejército. A sólo 11 días de su llegada se realiza el primero de una serie de operativos territoriales contra el narcotráfico en el estado de Michoacán. El objetivo de este operativo, según el secretario de la Defensa, Guillermo Galván Galván, era "proporcionar los niveles de seguridad que hagan viable la vida ciudadana" (Chabat, 2007). El propio procurador Medina Mora señaló en una entrevista en 2008 que el objetivo de esta guerra no era "terminar con el narcotráfico sino convertirlo en un problema de seguridad pública" (Milenio, 2008) en lugar del problema de seguridad nacional en el que se había convertido.

En esta lógica, durante 2007 el gobierno de Calderón continuó con los operativos policiaco-militares en varios estados del país como Baja California, Sinaloa, Durango, Nuevo León, Chihuahua y Guerrero. Estos operativos, si bien lograron reducir de manera inmediata la presencia del narcotráfico en las entidades mencionadas, provocaron lo que algunos medios de información llamaron el "efecto cucaracha", el cual consistía en el desplazamiento de la narcoviolencia de un estado a otro. De hecho, a raíz del operativo en Michoacán comenzó a crecer la violencia en estados que no presentaban tal fenómeno de manera importante como Sonora, Nuevo León, Veracruz y Tabasco.

Paralelamente, los enfrentamientos entre las bandas del narco crecieron, lo cual confirmó la tendencia a la alza en el número de personas ejecutadas por el crimen organizado.

De acuerdo con un informe de la Comisión de Seguridad Pública de la Cámara de Diputados, tan sólo en 2007 el número de muertes vinculadas con el narcotráfico fue de alrededor de 2 700 (Agencia Efe, 2008), 600 más que en 2006 y más del doble de las registradas en 2005 (Merlos, 2007). Cabe destacar, sin embargo, que la tendencia creciente en la narcoviolencia disminuyó a mediados de 2007, según algunas versiones periodísticas debido a un pacto entre las bandas de narcotraficantes (Ravelo, 2007). Sin embargo, las narcoejecuciones volvieron a crecer de manera alarmante en 2008 a causa de que se intensificó el ataque a las bandas delictivas por parte del gobierno mexicano, y las víctimas aumentaron a más de 5 000 en ese año, el doble de las ocurridas en 2007 (Agencia Efe, 2008). Lo que llama la atención es que, a pesar de los altos índices de violencia asociada con el narco, las encuestas mostraron en esos años un alto apoyo de la población a esta guerra.

Las reformas legales

La estrategia de Calderón de combate al narcotráfico contenía otros elementos además de los operativos policiaco-militares. Algunos de éstos fueron las reformas legales propuestas por el gobierno en 2007 y 2008. En marzo de 2007 el Presidente envió al Congreso una iniciativa de reforma a varios artículos constitucionales en materia de justicia penal (Poder Ejecutivo Federal, 2007a).

Las principales propuestas de esta iniciativa eran: a) la inclusión del arraigo en el texto constitucional como una medida cautelar para los delitos graves y la delincuencia organizada, con un límite de 30 días en los primeros y el doble de plazo en la segunda; b) la autorización para que la policía pueda ingresar en un domicilio particular, sin orden de cateo, en caso de un delito flagrante; c) la aprobación para que, en caso de delitos de delincuencia organizada, el Ministerio Público pueda ordenar arraigos, cateos e intervención de comunicaciones privadas, cuya validez estará a revisión judicial posterior de acuerdo con lo que establezca la ley; d) el permiso para que los sentenciados del fuero común puedan purgar sus penas en prisiones federales y los del fuero federal en prisiones del orden común, así como la posibilidad de que los sentenciados puedan compurgar su pena en las prisiones más cercanas a su domicilio, salvo en el caso de delitos de delincuencia organizada en los que deberán hacerlo en prisiones de máxima seguridad; e) la autorización para que en caso de delincuencia organizada, se pueda mantener en reserva el nombre y los datos del acusador; f) la posibilidad de que la víctima de un delito también pueda solicitar directamente la reparación del daño; g) establecer que los menores de edad no estarán obligados a carearse con el inculpado; h) la autorización para que el Estado pueda incautar bienes que son instrumento, objeto o producto de actividades de delincuencia organizada; i) el establecimiento de la autonomía técnica de la policía para realizar labores de investigación, aunque sigue dependiendo del Ministerio Público; j) el establecimiento de un código penal único para todo el país que sería emitido por el congreso nacional y no por los congresos esfuerzo del gobierno en el combate al narco (Egremy, 2009).

En una encuesta de salida el día de las elecciones legislativas el 5 de julio de 2009, 47% pensaba que el narco le iba ganando la batalla al gobierno, en tanto que sólo 39% consideraba que era el gobierno quien estaba a la delantera.

Sin embargo, en dicha encuesta 51% estimaba que al final ganaría el gobierno contra 31% que creía que era el narco el que triunfaría (Parametría, 2009).

Paralelamente, Calderón envió otra iniciativa de reforma al Código Penal Federal a fin de establecer la prisión vitalicia para el delito del secuestro (Poder Ejecutivo Federal, 2007b). Estas propuestas se aprobaron en marzo de 2008 excepto la que se refiere a los cateos sin orden judicial, la remoción libre de los agentes del Ministerio Público y de los policías, así como el establecimiento del código penal único (Arriaga Valenzuela, 2008).

Quedaron pendientes de aprobación el establecimiento de un sistema nacional de desarrollo policial, que se incluyó hasta fines de 2008 en la Ley General del Sistema Nacional de Seguridad Pública (CDDHCU, 2009a), y la incautación de bienes asociados a la delincuencia organizada que fue aprobada en la Ley Federal de Extinción de Dominio, promulgada el 29 de mayo de 2009 (CDDHCU, 2009b).

Hay que mencionar que en las reformas aprobadas en marzo de 2008 también se incluyó una transformación profunda del sistema de justicia penal que sustituye el sistema inquisitorio por uno acusatorio, conocido popularmente como juicios orales. Esta había sido una de las propuestas de campaña de Calderón, pero él no la había incluido en la iniciativa de reformas que envió al Congreso en marzo de 2007. Esta última reforma implica un cambio de gran calado al sistema judicial y tiene un plazo de ocho años para instrumentarse a partir de su aprobación. Mejora de las capacidades institucionales: profesionalización de la Policía Federal e Iniciativa Mérida

Una de las prioridades en materia de seguridad de Felipe Calderón desde su campaña fue profesionalizar la Policía Federal Preventiva así como la creación del Sistema Único de

Información Criminal.

Ello con el fin de desarrollar una base de datos "con inventarios y registros de armas y automóviles, archivos de casquillos percutidos, nombres de delincuentes, modos de operación, fotografías, huellas dactilares, perfiles criminológicos" y "consolidar una infraestructura de comunicación que permita la interrelación inmediata entre cuerpos policiales y sus respectivos mandos" (Calderón, 2006: 20). En este sentido, desde el principio del sexenio se lanzó el proyecto llamado Plataforma México, que "consiste en la interconexión de redes de dependencias e instituciones vinculadas directamente al ámbito de la seguridad pública, que propicien y faciliten el intercambio de información de sus diferentes bases de datos a fin de optimizar la eficacia de estrategias y operativos para enfrentar a la criminalidad" (Presidencia de la República, 2008). Este proyecto contiene tres etapas: a) red de datos encriptada; b) Sistema Único de Información Criminal, y c) equipamiento de estaciones de policía.

Es difícil tener una evaluación concluyente sobre su política de combate al narcotráfico. No obstante, una primera aproximación sugiere que la estrategia ha estado marcada por la urgencia. Como ya hemos señalado, cuando Calderón asume la Presidencia, el narco tenía ya una presencia territorial que amenazaba la gobernabilidad del país de una manera muy directa. En este sentido, el margen de maniobra que tenía el gobierno mexicano era muy reducido. Ciertamente, se pudo haber optado por regresar a la política de tolerancia del pasado, pero esto no era viable por varias razones. En primer lugar, la tolerancia se podía mantener en un régimen autoritario en el cual la información era controlada por el Estado. Esta posibilidad está cancelada en un régimen democrático en el cual la información fluye con facilidad. Cualquier intento del gobierno de Calderón de llegar a un arreglo con el narco podría tener consecuencias políticas muy graves para su gobierno.

En segundo lugar, el crecimiento del fenómeno del narco ponía al Estado en una situación de debilidad para una eventual negociación con las bandas de narcotraficantes. En tercer lugar, existía una fuerte presión de la opinión pública mexicana para que el gobierno enfrentara de una manera más decidida el problema, dada la renuencia del gobierno de Fox para utilizar la fuerza pública. En cuarto lugar, era difícil para Felipe Calderón eludir la confrontación con el narcotráfico, dado su discurso constante de fortalecimiento del Estado de derecho y su creencia personal en la aplicación de la ley. Finalmente, el combate al narco parecía una buena apuesta política que podría ayudar al Presidente a superar la crisis de legitimidad que enfrentó al principio de su gestión debido al triunfo apretado sobre el candidato de la izquierda. Evidentemente, la política de confrontación contra el narco ha generado altos costos en términos de violencia que el Estado mexicano no ha podido contener.

Ello se explica, fundamentalmente, por la debilidad del gobierno mexicano para aplicar las leyes que definen al narcotráfico como delito. Desde luego, este problema no es nuevo y constituye la razón por Jorge Carpizo, quien fue procurador general de la República durante el gobierno de Salinas de Gortari, reconoció las debilidades del Estado mexicano para enfrentar el narcotráfico al referirse a los motivos por los cuales no intentó arrestar a los líderes del cártel de Tijuana, los hermanos Arellano Félix, cuando se entrevistaron con el nuncio apostólico, el cardenal Gerónimo Prigione, en la sede de la Nunciatura: "Era fácilmente la cual los gobiernos del pasado tenían una política de tolerancia frente al narco. En este sentido, cuando un Estado no tiene la capacidad de aplicar sus propias leyes, existen básicamente dos opciones a corto plazo: o se toleran los delitos o se les confronta de manera ineficiente Evidentemente, ambas opciones parecen ser muy malas: Las dos tienen altos costos: corrupción o violencia.

No obstante, a largo plazo pueden existir otras opciones. Si el Estado no tiene la capacidad de aplicar la ley, existen dos posibilidades: o se cambia al Estado, dándole mayores capacidades para esta tarea, o se modifica la ley. La primera de estas opciones, la de fortalecer al Estado, es la que ha seguido el presidente Calderón, con la esperanza de que funcione a la larga. Con esta opción la corrupción y la violencia no desaparecerían pero se mantendrían en niveles que no afectarían la gobernabilidad. No obstante, no está claro que esta opción sea posible. La otra posibilidad, la de cambiar la ley, implicaría básicamente moverse en la dirección de la legalización de las drogas, lo cual es actualmente imposible en términos políticos por la oposición de Estados Unidos para discutir el tema. Esta opción resolvería los problemas de la corrupción y la violencia que genera el narco, aunque ciertamente no solucionaría el problema del consumo y seguramente lo agravaría, al menos a corto plazo.

Idealmente, lo que resolvería tanto los problemas de corrupción y violencia como el del consumo es la desaparición de las drogas. Sin embargo, esto es una utopía y no va a ocurrir.

Concluyendo, como hemos visto, el fortalecimiento del narcotráfico durante los sexenios anteriores a la llegada de Felipe Calderón a la Presidencia de la República había generado ya una seria amenaza a la gobernabilidad del país que difícilmente podría ignorarse. Por ello y dada la formación personal del nuevo Presidente, aunada al hecho de que existía una preocupación real de la población que hacía políticamente rentable lanzar un combate frontal al narco con la ayuda del Ejército, Calderón decidió hacer de la seguridad el eje de sus políticas de gobierno.

La opción del combate frontal al narco ciertamente ha generado altos costos para la sociedad en términos de violencia, pero la información disponible sugiere que durante la primera mitad del sexenio, esta política goza todavía de apoyo entre la mayoría de la población. Ello le ha dado un cierto margen de maniobra al gobierno mexicano para realizar una serie de reformas en materia de seguridad que, en principio, buscan fortalecer las capacidades del Estado para enfrentar al narcotráfico. No obstante, persisten dudas sobre la duración del apoyo popular y sobre la efectividad de las reformas aprobadas para lograr la meta del gobierno de transformar al narco en un problema de seguridad pública, principalmente por la corrupción que no ha sido erradicada y por los abusos contra los derechos humanos que esta guerra comienza a generar. Por otro lado, si el incremento de la narcoviolencia en el gobierno de Calderón se debe a que las acciones gubernamentales han roto los equilibrios entre las bandas del narco.

Ello supondría que la única manera de reducir estos niveles de violencia es que el Estado no rompa estos equilibrios, lo que básicamente implicaría regresar a una política de tolerancia hacia el narcotráfico. Si esto es cierto, la opción de combatir al narco y fortalecer las instituciones del Estado al mismo tiempo, no parece tener posibilidades de éxito, pues la violencia sería un resultado automático de la política de confrontación con el narco. En otras palabras, si este supuesto es válido, el gobierno de Calderón y cualquiera que llegue después de él estarían en un callejón sin salida: o seguir una política de tolerancia frente al narco lo que no resuelve el problema y más bien lo agrava a largo plazo, o seguir una política de confrontación, la cual, por definición, va a generar violencia.

Evidentemente, la única manera de escapar a este dilema es "salirse de la caja" y plantear la legalización de las drogas, lo cual sólo ocurrirá si Estados Unidos acepta apoyar tal opción. Y para que esto ocurra, los costos de la política de confrontación deben presentarse en territorio estadounidense, como ocurrió en los años treinta cuando, ante la violencia incontrolable de una mafia que había crecido al amparo de la prohibición del alcohol, el gobierno decide legalizar la producción y el consumo de este tipo de bebidas. Mientras eso ocurre, si es posible, es evidente que el gobierno mexicano tendrá que elegir entre lo malo y lo peor: combatir al narco o tolerarlo.

Eficacia del gobierno

La pregunta que guía esta sección se enfoca en cuáles son las rutas para obtener rentabilidad social y electoral. El gobierno federal durante el sexenio de Vicente Fox se enfrentó a tres problemas (aunque es claro que hay más): la capacidad de convertirse en un gobierno eficaz, la falta de cuadros políticos y oficio político. Estos problemas convirtieron a su administración en incapaz para dar respuesta a los efectos secundarios del cambio político y la alternancia. La exigencia de la ciudadanía en la coyuntura política del 2000 no se limitaba a quitar al PRI de los Pinos, sino la opción de una democracia social. Esta exigencia incluía aspectos de corporativismo renovado como una forma alternativa de representación social, (Anderson, 2004). El gobierno de Calderón trató de recuperar relaciones con Cuba y en menor medida con Venezuela, dos países con los cuales Vicente Fox mantuvo un ambiente de confrontación, sobre todo por la presión de los Estados Unidos de América, aunque el caso de la francesa Florence Cassez también ha debilitado la relación diplomática México-Francia.

En tales situaciones, la aparición de conflictos interinstitucionales entre el Poder Legislativo y el Ejecutivo fue relativamente frecuente, manifestándose dichos conflictos a través de múltiples formas: bloqueo de la aprobación de los presupuestos, leyes de mayoría en contra del Ejecutivo, sistemático rechazo de los proyectos de ley redimidos por éste, imposición legislativa al Ejecutivo de ciertas actuaciones. (García y Pérez, 1998: p. 11).

El autor ha estudiado las reacciones naturales de los partidos de oposición y de las organizaciones para presionar al Poder Ejecutivo, las cuales obstaculizan el ejercicio público del presidente. Después de los resultados electorales de 2000, el PRI intentó fungir como contrapeso al gobierno de Vicente Fox. En 2006 el principal opositor al gobierno de Calderón fue el PRD pero es un efecto frecuente entre gobiernos divididos y compartidos.

Desde 2006 el gobierno de Felipe Calderón ha atravesado un contexto menos adverso ante los demás Poderes.

En términos de acciones de inconstitucionalidad, a comienzos del 2006-2007, el número fue cerca 173, mientras que en 2011 sólo fueron 23. Respecto de las controversias constitucionales, el periodo 2000-2005 de Vicente Fox presentó en total 727, mientras que en el periodo de Calderón 2006-2009 sólo se presentaron 511. Se ha propiciado una menor tensión entre los Poderes del Estado y esto ha repercutido en el fortalecimiento de la democracia. "El planteamiento de un conflicto interinstitucional obedece, sin duda, al deseo de un determinado órgano, que siente invadidas sus competencias" (García y Pérez, 1998: p. 11). En este aspecto, la Cámara de Diputados, mediante los partidos de oposición (PRI-PRD), fue el principal contendiente de Vicente Fox.

No obstante, los problemas entre Poderes no se limitan al Ejecutivo-Legislativo, también incluyen la tensión entre el ámbito municipal y los estados de República.

Los problemas del gobierno en ocasiones se orientan hacia dificultades personales de sus colaboradores, Por tanto, "diversos escándalos dieron mayor publicidad a la percepción de un buen gobierno" (Andrés et al, 2004: p. 4). El gobierno del presidente Felipe Calderón ha enfrentado situaciones personales de sus colaboradores, entre ellas, el cuestionamiento en su momento hacia el secretario de gobernación, Juan Camilo Mouriño, cuando se vincularon empresas familiares en contratos con Petróleos Mexicanos (PEMEX). Tiempo después, estas disputas terminaron por el fallecimiento en un accidente del secretario. Nuevamente, el gabinete sufrió una pérdida en noviembre de 2011 cuando el secretario de gobernación, José Francisco Blake Mora, perdió la vida en otro accidente.

Las acciones del gobierno también se delimitan porque se "determina quiénes son los responsables en las instituciones" (Andrés et al, 2004: p. 5). Los partidos de oposición durante los sexenios de Vicente Fox y Felipe Calderón han estado renuentes hacia la aprobación de ciertas iniciativas, sobre todo porque el PRI no ha querido cargar costos políticos. Es paradójico que la preocupación principal del gobierno y de los partidos no sea una rendición de cuentas en términos jurídicos, sino ganar o perder posibles votantes en los procesos electorales.

Los retos son ahora más difíciles para cualquier gobierno, pues es necesaria la capacidad para dar respuesta a viejos problemas como la pobreza, la corrupción y la procuración de justicia (Mota, 2002).

Durante el gobierno de Vicente Fox, las altas expectativas no fueron suficientes para que la ciudadanía aprobara la actuación gubernamental. El presidente Calderón también se enfrenta a los mismos problemas. Sin embargo, la capacidad de respuesta y la interlocución es más efectiva, por lo menos durante la primera mitad de su gestión (2006-2009), aunque después de 2009 la actitud del presidente se nota más coloquial que institucional en sus discursos políticos.

El gobierno del presidente Calderón ha sido más flexible en la modificación de las políticas aplicadas. En 2008 se enfrentó a un contexto financiero mundial adverso, lo cual repercutió en poco crecimiento económico en 2008, y el escenario en 2009 tampoco fue alentador. En 2010, el contexto se presentó más complejo por el incremento de los índices de violencia. En 2011, la mayor preocupación fue de índole económica: la estabilidad como carta de presentación para darle continuidad al PAN en la presidencia. En 2012, el discurso se enfoca en la estabilidad política y de la economía aunque "la incompetencia gubernamental se ha levantado como el obstáculo más difícil de vencer para solventar las crecientes dificultades económicas del país" (Ornelas, 2004: p. 120).

El reto para el gobierno es mantener niveles aceptables en cuestión económica, aunque el manejo estricto no fue suficiente para obtener una mayoría en las elecciones intermedias de 2009 y tampoco podría serlo en la elección presidencial de 2012.

En una elección no basta con la inversión en publicidad y propaganda, es necesario comprender al votante como agente racional, capaz de evaluar costos y beneficios en términos de rentabilidad electoral. En el siguiente apartado examinaré la capacidad del liderazgo administrativo del presidente con otros actores políticos.

Las reformas

Aunque el gobierno de Vicente Fox (2001-2006) no logró poner en práctica ninguna nueva reforma, el de Calderón consolidó cinco en el terreno económico, no todas trascendentales: la fiscal (2007), la del sistema público de pensiones (2007), la energética (2008), la de competencia (2010) y la laboral (2012). Empero quedó claro, al final de su administración, cuando se cumplían 30 años de aplicación del modelo de orientación hacia el exterior, y luego de que México llegó a convertirse, a principios del siglo XXI, en la nación que más acuerdos comerciales tenía firmados con otros países, que el crecimiento económico de largo plazo había bajado a menos de la mitad del que experimentó durante el "milagro mexicano" (1940-1981). Dado que este problema era manifiesto desde 2007, pero se acrecentó a partir de la crisis financiera internacional de 2008-2009 (Gutiérrez, 2013), la administración Calderón propuso una nueva generación de reformas económicas, a las que ordenó en cinco áreas: fiscal, energética, laboral, regulatoria y de telecomunicaciones (Calderón, 2009).
Su propuesta evidenció la existencia de tres dudas generalizadas por parte de la sociedad mexicana:

en caso de que el Congreso las aprobara ¿estaría dispuesto el Ejecutivo a acatarlas o le parecerían insuficientes, como sucedió con la energética de 2008? ¿Condicionaría su aplicación a que fueran suficientemente liberales y con ello pudieran incidir —de acuerdo con la posición doctrinaria de él y su partido— en el crecimiento económico y el empleo? Y ¿aseguraría que los recursos involucrados volvieran a tener orientación productiva? A la decepción generada tras la aprobación de la reforma energética de 2008 deben sumarse los magros alcances de la reforma fiscal de 2007, completamente insuficiente para las necesidades de financiamiento del gasto público e incapaz de elevar el coeficiente de tributación.

Una lección importante de esto es que, para que las reformas estructurales sean capaces de devolver viabilidad a los países e impulsar su crecimiento de largo plazo, como sucedió con Chile, España e Irlanda entre los años ochenta y noventa, también deben tomar en cuenta a los consumidores. Entre mayor sea la capacidad de gasto de la población y más se incorpore ésta al mercado, más contribuirá a las ventas y los impuestos. Lo mismo es válido para los ingresos que reciben los trabajadores cuando alcanzan la jubilación, estrato de la población que crece muy rápido.

Empero, las reformas al sistema de pensiones del IMSS (1997) y del ISSSTE (2007) fueron concebidas de tal forma que apenas garantizan una tasa de reemplazo (porcentaje de las remuneraciones del último año laborado que recibe un trabajador al momento de jubilarse) de 32%, el nivel más bajo de los países miembros de la OCDE (2011). A esta debilidad hay que agregar otros inconvenientes. El primero es que los salarios promedio han caído persistentemente en términos reales desde 1981, para ubicarse en 2012 45% abajo del nivel alcanzado 30 años antes.

El segundo es que la masa salarial al cierre de dicho año pesaba apenas 27% en el PIB, mientras en países como Estados Unidos ascendía a 65%, lo que por una parte indica un gran desequilibrio en la distribución del ingreso y por otra manda a los trabajadores el mensaje de que el mercado interno dejó de interesar al gobierno y a los patrones por lo menos desde que se iniciaron las reformas estructurales, en 1983.

El tercero es que, dadas las constantes entradas y salidas de los trabajadores al mercado formal (el único que cuenta para alcanzar la jubilación) junto con el incremento en el número de años y edad requeridos para jubilarse que establecen las reformas a las leyes del IMSS y el ISSSTE así como la creación del seguro popular, la proporción de trabajadores que lograrán jubilarse disminuirá con el tiempo.

En estas condiciones, los trabajadores no sólo no apoyaron la reforma laboral aprobada por el Congreso en noviembre de 2012, sino que sus líderes reunieron firmas para tratar de revertirla, junto con otras reformas estructurales.

Un punto adicional es que el éxito de las reformas no sólo depende de transformaciones jurídicas, sino de que el sector público se comprometa con la inversión productiva. Si se transfiere la propiedad de las empresas paraestatales a la iniciativa privada, incluyendo bancos, hospitales, servicios de limpieza, hidrocarburos, electricidad, y en el futuro posiblemente servicios de agua y carcelarios, y se desregulan completamente los mercados con la idea de que ello será suficiente para atraer a los inversionista, se pasa por alto la necesidad de infraestructura, sin la que ninguna inversión privada progresa, como corrobora el modelo asiático (Stiglitz, 1996).

Si algún correlato existiera en la historia de México, ese sería el periodo del milagro mexicano cuando el Estado tomó la iniciativa en inversiones cruciales para el desarrollo:

industrias pesadas (extractiva, siderúrgica, química y petroquímica); de apoyo a la agricultura (sobre todo fertilizantes); energéticos (petróleo y electricidad); transportes (ferrocarriles, carreteras, puertos y aeropuertos); educación, salud, centros de investigación y, por supuesto, banca de desarrollo, cuyo apalancamiento incidió en el desarrollo industrial, agropecuario y del pequeño comercio (Ortiz Mena, 1998). Hoy día la política social y la seguridad pública absorben muchos de esos recursos, pero también la corrupción ha aumentado, como evidencia la industria petrolera; de modo que hay posibilidades de eficientar las erogaciones.

Son numerosas las áreas en que se requiere la inversión pública para estimular a la privada: puertos marítimos, aeropuertos, carreteras, ferrocarriles, irrigación, escuelas tecnológicas, educación a distancia, centros de salud, potabilización de agua, crédito para el desarrollo, energía.

Esta inversión se debe complementar con medidas regulatorias severas en sectores privatizados, particularmente el financiero, responsable de la recesión de 1995 en México y 2008 en Estados Unidos; el minero, donde el otorgamiento de concesiones ha resultado lesivo para el país; el energético, por lo menos en las áreas ya liberalizadas, como gas natural, tendido y operación de poliductos, y prestación de servicios de exploración y producción, y el de tecnologías de la información y la comunicación (satélites, internet, telecomunicaciones, telefonía), que inciden en toda la economía. Concretamente, frente a las reformas estructurales, se requieren esfuerzos excepcionales en materia de inversión de infraestructura, medidas regulatorias estrictas y ampliación del mercado interno.

Si no se promueve esto, no sólo se tirarán por la borda las posibilidades de desarrollo del país, sino que la oposición social a las reformas irá en aumento lo que incidirá tanto en su aprobación como en su instrumentación.

El desempeño económico con Calderón

La evolución que registró el entorno internacional no generó un ambiente propicio para empezar a resolver los grandes problemas que heredó el gobierno de Calderón. Dos eventos externos incidieron negativamente en la posibilidad de alcanzar un mayor bienestar. En primer lugar, el incesante aumento en la demanda internacional por alimentos y el uso de granos para la producción de etanol condujeron a que el precio internacional de los cereales, aceites, grasas y azúcar subieran en promedio –según la FAO– más de 80% durante el período 2006-2011. Un segundo factor es la crisis económica que se desató en los países desarrollados a mediados de 2008 y que aún no se resuelve.

Iniciada como una crisis estrictamente financiera, la respuesta de los gobiernos y la reacción del sector privado condujeron a que muchos países europeos tengan bancos débiles y gobiernos con graves problemas fiscales, características poco propicias para generar un contexto poco propicio para el crecimiento. El mundo desarrollado está en problemas y las soluciones que se plantean son dolorosas económicamente y difíciles políticamente. Una combinación que ayuda a explicar por qué el Fondo Monetario Internacional considera en la actualidad que "los riesgos de una grave desaceleración mundial son alarmantemente altos". Estos dos factores han tenido importantes secuelas en la economía mexicana.

Por un lado, el fuerte incremento en el precio de los alimentos empobreció aún más a los jornaleros agrícolas y a los pobres urbanos, y es uno de los factores explicativos del incremento en la pobreza que se registró entre 2006 y 2011. Por otro lado, la crisis internacional, ha llevado a que el dinamismo de nuestro sector exportador se haya reducido, a que las inversiones extranjeras hayan seguido similar curso y que incluso, la entrada de remesas y turistas también haya menguado.

Sin embargo, la continua búsqueda de nuestras autoridades por contar con un sistema financiero bien capitalizado y debidamente regulado, y unas finanzas públicas que no fueran una fuente de inestabilidad, pareciera haber rendido algunos frutos. Así, a diferencia de lo que acontece en países como Estados Unidos, Japón o Grecia en los que la tasa acumulada de crecimiento del producto interno bruto –en los últimos cuatro años– es de 0.6% y -3.0 y -25% respectivamente, o en España donde la tasa de desempleo se triplicó en tres años –para alcanzar 25%– y la deuda pública –como porcentaje del PIB– se duplicó en cuatro años, la economía mexicana ha experimentado un importante repunte.

México 2018, en la encrucijada

Luego de una paulatina reducción en el crecimiento económico del país entre los años 2007 y 2008 (3.3% y 1.2% respectivamente), y una severa contracción económica en 2009 (-6.9%) debido a las primeras manifestaciones de la crisis internacional y a la aparición del virus AH1N1, durante los siguientes tres años la economía mexicana ha crecido a una tasa anual promedio de 4%. Esta cifra es relativamente alta para los estándares de nuestro país y sorprende porque se da en un contexto en el que no hubo una política monetaria ni fiscal relativamente expansiva, porque supone un relativo divorcio –por lo menos en el corto plazo– del ciclo económico de Estados Unidos y porque sucede en un contexto de mucha inseguridad pública como consecuencia de la batalla que se libra contra el narcotráfico.

A este respecto, una banca bien capitalizada, unas finanzas públicas que no son fuente de inestabilidad y unas autoridades monetarias listas para usar las ingentes reservas internacionales en caso de problemas de liquidez, contribuyeron a sembrar un terreno fértil para alcanzar tal crecimiento económico. Además de ello, el relativo encarecimiento de la mano de obra china elevó –en términos relativos– la competitividad de nuestra economía.

Aun cuando en la segunda mitad del gobierno del presidente Calderón se ha reportado una tasa de crecimiento económica muy superior a la registrada en los últimos tres sexenios, quedan sin embargo muchos pendientes por resolver que dificultan la posibilidad de continuar creciendo a tasas del orden de 4%. Por una restricción de espacio sólo nos referimos a tres. En primer lugar, la menor migración a Estados Unidos –fruto de los mayores costos de migrar y la menor probabilidad de conseguir un buen empleo– y un crecimiento económico esperado para México en los siguientes años del orden de 3% (que implicaría que en 25 años tendríamos un producto per cápita similar al que tiene hoy Chile) sugieren que el empleo en el sector informal no perderá importancia.

Ello implica que continuará la merma a los derechos de propiedad, la evasión tributaria y una productividad menguante. Un contexto poco propicio para un crecimiento alto y estable y poco compatible para alcanzar una reducción sostenida de la pobreza.

En segundo lugar, contamos con una estructura productiva y financiera sumamente concentrada que acarrea altos costos para los consumidores y que limita la aparición de nuevos productores, factores poco propicios para generar una economía que posibilite la movilidad económica. La competencia es uno de los factores que más potencian a una economía y tal faceta dista de ser propia de nuestra economía.

En tercer lugar tenemos un sector público que recibe ingentes recursos pero que peca muchas veces de opacidad, corrupción y simple ineficiencia en el diseño y operación de sus múltiples programas públicos. Estas características difícilmente permiten que el gasto público tenga un efecto dinamizador en la economía y sean una pieza para reducir la pobreza y combatir la desigualdad Los mares en que navegó la política económica de la segunda mitad del sexenio fueron turbulentos y aun cuando se cometieron errores en la travesía, parece haberse llegado a buen puerto.

Sin embargo, el navío sigue siendo igual de endeble y sus pasajeros sujetos a prácticamente los mismos riesgos que un sexenio atrás. Ciertamente, la falta de resolución de los grandes problemas que caracteriza a nuestra estructura económica es responsabilidad de la actual administración, pero también es de los diputados y senadores del Poder Legislativo y de la dirigencia de los principales partidos políticos. En este sentido, nuestras autoridades se van debiéndonos mucho a los ciudadanos.

Podemos resumir que el sexenio del presidente Felipe Calderón (2006-2012) será el de menor crecimiento económico en el país desde hace 24 años, cuando gobernó Miguel de la Madrid (1982-1988), de acuerdo a estadísticas de la Comisión Económica para América Latina y el Caribe (Cepal) y de la SHCP.

De acuerdo con las cifras del organismo regional con sede en Santiago de Chile, con cifras del INEGI el crecimiento de México en los primeros cinco años de gobierno de Calderón acumuló 7.8 puntos porcentuales y en 2012 suma otros 4.0 puntos, lo que arroja un 12.84% al concluir el sexenio, un promedio de 2.14% por año (2007: 3.15%; 2008: 1.40%; 2009: -4.70%; 2010: 5.07%; 2011: 3.98; 2012: 3.94%).

La baja expansión que acumula la economía mexicana en los seis años de gobierno de Calderón no se observaba desde la gestión de De la Madrid, cuando en medio de la crisis latinoamericana de la deuda y del devastador terremoto que azotó a la capital en septiembre de 1985 el país creció 1.30% durante el sexenio, sólo 0.21 puntos por año en promedio.

Los sexenios de Calderón y de De la Madrid son los de más bajo crecimiento económico en México desde que se iniciaron los periodos de gobierno de seis años, con el presidente Lázaro Cárdenas, en 1934, según indicaron las cifras del "Informe macroeconómico de América Latina y el Caribe-Junio de 2012" de la Cepal, presentado el en Santiago de Chile y que abarca el periodo 2007-2011 y las proyecciones para 2012; de las Bases de Datos y Publicaciones Estadísticas de la Cepal, que abarcan de 1952 al año 2006, y de la serie "Estadísticas históricas de México" del Instituto Nacional de Estadística, Geografía e Informática (Inegi), que fueron consideradas para el periodo 1934-1952.

Con Calderón, la economía mexicana ha perdido peso en América Latina ya que en 2006 el Producto Interno Bruto (PIB) del país representaba el 29.94% del total regional y en 2010 el porcentaje bajó a 20.72 puntos, según datos de la Cepal.

Las estadísticas del organismo de Naciones Unidas, que están basadas en cifras oficiales de los gobiernos de la región, señalaron que mientras México crecerá a un promedio anual de 1.96% entre 2006 y 2012, AL en su conjunto lo hará a un ritmo de 3.61 puntos porcentuales por año, casi el doble.

Las cifras y proyecciones de la Cepal precisaron que en el periodo 2007-2012, México será el segundo país latinoamericano con menor expansión económica, después de El Salvador, que aparecerá al fondo de la tabla con una tasa anual promedio de 1.15%. Incluso Haití —cuya economía decreció 5.4 puntos porcentuales en 2010 por el terremoto de enero ese año— habrá crecido más que México (2.20% al año en el lapso analizado).

Modelo agotado

México vive el agotamiento del modelo exportador aplicado desde fines de los ochenta y que cobró forma en 1994 con el Tratado de Libre Comercio de América del Norte. El bajo incremento de la economía "está hablando de las dificultades con el modelo de desarrollo mexicano" y de un país que "se está quedando un poco atrás" respecto al resto de Latinoamérica.

Otro factor que explica el fenómeno es que una parte importante del crecimiento mexicano se basaba en la producción de petróleo, que era más o menos un 20% de la economía, y este sector también está teniendo problemas por la merma en la producción.

México debe diversificar su estructura de comercio exterior en términos de socios comerciales, y necesita profundizar más la incorporación de valor agregado en la producción de mercancías de exportación.

Atrás de Sudamérica

Una particularidad del sexenio de Calderón, que enfrentó la severa crisis económica global de 2008-2009, es el desacople que ha sufrido México con respecto a otros países latinoamericanos que han crecido a altas tasas impulsados por la venta de materias primas a Asia, a China, y el fortalecimiento de sus mercados internos, como Argentina, Brasil, Chile y Perú.

Entre 2006 y 2010, Brasil, por ejemplo, logró incrementar su PIB en dólares corrientes en un 91.75%, al pasar de 1.08 billones de dólares a 2.08 billones en ese lapso, mientras que el de Argentina creció en 72.80%, de 214 mil a 370 mil millones de dólares.

México, en el mismo periodo, registro una expansión de sólo 9.04% en su PIB, que en esos cuatro años pasó de 949 mil millones de dólares a 1.03 billones en dólares corrientes, según el "Estudio Económico de América Latina y el Caribe 2010-2011" de la Cepal. De acuerdo con estas cifras, México recuperará hasta este año (2012) el PIB de 1.09 billones de dólares de 2008.

CONSIDERACIONES FINALES

La transición a la a democracia fue producto de una larga ruta de reformas graduales al régimen político. La democracia se reforzó en el poder presidencial con la salida del PRI del Poder Ejecutivo, no obstante sólo fue el comienzo de una serie de defectos constitucionales que se evidenciaron al ocurrir gobiernos divididos entre el presidente y el Congreso.

Esto afectó de manera directa la gobernabilidad del sistemas político y exigió al presidente Vicente Fox y a Felipe Calderón utilizar al máximo su capacidad de negociación e interlocución. El primero mantuvo un margen de acción limitado, mientras que el segundo ha logrado mantener mayor estabilidad política. El próximo presidente en diciembre de 2012 podría enfrentar los mismos problemas.

El gobierno del Partido Acción Nacional, durante 12 años, se ha enfrentado a problemas de diseño institucional que han frenado la aprobación de reformas estructurales.

En el contexto actual, es pertinente la inclusión de instrumentos que revitalicen la distribución del poder y que éstos posibiliten construir gobiernos de coalición, aun cuando el presidente no posea la mayoría en el Congreso. El sistema de partidos origina una concentración de tres partidos fuertes, lo cual divide el poder y dificulta conseguir acuerdos legislativos, sobre todo porque no existen incentivos constitucionales que animen a los partidos de oposición a negociar.

La democracia ha resuelto la alternancia en la presidencia, es decir, no existe un riesgo de regresar a un sistema autoritario. No obstante, la competencia electoral arroja nuevos desafíos, sobre todo a partir de la reforma de 2007, la cual limita las precampañas y el tiempo de exposición mediática de los candidatos. La crítica de esta reforma es que cuestiona la libertad de expresión y restringe a los ciudadanos para evaluar las propuestas de los candidatos presidenciales. Políticamente, el gobierno de Felipe Calderón contó con mayores posibilidades de negociar que su antecesor Vicente Fox. Los resultados poco competitivos después de 2006 aceleraron el cambio de dirigente nacional en varias ocasiones: Manuel Espino, Germán Martínez, Cesar Nava y recientemente Gustavo Madero.

El liderazgo del presidente Felipe Calderón se ubica como administrativo intermedio, categoría ideal para explicar el funcionamiento y alcance de su gobierno. Esta categoría es diferente al liderazgo carismático que arrastra masas. La debilidad de su administración es que presenta un limitado margen de acción que provoca asumir un gobierno dividido. El gobierno dividido ofrece competencia cerrada, por el contrario la categoría de gobierno compartido es una perspectiva positiva del mismo proceso.

En esta última, el gobierno establece puentes de interlocución para aprobar reformas importantes, se concibe como parte de las decisiones y no como un todo. Es decir que el gobierno dividido se limita a sí mismo, mientras el gobierno compartido establece negociaciones en todos los niveles y ámbitos de gobierno, formal e informal.

El gobierno del PAN, durante 12 años, ha mantenido la democracia vigente. Los principales logros han sido la estabilidad económica, niveles de inflación estables, implementación de estrategias sociales generalizadas como el seguro popular, entre otros programas públicos. Los compromisos del gobierno de Felipe Calderón han sido avances sustanciales, como el empleo y la lucha frontal contra el crimen organizado (narcotráfico).

El partido en el gobierno necesita de la interacción con otros actores vitales como el Legislativo y el Poder Judicial, además de grupos sociales y organizaciones no gubernamentales. El poder político debe ser compartido y no dividido. Este dilema sería determinante en la recta final de la administración del presidente Felipe Calderón. El 2012, sería también un indicador de la salida del Partido Acción Nacional del poder presidencial.

10 EL SEXENIO DE ENRIQUE PEÑA NIETO

1. PREÁMBULO

Realizar un análisis de un sexenio por terminar acarrea dos dificultades: la primera es que la cercanía de los eventos puede distorsionar la objetividad de los juicios, y la segunda, los programas y reformas estructurales del Presidente Enrique Peña Nieto son de largo plazo, los beneficios no se verán antes de 10 años. Va a ocurrir en el sentir general lo que pasó con el Presidente Salinas de Gortari, fue el presidente más repudiado en su momento por la firma del Tratado de Libre Comercio de América de Norte (TLCAN). Se le acusó de entreguista de la soberanía nacional al abrir los mercados mexicanos a Estados Unidos y a Canadá. La ironía es que hoy nadie quiere que el TLCAN termine pues los beneficios 23 años después son obvios.

El sexenio inicia con la toma de posesión de Enrique Peña Nieto, se hizo de tal manera que recordó los tiempos del viejo régimen, cuando se realizaban discursos grandilocuentes y anuncios rimbombantes sobre las acciones de gobierno, en el marco del naciente Pacto por México, y con un discurso en el que las palabras democracia y cambio se convirtieron en el hilo conductor del mensaje que exponía el presidente de la república a todos los mexicanos. Era importante hacerlo así, las tomas de posesión de los dos anteriores presidentes estaban ensombrecidas, la de Fox por el descubrimiento de recursos financieros ilegales a través de la agrupación "los amigos de Fox"; y la de Calderón por un acto en que tuvo que entrar por la puerta trasera y escondido para tomar posesión, por la acusación de fraude electoral contra el candidato del PRD, López Obrador. Era el regreso del PRI desde la oposición lo que legitimaba a Peña Nieto por encima de Calderón. Por paradójico que resulte, luego de 12 años de gobiernos federales panistas, el Partido Revolucionario Institucional (PRI) regresaba al poder, enarbolando las banderas del cambio y de la transformación del país en un régimen democrático.

Es necesario señalar que Peña Nieto arriba a la presidencia en medio de un proceso electoral cuestionado por la izquierda, con fuertes señalamientos de ser un candidato hecho por los medios, principalmente Televisa. Además las redes sociales de los llamados "tontos útiles" venía insistiendo en las movilizaciones sociales organizadas por el movimiento social #YoSoy132, que nunca puso en entredicho la legitimidad del sistema político mexicano, pues sus líderes rápidamente recibieron trabajos en las empresas que cuestionaban. Los saldos de estos hechos es que el candidato del PRI tomó la titularidad del Ejecutivo federal con la suficiente legitimidad política y que, por lo tanto, un objetivo central para el inicio de su gobierno era utilizarla para hacer una gran convocatoria a los grandes partidos políticos para realizar reformas estructurales que redefinieran al país y lo modernizaran. Todo el discurso de los primeros dos años tuvieron el propósito fundamental la aprobación y la implementación de las llamadas "reformas estructurales"; que para muchos son políticas de corte neoliberal que piden los grandes capitales en función de desregular los derechos laborales y permitir la inversión privada en sectores estratégicos de la vida nacional.

2. RESUMEN DE LOS SEXENIOS ANTERIORES

Para darle continuidad a la narrativa de los sexenios, a continuación se hace un breve resumen a partir de Salinas de Gortari. La política económica es un sistema de medidas aplicadas por los gobiernos de los países, que tienen como fin dar certidumbre y orientar el rumbo de actividades productivas, tratando de estimular el crecimiento económico. Desde la década de los ochenta, México emprendió diversas políticas, tratando con ello de influir en el desempeño económico de la nación.

Durante la década de los setenta la economía presentó tasas de crecimiento superiores al 6 por ciento, en los inicios de los años ochenta el relativo buen desempeño económico que se presentaba se vuelve negativo y en 1982 se presenta una devaluación del peso, trayendo una crisis económica que afecta el desempeño de la estructura productiva. Dicha situación generó que los gobiernos de México durante la administración de cinco presidentes, y los cuales duran en su cargo seis años, emprendieran políticas de apertura económica y comercial, tratando con ello de estimular el crecimiento económico e incrementar el ingreso de los mexicanos.
Las naciones estimulan el crecimiento económico por medio de sus

instituciones que diseñan políticas y establecen normas para que todos los actores que conforman la sociedad puedan emprender diferentes proyectos. North (1993), considerado como neo-institucionalista menciona que las instituciones son un conjunto de reglas, procedimientos de aceptación y cumplimiento de las mismas, para restringir el comportamiento de los individuos con el objetivo de maximizar la utilidad de los gobernantes y sujetos principales de una sociedad.

Las instituciones reducen la incertidumbre al proporcionar una estructura a la vida diaria, por ejemplo los factores institucionales como las regulaciones gubernamentales, los impuestos, la infraestructura y la estabilidad política que son decisivas en el desempeño económico en el largo plazo. (North, 1993). En este escenario las políticas determinan el desempeño de las economías y son la clave para entender las interrelaciones entre los diversos actores económicos, políticos y sociales, que a través de sus acciones impulsan o frenan los niveles de crecimiento, así como el desarrollo económico. En el trabajo se analiza la política económica y el crecimiento alcanzado en el Producto Interno Bruto, durante los gobiernos de Miguel de la Madrid, Carlos Salinas, Ernesto Zedillo, Vicente Fox y Felipe Calderón.

I. El gobierno de Miguel de la Madrid Hurtado, 1982-1988

Para impulsar un buen desempeño de la economía las instituciones, necesitan que los niveles de precios no se eleven de manera abrupta, ya que si ello sucede afecta los niveles de producción y de ingreso en la sociedad. Al finalizar los años setenta e inicios de los ochenta, México vivía una situación inestable en su dinámica económica, lo cual lleva a que en el año de 1982 se presenta una devaluación del peso frente al dólar estadounidense, trayendo crisis y un incremento acelerado en los precios, los productos de la canasta básica duplicaron su precio de un día para otro y en general la inflación estuvo por arriba del 100 por ciento (INEGI, 2013), afectando el poder adquisitivo de la sociedad. En estos años, fue electo presidente Miguel de la Madrid (1 de diciembre de 1982, al 1 de diciembre de 1988) y recibe al país en una situación de incertidumbre e inestabilidad, además con una deuda externa del sector público que había aumentado en 1981 en un 56.6 por ciento (18 mil millones de dólares) (Gil y Ramos, 1988), el PIB bajó 0.7 por ciento, y en 1983, el PIB disminuyó 4.3 por ciento (OECD, 2010).

La crisis de 1982 provoca un decremento en el PIB al pasar de -0.7 a -4.3 en 1983 (OECD, 2013); reducción de las reservas internacionales de 5,035 millones de dólares en 1981 a 1,832 millones de dólares en 1982, y en

1983 llegan a los 4,933 millones de dólares (INEGI, 2013); por un déficit en cuenta corriente de 2,685 millones de dólares y otro del sector público equivalente al 17 por ciento del PIB, así como una deuda externa total de aproximadamente 85 mil millones de dólares (Bravo, 1993).

Dada la incertidumbre que se vivía en el mercado mexicano, la política económica de 1983 y 1984 se orientó a: i) disminuir la inflación a la mitad de la de 1982; ii) corregir el déficit público; iii) restablecer los pagos por servicio de la deuda, y iv) reducir el déficit comercial. Para 1984 la política económica se concentró en tener: i) inflación, 40 por ciento; ii) crecimiento del PIB, 1 por ciento; iii) déficit del sector público, 5.5 por ciento del PIB, y iv) ingresos por precios y tarifas, 1.5 por ciento del PIB. En 1985 la política siguió los lineamientos de los años previos:

i) reducir la inflación a 35 por ciento; ii) inducir un crecimiento económico de 3 y 4 por ciento; iii) aumentar los salarios reales; iv) reducir el déficit financiero del sector público a 5.1 por ciento del PIB, y v) limitar el endeudamiento a mil millones de dólares (Baillet, 1993).

El resultado de la política fue diferente a lo planeado. En 1985 la inflación es de 64 por ciento; el PIB creció 2.8 por ciento y el déficit financiero 10 por ciento del PIB, el salario real tuvo una caída de 35 por ciento. Para 1986 la política se concentró en reducir la inflación a 45 o 50 por ciento; crecer en 1 por ciento; reducir el déficit financiero a 4.9 por ciento del PIB, y limitar el endeudamiento público externo en 4 mil millones de dólares. Resultados, en 1986 la inflación alcanzó 106 por ciento el PIB una tasa de crecimiento negativa, el salario real cae en 37 por ciento y el déficit financiero se incrementó a 16.3 por ciento del PIB. (Baillet, 1993, INEGI, 2013; mexicomagico, 2013).

Para 1987, el déficit financiero es de 16 por ciento del PIB; la inflación doble a lo programado, y en este año la economía presentó mejorías con respecto a 1986. El PIB creció 1.9 por ciento, los términos de intercambio mejoraron en 10.6 por ciento, las exportaciones no petroleras alcanzaron una participación en el PIB de la balanza en cuenta corriente pasó de un déficit de 1,673 millones de dólares en 1986, a un superávit de 3,881 millones de dólares en 1987, como resultado del aumento de las exportaciones tanto petroleras como no petroleras, y de la disminución de las importaciones (Baillet, 1993; INEGI, 2013).

Como resultado de la incertidumbre institucional en la conducción de la política económica, así como el comportamiento ascendente de la inflación, déficits comerciales, incremento de la deuda pública, entre otros, ocasionan que el país presente un dinamismo errático que afecta la dinámica del crecimiento del PIB en el sexenio de Miguel de la Madrid.

La incertidumbre en la actividad económica genera un crecimiento promedio durante los años de 1982 a 1988 de 0.1 por ciento, mientras en los años de 1980 y 1981 había sido superior al 8 por ciento (INEGI, 2013), esta última cifra es la que necesita el país para poder absorber a los más de un millón de jóvenes que se incorporan cada año al mercado de trabajo.

El errático comportamiento de la economía, provocó que el ingreso per cápita no se incrementara en los montos que se requerían para hacerle frente a los precios y la caída de la producción, es así que en 1988 se tuvo un ingreso per cápita de 5,587 dólares, mientras en Estados Unidos superaban los 20,000 dólares, Canadá 17,657 dólares, Japón los 15,000 dólares y Corea del Sur los 7,000 dólares (OECD, 2010), dichas cifras nos indican como la estructura productiva perdía su dinámica de crecimiento, así como su competitividad, afectando el poder adquisitivo de la sociedad mexicana en comparación de los Estados Unidos, Canadá, Japón y Corea del Sur, naciones que en este siglo XXI, se encuentran entre nuestros principales socios comerciales.

II. El sexenio de Carlos Salinas de Gortari

El gobierno de Miguel de la Madrid, dejó una economía inestable, con tasas
inflacionarias de dos dígitos, situación que limita los planes de crecimiento, por la volatilidad existente tanto en los niveles inflacionarios como en las tasas de interés, afectándose con ello la planeación en el largo plazo, y frustrando las expectativas de crecimiento en el ingreso de la sociedad.

El año de 1988 se cierra con una tasa de crecimiento del 1.2 por ciento en el PIB, insuficiente para incrementar la riqueza de la sociedad. En este mismo año se tienen elecciones en las que resulta presidente Carlos Salinas (1 de diciembre de 1988, al 1 de diciembre de 1994), los problemas económicos continúan con su llegada al poder, ya que el país seguía teniendo deficientes comportamientos del PIB y una elevada tasa inflacionaria, así como una creciente deuda pública externa e interna, que implicaron a partir de 1988, la realización de profundos ajustes en las finanzas públicas, en la apertura financiera y comercial, así como en la privatización de las empresas paraestatales, intentándose con ello de sentar las bases del crecimiento económico, sin inflación y reducir la deuda pública (Salinas, 2000).

El proceso de apertura de México con el exterior, se inicia con la incorporación al GATT en 1986, dicho proceso se intensifica en 1987, en este año el número de tasas arancelarias se redujo de 16 a 5 niveles, que iban desde la exención hasta la de 20 por ciento como tasa máxima. La disminución de las restricciones cuantitativas al comercio exterior representó la desaparición de los permisos previos de importación con menos de 2 por ciento de fracciones arancelarias sujetas a control de un total aproximado de 8 mil, presentándose con ello una intensiva apertura en las importaciones después de 1990 (Flores, 2007, Heredia, 1997).

Para cubrir el crecimiento de las importaciones se haría por medio de una expansión en el sector exportador manufacturero, el cual también contribuiría a la expansión de la economía doméstica, creando empleos y mejorando los salarios, además permitiría crear y desarrollar tecnología de vanguardia, para mejorar los términos de intercambio, y con ello la balanza comercial. En este sentido, la política económica buscaba darle un mayor impulso al sector externo, fomentando las exportaciones no petroleras, y eliminando las restricciones no arancelarias, así como atraer inversión extranjera que transfiriera tecnología al país, según el Plan Nacional de Desarrollo (PND) 1989-1994.

En este contexto, la apertura comercial tiene que ver con la necesidad de México de atraer flujos de Inversión Extranjera Directa (IED), que estimularán la producción de la industria doméstica haciéndola más competitiva y de igual manera disponer de reservas internacionales que ayuden a cubrir los déficits en la balanza comercial. La IED se convirtió en área prioritaria y se simplificaron trámites, asimismo se modificaron artículos de la Constitución Mexicana, entre ellos el Artículo 27, y se establecieron incentivos para estimular su llegada al territorio mexicano (Pacheco, 2007). Así también, se impulsaron negociaciones comerciales y se logró la firma de un ambicioso Tratado de Libre Comercio con América del Norte (TLCAN, México, Estados Unidos y Canadá), formando parte
México de uno de los mercados más grandes del mundo, pero sin tener las condiciones organizativas y tecnológicas para competir con las empresas de estos países.

Carlos Salinas consideraba que por medio de los altos flujos de IED se reforzaría las reservas internacionales, así como la capacidad de exportación y se generaría un boom exportador; además con el TLCAN se estaría enviando una señal positiva a los mercados internacionales, dando certidumbre a los inversionistas para invertir y ubicarse en México teniendo acceso con mayor facilidad al mercado estadounidense y canadiense. A la política de liberalización de las importaciones se suma la política de un peso fuerte que evitará las macro devaluaciones suscitadas en los sexenios pasados, frenando con ello el alza de los precios y la tasa de interés en favor de crear nuevos negocios.

La política económica de dar un mayor impulso al sector externo estabiliza la economía en el corto y mediano plazo. El país avanza en la estabilidad de precios, la inflación durante el sexenio de Salinas en de un dígito (7.1 por ciento anual), y se logra un superávit en las finanzas públicas de 0.98 por ciento del PIB, asimismo se reduce la deuda pública de 63.5 por ciento del PIB en 1988 a 22.5 por ciento en 1994, la IED se incrementa en 8,092.5 millones de dólares, pasando de 2,880 millones de dólares en 1988 a 10,972.5 millones de dólares en 1994 (Pacheco, 2007; INEGI, 2013). Sin embargo, el ficticio mejoramiento de la economía no estuvo sustentado en una estructura productiva competitiva, sino más bien en un desequilibrio en la cuenta corriente, que tuvo como consecuencia un déficit comercial acumulado de 68, 561.8 millones de dólares (INEGI, 2010), además de una disminución en las reservas internacionales que provocan la devaluación del peso frente al dólar en el mes de diciembre de 1994.

La combinación de la política de liberalización de las importaciones y de un peso fuerte frente al dólar, generó una dinámica positiva en el comportamiento del PIB.

Durante los años de 1988 a 1994, se logra un crecimiento promedio de 3.5 por ciento., con lo cual se mejoran relativamente los niveles de ingreso comparados con los del sexenio de Miguel de la Madrid. En 1994 se alcanzan los 7,332 dólares, mientras en sus principales socios comerciales en este mismo año fueron de 26,636 dólares en Estados Unidos, Canadá 21,098, Japón 21,675 dólares y, en Corea del Sur de 11,623 dólares (OECD, 2010). Las cifras en el ingreso per cápita, muestran que a pesar de haber logrado estabilidad en los precios y en los tipos de cambio, la política económica emprendida durante el gobierno de Salinas de Gortari mejoró en una proporción pequeña los niveles de ingreso, mientras sus principales socios comerciales se mantienen con ingresos muy por encima de lo alcanzado por México, mostrando con ello que la sociedad mexicana requiere de mayores tasas de crecimiento económico para poder incrementar sus niveles de vida.

III. El sexenio de Ernesto Zedillo Ponce de León

La relativa estabilidad en los niveles inflacionarios y de la economía en general durante el gobierno de Salinas de Gortari llegó a su límite en los primeros días de gobierno de Ernesto Zedillo (1 de diciembre de 1994 al 1 de diciembre de 2000), a quien correspondió continuar con las devaluaciones del peso frente al dólar, esto por los altos déficit en la balanza comercial y la escasez de reservas internacionales, que ocasionan un escenario de zozobra en las variables macroeconómicas, porque la inflación alcanza de nuevo los dos dígitos e influye en los aumentos de la tasa de interés, que golpean los niveles de ingreso de la sociedad . Para regresar la estabilidad económica, establece el PND 1995-2000, promover un crecimiento económico vigoroso y sustentable que fortalezca la soberanía nacional, y mejore el bienestar (PND, 1995-2000).

La política económica con Zedillo se centró en el fortalecimiento del ahorro interno, siendo éste el eje del PND, ello porque tenían que reconstruir el sistema fiscal, el de seguridad social, la intermediación financiera y la seguridad jurídica de la IED, la cual es necesaria para ayudar a mitigar los efectos de los déficit en la balanza comercial, así como poder recibir las técnicas más avanzadas de producción, y mejorar procesos con la llegada de tecnología de vanguardia, ya que en el país la inversión destinada a la investigación y desarrollo de ciencia y tecnología son exiguos (menores al 0.5 por ciento del PIB, mientras en los principales socios comerciales invierten por arriba del 2 por ciento del PIB), por lo tanto no se ha logrado crear la tecnología propicia para estimular la estructura productiva. Es así, que el gobierno de Ernesto Zedillo trató de mejorar el bienestar de la sociedad mexicana, por medio de:

1) Una reforma fiscal que promoviera el ahorro y la inversión.

2) Promover el ahorro privado a través de instrumentos financieros que ofrezcan seguridad y rendimientos competitivos a los ahorradores.

3) Fortalecer los mecanismos de financiamiento del sistema de seguridad social como medio eficaz para estimular el ahorro interno.

4) Consolidar el ahorro público mediante el mantenimiento de finanzas públicas sanas, y de un ejercicio del gasto corriente, e inversión pública que siga criterios de eficiencia social.

5) Utilización prudente del ahorro externo que se complemente con el ahorro interno (PND, 1995-2000).

El ahorro interno se alimenta del sector público, empresas e individuos, en este sentido un aumento de ahorro regula el crecimiento del consumo, tratando de canalizar las inversiones en sectores de alta productividad. El gobierno con sus líneas de acción mostró mecanismo fiscales, financieros, macroeconómicos y de seguridad social, buscando, que a través de una reforma fiscal se alentará la inversión productiva y se reorientará la tributación hacia impuestos al consumo.

Un aspecto a resaltar es que el gobierno de Ernesto Zedillo, para enfrentar la turbulencia financiera y sus consecuencias en la estructura productiva, al igual que Salinas de Gortari y De la Madrid, reitera que incrementando el ahorro interno es como lograremos mejores condiciones para la economía y por lo tanto éste debe ser la base del crecimiento económico, es por ello que le asignan al ahorro externo el carácter de complementario en la dinámica económica. Sin embargo, es de llamar la atención de querer incrementar el ahorro de los individuos, cuando el ingreso per cápita del grueso de la sociedad mexicana ha tenido exiguos avances en el contexto mundial, por ejemplo en 1980 era de 4,338 dólares, para el año de 1990 llega a los 6,341 dólares y en el año 2000 alcanza los 9,094 dólares (véanse cuadros 1, 2 y 3). En la década de los ochenta el incremento en el ingreso per cápita es de 31.6 por ciento, equivalente al 3.15 por ciento anual, mientras la inflación por año en esta misma década, estuvo por arriba del 10 por ciento, es decir en dos dígitos, con lo cual se limitan las posibilidades de ahorro en la población, porque su poder adquisitivo disminuye año con año.

El crecimiento del PIB en el gobierno de Zedillo, tiene una caída de -6.2 por ciento en su primer año de gobierno (1995), en los años siguientes el país vuelve a la senda del crecimiento económico, teniendo en 1996 un incremento del 5.2 por ciento, en 1997 de 6.8 por ciento, en 1998 de 5 por ciento, en 1999 de 3.8 por ciento y en el último año de su gobierno de 6.6 por ciento, siendo ésta y la de 1997 las tasa más altas que se presentaban después de la crisis de 1982. En promedio el crecimiento del PIB, muestra que la economía en estos años, al igual que en la administración de Salinas, no pudo llegar al 4 por ciento, siendo más específicos nos quedamos en un 3.5 promedio, bajo si queremos aumentar los ingresos de la sociedad, y con ello estimular el consumo para que los sectores productivos se vuelvan más dinámicos.

El ingreso per cápita de 7,332 dólares en 1994 cayó en 1995 a 6,957 dólares, en 1996 de 7,293 dólares, para 1997 llega a los 7,767 dólares, superando a partir de este año el ingreso que se había tenido en 1994. En el 2000 se alcanzan los 9,094 dólares, pero en este mismo año la población de sus principales socios comerciales superó los 30,000 dólares en Estados Unidos, Canadá los 27,00 dólares, Japón los 25,000 dólares y Corea del Sur los 16,000 dólares (OECD, 2010).

Si bien el ingreso per cápita sigue siendo bajo comparado con los principales socios comerciales de México, un logro que se obtiene durante la administración de Ernesto Zedillo es que al finalizar su periodo de gobierno se tiene estabilidad en las variables macroeconómicas referentes a la tasa de interés y de inflación, esta última se mantiene a finales de la década de los noventa por abajo del 6 por ciento anual. Sin embargo, dicha estabilidad no se ha visto reflejada para generar los niveles de empleo que demandan los más de un millón de jóvenes que se incorporan cada año al mercado de trabajo y los cuales al no poder entrar en el mercado formal engrosan las filas en el empleo informal, el cual en 1995 superaba los 8 millones y en 2003 rebasa los 10 millones (INEGI, 2011).

IV. El sexenio de Vicente Fox Quesada

Con promesas de mantener la estabilidad en las variables macroeconómicas y de hacer crecer la economía en un 7 por ciento anual, en el mes de diciembre del año 2000, llega a la presidencia de México Vicente Fox (1 de diciembre de 2000 al 1 de diciembre de 2006), quien recibe una economía estable, por lo tanto su política al igual que Zedillo y Salinas es de mayor apertura al mercado.

Durante ese periodo de gobierno, se considera que por medio del libre mercado es como se hará más competitivo al país, se reconoce que la transición económica que ha vivido la economía mexicana no ha sido fácil y las reformas de liberalización han modificado la estructura productiva, donde no todos los sectores han podido adaptarse a la velocidad de las transformaciones que requiere la economía del país. Es así que en el PND 2001-2006 se establece que para hacer más dinámicos a los sectores rezagados es por medio de una mayor apertura al mercado.

Se contempla en argumentos de que en el nuevo entorno globalizado a las empresas, se les impone un nuevo tipo de competencia basada en la especialización de los procesos productivos, por lo que deben ajustarse a la nueva demanda del mercado interno y flexibilizarse ante los cambios que exija la tendencia internacional, sin tomar en cuenta que los ajustes están relacionados con la disponibilidad de tecnologías flexibles, la cuales permiten cambiar la producción en un corto plazo, asimismo el costo del dinero es alto y muchas empresas no pueden acceder a créditos que les permitan adquirir tecnología de vanguardia para ajustarse a los nuevos patrones de demanda, la cual desde la últimas décadas del siglo XX se concentra en el consumo de bienes y servicios que conllevan un alto valor agregado o tecnológico y eso es lo que hace verdaderamente competitivas a las empresas.

El gobierno de Vicente Fox pretendió crear mayor infraestructura que conecte a las regiones del país y que a la vez ésta tenga un efecto en la creación de cadenas productivas que integren a las empresas y reduzcan sus costos de producción para ser más competitivos en los mercados. Es conocido que el desarrollo de infraestructura es un detonante de la inversión productiva y a la vez reduce costos, sobre todo en los transportes, pero si vemos que en el país los energéticos que se ofrecen van a la alza mes con mes, asimismo las tasas de interés no son las más competitivas en el mercado y, si le sumamos los vaivenes en el tipo de cambio, ocasionados por los continuos déficit comerciales del país, la competitividad de las empresas se ve mermada por no tenerse una política de largo plazo, que permita a los emprendedores acceder a créditos preferenciales y, sobre todo poner a su alcance la tecnología de vanguardia que estimule su crecimiento y con ello integrar el mercado interno para fortalecer la competitividad y la capacidad del consumo.

Es así que el objetivo de la política económica de ese gobierno trató de:

1) Promover un crecimiento, para crear los empleos que demandan los millones de jóvenes que se incorporarán al mercado de trabajo.

2) Crecimiento que permita abatir la pobreza y que abra espacios a los emprendedores.

3) Crecimiento que avance en la igualdad de oportunidades entre regiones, empresas, así como en los hogares, y permita contar con recursos suficientes para canalizarlos al combate de los rezagos, y contribuyan en el financiamiento de proyectos de inclusión al desarrollo.

4) Crecimiento con estabilidad que permita planear sin sobresaltos, invertir con menor riesgo y tomar decisiones con mayor certidumbre.

5) Crecimiento con baja inflación que contribuya a la recuperación de los salarios reales, la reducción en las tasas de interés y la expansión del crédito.

6) Crecimiento incluyente que dé oportunidades a todos y en el que la disponibilidad de instrumentos para participar en la economía no sea privilegio de unos cuantos.

7) Crecimiento que considere el proceso de globalización de la economía

mundial, y permita que el país se integre a él obteniendo los máximos beneficios posibles.

8) Crecimiento que responda a la transición social que demanda mayores espacios de participación de los ciudadanos en la toma de decisiones.

9) Crecimiento que ante la transición demográfica, aproveche las oportunidades de una población económicamente activa en crecimiento y, al mismo tiempo, asuma los retos del aumento en la demanda de empleos y de la inversión en capital humano. Un crecimiento sustentable que proteja y acreciente el capital natural (PND 2001-2006: p. 67).

Buenos deseos en la política económica, pero sin las condiciones en la estructura productiva para obtener los resultados prometidos de hacer crecer el PIB en un 7 por ciento, los cuales son los requeridos en el país para poder emplear a los más de un millón de jóvenes que se incorporar año con año al mercado laboral.

Los resultados en economía en 2001 son negativos -0.15 por ciento, en 2002 de 0.8 por ciento, en 2003 de 1.4 por ciento, en 2004 de 4.2 por ciento, en 2005 de 3.3 por ciento y para el 2006 de 5.2 por ciento, terminando el periodo de gobierno de Vicente Fox sin alcanzar el 7 por ciento que se había prometido y se queda en un crecimiento promedio de 2.45 por ciento. En lo que corresponde al ingreso per cápita, continuó con exiguos avances y en 2006 se alcanzan los 13,402 dólares, por su parte Estados Unidos logra 45,575 dólares, Canadá 36,492 dólares, Japón de 32,771 dólares y Corea del Sur de 24,323 dólares (OECD, 2011), dejando ver éstos últimos países el rezago al que se enfrenta México para poder incrementar los niveles de ingreso y con ello los niveles de vida.

Fox al igual que Zedillo, Salinas, y De la Madrid, consideró que en un mundo competitivo, el Estado debe ser un gendarme y promover a través de un marco legislativo, las condiciones que le permitan a los mexicanos, y a sus empresas insertarse competitivamente en el nuevo orden económico mundial. De acuerdo con estos planteamientos, ello se logra a través de reformas liberalizadoras que hagan competir a los sectores productivos, así como reducir el poder de monopolios y oligopolios. Sin embargo, estos mandatarios no tuvieron presente que los países que hoy son altamente competitivos, en sus inicios al camino de la competencia mundial y de su desarrollo económico, cuentan con instituciones que diseñan políticas impulsoras de la estructura productiva, asimismo invierten una gran cantidad de recursos financieros, en la formación de sus cuadros profesionales, en la creación de infraestructura, así como en el desarrollo de ciencia y tecnología, que les permite generar patentes y productos con ventajas competitivas.

V. El gobierno de Felipe Calderón Hinojosa, 2006-2012

Desde los últimos años de Ernesto Zedillo y durante el periodo de Vicente Fox se mantiene la estabilidad en variables macroeconómicas sobre todo en la inflación, de igual manera se logra cerrar el año 2006 con una tasa de crecimiento en el PIB de 5.2 por ciento, lo cual hace suponer que para el periodo de gobierno de Felipe Calderón (1 de diciembre de 2006 al 1 de diciembre de 2012) se tendrán mejores perspectivas en la dinámica de la productividad para alcanzar mayores niveles de crecimiento.

Durante los últimos 45 años, en México, el crecimiento de la productividad ha sido la mitad del que presenta Chile y una cuarta parte del observado en Corea del Sur, Irlanda y Singapur, por ello han logrado mayores tasas de crecimiento en su PIB y en su productividad (PND, 2006-2012, OECD, 2013).

Mantener un crecimiento requiere capacitación y entrenamiento constante, así como contar con un desarrollo tecnológico. Tiene sentido en los sectores productivos, adquirir maquinaria y equipo avanzado si puede recuperarse la inversión y ésta puede ser utilizada por individuos suficientemente capacitados y flexibles. Asimismo, para desarrollar tecnologías es necesario contar con científicos y profesionales capaces de descubrir, crear y satisfacer nuevas necesidades de los consumidores de la economía del siglo XXI. La tecnología de punta permite a las empresas mantener su competitividad tanto a nivel nacional como internacional y en ello México no puede seguir quedándose en la retaguardia
(Licona, 2011).

Durante el gobierno de Felipe Calderón, para consolidar el crecimiento económico así como el desarrollo científico y tecnológico se sigue la siguiente dinámica:

1. Continuar con el proceso de apertura comercial y atracción de inversión extranjera directa. Aranceles más bajos que permitan adquirir maquinaria y equipo avanzados a menores costos.

2. Proveer de un mayor apoyo directo a la investigación en ciencia y tecnología para el descubrimiento de nuevas ideas, así como garantizar una adecuada propiedad intelectual.

3. Crear un vínculo estrecho entre el sector público, la academia y el sector empresarial, para plasmar exitosamente los nuevos conocimientos en procesos productivos.

4. Facilitar el financiamiento de las actividades de ciencia, innovación y tecnología, que permitan la creación de nuevas empresas, así como permitir la adquisición, adaptación y desarrollo de nuevas tecnologías (PND, 2006-2012).

Dada la relevancia de incrementar la productividad, para ser un país más competitivo en el contexto de la economía mundial, el PND plantea dentro la política económica generar un mayor dinamismo en la planta productiva e incrementar los niveles de empleo por medio de una mayor:

• Inversión en capital físico: para lo cual se requiere que las políticas públicas sean conducentes en aumentar la rentabilidad de los proyectos.

• Capacidades de las personas: la mejora en la cobertura y la calidad de los servicios de salud y educación y el combate a la marginación son los elementos que permitirán a más mexicanos contar con un trabajo redituable y emprender proyectos más ambiciosos, ampliando su abanico de oportunidades productivas.

• Crecimiento elevado de la productividad: adopción y desarrollo de nuevas tecnologías que permitan producir nuevos bienes y servicios, a través de procesos más eficientes.

• Fortalecer el Estado de Derecho y la seguridad pública, garantizando certidumbre legal y jurídica a las personas y a la propiedad: con ello se incrementarán las oportunidades de inversión existentes, y se podrán aprovechar plenamente con derechos de propiedad a través del respeto a los contratos, certidumbre jurídica y mejora de los niveles de seguridad.

• Mantener la estabilidad macroeconómica y fortalecer las finanzas públicas:

La vulnerabilidad en las finanzas públicas derivada de la volatilidad de los ingresos petroleros, debe trabajarse en la ampliación de la base tributaria.

• Promover la competencia: facilitar que los consumidores tengan acceso a más bienes a menores costos, incrementando el bienestar material de las familias.

• Simplificación administrativa y regulatoria: reducir los costos de transacción a los que se enfrentan las personas para crear una empresa.

• Simplificación y estabilidad tributaria: es necesario establecer un régimen tributario competitivo, sencillo y estable.

• Fomentar la productividad en las relaciones laborales: generar una mayor demanda de trabajo en el sector formal de la economía, derivada de un crecimiento dinámico que se traduzca en mayores ingresos de los trabajadores.

• Promover la inversión en infraestructura, ya que se trata de un factor fundamental en la determinación de los costos de logística, así como para contar con una oferta competitiva, suficiente y oportuna de los insumos necesarios para la producción. De ahí la necesidad de impulsar una mayor inversión pública y privada.

• Continuar con la apertura comercial así como reducir el costo y los trámites de las operaciones de comercio exterior: con ello se obtendrán insumos a menores precios, así como un menor costo para los exportadores mexicanos.

• Asegurar una mayor y mejor intermediación financiera para incrementar la disponibilidad de recursos crediticios para la producción.

• Transformar a las empresas públicas para hacerlas más eficientes y, de esta forma, obtener menores costos de producción de insumos estratégicos.

• Diversificar las fuentes de crecimiento de la economía mexicana: reducir la vulnerabilidad a las fluctuaciones de la economía de Estados Unidos, y asegurar un crecimiento más balanceado, es necesario continuar con políticas que contribuyan al crecimiento de la demanda interna, en particular de las pequeñas y medianas empresas, los sectores de vivienda, servicios, turismo y agropecuario y del consumo doméstico. (PND, 2006-2012).

Los planteamientos y políticas a seguir durante el gobierno de Felipe Calderón para mejorar los niveles de crecimiento no logran impactar en los sectores productivos y el PIB tienes tasas inferiores a la registrada en 2006. En 2007 el crecimiento fue de 3.3 por ciento, teniendo una caída de 1.9 por ciento respecto al año 2006, para 2008 la cifra es mucho menor y sólo logramos crecer en 1.5 por ciento en 2009 y, como consecuencia de la crisis económica en Estados Unidos que afecta a las principales economías del mundo, en México la economía cae en 6.1 por ciento, en 2010 se observa una recuperación creciendo en 5.5 por ciento, en 2011 y 2012 el crecimiento es de 3.9 por ciento, cayendo tanto en 2011 como en 2012 en 1.6 por ciento con respecto al 2010. En promedio el crecimiento en los seis años de gobierno de Felipe Calderón es de 2 por ciento, cifra menor a la que se obtuvo con sus antecesores Vicente Fox que logró 2.45 por ciento, y de 3.5 por ciento con Ernesto Zedillo, así como con Carlos Salinas, lo cual muestra que la política económica de mayor apertura con el exterior por sí sola no logra generar condiciones para aumentar la productividad y competitividad, e incrementar el PIB en niveles que superen el 7 por ciento, para estimular el empleo y el crecimiento en el ingreso per cápita.

Como la economía no logra tener tasas de crecimiento altas, el ingreso per cápita tiene un pobre desempeño y no contribuye a la expansión del mercado doméstico ya que en 2012 no supera los 10,000 dólares. Por su parte el ingreso de los habitantes de Estados Unidos y Japón se encuentra por arriba de los 40,000 dólares, en Canadá de los 38,000 dólares y en Corea del Sur de los 29,000 dólares.

Dichos datos muestran que existe una expansión en los mercados domésticos de estos países, mientras en México el mercado se empequeñece por las caídas en el ingreso per cápita que afectan los niveles de consumo, así como las potencialidades de crecimiento en los sectores productivos (OECD, 2013).

El desempeño económico de México, con una política de casi completa liberalización en sus sectores productivos, está influido por el comportamiento y la conducción de la política económica con sus principales socios comerciales, así como por los avances tecnológicos y los precios internacionales del petróleo, entre otros. Por lo tanto, la política económica que ha logrado estabilidad en las variables macroeconómicas debe generar y conducir, sin ser proteccionista, un rumbo acompañado de apoyos crediticios y tecnológicos a micro y pequeñas empresas, para que puedan competir en el contexto de la apertura.

Si bien el país ya cuenta con una inflación baja que no supera el 6 por ciento, esto indicaría que las empresas pueden hacer una planeación a largo plazo, porque al tener bajos niveles inflacionarios se pensaría que los créditos en el mediano y largo plazo no serán onerosos, porque las tasas de interés que se cobran por el servicio de la deuda serán bajas. La realidad es que los créditos en México son caros por la elevada tasa de interés que se paga, la cual oscila entre uno (9 y 9.8 por ciento) y dos dígitos (12 y 16 por ciento). Hace falta que México destine de su PIB un mayor porcentaje a la investigación y desarrollo, lo que se invierte en este rubro no supera el 0.5 por ciento del PIB anual, mientras los países más competitivos como Estados Unidos, Japón, Alemania y Corea del Sur invierten por arriba del 2 por ciento anual de su PIB (Licona, 2011), con el fin de forzar el avance y desarrollo tecnológico de las micro y pequeñas empresas, así como de las medianas y grandes para que innoven procesos de producción y mejoren su productividad.

3. REFORMAS ESTRUCTURALES

La implementación de las grandes políticas, que algunos llamaron de ajuste estructural, otros como neoliberales y algunos más como capitalismo financiero global, viene gestándose en el país desde principios de la década de los ochenta del siglo XX. Sucesivamente los gobiernos de Miguel de la Madrid (1982–1988), Carlos Salinas de Gortari (1988–994), Ernesto Zedillo (1994–2000), Vicente Fox (2000–2006), Felipe Calderón (2006–2012) y ahora Enrique Peña Nieto (2012–2018) han hecho modificaciones legales y de políticas públicas que han desmantelado algunas áreas del estado, fruto de la revolución mexicana, y han construido el andamiaje institucional y legal para transformar a México en un país de corte eminentemente moderno y de una tendencia neoliberal. Algunos autores afirman que a diferencia de otras naciones como Brasil y Argentina, los gobiernos mexicanos han seguido a pie juntillas los dictados y planteamientos de los organismos económicos mundiales como la Organización para la Cooperación y el Desarrollo Económicos (OCDE) y el Fondo Monetario Internacional (FMI), que exhortan a cambiar las funciones del estado para convertirlo en una institución que genere certeza jurídica a la inversión capitalista, y a liberalizar y mercantilizar la economía lo más posible.

Las reformas estructurales en temas sustantivos como el trabajo, la energía y las telecomunicaciones, es una forma de impulsar la competitividad que el país ha ido perdiendo, pues la competitividad del país, su crecimiento y desarrollo requieren de políticas públicas responsables y a tono con la carencia de recursos para no seguir subsidiando a las clases medias y los ricos.

En 2013 y 2014 las reformas impulsadas por el Ejecutivo federal fueron: educativa, en telecomunicaciones, financiera, hacendaria, político electoral y energética; a estas se puede agregar la reforma laboral, que se aprobó en la última semana del gobierno de Felipe Calderón, pero que fue promovida por Enrique Peña Nieto y aprobada en la actual legislatura.

En lo referente a la reforma hacendaria, se anticipó que Enrique Peña Nieto se plegaría a las recomendaciones de la OCDE que planteaban que México debería incrementar el impuesto al valor agregado (Iva) de 16% a 19%, y que como también lo propuso la Confederación Patronal Mexicana (Coparmex), se aplicara el IVA a alimentos y medicinas de 5%. No fue así. El presidente mantuvo el IVA en 16% y la exención a alimentos y medicinas. Lo cual es un error que más tarde que temprano el gobierno deberá corregir pues con ello se sigue subsidiando a quien no lo necesita: la clase media y la alta.

Es cierto que hubiera resultado muy conflictivo para el actual gobierno hacer una reforma hacendaria desde una perspectiva claramente neoliberal, ya que esta se aprobó cuando las movilizaciones magisteriales en contra de la reforma educativa estaban en su clímax y en el PRI existía un amplio rechazo a esas medidas. La reforma educativa, en realidad, fue una modificación a la relación laboral de los docentes con el estado, y el retomar por parte del estado las riendas de la educación que Calderón terminó por entregar al magisterio en su pacto con Elba Esther Gordillo a cambio del voto del mismo que le dio el apretado triunfo al panista. Esta situación provocó múltiples movilizaciones sociales. En este contexto, proponer el aumento al IVA hubiera resultado un suicidio político; por ello, Peña Nieto y su equipo optaron por proponer una reforma hacendaria con otro rumbo.

Ahora bien, es cierto que México recauda muy poco (13% del producto interno bruto), que entre 32% y 40% del presupuesto del estado es financiado por los impuestos que se cobran a Pemex, y que los grandes consorcios no contribuyen al erario; por ejemplo, a Televisa le condonaron 3,334 millones de pesos de impuestos en 2013. En este escenario tampoco era una opción dejar las cosas como estaban y, por lo menos en la propuesta, Peña Nieto optó por recaudar impuestos a los que más ingresos tienen; esta decisión hizo que el Ejecutivo obtuviera el respaldo del Partido de la Revolución Democrática (PRD) y la crítica de Acción Nacional (PAN).

Los puntos más importantes de la reforma hacendaria son:

- Mantener el IVA en 16% y la exención en alimentos y medicinas.
- Crear la pensión universal y el seguro de desempleo por seis

meses.
- Eliminar, parcialmente, los regímenes especiales de sectores no estratégicos, es decir, los llamados esquemas de consolidación fiscal.
- Aumentar, de manera progresiva, el impuesto sobre la renta (ISR) para aquellas personas que ganan más de 750 mil pesos al año (32%).
- Igualar el IVA a 16% en zonas fronterizas (donde el IVA era de 11%).
- Poner impuestos a productos que no representan un alimento como los refrescos o las gomas de mascar.
- Cobrar impuestos (10%) a las ganancias obtenidas en la especulación en la bolsa de valores (la llamada tasa Tobin) que permite gravar los ingresos bursátiles.
- Cobrar un impuesto de 7.5% a las ganancias por la extracción minera.

La mayor parte de las medidas mencionadas habían sido recomendadas por académicos y especialistas que demandan una mayor regulación de los capitales y, por lo tanto, la posibilidad de generar medidas más redistributivas. Además, la presión social logró que no se aprobara la propuesta de quitar la exención de impuestos al pago de colegiaturas, a la renta de viviendas y a las transacciones de casas con un costo menor a un millón y medio de pesos.

La fragilidad de las reformas

Los más críticos de esta reforma plantean tres riesgos: que termine castigando solo a las exiguas clases medias del país, que los números no "cuadren" y que las promesas de gasto social no puedan ser cubiertas por los nuevos ingresos, y que no se haya presentado una propuesta clara y precisa de trasparencia en el ejercicio fiscal y compromisos para evitar el despilfarro y la corrupción. Estos argumentos fueron propalados por el PAN realizando una serie de movilizaciones que fueron apagándose poco a poco.

La reforma político electoral también fue aprobada casi al final de 2013, de forma fast track. Esta reforma tuvo dos problemas de origen. El primero es que para resolver las fallas y las graves deficiencias del sistema político mexicano era necesario hacer una reforma del estado. Este tema fue manejado en el proceso de alternancia política que llevó a Vicente Fox a la presidencia; sin embargo, la iniciativa fracasó y quedó como uno de los grandes saldos del panismo. En 2012, nuevamente, hubo alternancia en el poder político y, como en 2000, el mensaje central de la campaña del ahora presidente era el cambio. Tampoco esta vez sucedió y la necesaria reforma del estado se quedó en una insuficiente reforma político electoral.

El segundo problema de origen es que la aprobación de la reforma política se encadenó a la aprobación de la reforma energética; es decir, no se le dio su propio espacio, su propio tiempo y el necesario proceso de discusión y deliberación social que requería. Recordemos que una modificación de reglas en el sistema político requiere el consenso y la aceptación de todos los actores sociales y políticos; derivado del anterior, la poca discusión en la opinión pública sobre la reforma se centró en la creación del Instituto Nacional Electoral (INE), dejando de lado el resto de los componentes de la reforma que también resultaban muy importantes. Dicho de otra forma, las modificaciones legales al sistema político son estructuralmente insuficientes y no cuentan con el soporte de legitimidad y consenso que requieren. En las elecciones del 2016 y del 2017 se comprobó el fracaso de esta reforma. Obviamente se realizó la contentillo de los perdedores poniendo candados imposibles de aplicar al modelo de comunicación y al control y fiscalización de los gastos en las campañas electorales.

En este marco de interpretación más amplio vale la pena analizar por separado cada uno de los cambios más importantes planteados por el Poder Legislativo. La reelección de diputados federales, diputados locales, senadores y presidentes municipales, en principio, parece una buena medida, ya que se convertirá en un incentivo para fomentar las carreras parlamentarias o para que los gobiernos municipales puedan proyectar gestiones a mediano plazo. Esto, posiblemente, impacte en el descenso del "chapulineo" de funcionarios y provoque que los legisladores y los alcaldes realicen una mejor labor frente a la ciudadanía, de la cual buscarán el voto. Sin entrar en la posibilidad de que las leyes secundarias perviertan las bondades de estas modificaciones (en México y con la clase política existente siempre es posible), una ausencia grave de la reforma es la revocación del mandato, que sería la figura que ayudaría a generar los contrapesos institucionales más importantes frente a la reelección. Esta ausencia pone en entredicho las bondades de estas modificaciones y si no se acompaña la reelección con figuras de participación ciudadana, controles y candados, el riesgo de profundizar la partidocracia es muy alto.

Tres aspectos que parecen lo más positivos en esta reforma político electoral son: la determinación de que 50% de las candidaturas a diputados federales y senadores serán para mujeres; que se puede anular una elección cuando se rebase en 5% los topes de campaña y la diferencia entre el primero y el segundo lugar sea menor a 5%

de la votación, así como que se incrementa desde 2% a 3% el umbral para que un partido político mantenga el registro. Como siempre, existe la posibilidad de pervertir estas mejoras, y una es que la nulidad por el rebase de topes de campaña, condicionada a un porcentaje de diferencia entre el primero y el segundo lugar, puede provocar que los partidos busquen a toda costa los "carros completos" en las elecciones, es decir, que basen sus estrategias en generar una diferencia mayor a 5% y luego pagar las multas correspondientes.

Finalmente, el asunto más controversial de la reforma política es la creación del INE, que suple al Instituto Federal Electoral (IFE). Las componendas políticas y las presiones propiciaron que la nueva figura no convenza a nadie, que deje buena parte de los asuntos más trascendentes en la incertidumbre y que no se construya una institución que resuelva, efectivamente, los fuertes problemas que aquejaron al IFE. Una de las deficiencias del debate en este tema es que los críticos a la reforma no asumieron que el IFE estaba pasando por una crisis de legitimidad y que sí se necesitaban cambios.

Inmediatamente después de la aprobación de la reforma político electoral, tanto la cámara baja como la alta aprobaron, en menos de una semana, la reforma energética. PRI, PAN, Partido Verde y Nueva Alianza conformaron un bloque para lograr los cambios de los artículos 27 y 28 de la Constitución. Primero hay que señalar que esta reforma no plantea una política energética de estado, no retoma de manera seria el impulso a las energías alternativas (solar y eólica) y el tema de la sustentabilidad está ausente. La reforma aprobada se centra en permitir la inversión privada en todos los sectores de Pemex y de la Comisión Federal de Electricidad (CFE). Podemos señalar, sin temor a equivocarnos, que es el mayor proceso de privatización en México después de las reformas al artículo 27 en el mundo rural, durante la presidencia de Carlos Salinas de Gortari.

Uno de los asuntos más preocupantes de esta reforma es que hasta el día de su primera aprobación solo se hablaba de los contratos de utilidad compartida, es decir, de alianzas comerciales entre empresas y el gobierno que se repartían las ganancias obtenidas luego de la extracción de petróleo. En el último momento apareció la figura de producción compartida y las licencias, donde no solo se comparten ganancias sino que las empresas se pueden adueñar del petróleo extraído; es decir, se les puede pagar en especie. Junto con estos cambios, ahora podremos ver, en el mercado energético nacional, a empresas extranjeras.

El argumento mediático que utilizó el gobierno es que los usuarios tendrán mejores servicios y precios, pero el problema es que en la experiencia mexicana de privatización, que se remonta a más de 30 años, esto nunca ha sucedido.

4. ECONOMÍA Y SEGURIDAD

Deuda creciente, bajo crecimiento y recortes al gasto han caracterizado la política económica de México durante la administración del presidente Enrique Peña Nieto, lo que ha opacado el impacto de las reformas estructurales.

La situación se complicó en 2016. De entrada, la decisión del Reino Unido de abandonar la Unión Europea llevó a la Secretaría de Hacienda, entonces liderada por Luis Videgaray, a realizar un recorte al gasto por 31,715 millones de pesos (mdp), mientras que el Banco de México (Banxico) aumentó su tasa referencial en 50 puntos base. A esto se sumó el golpe por el triunfo de Donald Trump en la elección por la presidencia de Estados Unidos.

La aprobación de las reformas estructurales se vio como un éxito pero ahora que se enfrentan a la realidad, vimos que no tenían previsto un impacto de mediano plazo y no han incidido en los índices de aprobación de Peña Nieto porque la gente no ve reflejado nada en su vivir cotidiano, Como lo hemos señalado anteriormente, la mejoría en los bolsillos de las mayorías tardaran al menos 10 años en hacerse realidad.

Mientras tanto, Trump ha amenazado con frenar las inversiones de empresas estadounidenses en México además de renegociar el Tratado de Libre Comercio de América del Norte (TLCAN), lo cual ha exacerbado las vulnerabilidades de la economía mexicana.

En estos últimos cinco años, la medición más amplia de la deuda, es decir, el Saldo Histórico de los Requerimientos Financieros del Sector Público (SHRFSP), aumentó 11.6 puntos porcentuales a 48% del Producto Interno Bruto (PIB). Este aumento es reflejo de la autorización que en 2013 el Congreso otorgó al Gobierno federal para implementar una política de mayor contratación de deuda para tratar de impulsar el crecimiento de la economía. Sin embargo, en el sexenio de Enrique Peña, la economía solo ha crecido en promedio 2.1% anual.

No cumplió con el crecimiento, independientemente de que el entorno mundial se complicó. Este año con mucho trabajo llegará al 2,5% cuando tendríamos que estar creciendo muy por arriba del 3%, los criterios de política económica para este año era crecer en 3.8%. Si no crecemos no hay generación de empleos bien pagados y no se resuelve la desigualdad.

En medio de estas debilidades internas, el panorama externo también se ha encargado de aletargar a la economía y generar volatilidad en los mercados financieros de México, en donde los especuladores han aprovechado las vulnerabilidades para apostar en contra del peso.

La moneda mexicana registra una caída de 37.89% ante el dólar desde diciembre de 2014, no obstante, la tenencia de deuda gubernamental en manos de extranjeros ha aumentado en 541,496 mdp, a 1.997 billones de pesos (bdp) al 23 de noviembre de 2016, pero lejos del máximo de 2.180 bdp que alcanzó en febrero de 2015.

Por otro lado, en la administración se ha creado un máximo de tres millones de empleos, lo que ha permitido que el consumo privado mantenga a flote la economía y se alcance un mínimo histórico en la naja del desempleo. Nunca, desde que se mide el desempleo éste había sido tan bajo como en este 2017..

Por lo pronto, las agencias calificadoras Moody's y Standard & Poor's seguirán con lupa el desempeño de las finanzas públicas de México y el avance en la revisión del TLCAN, ya incrementaron la calificación crediticia del país, por lo anterior y por lograr frenar el crecimiento de la deuda pública.

El entorno externo todavía va a ser muy complicado, se tiene que dar un vuelco si quiere mejora la situación económica, tal vez una reforma fiscal que incentive la inversión y el mercado interno.

Al cierre del sexenio del presidente Enrique Peña Nieto la economía habrá crecido en promedio un poco más 2.1 por ciento por año, el desempeño similar a los últimos dos sexenios.

La Secretaría de Hacienda y Crédito Público (SHCP) dio a conocer los Pre-Criterios Generales de Política Económica, donde informó sobre sus expectativas de crecimiento en 2017 y 2018. Para este año se prevé que la economía crecerá 1.8 por ciento, que es la media del rango establecido, de 1.3 a 1.8 por ciento. Para 2018 la estimación es de 2.5 por ciento.

Aunque la tasa de crecimiento es más baja de lo prometido, en el presente sexenio se dieron los cambios estructurales más fuertes que ha tenido la economía mexicana desde los ochenta con Salinas de Gortari. Si bien este 2.1 por ciento está por debajo del PIB potencial, realmente se sacrificó crecimiento a corto plazo para poder generar un mayor crecimiento potencial en el largo plazo.

El problema de la baja popularidad de Peña Nieto es que el gobierno generó mucha expectativa con las reformas estructurales y de alguna manera se pensó que los beneficios serían en el corto plazo debido a una falla enorme en la comunicación del gobierno. Fue decepcionando por dos razones, una es el complicado entorno externo y otra por algunos malos manejos de comunicación internos.

No ha sido bien aprovechada la implementación de la reformas. Se prometió crecimiento arriba de cuatro por ciento y luego disminuyó hasta un dos por ciento actualmente. Y es que la pesada herencia que tiene la actual administración fue que Calderón movió y asustó el "avispero" del narcotráfico y del crimen. Ha sido un pesado legado, después de las reformas y el entorno económico externo, es el principal obstáculo para el crecimiento de la economía mexicana: la inseguridad, la impunidad y la corrupción".

5. PRONÓSTICOS DE 2018

Especialistas en economía de los principales bancos del país opinan que el balance de crecimiento económico no es "mediocre", más bien se trata de un avance del PIB "efectivo" con la situación actual. Califican como buena señal para los mercados que Hacienda incluya escenarios de la deuda pública considerando el uso de los remanentes de operación.

El crecimiento está por debajo del potencial, no obstante, si consideramos que en el corto plazo se sacrificó un crecimiento más alto por aprobar un paquete de reformas estructurales que va a cambiar el crecimiento potencial de la economía mexicana hacia adelante, no lo consideramos mediocre.

La economía no ha registrado el crecimiento presagiado, ése 5 o 6% que nos prometían, pero tampoco ha entrado en una grave recesión. En lo que llevamos de sexenio, entre 2013 y 2017, la economía mexicana se ha expandido 2.1%, una senda similar a la observada con presidentes previos. Durante el sexenio, todo completo, de Calderón la economía aumentó 2.2%, y a esa misma tasa creció durante el sexenio de Fox.

Con Zedillo, el PIB se incrementó a una tasa de 3.3%. Por tanto, en cuanto a crecimiento al menos, Peña Nieto no podrá decir que lo está haciendo mejor, pero tampoco peor: se ha mantenido a ese ritmo de 2.2% que a veces el ex secretario de Hacienda Luis Videgaray ha considerado como "mediocre". Eso sí, como atenuante se puede argumentar que al menos la economía mexicana no ha desbarrancado y por primera vez desde 1981 no tenemos ningún año con crecimiento negativo. El Banco Mundial, por ejemplo, prevé que México crezca 2.5% este año, lo que contrasta con un desplome de 10.1% para Venezuela, de -4.0%, para Brasil o de -0.5% para Argentina. De darse estos pronósticos el sexenio de Peña Nieto terminará con un crecimiento promedio de 2.3 % anual, que sería el mejor sexenio desde Zedillo.

Ahora bien, nunca ha logrado que toda la economía jale parejo, lo que ha obstaculizado el empeño del gobierno de generar tasas de crecimiento más elevadas. En el primer año, el 2013, la crisis de la construcción de vivienda, derivada del cambio de modelo inmobiliario y la consiguiente ruina de las grandes empresas constructoras (Homex, Urbi, Geo y demás) junto con la supuesta lentitud para ejercer el presupuesto del gobierno en infraestructura deprimió a todo el sector secundario, mientras el sector de servicios, si bien perdía dinamismo respecto a los últimos años del sexenio de Calderón, lograba mantener a la economía a flote.

En el segundo año, 2014, superada la crisis de la construcción y alentado por el dinamismo de la manufactura y sus exportaciones a Estados Unidos, el sector secundario se revitalizó, pero el sector servicios recibió el impacto del aumento de impuestos de la Reforma Fiscal, lo que mermó la capacidad de compra de los mexicanos. En el tercero y cuarto años, 2015 y 2016, el sector servicios se revitalizó estimulado por el consumo privado doméstico y el turismo. La entrada de remesas familiares (cuyo valor en pesos se magnificó por la depreciación del peso), el dinamismo del crédito, la mejora del empleo y la capacidad de Banxico de mantener la inflación, junto con el flujo de visitantes extranjeros volvieron a impulsar al sector terciario. Sin embargo, la industria se volvió a deprimir como consecuencia del desplome del precio del petróleo y la consiguiente recesión en el sector de minería así como por el estancamiento de la manufactura mexicana, impactada por la baja actividad fabril en Estados Unidos resultado de la fortaleza del dólar y la debilidad de la demanda global.

El año 2017 termina con mejoras en esas áreas debido a la estabilización del peso, el incremento en turismo y la recuperación del precio del petróleo.

Lo que sí puede presumir Peña Nieto es de haber regresado el desempleo a niveles no vistos desde antes de la quiebra de Lehman Brothers en septiembre de 2008 y el estallido de la crisis. Así, en julio de 2017, la tasa de desocupación, medido en su serie desestacionalizada, se redujo a 3.75%, la más baja desde junio de 2008 (3.61%). También puede jactarse de haber recortado, durante su sexenio, la tasa de informalidad, la de subocupación así como haber aumentado el trabajo asalariado. Sin embargo, también se ha producido un deterioro en la calidad de la condiciones de trabajo, al haber aumentado la tasa de empleo en condiciones críticas (los que trabajan menos de 35 horas contra sus deseos, o trabajan más de 35 horas por menos de un salario mínimo o más de 48 horas por hasta dos salarios mínimos).

6. REMESAS Y CUENTA CORRIENTE

El sexenio también se está caracterizando por el milagro de las remesas, que cae como maná de Estados Unidos, y que está resultando crucial para contrarrestar, al menos de forma parcial, el retroceso de la entrada de divisas del petróleo junto con los ingresos por turismo. De enero a junio del 2017, el monto en dólares de las divisas por remesas alcanzó una cifra récord de 13,156 millones de dólares (mdd), y el de ingresos por viajeros internacionales de 10,063 mdd, muy por encima de las exportaciones petroleras (8,103 mdd).

Aun así, el desplome de las exportaciones petroleras y la reciente contracción en las exportaciones manufactureras ha desembocado en un deterioro sustancial del déficit por cuenta corriente. En el primer trimestre de 2015, el déficit corriente se elevó al 3% del PIB y ha permanecido en torno a esos niveles durante el último año y medio.

Los capitales de largo plazo han seguido afluyendo hacia México. En el 2013, gracias a la compra del Grupo Modelo por la belga AB InBev, alcanzó una cifra récord de 46,902 mdd. Pero más allá de esa operación excepcional, el flujo de IED ha permanecido vigoroso durante lo que llevamos de sexenio seducidos por la atracción del sector automotriz, el de telecomunicaciones y el petrolero, con Estados Unidos como principal país inversionistas. Dicho esto, el deterioro del déficit corriente ha provocado que el país cada vez sea más dependiente de los capitales de carácter más inestable y efímeros para financiar sus necesidades externas.

Esa mayor dependencia se ha dejado sentir sobre el peso mexicano. La expectativa de subidas de tasas en Estados Unidos ha significado la salida de inversiones de cartera de México, lo que se ha traducido en una depreciación del peso mexicano, lo que ha forzado al Banco de México (Banxico) a subir las tasas con el objetivo de retener los capitales y frenar la caída de la divisa. Al inicio del sexenio, la tasa se ubicaba en 4.5%, pero durante 2013 y 2014 se recortó a 3.0%. Ahora bien, la reciente presión sobre el peso forzó al Banxico a incrementar la tasa en 1.25 puntos porcentuales desde diciembre del año pasado al actual nivel de 4.25%. En lo que llevamos de sexenio, el peso se ha depreciado un 31.8% contra el dólar. Peor les fue al peso argentino (-67.1%), al rublo ruso (-53.4%), al rand sudafricano (-42.2%) o al real brasileño (-36.8%)

7. BALANZA FISCAL

A la pérdida de confianza en la economía mexicana ha contribuido, también, el deterioro de las cuentas públicas. A los esfuerzos de política fiscal expansiva de 2014 para reactivar la economía, junto con los problemas financieros de Pemex, y el aumento del costo del servicio de la deuda se ha unido el derrumbe de los ingresos petroleros. Afortunadamente, la Reforma Fiscal llegó en el momento más oportuno y los ingresos tributarios han cubierto buena parte del boquete junto con los remanentes del Banxico. Aun así, el Saldo Histórico de los Requerimientos Financieros del Sector Público (SHRFSP) ha trepado de 37.7% del PIB en 2012 a un estimado de 50.5% del PIB al cierre del año 2017.

La bolsa mexicana ha reflejado fielmente la situación de la economía mexicana. En pesos, y como reflejo de su lento pero continuo crecimiento, ha tocado en este agosto nuevos máximos históricos y ha avanzado 8.7% en lo que llevamos del sexenio.

8. INSEGURIDAD

En términos de inseguridad y violencia, para Enrique Peña Nieto la misión no está cumplida. En los cinco primeros años de su gobierno, la promesa de disminuir la incidencia delictiva relacionada con homicidios dolosos en el país ha quedado frustrada.

Durante su campaña presidencial, Peña Nieto prometió que se empezarían a ver resultados de su estrategia contra el crimen organizado en un plazo de dos años, al grado que supuestamente disminuiría la cantidad de ejecuciones; hubo incluso quienes generosamente concedieron el beneficio de la duda al gobierno priísta luego de seis mortíferos años que protagonizó Felipe Calderón Hinojosa, entre 2006 y 2012.

Pero se cumplió el primer año del peñato el 30 de noviembre de 2013, luego el segundo en 2014 y la realidad es que los datos duros presentados al concluir la primera mitad de la administración de Enrique Peña Nieto, cumplida el 1 de diciembre de 2015, demuestran que su sexenio es estaba haciendo bien las cosas. Pero llego el año de 2016 con un incremento notable en los homicidios dolosos (23 mil 953 homicidios) con un 15 % más que en 2015 pero todavía debajo del promedio de los tres últimos años del sexenio de Calderón (sólo en 2010 hubieron 25 mil 757 homicidios); pero luego en junio del 2017 con 2 mil 234 se convertiría en el más sangriento de la historia. Tal como se ha investigado en los últimos sexenios y recurriendo como metodología a la comparación de la información oficial del Gobierno Federal con registros hemerográficos, Servicios Médicos Forenses, Institutos Forenses en los Estados, se llegó a la conclusión de que en los primeros cinco años de gobierno de Enrique Peña Nieto, del 1 de diciembre de 2012 al 30 de julio de 2017, sucedieron en el país 54 mil 209 homicidios dolosos.

Comparando la información oficial del Sistema Nacional de Seguridad Pública, dependiente de la Secretaría de Gobernación, el primer quinquenio de Peña Nieto supera al de Felipe Calderón en homicidios dolosos.

Incluso, comparando los últimos tres años de gobierno calderonista con el primer trienio peñista, los homicidios dolosos en la gestión de Peña Nieto disminuyeron: 65 mil 118 ejecuciones del 1 de diciembre de 2009 al 30 de noviembre de 2012; mientras tanto, en los tres primeros años de gobierno de Peña Nieto, del 1 de diciembre de 2012 al 30 de noviembre de 2015, sucedieron 45 mil 210.

9. LA COMUNICACIÓN DE EPN

Salvo en ocasiones en las cuales se ve obligado, como el caso de los 43 normalistas desaparecidos en Ayotzinapa, Iguala, Guerrero, en septiembre de 2014, o la recaptura del capo Joaquín "El Chapo" Guzmán Loera, Peña ha omitido hablar de inseguridad y violencia. La estrategia federal fue sacar al país de la percepción de la "Guerra contra las Drogas" que declaró Calderón, llevando el discurso y la estrategia a un "México en Paz". Sin embargo, la realidad anota un escenario distinto al que plantean tanto el Presidente Enrique Peña como su secretario de Gobernación, Miguel Ángel Osorio Chong, que en el discurso oficial, insisten en presumir una disminución en las cifras de la inseguridad, lo que se logró hasta 2016.

En su mensaje en Palacio Nacional a propósito del tercer año de gobierno, Enrique Peña Nieto presumió estrategia y disminución de cifras. De las acciones dijo: "Desde el primer día de esta administración, nos propusimos construir un México en Paz. Esto significa, por una parte, disminuir la violencia y recuperar la tranquilidad de las familias mexicanas en todas las regiones del país... además, realizar cambios de fondo en el funcionamiento de nuestras instituciones y en la vida de las comunidades, a fin de alcanzar una seguridad duradera. Para hacer frente a la delincuencia, el primer acuerdo fue trabajar en equipo, más allá de filiaciones políticas u órdenes de gobierno".

Y así, sin más, le entró a las cuentas optimistas. "Hoy, es un hecho que la violencia está disminuyendo en México". Se explayó: "Como ha informado el INEGI, en 2014 el número de homicidios fue 24.3% menor al de 2012, y 27.7% inferior al de 2011. En diversas regiones, la tranquilidad está volviendo gradualmente a las calles y localidades. En este mismo periodo, el número de homicidios en las entidades fronterizas del norte se redujo 41.6%. En estos dos años, ocho Estados del país lograron disminuir los homicidios en más de 40%. Sobresalen Nuevo León, con una baja de 69.8%; Durango, con 63.6%; o Coahuila, en donde se redujeron 62%".

De hecho, hace unos días, en el Sistema Nacional de Seguridad dieron a conocer la cifra oficial de homicidios dolosos en México durante los primeros tres años de gobierno de Enrique Peña Nieto, 54 mil 454 con una corrección a las cifras anteriores.

Para poner en contexto la cifra de asesinatos violentos en los primeros tres años de Enrique Peña Nieto, volveremos a los números que se reflejaron en el sexenio de Felipe Calderón:

Del primero de diciembre de 2006 al 30 de noviembre de 2012, en el apogeo de la "Guerra contra las Drogas", 83 mil 191 ejecuciones. En cinco años, Peña Nieto ha registrado el 78.38% del total de ejecuciones en el sexenio anterior.

"Sin duda los niveles de violencia que se están registrando están disminuyendo, sobre todo los homicidios y secuestros", consideró Peña Nieto el 11 de junio de 2015 en una entrevista a EFE en Bruselas, durante su campaña de imagen en Europa.

La opinión más reciente en cuanto a homicidios dolosos en México sucedió en una entrevista que Osorio Chong otorgó a La Jornada, publicada el 17 de enero de 2016: "Nosotros ya los bajamos de una manera significativa", consideró sin presentar nuevamente ninguna numerología ni metodología que respaldara su suposición.

México 2018, en la encrucijada

Oficialmente, el gobierno de Enrique Peña Nieto, a través del Sistema Nacional de Seguridad Pública, da cuenta nada más de 54 mil 454 víctimas por homicidio doloso y averiguaciones previas por el mismo concepto del 1 de diciembre de 2012 al 30 de noviembre de 2015.

De Felipe Calderón a Enrique Peña Nieto, año por año, las disminuciones en el número de ejecuciones entre uno y otro, no inciden en la cifra en los totales por sexenio y por trienio. La realidad es que los asesinatos violentos, producto de enfrentamientos, vendettas, ajustes de cuentas, secuestros, extorsiones, van a la alza.

Así los números del horror de la "Guerra contra las Drogas" al "México en Paz":
2007: 2 mil 826.
2008: 6 mil 837.
2009: 11 mil 753.
2010: 19 mil 546.
2011: 24 mil 068.
2012: 22 mil 433. *
2013: 23 mil 928.
2014: 20 mil 276.
2015 21 mil 321
2016 23 mil 853
(* Al 30 de noviembre, para calcular los tres años de Enrique Peña).

Aun cuando se advierten los decrementos, en los primeros tres años de Enrique Peña Nieto, se incrementan las ejecuciones que para casi alcanzar las cifras de los tres últimos años de Felipe Calderón.

10. ESTADOS PELIGROSOS

Durante el sexenio de Felipe Calderón, de las 83 mil 191 ejecuciones el Estado de Chihuahua fue el más sangriento, con 16 mil 467.

Actualmente, en la administración de Enrique Peña Nieto, el Estado de México se erige como el más cruento, superando incluso a Guerrero y Chihuahua:

Estado de México, en primer lugar: 8 mil 845 ejecuciones en tres años, del 1 de diciembre de 2012 al 30 de noviembre de 2015.

Le sigue, en segundo lugar, Guerrero, con 6 mil 040; en tercer escaño se ubica Chihuahua con 5 mil 176; en cuarto, Jalisco, con 3 mil 946; y

Michoacán en quinto sitio, con 3 mil 629.

Después, entre el sexto y décimo lugar como los Estados más sangrientos se ubican, en ese orden: Sinaloa en sexto sitio con 3 mil 514; en séptimo, la Ciudad de México con 3 mil 212; Tamaulipas con 2 mil 660; Veracruz registra 2 mil 600 asesinatos y Baja California, en décimo lugar todavía, con 2 mil 547.

En el final del sexenio de Enrique Peña Nieto, Guanajuato, Colima, Veracruz y Oaxaca son los nuevo focos rojos. Mientras en la administración de Felipe Calderón, Guanajuato registró mil 999 homicidios dolosos en los seis años, solo en los primeros tres años de administración peñista se documentaron 2 mil 448, escalando del lugar número 14 en el mandato calderonista, al onceavo sitio en la gestión peñista.

Y Oaxaca es evidentemente otro foco rojo: Mientras en todo el sexenio calderonista se registraron mil 246 homicidios dolosos, en el primer trienio de Peña Nieto suman ya 2 mil 348, subiendo del lugar número 20 al sitio número 12 entre el sexenio anterior y el actual.

Ahora bien, en cuanto al problema de la inseguridad en el país, los índices delictivos no bajan, se mantienen las tendencias en las cifras de personas muertas, desapariciones y desplazamientos, e incluso hay zonas de México que muestran un franco vacío de la presencia del estado; por ejemplo, algunos territorios del estado de Michoacán donde el control por parte de bandas delictivas es casi total. Esto ha propiciado la multiplicación de las llamadas autodefensas (distintas de las policías comunitarias), que ante las situaciones de conflicto social e ingobernabilidad optan por la vía armada para defenderse. Más allá del origen de estos grupos y de los problemas legales y éticos que puede implicar, lo cierto es que surgen porque hay problemas que el estado no resuelve; dicho de otra forma, en algunas regiones de México pasamos del estado fallido al estado vacío.

De acuerdo con las cifras oficiales, los homicidios dolosos en el país descendieron en 10%; sin embargo, los secuestros se dispararon por arriba de 30% y las extorsiones también registraron un aumento considerable. Frente a estos problemas, hay declaraciones de parte de los responsables de la seguridad del país y algunas modificaciones, como la creación del mando único policial en los estados, pero hasta ahora no se vislumbran virajes que muestren un verdadero cambio de ruta en la estrategia para enfrentar el problema de la delincuencia organizada.

11. EL PACTO POR MÉXICO Y LA RELACIÓN CON LA SOCIEDAD CIVIL

En la parte final de 2013, a propósito de la aprobación de las reformas política y energética, el PRD abandonó los trabajos del Pacto por México y lo que ahora persiste es una alianza entre el PRI y el pan que sirvió para la aprobación de dichas reformas.

Podemos anticipar que el Pacto llegó a su fin en ese año, ya que la confección de las leyes secundarias de las reformas aprobadas no necesitan los votos de los partidos de izquierda y, por lo tanto, este acuerdo político, como tal, deja de tener sentido.

En lo que respecta a la relación del gobierno de Enrique Peña Nieto con la sociedad civil organizada y con los movimientos sociales, encontramos nula o poca articulación, además de que el vínculo entre el gobierno federal y estas agrupaciones se caracterizó por el conflicto y la ausencia de diálogo. En este sentido, podemos afirmar que la administración del jefe del Ejecutivo federal reprodujo las antiguas formas de relación entre sociedad y gobierno, características de la forma de gobernar priísta. No son pocos los analistas políticos que coinciden con que estamos ante una regresión de coordinación que se verifica por los continuos actos de desvinculación con grupos sociales, por la vulneración de los derechos humanos de periodistas y activistas sociales, y por la incapacidad del gobierno actual de generar cauces y canales de diálogo con los grupos organizados del país. No deja de llamar la atención que durante este año de gobierno el Ejército Zapatista de Liberación Nacional (EZLN) reapareció públicamente, reafirmó sus planteamientos y mostró que ya hubo relevo generacional en sus filas.

12. EL FINAL

El 1 de diciembre de 2017 Enrique Peña Nieto llega al quinto año de su administración y se prevé que intentará llevar a cabo las adecuaciones necesarias para terminar de instrumentar algunas de las llamadas reformas estructurales y enfilar el crecimiento para terminar su sexenio con mejores números que los dos que le antecedieron. Además, para entonces ya estará perfilado el candidato que enfrentará a López Obrador y las apuestas políticas y electorales dejarán al presidente en la sombra y el nuevo rey será el candidato rumbo a julio del 2018. De cara a ello, a continuación se presenta un repaso de los principales hechos y acontecimientos que han marcado el derrotero de la gestión del actual presidente de México. Nunca antes en la historia se había intentado realizar reformas de gran calado. Por ello, el discurso del presidente Peña Nieto y de sus aliados políticos que estos cambios legales llevarían al país a resolver problemas nodales de la vida pública mexicana en el lago plazo, más allá de los veinte años. Las reconocimiento internacional - al grado que el presidente de Francia dijo que él no podría lograr tales cambios en su país - y muchos aplausos y reconocimientos en la escena nacional para el mexiquense.

No se puede dejar de recordar los premios que otorgaron organismos internacionales al novel presidente y a algunos de sus colaboradores, que incluso llevaron a la publicación de aquella portada en la revista Time donde llamaron a Peña Nieto "el salvador" del país. Sin embargo, el triunfo de ese comienzo se fue difuminando poco a poco y el mandatario de México ve decrecer su popularidad debido al incremento en la violencia y a varios casos de corrupción de gobernadores del PRI.

12.1. Los tropiezos de Peña Nieto en la arena política

La reforma educativa impulsada por el presidente de México, generó -equivocadamente la relación laboral supuesto que así era en su primera fase, en la segunda se propuso el modelo educativo que puede cambiar la historia del país. Si bien es cierto que la reforma tiene muchas virtudes, es evidente que la forma de procesarla en la primera etapa causó más problemas que soluciones y las supuestas bondades de estas modificaciones legales no han logrado mejorar de fondo la calidad educativa, más bien se ha convertido en una fuente permanente de conflicto con la Coordinadora Nacional de Trabajadores de la Educación y con algunas secciones del Sindicato Nacional de Trabajadores de la Educación (SNTE).

Sin duda alguna uno de los hechos que hasta este momento ha marcado el sexenio de Enrique Peña Nieto es la desaparición de 43 normalistas de la Escuela Normal Rural Isidro Burgos de Ayotzinapa en el por no haber sabido manejar la crisis y dejar en claro que era un problema del gobierno local y no tenía porque adjudicarse al gobierno federal. Este asunto puso en evidencia, entre otras cosas, el problema corrupción en el partido político del PRD, la incapacidad del sistema de justicia para procesar este tipo de casos y refleja los altos y preocupantes niveles de corrupción e impunidad en el país, además de que mostró la grave crisis de derechos humanos por la que atraviesa México.

Siguiendo con el tema de los derechos humanos, en el periodo de Enrique Peña Nieto la relación del gobierno federal con los organismos internacionales más bien ha sido ríspida y de conflicto. Entre abril y mayo de 2015 el relator . Juan Méndez, visitó México y sus conclusiones fueron que en nuestro país se practica la tortura de forma sistemática y generalizada, desde el momento de la detención hasta que se pone a disposición de los jueces a los detenidos. Esta práctica se hace fundamentalmente con fines de investigación y castigo, ante la incapacidad de contar con otros instrumentos. La respuesta del gobierno de Peña Nieto fue minimizar los resultados del informe, criticar públicamente los hallazgos de Juan Méndez y presionar al relator a que matizara sus conclusiones. Los voceros del gobierno federal acusaron al relator de violar el código de conducta del Consejo de Derechos Humanos, por lo que desestimaron sus resultados.

El segundo desencuentro del estado mexicano con los organismos internacionales de derechos humanos fue a propósito del caso de los 43 estudiantes desaparecidos de la normal rural de Ayotzinapa. El gobierno de Peña Nieto dio a conocer la llamada "verdad histórica" que construyó la Procuraduría General de la República (PGR) de que los jóvenes habían sido incinerados en el basurero del municipio de Cocula, Guerrero, por parte del grupo delincuencial Guerreros Unidos, y que por la magnitud del evento no se pudieron obtener restos humanos que corroboraran científicamente esta versión, pero que estaba basada en testimonios de los presuntos perpetradores. La versión resultó poco creíble y el Grupo Interdisciplinar de Expertos Independientes (GIEI) de la (CIDH) analizó Comisión Interamericana de Derechos Humanos el proceso de investigación de la PGR. Los resultados fueron devastadores para la administración peñanietista, ya que los miembros científicamente imposible que tal incineración se hubiera realizado y que la investigación de la Procuraduría tenía múltiples y profundas deficiencias. Este resultado puso en entredicho la versión gubernamental y orilló al gobierno federal a realizar nuevos peritajes para subsanar algunos de los problemas de la controvertida investigación.

El tercer conflicto del gobierno de Enrique Peña Nieto con este tipo de organizaciones se generó a propósito de la visita in loco que realizaron los miembros de la CIDH a nuestro país, a finales del mes de septiembre y principios de octubre de 2015. Nuevamente los resultados del informe incomodaron al estado mexicano, ya que se corroboró que en nuestro país prevalece una grave crisis de derechos humanos que se traduce en violencia, inseguridad, desaparición forzada, ejecuciones extrajudiciales, persistencia de la tortura y de una enorme impunidad. No se hicieron esperar las respuestas de incomodidad del gobierno de México ante las aseveraciones de la Comisión y se acusó al secretario de la CIDH, Emilio Álvarez Icaza, de impulsar a que el informe fuera muy crítico hacia el estado mexicano.

La herencia de inseguridad que le dejó Felipe Calderón al presidente Peña Nieto es un lastre que persiste y que a pesar de que se han instrumentado operativos especiales, se han dado a conocer decálogos y se ha buscado tener otro discurso político frente a este problema, lo que actualmente tenemos son estados donde la inseguridad prevalece (Tamaulipas, Michoacán, Estado de México, Jalisco, Guerrero, Veracruz) o hechos tan lamentables como el proceso de aprehensión y la huida de Joaquín Guzmán Loera, alias el "Chapo", líder histórico del llamado Cartel de Sinaloa, que burló las fuertes medidas de seguridad de uno de los mejores penales del país.

Los resultados electorales de los comicios intermedios de 2015 mostraron un efecto doble para el presidente Peña Nieto y su partido político. Por un lado, el Partido Revolucionario Institucional (PRI) logró obtener la mayoría de los diputados en la cámara baja y junto con sus aliados políticos (el Partido Verde y Nueva Alianza) consiguieron una mayoría simple que les permite aprobar presupuestos y algunas leyes reglamentarias para el resto de su administración. Por otro lado, el tricolor tuvo algunas dolorosas derrotas en estados como Nuevo León y Jalisco, donde su fuerza política se vio muy mermada.

Sin duda alguna, otro de los casos que le generó al presidente una grave crisis política fue el de una vivienda muy costosa de su esposa donde, de acuerdo con diversas investigaciones periodísticas, había un claro conflicto de interés, ya que el Grupo Higa, que había sido beneficiado en varias ocasiones con obra pública en el Estado de México, y luego en el proyecto de tren rápido entre Querétaro y la Ciudad de México, fue el proveedor de esa casa. A pesar de los esfuerzos de resolver esta crisis, el presidente no logró generar una percepción distinta en la opinión pública.

México 2018, en la encrucijada

De hecho, el mismo 1 de diciembre de 2015 algunos diarios de circulación nacional dieron a conocer encuestas de aprobación del presidente y confirmaron que Peña Nieto se mantiene como uno de los mandatarios con menor aprobación en las últimas décadas. En una encuesta de Grupo Reforma se dieron a conocer los siguientes datos: para mitad de su sexenio (1994–2000) Ernesto Zedillo tenía una aprobación de 60% y una calificación de 6.7 en una escala de cero a diez. Vicente Fox (2000–2006) para el mismo periodo tenía una aprobación de 58% y una calificación de 6.5. Felipe Calderón, en situaciones similares, contaba con una aprobación de 52% y una calificación de 6.3. Enrique Peña Nieto tiene una aprobación de solo 39% y una calificación de 4.9. Es decir, de los últimos cuatro presidentes de México, el mexiquense es el peor evaluado a la mitad de su mandato, ya que menos de la mitad de los mexicanos aprueban su gestión y le dan una calificación reprobatoria (véase la figura 5.1).

De acuerdo con las encuestas realizadas por Grupo Reforma, Enrique Peña Nieto comenzó su gestión con 50% de aprobación por parte de la población, pero desde diciembre de 2014 se ha mantenido con solo 39% de aprobación, salvo julio de 2015 cuando este indicador llegó a bajar hasta 34%. Los saldos de estos hechos se deriva de que el candidato del PRI tomó la titularidad del Ejecutivo sin suficiente legitimidad política y que, por lo tanto, un objetivo central para el inicio de su gobierno era recobrar un poco de esta, pero teniendo claro que el propósito fundamental de su gestión es la aprobación y la implementación de las llamadas "reformas estructurales"; podemos definirlas, de manera sencilla, como las políticas de corte neoliberal que piden los grandes capitales en función de desregular los derechos laborales y permitir la inversión privada en sectores estratégicos

12.2. La economía en la administración de Peña Nieto

Las apuestas fundamentales del presidente de México están en la arena económica y la reforma energética a su vez está en el centro de esta apuesta. Esa reforma fue anunciada como la "madre de todas las reformas" y se dijo que se convertiría en la palanca del desarrollo nacional y que sacaría a Petróleos Mexicanos (Pemex) y a la Comisión Federal de Electricidad (CFE) de la crisis en la que están. Hasta este momento esa reforma ha sido un fracaso, ya que casi ninguna de sus metas se ha cumplido. Por ejemplo, no contamos con mejores empresas públicas, no se han detonado procesos de desarrollo sustentables y armónicos, tampoco comenzamos un proceso de transición a energías limpias y, por si fuera poco, la baja en los precios internacionales del petróleo empezó a impactar en la disminución del presupuesto público federal. Este rubro es donde el presidente ha tenido mayores problemas, ya que su principal apuesta política y económica no ha resultado efectiva hasta ahora.

A mediados de 2015 la Comisión Nacional de Evaluación de la Política de Desarrollo Social (Coneval) presentó los resultados de la medición de la pobreza para el periodo que comprende 2012 a 2014. Si tuviéramos que definir de forma sintética lo que pasó en la materia en este periodo podemos afirmar que en México hay más pobres y que la pobreza extrema disminuyó muy poco, esto de acuerdo con los resultados a escala nacional. Si hacemos un análisis por entidades federativas hay estados donde la pobreza aumentó y otros que tuvieron avances importantes en el combate a ésta.

Como hemos dicho, el número de personas en pobreza se incrementó a lo largo de estos años y sobresale que de la última medición en 2012 a la de 2014 los pobres son casi dos millones de personas más.

Además, en términos relativos, el año 2014 es el peor de todos, ya que representa el mayor porcentaje de pobres frente a la totalidad de la población desde 2010.

En sus primeros tres años de gobierno, Enrique Peña Nieto quedó a deber En cuanto a la pobreza extrema se puede observar que hay una disminución progresiva de los pobres extremos en México, aunque si comparamos los datos de 2012 a 2014 la población que abandonó esta situación asciende a solamente 86,700 personas, que representan tres décimas porcentuales menos con respecto al periodo anterior. Es decir, en los últimos años sí hay mejoras, pero estas son muy poco significativas para el tamaño de este problema.

Si se cruzan los datos anteriores se puede afirmar que las estrategias de combate a la pobreza en México han logrado sacar de la pobreza extrema a muy pocas personas, pero no han podido contener el crecimiento de los pobres en el país. Dicho de otra forma, en 2014 tuvimos casi dos millones de pobres más y 86,700 pobres extremos menos. Sin duda el balance no es para echar las campanas al vuelo y más bien resulta preocupante, ya que persiste este problema sistémico y estructural.

Para analizar de mejor manera la situación de la pobreza en el país en el periodo de Peña Nieto es necesario observar el desempeño de los estados que mejores resultados obtuvieron en el combate a la pobreza en el periodo entre 2012 y 2014 que fueron Nayarit, Durango, Nuevo León, Jalisco, Aguascalientes y Querétaro. Las entidades donde la pobreza creció más en este bienio fueron Morelos, Estado de México, Veracruz, Coahuila, Michoacán y Sinaloa.

Los avances que tuvieron algunos estados del país no pudieron compensar el crecimiento de la pobreza en otras regiones.

En cuanto al problema de la desigualdad en el país, en un valioso trabajo de Gerardo Esquivel auspiciado por la organización internacional Oxfam, se expone que en México 1% de las personas más ricas tienen un ingreso que corresponde a 21% de los ingresos de todo el país. Dicho de otra forma, este grupo minoritario recibe uno de cada cinco pesos que ganan los trabajadores de México. Por otro lado, este autor indica que, según el Global Wealth Report 2014, el 10% de las personas más ricas de México concentra 64.4% de la riqueza nacional, es decir, uno de cada diez tiene como patrimonio dos terceras partes de la riqueza de la nación.

En el documento citado Esquivel retoma los datos de Wealth Insight, que afirma que la riqueza de los millonarios mexicanos excede por mucho a las fortunas de otros en el resto del mundo. Por ejemplo, entre 2007 y 2012 la cantidad de millonarios en nuestro país creció 32%, mientras que en el resto del planeta disminuyó 0.3% en el mismo periodo. De acuerdo con datos de la Standardized World Income Inequality Database, que contiene información que data desde 2008 al año 2012. En este periodo México tiene un coeficiente de Gini de 0.441, cuando el promedio de los 113 países que están en esta base de datos es de solo 0.373. De acuerdo con esta información, si se ordenaran las naciones de esta base de datos de menor a mayor nivel de desigualdad México ocuparía el lugar 87 de 113 países, es decir, el 76% del resto de los países de esta muestra presentan menor desigualdad de ingreso que nuestro país.

Siguiendo a Esquivel, de acuerdo con la base de datos del Banco Mundial conocida como World Development Indicators, que aglutina la información de 132 países y un periodo que va del año 2000 a la fecha, se afirma que México tiene un coeficiente de Gini de 0.483, mientras que el promedio de los otros 132 países es de solo 0.404. Si nuevamente se hace el ejercicio de ordenar a los países por desigualdad ascendente, nuestro país ocupa el lugar 107 de 132; es decir, 80% de los otros países tienen menor desigualdad que el nuestro. En ambos casos, afirma Esquivel,

México está dentro del 25% de los países con mayores niveles de desigualdad en el planeta.

Otro de los aspectos relevantes que contempla en documento de Esquivel sobre la desigualdad en México es el análisis de las personas y los corporativos que tienen mayores ingresos y riqueza en nuestro país. Este autor afirma que el número de multimillonarios en México no ha crecido mucho en los últimos años y que al día de hoy son solo 16 personas. La preocupación radica en el incremento y en el tamaño de sus fortunas. En 1996 los montos de la riqueza de este selecto grupo de multimillonarios equivalían a 25,600 millones de dólares, mientras que en nuestros días esta cantidad creció a 142,900 millones de dólares, es decir, se incrementó en cinco veces en 20 años. En 2002 la riqueza de los cuatro mexicanos más ricos representaba 2% del producto interno bruto (pib); entre 2003 y 2014 ese porcentaje subió a 9% del PIB. De acuerdo con el estudio auspiciado por Oxfam, los cuatro multimillonarios más grandes en México son Carlos Slim, dueño de Grupo Carso y de Telmex; Germán Larrea y Alberto Bailleres, que están en la industria minera, y Ricardo Salinas Pliego, dueño de tv Azteca, Iusacell, Banco Azteca y de Electra. Esquivel señala que estos cuatro grandes multimillonarios han hecho sus fortunas a partir de sectores que fueron privatizados o están concesionados por parte del gobierno y eso les generó ciertas ventajas que favorecieron su enriquecimiento extraordinario.

Es cierto que las dinámicas de pobreza y desigualdad en México no tienen su origen en la gestión de Enrique Peña Nieto y que otros periodos residenciales han contribuido con estos problemas estructurales. Sin embargo, es posible afirmar que el gobierno del mexiquense ha hecho muy poco para resolver estos graves y profundos problemas, que siguen siendo una de las demandas fundamentales del pueblo mexicano.

13. ARRANQUE DE LA SUCESIÓN PRESIDENCIAL

Con el comienzo del último año de la gestión del presidente Peña Nieto también se abre la disputa por las candidaturas presidenciales del año 2018. De acuerdo con los nuevos tiempos políticos, para diciembre de 2017 tendrán que estar muy claros los perfiles de los precandidatos. En el caso del Partido Acción Nacional (PAN) las únicas personas que hasta este momento cuentan con suficiente apoyo para lograr la candidatura de su partido son Margarita Zavala y Ricardo Anaya, la primera cuenta con una historia política personal honorable, pero sobre la que pesa la sombra de su esposo, Felipe Calderón, que para muchos fue el provocador de la crisis de inseguridad que vive el país. En las opciones de izquierda, Andrés Manuel López Obrador se perfila para contender por el Movimiento Regeneración Nacional (Morena), mientras que en el Partido de la Revolución Democrática (PRD) Miguel Ángel Mancera ya dijo que le interesa contender por la titularidad del Poder Ejecutivo federal. Otro de los apuntados al baile de los precandidatos es el gobernador de Nuevo León, Jaime Rodríguez "el Bronco", quien eventualmente puede contender como candidato independiente.

En lo que respecta al partido del presidente Peña Nieto, aparecen tres perfiles de su confianza, que probablemente sean los que disputen la candidatura para sucederlo, que son Miguel Ángel Osorio Chong, secretario de Gobernación; Luis Videgaray, secretario de Hacienda, y el recientemente apuntado Aurelio Nuño, secretario de Educación. De aquí en adelante la variable de las elecciones de 2018 empezará a pesar cada vez más en el escenario político nacional.

13.1. Evaluación

A casi un año de finalizar la gestión presidencial de Enrique Peña Nieto, el balance es que los saldos no han sido positivos, ya que el presidente no ha logrado resolver ningún tema sustantivo de la agenda nacional. Al contrario, lo que tenemos es un país con inseguridad en amplios territorios, con promesas no cumplidas y con un nivel de aprobación social sumamente precario.

La política económica en México busca estabilidad para estimular el crecimiento del Producto Interno Bruto (PIB) y del ingreso per cápita. Los resultados no han sido los esperados por el gobierno, ni los deseados en la sociedad, y en 30 años la economía tiene un crecimiento promedio de 2.3 por ciento, insuficiente si se pretende incrementar la riqueza de todos los mexicanos.

Durante y después de los años ochenta no se cuenta con una estructura institucional que permita a la política económica emprendida hacia la apertura de los mercados, y privatización de las empresas paraestatales, generar condiciones de certidumbre en las actividades productivas, para con ello tener mayor competitividad en los mercados.

Se estabilidad las variables macroeconómicas, sin embargo, el resultado de liberalizar la entrada de productos extranjeros, así como la baja participación del Estado en la economía, no genera un dinamismo positivo en el crecimiento económico, el cual, en promedio en los últimos 30 años alcanza sólo el 2.3 por ciento. De igual manera se tiene un pobre crecimiento en el ingreso per cápita, el cual en el año 2012 no alcanza los 10 mil dólares, en el 2017 se mantiene un poco arriba de esa cifra limitando con ello las posibilidades de expansión del mercado interno, que tanta falta le hace al país, para enfrentar los vaivenes de la economía mundial.

La apertura del mercado mexicano con el exterior tiene efectos positivos y negativos. La parte positiva, se tiene en el crecimiento de la infraestructura en las vías de comunicación, así como una mayor participación de la inversión extranjera en la estructura productiva, que ha permitido la modernización del sector exportador, así como el acceso a una mayor oferta de productos y tecnologías de vanguardia en las empresas que tienen los ingresos suficientes para pagar por ellas, de igual manera la variedad de productos en el mercado, ha logrado que la política económica, desde los últimos años de la década de los noventa, logre estabilidad en las variables macroeconómicas, sobre todo en los niveles inflacionarios que no rebasan el 6 por ciento anual.

Liberalizar los sectores productivos sin tener una madurez que les permita competir, no es algo benéfico en un país que no es creador de tecnología, porque no todas las empresas tienen el capital suficiente para pagar por este tipo de bienes, siendo relegadas de la competencia por no mantener niveles de productividad exigidos en una economía globalizada, afectando con ello el crecimiento de la riqueza de la sociedad.

Asimismo debemos contemplar que en México, desde el mes de diciembre de 2012, ha iniciado un nuevo periodo de gobierno con Enrique Peña Nieto, en el cual se han impulsado importantes reformas que pretenden transformar la estructura productiva con niveles más altos de competitividad, entre éstas la reforma educativa, reforma política y energética. Sin embargo, a 12 meses de que termine su presidencia de Peña Nieto, se observa que el crecimiento del PIB seguirá teniendo un comportamiento errático que no ayudará al incremento del nivel de ingreso en la sociedad, y con ello no se fortalece la demanda doméstica que tanta falta hace para estimular el crecimiento de la oferta en los sectores económicos.

Concentrarse en la estabilidad de las variables macroeconómicas proporciona certidumbre a los diversos actores económicos, sobre todo a los que cuentan con un capital suficiente para estar transformando y adaptando sus organizaciones acorde con las tecnologías de vanguardia para ser productivos y competitivos.

Pero éstos por sí mismos con su participación en la economía, no han influido de manera significativa en el incremento del ingreso, dado que éste depende del crecimiento económico. Por lo tanto, las instituciones y la política económica debe contemplar que no todos sus sectores (industria, agricultura, selvicultura, pesca), cuentan con las herramientas para hacer frente a la competencia internacional, debiendo el Estado, en conjunto con sus instituciones, tener en éstas áreas una participación activa, de orientación y de canalización de recursos, que les permitan madurar y modernizar sus procesos, en pro de alcanzar la competitividad, por medio de innovaciones en sus procesos, como ya lo han hecho países como Corea del Sur y Singapur, entre otros.

¿Cuáles son las perspectivas que se abren para México en el escenario descrito y cuál es la capacidad de respuesta de las políticas neoliberales que va a seguir implementado el gobierno de Peña Nieto para superar el estancamiento económico y los problemas sociales del país?

Lo que se puede observar en los primeros cinco años de gestión de Peña Nieto, es la implementación de las reformas que definió como el motor turbo para hacer crecer al país, pero éstas no dieron los resultados en el corto plazo, ya que fueron planeadas para el largo plazo, no por el adverso, la que su gobierno profundizó al hicieran negocios con ellas y amasaran más fortunas, así como haber puesto a favor de éstos al gasto público destinado a la promoción económica. En contrapartida se olvidó de la mayoría de la población a la excluyó de los beneficios sociales, castigó con salarios de miseria para favorecer la rentabilidad de las grandes empresas privadas, castigó a los productores rurales y a los pequeños y medianos empresarios.

Continuó endeudando al país al grado de que hoy tenemos pasivos públicos que rebasan el 50 por ciento del PIB, a cambio de no cobrar los impuestos que debieran pagar los grandes empresarios del país, los pasivos totales de la economía mexicana asciende a un billón 860.8 miles de millones de dólares, superando

1.37 veces el valor del PIB que para 2015 fue de un billón 350 mil millones de dólares. Dicho de otra manera, los pasivos públicos del país, superan en 37 por ciento al PIB nacional.

Prometió que sus reformas harían más competitivo al país y que redundarían en beneficios para el pueblo y los resultados fueron contrarios al interés de la población que hoy paga más caros los servicios públicos, las gasolinas, el diesel, las medicinas, los alimentos y los ingresos no alcanzan para cubrir las necesidades básicas.

Privatizó de manera indirecta y silenciosa los servicios de salud y la educación al no haber destinado suficientes recursos para dar cabida a la demanda de ésta para quienes quieren acceder a las universidades públicas, a la educación media superior y a los servicios de salud.

En el marco del escenario descrito y si a esto le agregamos la desarticulación productiva, social y política que han creado las políticas neoliberales y que el gobierno de Peña Nieto se ha encargado de profundizar, entonces las cosas son más difíciles para México en el escenario de la profundización de la crisis mundial, pues esta crisis impactará en:

a) El crecimiento económico, que continuará estancado y con ello la caída del empleo y el aumento de la pobreza y de los problemas sociales derivados de esta situación, como las extorsiones, el narcotráfico, la violencia social y de Estado, secuestros, cobro de derecho de piso, etc., que también se han convertido en factores que no sólo hacen difícil habitar en un país como el nuestro, sino que además, impactan en la seguridad de los negocios y las inversiones, el patrimonio de las familias y del crecimiento económico.

b) Continuación en la volatilidad en los precios de exportación del petróleo, producto del estancamiento económico en las principales economías y de los escenarios de crisis mundial, que seguirá presionando a las finanzas públicas del país.

c) La caída de las inversiones extranjeras directas, que desde este año comienzan a mostrar los primeros signos de estancamiento, la salida de inversión de cartera por las perspectivas adversas de la coyuntura nacional.

d) Continuación de la volatilidad cambiaria y financiera, ante las escasas perspectivas de superación de la crisis mundial y nacional.

e) Aumento en el nivel de endeudamiento interno y externo para compensar la caída de los ingresos petroleros, así como para pagar las amortizaciones de esa deuda, el pago de los pasivos laborales de los tres niveles de gobierno, el pago del FOBAPROA-IPAB, el rescate carretero, el rescate de los ingenios azucareros y el endeudamiento de las entidades federativas.

f) Continuación de la crisis de las instituciones económicas, políticas, sociales, culturales, ideológicas, etc., en la sociedad mexicana, como expresión de la crisis económica y de hegemonía política que viene azotando al país desde los años setenta del siglo pasado.

g) Continuación de los movimientos de resistencia a lo largo y ancho del territorio nacional como expresión de la crisis mundial y nacional y de la incapacidad del gobierno de Peña Nieto para dar respuesta a las demandas por la satisfacción de necesidades básicas, de obra pública, servicios urbanos, educativos, de rechazo al despojo de las propiedades ejidales y comunales por los propietarios de los grandes monopolios y oligopolios que mediante la explotación de la minería, los proyectos carreteros, turísticos, eléctricos, eólicos, etc., se han apoderado de los territorios de las comunidades asentadas en nuestro país.

h) Continuación de las luchas de resistencia contra las reformas estructurales en el campo educativo, laboral, fiscal y energético (Vargas, 2015).

¿Por qué no funcionan las reformas de Peña Nieto a corto plazo?

Porque están diseñadas para cambiar el país, y sólo en largo plazo se puede lograr lo que se requiere:

a) Cambios culturales, ideológicos que se correspondan con la nueva base tecno-productiva que se conformó desde finales de los años ochenta del siglo pasado las telecomunicaciones, donde el neoliberalismo se contrapone a los nuevos requerimientos estructurales de esa nueva base.

b) Es urgente el mantenimiento de la infraestructura avejentada que se creó en el marco de la etapa fordista-keynesiana en transportes y comunicaciones, servicios urbanos, vivienda, etc., donde se necesitan entre 70 y 80 mil millones de dólares anuales en los próximos diez años, con base en estimaciones del CEESP .

c) Se requieren arriba de 200 mil millones de dólares anuales para destinarlos a la creación de la infraestructura en telecomunicaciones para hacer que toda la tecnología de la informática y los dispositivos móviles sean funcionales a la economía actual, así como introducir la banca ancha de internet, comunicar a todos los municipios del país mediante esta nueva vía de comunicación y permitir el desarrollo virtual de los negocios, los servicios públicos y privados.

d) Inversión del 2 por ciento del PIB en investigación y desarrollo para adaptar al país en la producción de las nuevas tecnologías de la información y las telecomunicaciones e integrar a las universidades y centros de investigación con las actividades productivas del campo y la ciudad.

e) Inversión del 8 por ciento del PIB en educación en todas sus modalidades y niveles para promover el aprendizaje tecnológico y la innovación que requiere la etapa actual como lo están haciendo en China, la india, Corea del Sur, etc.

¿Qué se espera del próximo años de ejercicio del gobierno de Peña Nieto?

1) Que el México próspero que prometió en el Plan Nacional de Desarrollo no se cumplirá, porque el entorno internacional es negativo, no sólo para México, sino para todo el mundo y al final de su gestión se habrán profundizado los graves problemas que enfrenta actualmente la nación en todos los ámbitos que se han descrito.

2) Que en el marco del triunfo electoral de Donald Trump, la situación para México será catastrófica en función de las tendencias ya señaladas, a las que se le agregaría el factor Trump.

¿Qué hacer?

Conformar un frente amplio que destierre al neoliberalismo y se aboque a la construcción de un nuevo Estado democrático que haga lo que necesita, como invertir en educación, investigación y desarrollo para promover el aprendizaje tecnológico y la innovación y construir un núcleo tecnológico propio para tener un ciclo productivo que ya no dependa totalmente del exterior.
México va hacia el 2018 con muchas tribulaciones acumuladas, México va al 2018 a su encrucijada crucial de la cuál dependerá el futuro de México como nación.

11 COMERCIO INTERNACIONAL Y DESARROLLO

1. INTRODUCCION

A pesar de la profunda crisis de 2009 -la más grave desde 1929- en la que México se encuentra todavía inmerso actualmente y de los problemas económicos - derivados de la aplicación de políticas neoliberales - aplicadas y supuestamente probadas en Chile, Argentina y Brasil, vivimos tiempos de alabanza de los sistemas económicos de libre mercado.

Las iniciativas de liberalismo económico cobran fuerza en los setenta y no eran solamente una colección de medidas defendidas por las clases de ingresos altos para provecho de ellos mismos. Estas iniciativas se basaban en la creencia de que en el largo plazo los pobres también se beneficiarían. Bowles (1992:91-99) piensa que la aceptación del enfoque liberal se debe principalmente a la introducción y difusión de cuatro principios: la economía del goteo, la disciplina del látigo, la mano invisible y la política del garrote. Veamos en que consiste cada una de ellas.

A. La economía del goteo

La idea de la economía del goteo descansa en el supuesto de que es posible mejorar el nivel de bienestar a largo plazo de los pobres y para ello es necesario recompensar la acción productiva de las élites con grandes riquezas acumuladas y de los grandes grupos financieros.

De acuerdo a esta lógica, en la medida en que prosperen los dueños del capital lo hará también la sociedad en su conjunto y los de abajo - las clases populares - recibirán el beneficio derivado del goteo de la economía de las élites económicas.

En el inicio la economía del goteo se supone que para que exista la acumulación de las utilidades de los empresarios los sueldos no deberán elevarse, ello para permitir que se pueda dar la reinversión de las utilidades lo que producirá la riqueza en el largo plazo. La economía del goteo nos asegura que el nivel absoluto de los ingresos que va a parar a los pobres aumentará más de prisa a largo plazo y acabará siendo superior a la que recibirían si no se llevara a cabo la redistribución regresiva.

B. La disciplina del látigo

La disciplina del látigo implica el uso del castigo para disciplinar a los trabajadores, como lo es la amenaza de perder el empleo. El mejor látigo es la incertidumbre derivada de la competencia existente por los miles de trabajadores desempleados que están dispuestos a un mayor sacrifico para entrar al mercado laboral, por ello, los que ya disfrutan de un trabajo también realizarán un esfuerzo extraordinario para no perderlo. En este sentido es el mercado de trabajo el que se encarga de disciplinar a los trabajadores. Los salarios se convierten en otra cara del látigo: para alcanzar los mejores salarios los trabajadores deberán esforzarse por el temor de que sean otros y no ellos los que reciban los estímulos económicos.

C. La mano invisible

La utilización del supuesto del laissez faire implica que la mano invisible se encargará de que los niveles de precios reflejen la escasez de los productos y que generan el mayor beneficio al asignar más eficientemente los recursos. Las ideas en el liberalismo, sobre la libertad individual y el laissez-faire en la economía, establecen que la libertad es el valor primario, puesto que es el medio que permite al individuo racional satisfacer sus intereses propios.

La libertad se convierte en un valor instrumental que ayuda a las personas a obtener aquello que desean. La libertad social y económica es considerada como una necesidad humana. La concepción liberal de la libertad se identifica con la elección material y el derecho de comprar con su dinero lo que a uno le plazca. Esta concepción aboga por una mínima regulación y un máximo de libertad de acción para el empresario.

También se atribuyen diferentes igualdades al individuo, igualándolo formalmente aunque los individuos reales tengan diferentes grados de desigualdad en el terreno económico. Los liberales sostienen que la competencia tiene lugar en un contexto de igualdad de oportunidades que garantiza un resultado justo, en el cual los individuos más valiosos obtienen las recompensas. La igualdad de oportunidades es lo contrario de la igualdad sustancial, puesto que denota la oportunidad para diferenciarse uno mismo de los demás, tornándose uno desigual y mejor. Así las desigualdades naturales de talento y la posición social convertirán la igualdad de oportunidades en un mito. Este mito es importante para la ideología liberal porque afirma que se trata de una doctrina de igualdad.

D. La política del garrote

Esta orientación defiende la política del laissez faire para los mercados nacionales, mientras que fomenta el proteccionismo con respecto a mercancías del exterior.

Bowles concluye que estos supuestos además de ilógicos son irrealistas y fueron ensalzados para explotar a los países débiles y llevarse la carne al asador de los países ricos. La década de los ochenta significó el fin de un crecimiento sostenido de los países capitalistas industrializados que duró casi treinta años.

El resultado del estancamiento fue la revisión de la teoría del sistema de libre mercado. Así, "la crisis económica más profunda que ha experimentado el capitalismo en el último medio siglo ha producido un resultado paradójico. De una parte, una dinámica y una confianza nuevas del capitalismo...y de otra una división y una seria incertidumbre de la clase trabajadora y del movimiento obrero progresista" (Therborn, 1984:51).

A pesar del fracaso de la orientación liberal en proporcionar empleos y niveles de bienestar crecientes, el liberalismo económico sigue siendo ampliamente socorrido por los teóricos y los académicos. Quizá el derrumbamiento del "socialismo real" produjo el temor a ser tachados de radicales a quienes, aun pensando que el liberalismo económico no es la mejor solución, lo expresasen. Las causas de ésta crisis se encuentran en las conquistas de los trabajadores, junto al choque de la oferta de las materias primas, el petróleo y al desorden monetario internacional. Como resultado de la crisis "la dinámica actual aparece acompañada por una reorganización político-social neoconservadora. Este es un fenómeno más coyuntural y tiene grandes variaciones nacionales pero presenta algunos rasgos comunes y fundamentales" (Therborn, 1984:55)

La respuesta a los problemas económicos da origen a "la estrategia del automóvil mundial, que en una de sus derivaciones "es el Keynesianismo multinacional, es decir, la extensión de los principios de la organización institucional que dieron lugar a la gran empresa y a la macroregulación" (Piore y Sabel, 1990:362). La otra orientación es la especialización flexible o como le hemos llamado en México: flexibilidad laboral. En cualquiera de los casos, se requiere la construcción de un orden económico internacional con bases diferentes a las actuales.

III. LA DESIGUALDAD COMO EFECTO DEL SISTEMA ECONOMICO

Al observar desde cualquier perspectiva amplia las desigualdades existentes entre los países del mundo, nos damos cuenta de que tales desigualdades se ajustan a un patrón definido y simple. Algunos países se han industrializado en alto grado y su ingreso real por habitante es elevado. Otros más tienen un ingreso medio real intermedio y existen países donde el ingreso real por persona es tan sólo un pequeño porcentaje del de los países desarrollados (PD).

A partir de las grandes diferencias en los niveles económicos alcanzados y su tasa de crecimiento actual, surge un grupo pequeño de países con un alto grado de riqueza y un grupo mucho mayor de países extremadamente pobres. Los países del primer grupo siguen sin desviaciones la ruta del crecimiento económico ininterrumpido, mientras que en los últimos, el progreso es lento. En las últimas décadas, las desigualdades entre los PD y los países menos desarrollados (PMD) ha ido en aumento.

Aunado a lo anterior, en las dos últimas décadas se ha agravado la diferencia internacional, mientras que internamente en los PD se aumenta la igualdad, en los PMD se incrementa la desigualdad económica.

Incluidos en la categoría de PD están los países de América del Norte y Europa Occidental, además de Australia, Nueva Zelanda y Japón. Las otras dos categorías se distribuyen proporcionalmente en el mundo. Con solamente un sexto de la población mundial, en 2014 los países avanzados participaban en más de tres cuartos del PIB mundial.

A. Las desigualdades económicas internacionales

Los países con niveles muy elevados de ingreso medio real por habitante son las naciones de la clase alta en la sociedad mundial, la clase baja es mucho mayor: más de las dos terceras partes de la población del mundo vive en países donde el ingreso real por persona es tan solo una pequeña fracción del de los países desarrollados.

Los países industrializados proporcionan la mayor parte de los ahorros totales del mundo. La gran diferencia en los niveles económicos alcanzados que existen entre los países pertenecientes a ambos grupos, así como también las que se experimentan en la actualidad en las tasas de desarrollo y las registradas en los distintos períodos del pasado reciente, nos permiten resumir que:

1.- Existe un grupo pequeño de países que goza de un alto grado de riqueza y un grupo mucho mayor de países extremadamente pobres.

2.- En general, los países del primer grupo siguen sin desviaciones la ruta del desarrollo económico ininterrumpido, aunque a tasas más bajas de las que en algunos períodos registran los del segundo grupo, mientras que éstos el progreso medio es más lento, puesto que muchos países están en peligro constante de caer en el estancamiento y aún de perder terreno en lo que respecta a niveles medios de ingreso.

3.- En términos generales, en las últimas décadas las desigualdades entre los países desarrollados y los menos desarrollados han ido en aumento.

Una vez analizados esos conceptos, pasaremos al análisis de los factores que inciden en la desigualdad entre países.

Dependiendo de las características de los países, es posible clasificarlos como desarrollados y menos desarrollados. Quizás de las explicaciones acerca del fenómeno del desarrollo, la de Rostow y las etapas de crecimiento, sea la que de forma concisa describe los estados de tránsito del subdesarrollo al desarrollo, y también la que ha recibido una cálida como injustificada aceptación en los medios políticos y académicos.

Según Rostow, es posible ubicar a las sociedades de acuerdo a sus dimensiones económicas, dentro de una de las siguientes categorías: la sociedad tradicional, las condiciones previas para el impulso inicial, la marcha hacia la madurez y la era del gran consumo en masa.

a).- La sociedad tradicional.- Es aquella cuya estructura se desarrolla dentro de una serie limitada de funciones de provecho, basadas en la ciencia, la técnica y una actitud arcaica en relación con el mundo físico. Esta sociedad no es estática, puede incrementar su producción, pero existe un nivel tope de la producción obtenible per cápita. El sistema de valores es el fatalismo.

b).- Las condiciones previas para el impulso inicial.- Durante este período se desarrollan las condiciones previas para el impulso inicial: la explotación de la ciencia moderna, incremento de rendimientos y el gozar de los beneficios y opciones debidos al progreso a ritmo de interés compuesto.

c.- El impulso inicial. Esta fase o intervalo es en el que, por fin, se superan todos los obstáculos y resistencias contrarios a un crecimiento económico permanente. El crecimiento llega a ser normal y se transforman las instituciones y sus estructuras.

d).- La marcha hacia la madurez.- Es un período de progreso sostenido, la utilización de la tecnología moderna, inversión en incremento y un incremento a la producción superior al crecimiento poblacional

e).- La era del alto consumo en masa. La etapa final es la del consumo en masa. Los sectores principales se encauzan hacia los bienes y servicios duraderos de consumo, se incrementa el ingreso real y la sociedad está ávida de adquirir los beneficios de consumo de una economía madura.

Por su parte Chenery (1980) especifica que la "transición de una economía tradicional a una desarrollada se puede definir en términos generales como un conjunto de cambios que se aprecian en la estructura económica a fin de sostener un incremento continuado del ingreso y el bienestar social".

Como vemos, difícilmente puede encontrarse una definición de crecimiento sin vincularla a otros elementos, como lo aclaran Ahluwalia y Chenery (1980), "una medida sintética [debe]...permitir establecer metas de crecimiento... no sólo en términos de aumentos del PNB, sino también en términos del patrón de distribución del crecimiento del ingreso".

Hasta ahora conocemos lo que implica el crecimiento, necesitamos conocer cómo llevarlo a cabo. Meade (1976) nos explica que las economías pueden crecer por tres razones: primero, "debido a que los ahorros se hacen del ingreso corriente de tal manera que el acervo de los instrumentos de capital para la producción crecen; segundo, debido a que la población trabajadora se incrementa; y tercero, debido a que el desarrollo tecnológico permite haya cada vez una producción mayor con un monto dado de bienes conforme el tiempo pasa".

En términos de economía dinámica, Harrod (1966) dice que son la propensión al ahorro y la tasa marginal de capital-output los que determinan el crecimiento de un país.

B. EL DESPERTAR DE LA CONCIENCIA

El problema de las desigualdades económicas empieza a ser preocupante a partir de los sesenta, los PD empiezan a aportar ayuda porque el impacto de la desigualdad al final repercutía en ellos mismos. Al despertarse la conciencia con respecto a estas enormes desigualdades internacionales y al peligro que representa que las mismas continúen creciendo, los PMD se inclinan a atribuir la culpa de su pobreza al resto del mundo y, en particular, a los PD y al sistema de poder establecido en el mundo.

La referencia a los países pobres como los PMD utilizando este término dinámico, conlleva el cambio operado en la situación política mundial, ya que la expresión antes utilizaba era el termino estático de países atrasados o subdesarrollo.

De esta manera, el cambio de concepto estático por el dinámico significa que los PD experimentan una actitud positiva hacia el despertar de la conciencia de PMD y, por ende, que aceptan que estos países tienen razón al exigir niveles más altos de ingresos, una participación más equitativa en el comercio internacional y una mayor igualdad de oportunidades.

Como parte de esta transformación, se ha comenzado a difundir más aun extensamente el hecho que existen desigualdades económicas internacionales no solo en los PMD, sino en países desarrollados.

Aun cuando el análisis del desarrollo no se ubica en marcos teóricos sistemáticamente definidos, en los setenta empiezan a surgir cuestionamientos acerca de tópicos como los siguientes: ¿Cómo y por qué los ingresos per cápita de un país inicia un crecimiento sostenido? Una vez iniciado ¿seguirá en forma sostenida?

¿Qué mecanismos son adecuados para iniciar la distribución de los ingresos sin detener el crecimiento? ¿Por qué existen países que crecen más que otros aun cuando las características estructurales son similares?

Son estas preguntas que ningún estudio por sí sólo puede responder, pero si se espera que surjan respuestas para alguna de ellas.

IV. LAS EXPLICACIONES NO ECONOMICAS DEL DESARROLLO.

Para los que consideran que la raza aria es superior, es evidente que las zonas oprimidas del mundo están pobladas de individuos racial y biológicamente inferiores, para el caso de América Latina, se llega a sostener que del mestizaje resultó un producto deteriorado, de baja calidad física y mental y con valores contrarios a la superación personal. Reflexiones como ésta desconocen, consciente o inconscientemente, la historia y la trayectoria de la humanidad, además de la ciencia. El disimulado propósito de las tesis racistas es atribuir a los propios PMD, a sus cualidades étnicas "inferiores", la causalidad de su tragedia. El racismo mantiene una repugnante vigencia. Para otros, la religión es el instrumento idóneo del cual han de servirse (y se sirven) para imponer su visión de los PMD atribuyendo la pobreza y la ignorancia, como consecuencia directa de ordenamientos religiosos antagónicos de la sociedad.

En América Latina, existe la superposición del catolicismo a las religiones y cultos indígenas. Lo anterior origina un complejo proceso de interacción del cual finalmente emerge un estamento moral coercitivo de trasfondo cristiano, apto para la dirección autoritaria y para el sometimiento de los débiles, cada vez menos coherente para la época contemporánea.

Para los deterministas del entorno físico, los factores físicos, y en particular los caracteres del clima y los recursos naturales, influyen y establecen que el subdesarrollo solo puede darse a tantos grados de temperatura, en determinadas latitudes, o a una altura sobre el nivel del mar, llevando las cosas al grado de afirmar que en el norte sólo puede existir el desarrollo y en el sur el subdesarrollo.

El espectro de una humanidad famélica y al borde de la muerte por inanición a consecuencia de un excedente de su capacidad reproductiva, es una vieja ofensiva de aquellos maltusianos que atribuyen al crecimiento demográfico el origen de todos los males. Los motivos; distraer el pensamiento y la acción de los PMD de las verdaderas causas y auténticos causantes de su trágico destino.

Las marchas de hambre -símbolo inequívoco del subdesarrollo de una región - no son ni remotamente causadas por un desequilibrio natural entre población y subsistencias, sino atributo de un inadecuado orden social y económico. En la actualidad no se aprovechan las nueve décimas partes del territorio cultivable del planeta. Millones de toneladas de alimentos se destruyen en el altar de la competencia y los precios, mientras que millones de seres humanos mueren de inanición. Resulta claro que algunos de estos son factores contribuyentes del problema de los PMD, pero atribuirle una naturaleza determinista es un error.

V. EL ANALISIS TEORICO DE LOS PMD

Los primeros trabajos serios de investigación sobre las economías de los PMD comienzan a aparecer en los años posteriores a 1960 (Robinson et al, 1974). Estos ensayos se enfocaron al análisis de los problemas del subdesarrollo, a la investigación del futuro de los países con estas características y al estudio de las políticas y los programas para eliminar el subdesarrollo.

Durante la década de los sesenta (conocida como la Década del Desarrollo I por los programas que se emprenden para "sacar del subdesarrollo a los países de América Latina) surge la "sabiduría convencional" sobre el desarrollo económico que establecía que los PMD eran estructuralmente diferentes de los PD y deberían seguir pautas totalmente diferentes para desarrollarse.

Si pretendemos analizar el aspecto del subdesarrollo, debemos de tomar en cuenta algunos aspectos importantes. A continuación describimos cuatro de ellos:

1. Clasificar a los países con más bajos ingresos per cápita como países "menos desarrollados" y aquellos con altos ingresos per cápita como "desarrollados" produce confusión. No todos los países con bajos ingresos están en vías de desarrollo. Algunos han avanzado, otros se han estancado y otros más sufren regresiones. Por otra parte, no todos los países con altos ingresos pueden considerarse desarrollados (los países exportadores de petróleo Arabia Saudita y Kuwait son un ejemplo). Los términos "países menos desarrollados" y "países más desarrollados" provocan menos confusión al compararse unos con otros y no en términos absolutos.

2. El hecho de que el ingreso real de un país se incremente no es una prueba de que se esté desarrollando. El ingreso real es una medida inadecuada del desarrollo, éste implica bienestar económico, político y cultural. Además, el ingreso real puede crecer concentrándose en pequeños segmentos de la economía (industria, comercio, etc.) o en un pequeño número de familias. El análisis empírico muestra que es el crecimiento poblacional el que marca la diferencia en el futuro entre los PMD y los PD cuando ambos parten del mismo nivel de recursos y el mismo grado de desarrollo.

3. Un programa efectivo de crecimiento económico debe propiciar la participación de las masas en las actividades para lograrlo y en el acceso a los productos del mismo.

4. El avance económico elimina algunos problemas pero crea otros. El éxito económico es una posibilidad para alcanzar el bienestar pero no lo garantiza.

Es necesario definir claramente los términos para evitar ambigüedades y más que todo, para poder clarificar el problema del subdesarrollo. En la época a la cual nos referimos, el conocimiento sobre las causas y efectos de la estructura económica o los antecedentes históricos de las causas del crecimiento en la mayoría de los PMD era nulo. La situación de la orientación teórica la resume Litte (Litte, 1982:118-119):

Las definiciones apriorísticas y la elaboración prematura de estereotipos iban muy por delante de la investigación empírica. Las hipótesis se aceptaban como hechos reales y ha costado muchos años de paciente trabajo lograr cavar los mitos que logró imponer esta forma de actuar.
La investigación y los acontecimientos posteriores han demostrado que la mayor parte de esas presunciones...eran erróneas.

A). LO QUE NO ES EL SUBDESARROLLO.

El subdesarrollo no es simple pobreza, además de esta debe darse la escasez de recursos, determinada a través de las técnicas actuales, ejemplo de ello lo tenemos con lugares como El Sahara o El Polo Ártico.

El subdesarrollo no es carencia de utilización de los recursos disponibles. Algunos recursos son, en algunos casos, submarginales y no deben utilizarse en una sociedad económicamente racional (petróleo, bosques, etc.).

El subdesarrollo no es carencia de industrialización. Una tasa baja de la relación Producto Industria/Producto Total, no necesariamente significa uso irracional de los recursos (Nueva Zelanda y Dinamarca, son ejemplos de ello).

Subdesarrollo no necesariamente implica una tasa alta de población/área, esta tasa debe analizarse con precaución. Zonas densamente pobladas como los valles japoneses tiene aún producción alta por persona, las áreas industriales de Holanda producen ingresos altos para grandes masas de población.

Las áreas o los países menos desarrollados son aquellos que presentan condiciones sociales y económicas relacionadas con bajos ingresos y que tienen prospectos potenciales para mejorar substancialmente sus condiciones económicas.

Las condiciones económico-sociales usualmente asociadas a sociedades con bajos ingresos incluyen estructuras sociales rígidas y tradicionales con marcadas divisiones entre clases y una ausencia de habilidades educativas y movilidad geográfica. También incluye bajo alfabetismo, nutrición pobre y condiciones de salud deficientes.

B. CARACTERISTICAS DEL DESARROLLO ECONOMICO.

Según Kaldor, algunas de las características del proceso del desarrollo económico son el crecimiento de la población, el progreso de la tecnología y la acumulación del capital. En realidad, estos factores están interrelacionados. Cuando una economía inicia su despegue, se da y se acelera el progreso de acumulación de capital.

No deben tomarse como "variables independientes", ni la acumulación de capital, ni la proliferación de innovaciones tecnológicas, como tampoco el crecimiento poblacional. Cada una de ellas son manifestaciones de un proceso de desarrollo, aunque no pueden explicar por qué se produce el desarrollo. El crecimiento poblacional puede ocurrir antes o después del inicio del proceso. Así, puede aparecer como causa o efecto del desarrollo. Las innovaciones técnicas se dan en sociedades que buscan expandirse y alejarse del tradicionalismo. La fuente principal de financiamiento será la reinversión de las utilidades empresariales. Por supuesto, el ahorro y la acumulación de capital se encuentran indisolublemente ligados al proceso técnico o al crecimiento de la población.

Desde este punto de vista, el nivel de progreso económico es el resultado de las presiones empresariales, de crecimiento poblacional, del proceso técnico y de la acumulación de capital.

C. CAUSAS MULTIPLES DE ESTANCAMIENTO Y CRECIMIENTO ECONOMICO.

Dentro de la literatura referente al tema de desarrollo se sugieren los siguientes factores causales del estancamiento y crecimiento económico:

1. El Elemento Humano: La cantidad y tasa de cambio; la calidad moral e intelectual innata o adquirida de la población; su salud, energía y habilidades.

2. Capital: la cantidad disponible y el uso de herramientas, equipo, edificios, etc.

3. Recursos Naturales, incluyendo clima.

4. Tecnología: la técnica usada en la producción, en la organización de los negocios.

5. Sistema de Valores: las actitudes hacia las utilidades, el riesgo, el trabajo físico e intelectual, y la necesidad de logro económico.

6. Organización social: los patrones de derecho a la propiedad, sistemas de crédito, impuestos, relaciones laborales, regulación pública y el grado de seguridad de acción legal.

7. Influencias políticas: personal administrativo, su calidad e ideas, orden social, posibilidad de confiscación, inflación galopante y amenaza de revoluciones o golpes de estado.

Las teorías de desarrollo enfatizan en más de un punto de los mencionados, aun cuando los habitantes de las áreas subdesarrolladas asumen que son los puntos E, F, G, los principales determinantes de sus problemas.

D. DEL SUBDESARROLLO AL DESARROLLO.

Una de las medidas convencionales para acceder al desarrollo es el incremento del ingreso. Esta medida tiene muchas deficiencias. Cualquier cambio en el grado de desigualdad en la distribución del ingreso es relevante y afecta este factor. La variación de los ingresos también es algo diferente: Se refiere al estándar de vida de la población.

Relacionado con la distribución del ingreso está el porcentaje de empleo y subempleo como parámetros de medición. Otro criterio es el progreso en el desarrollo de habilidades educativas y facilidades (infraestructura) con que se cuenta para el ofrecimiento de la educación formal.

La debilidad del ingreso como una medida de desarrollo ha conducido los esfuerzos a reemplazarla con un índice que represente variables económicas y sociales. La implicación es que, el desarrollo tiene tantas facetas, que deben incorporarse las más importantes en esta medida, El Instituto de Investigaciones para el Desarrollo Social de las Naciones Unidas, el U.N.R.I.S.D. por sus siglas en inglés, ha desarrollado 15 variables significativas para la medición del grado de desarrollo de un país. Estas variables son conocidas como el "Índice General" y son las siguientes:

1. Expectativa de vida al nacer.
2. Consumo diario de proteína animal.
3. Tasa de asistencia a la primaria y secundaria.
4. Número de periódicos por 10 mil habitantes.
5. Número de teléfonos por 10 mil habitantes.
6. Número de radios por 10 mil habitantes.
7. Porcentaje de Población Económicamente Activa (PEA) dedicada a la agricultura.
8. Porcentaje de la PEA en electricidad, gas, agua, servicios sanitarios, transportes y comunidades.
9. Porcentaje de la PEA asalariados e independientes.
10. Porcentaje del Producto nacional Bruto (PNB) de productos manufacturados.
11. Consumo de energía per cápita.
12. Consumo de electricidad per cápita.
13. Consumo de acero per cápita.
14. Porcentaje del Comercio exterior en el PNB.
15. Producción de productos agrícolas por hombre.

A pesar de que ese índice General proporciona una visión más cercana a lo que es Desarrollo, todavía existe la contaminación de algunos factores que están más vinculados a la creencia típica de lo que debe tener una sociedad industrializada cuando en realidad, no necesariamente son importantes en la definición del mismo, como ejemplo de lo anterior tenemos el radio, los periódicos y el teléfono.

El reconocimiento de un estado de subdesarrollo implica que existen posibilidades de desarrollo. Currie establece que es necesario realizar un diagnóstico del problema de subdesarrollo existente en un país, para elaborar un plan del rompimiento del proceso y la estructura que lo provoca. El plan de rompimiento de este autor estriba en una modificación de las políticas económicas que más afectan a la estructura económica total. Desde este punto de vista, el acercamiento al problema es una proceso integrativo y globalizador.

Los factores que toma en cuenta son:

1. La formación del capital.
2. La política de la balanza de pagos.
3. La política urbana nacional.
4. La política agrícola.
5. Los ajustes por cambios en los precios y en el costo de la vida.
6. La educación y la salud.
7. Las leyes laborales y de seguridad social.
8. La política impositiva.
9. El financiamiento.

Estos factores son analizados y se enfocan hacia el logro de la eficiencia en todos los aspectos. El aspecto básico es la reducción de las importaciones vía el uso más intensivo del capital, modificaciones en el consumo y la inversión, razonamiento de las divisas, sustitución de importaciones, estímulo a las exportaciones y la formación de mercados comunes.

VI. MODELOS DE DESARROLLO ECONOMICO.

Las teorías o modelos económicos pretenden alcanzar uno de los siguientes objetivos:

1. Enfocar la atención en un aspecto de la economía sin preocuparse mucho de lo que pasa en otros aspectos de la misma o en sus relaciones.

2. Proporcionar supuestos y razones de los cambios de una economía total y las consecuencias de éstos.

3. Seleccionar suficientes aspectos estratégicos de la realidad para derivar conclusiones que sean indicativo del curso de los eventos del mundo real.

Todos los modelos se construyen sobre supuestos. Los principales son el compromiso óptimo entre:

1. Realismo (correspondencia con los hechos).
2. Adaptabilidad al Análisis lógico.
3. Disponibilidad de información requerida por los supuestos.
4. Aplicabilidad a mediciones numéricas.

La clasificación de los modelos es arbitraria. Una clasificación amplia aceptada, los divide en institucionales, históricos y teóricos.

A) Los modelos institucionales enfatizan las instituciones sociales, económicas, políticas y culturales y los patrones que influyen en el crecimiento y el bienestar económico. Entre ellos hay patrones de organización política y económica, la estructura de las leyes, características administrativas de la sociedad, patrones de estructura social, tipos de personalidades con patrones de valores típicos, etc.

B) Los modelos históricos generalizan partiendo de experiencias pasadas. Ampliación del mercado, baja de la inversión, adaptación flexible a los cambios económicos y otros más, pueden considerarse factores estratégicos que bloquean o facilitan el progreso económico.

C) Los acercamientos teóricos implican la aplicación del razonamiento económico. Uno de los modelos más difundidos, como producto del triunfo del neoliberalismo económico, es el del comercio internacional como uno de los factores claves de la especialización, elevación del bienestar económico y la base del crecimiento y desarrollo económico según sus impulsores. ¿Pero es realmente el comercio internacional la varita mágica y la solución - sacada de la chistera de los magos del neoliberalismo - para los problemas de los PMD. a continuación analizaremos lo positivo y negativo del comercio internacional como factor del desarrollo económico.

A. EL COMERCIO INTERNACIONAL COMO MOTOR DEL DESARROLLO

Antes de discutir las teorías que predicen o implican hipótesis acerca del comercio internacional y sus efectos en el desarrollo, es necesario clarificar tres posibles fuentes de errores al analizar los elementos que confluyen en el comercio internacional.

Primero, lo que para algunos puede ser un simple flujo de recursos (bienes y servicios, capital) entre grandes países sin relación de aparente de poder, es considerado por otros como estructuras de control que relacionan unidades (países) en un sistema interdependiente, esto es especialmente válido para PMD que basan su desarrollo en la inversión y el crédito extranjero. Esta forma radicalmente diferente de percibir la misma realidad conduce a análisis completamente diferentes.

El segundo problema es que al discutir diferentes acercamientos teóricos se proponen mecanismos estructurales a largo plazo a través de los cuales el desarrollo puede verse afectado, mientras que otros proponen mecanismos a corto plazo, con otro tipo de efectos. Entre los primeros tenemos la repatriación de utilidades que al no ser reinvertidas producirá la descapitalización del país sede de las inversiones. En tercer lugar, está el manejo de los efectos internacionales de dependencia económica - poder político y económico, cuando se realiza la mayor parte del comercio con un sólo país, que, desde otro enfoque puede verse como fenómeno natural de ventajas comparativas.

Tomando en cuenta lo anterior pasemos a revisar los diversos mecanismos por medio de los cuales se establecen relaciones de poder y la orientación liberal.

La conferencia de Bretton Woods de 1944 diseñó una infraestructura institucional que incorpora los principios de un orden económico internacional liberal. Las normas del Fondo Monetario Internacional (FMI) proporcionarían un equilibrio macroeconómico que respaldaba la economía liberal. El GATT estableció unas normas que permitieran a las partes contratantes obtener utilidades del comercio de acuerdo a los principios de la teoría de las ventajas comparativas.

El Banco Mundial completa el cuadro de normas, al proporcionar ayuda para el desarrollo de los PMD, orientando las estructuras económicas hacia el libre mercado.

La teoría del Comercio Internacional como motor del desarrollo pretende dar una explicación del desarrollo capitalista que al expandir las fuerzas del mercado internacional produce dos efectos. Por una parte, el crecimiento de un área o sector crea el desarrollo en otras áreas, por otra parte, el flujo de recursos y su concentración en un área retarda el desarrollo de otras. En los PD la lucha por los recursos y el proceso político ha reforzado el efecto de distribución del desarrollo.

El modelo de Heckscher-Ohlin (H-O) establece que el determinante en la especialización y dirección del comercio internacional proviene de la proporción de los factores de producción en los países. La hipótesis básica es que un país exportará el bien que utiliza intensamente el factor que es relativamente abundante en ese país. El modelo H-O es un modelo simple que muestra que la dotación o abundancia relativa de factores y la tecnología influyen por el lado de la oferta de la economía en la diferencia de los precios relativos de los bienes de los países lo cual conduce a la especialización internacional.

La aportación de Samuelson (S) modifica el da origen a la formulación del teorema de Heckscher-Ohlin-Samuelson sobre la igualación de los precios de los factores Samuelson agrega otros supuestos. El libre comercio en los mercados de bienes conduce a que el pago a un mismo factor de producción en los países que comercian sea igual en términos absolutos como relativos. Los teóricos del Comercio internacional aclaran que el libre comercio "maximizaría los rendimientos haciendo un uso eficiente de los dos modos alternativos de conseguir un bien.

Ya sea través de la producción especializada de otros bienes, que serían intercambiados por el bien deseado, o a través de la producción del bien deseado. El libre comercio) garantizaría que estas dos técnicas alternativas - comercio y producción nacional - se utilizaran de forma eficiente (Bhagwati y Srinivasan, 1993:27-42)

La persistencia del atraso económico en los PMD, condujo a la reexaminación de la teoría del comercio internacional. Con mucha razón "los especialistas de la economía internacional están frustrados, desde hace mucho tiempo, por el desacuerdo existente entre la elegancia de sus irrefutables demostraciones de las ventajas del libre mercado y la poca elegancia con la que la política práctica adopta la protección"(Bhagwati, 1991:83)

Además, un examen simple de la situación de los PMD nos llevará a preguntarnos por qué razón, a pesar de ser países cuya economía se canaliza al intercambio comercial, no han encontrado las mieles y el paraíso prometido.

O es acaso cierto o posible que "la expansión comercial inducida por la liberalización, a través de sus efectos de eficiencia, diera lugar al crecimiento de las rentas. Es posible...que, paradójicamente, el efecto de la liberalización del comercio en el crecimiento sea perverso. [Por que esta) desplaza la distribución de la renta hacia grupos que ahorran menos"(Bhagwati, 1991:25).

Para complicar más el análisis existe lo que Krugman (1991:15-17) considera como teorías tradicionales del comercio internacional que aún lo consideran como un proceso que beneficia a los países en base a sus ventajas comparativas (diferencias estructurales), tomando en cuenta las fuerzas que impulsan la especialización internacional donde la tecnología es cada vez el factor más importante.

De acuerdo a ello "en muchas industrias, la ventaja competitiva no parece estar determinada por las características nacionales subyacentes ni por las ventajas estáticas de la producción a gran escala, sino por el conocimiento generado por las empresas por medio de la I&D y la experiencia" (Krugman, 1991:16).

Con las nuevas herramientas de análisis y el reconocimiento de las imperfecciones del mercado se deja de creer en la eficacia de los mercados y su reflejo de la realidad. "la combinación de un carácter cambiante del comercio y un refinamiento creciente de la teoría mina esta justificación del libre comercio. Por una parte, nos vemos obligados a reconocer que las industrias realizan que gran parte del comercio mundial no se describen bien por el análisis de la oferta y demanda que se encuentra detrás de la afirmación de que los mercados se regulan solos" (Krugman, 1991:19).

La nueva visión de comercio internacional propuesta por Krugman requiere de tomar en cuenta las economías de escala, las curvas de aprendizaje y la dinámica de la innovación, fenómenos incompatibles con la idealización del libre comercio como la mejor política para un país.

B. LOS MECANISMOS DE EXPLOTACION

La penetración de los PD a los PMD a través del comercio internacional, deuda externa y la inversión vía empresas transnacionales, crea obstáculos al desarrollo. Dando origen a lo que, Frank llamó el "Desarrollo del Subdesarrollo". Para explicar esta relación es necesario analizar tres tópicos principales: explotación, distorsión estructural y supresión de políticas autónomas.

1. Explotación de los PMD por los PD

El desarrollo capitalista en el mundo involucra competencia entre capitales y Estados en la participación de las ganancias, a pesar de que nuevos recursos son creados, en un punto en el tiempo, la cantidad de ganancia es finita. La penetración de la inversión extranjera descapitaliza a los PMD a través de la repatriación de las ganancias y los intereses. Este proceso tiende a acumular el capital en los PD. Esta descapitalización es el resultado de un continuo proceso de acumulación en el cual la fuerza política y militar respalda la ventaja económica en las relaciones PD-PMD.

Debemos resaltar la explotación escondida en los precios a los cuales son vendidos los productos terminados a los PMD y el precio al cual se compran las materias primas de los PMD, este intercambio desigual se basa en las diferentes estructuras de salarios. Debido a la diferencia de sueldos en los mismos niveles de productividad se provoca una transferencia de valor de los países que comercian materias primas a los que comercian productos terminados. La explotación de los PD ocurre por la descapitalización, intercambio comercial desigual y subordinación a controles externos del sistema competitivo (Poder Político o Económico). Estos mecanismos retardan el desarrollo de los PMD.

2. El papel de las transnacionales

La economía mundial está caracterizada por el flujo internacional de insumos y productos. Dentro de este flujo, las transnacionales juegan un papel importante. Aun cuando no hay acuerdo sobre los beneficios de una transnacional o corporación multinacional, la principal contribución es un bloque tecnológico de patentes, diseños, procesos industriales, técnicos con altos salarios.

La transnacional toma plena ventaja de su monopolio tecnológico, su reserva financiera y su poder político directo o indirecto, para derivar de la empresa común cada vez mayores beneficios y reinvertirlos para ganar un mayor control sobre la empresa, la economía y el país en que opera. Entretanto, los socios nacionales son políticamente utilizados para inclinar sus gobiernos a crear o mejorar el clima de inversión para el capital extranjero.

Las transnacionales han diversificado sus operaciones en forma horizontal, vertical y a través de conglomerados constituyéndose, paradójicamente, en vehículos u obstáculos al desarrollo, dependiendo de la integración nacional en la producción y de la tasa de reinversión en el país huésped.

Entre los factores que más influencian las decisiones para canalizar la inversión directa a través de transnacionales son: la demanda del mercado, las restricciones comerciales, las regularizaciones sobre las inversiones, y los costos y productividad de la mano de obra.

La problemática sobre los efectos positivos y negativos de las transnacionales se vincula directamente a empleo, soberanía nacional, balanza de pagos y regularizaciones tributarias.

Con respecto a lo anterior, Bhagwati (1991:33-71) opina que las transnacionales y el comercio internacional tienen un efecto retardador sobre los PMD, el flujo de bienes manufacturados baratos de los países desarrollados aniquila o al menos imposibilita el crecimiento de la industria nacional.

De acuerdo a la Ley de las ventajas comparativas, el mercado libre optimizará las ganancias a nivel mundial. Esta ley sugiere la desaparición de las restricciones del comercio internacional y la completa liberalización del movimiento de bienes y servicios entre países.

Sin embargo, los PMD han incrementado su temor de que los patrones de comercialización y la especialización los conduzca a una dependencia casi total de las materias primas como principal producto de exportación.

Los problemas clave generadores de tal temor son: mercados inestables para la exportación, deterioro en los términos de intercambio comercial y la posibilidad de crecer en una completa miseria.

El principal efecto positivo del comercio internacional y las transnacionales es la ocupación de mano de obra, la asistencia técnica, la transferencia tecnológica y la reactivación de la economía vía incremento de ingresos.

3. Distorsión Estructural de las Economías de PMD.

Otro problema lo tenemos en la estructura económica que emerge en los PMD. Esta es resultado de la división del trabajo a nivel mundial y debido a su distorsión, crea obstáculos para el desarrollo (Amín, Frank, Barratt-Brawn, Beckford). La estructura económica que está orientada hacia la producción de materias primas para exportación obstaculiza la diferenciación de las estructuras internas.

La infraestructura creada por la necesidad de exportar y la inversión extranjera está orientada hacia la función de exportación de materias primas y la importación de bienes procesados. Los factores mencionados retardan la integración de una economía nacional al relacionar los sectores de los PMD con el mundo externo en lugar de relacionar un sector con otro. El efecto multiplicador, por el cual la demanda en un sector crea la demanda en otro sector de la economía débil, debido a que las relaciones orientadas externamente son transferidas a la economía internacional. Las áreas de los PMD han sido integradas a la economía mundial como productores de materias primas para exportar a los países industrializados.

Estas a menudo se especializan en una sola materia prima de exportación, sea producto mineral o de la agricultura. Se ha descubierto que una economía especializada en la producción de materia prima crece menos que una economía más diferenciada. La producción que involucra altos niveles de procesamiento crea una gran demanda de materia prima y grandes oportunidades para actividades económicas relacionadas con el producto terminado.

Como resultado, cualquier economía nacional que permanece indiferenciada sufre por las vicisitudes del mercado internacional y esto sucede específicamente a los países productores de materias primas porque el comercio de estos productos declina en relación a los bienes manufacturados y el equipo producido por los PD. Además, existe una gran fluctuación en el precio en los mercados mundiales. La dependencia de crédito externo reduce la propensión marginal al ahorro de un país, afectando negativamente el crecimiento económico al disminuir la formación de capital nacional.

Sin embargo, los diferentes problemas que aquejan al mercado internacional de productos primarios, no debe ser utilizado como excusa, porque si bien es cierto que los PD tienen control sobre esos mercados, también lo es de que los países productores de bienes primarios no están frente a las fuerzas inexorables del exterior. Utilizar tal excusa como justificación del subdesarrollo, es inconcebible, porque existen otras explicaciones obvias, incluyendo el debilitamiento del comercio como estímulo y la aceleración del crecimiento demográfico. El análisis realizado por Beckard sobre el rol de las transnacionales y el surgimiento de economías sólidas sugiere que, a corto plazo, el impacto de estas corporaciones incrementa el ingreso nacional y atrae nuevas áreas de producción con un incremento correlativo de nuevos empleos creados.

Sin embargo, a largo plazo el efecto institucional y estructural es la distorsión del uso de recursos en las economías de los PMD. Las transnacionales afectan grandemente el uso de la tierra, los mercados laborales y la distribución de las inversiones.

La lógica detrás de la operación de las transnacionales se deriva de la empresa como un todo, incluyendo operaciones de proceso y de mercadeo, por ello al influir en la distribución de recursos, utilizando las imperfecciones del mercado (monopolio) se protegen contra los riesgos de un desastre político (nacionalización, estatización, etc.). Su interés es mantener una mano de obra relativamente barata, impuestos bajos, y libertad para realizar sus actividades. Lo anterior es inconsistente o aún contradictorio con el desarrollo balanceado del PMD en el cual las transnacionales se ubican. La distorsión de los patrones de uso de recursos crea lo que Beckard llama un estado de subdesarrollo dinámico.

La hipótesis de la independencia establece que la distorsión de la estructura económica de los PMD se da de la forma siguiente:

especialización en la producción de materias primas (baja diferenciación); estructura orientada al exterior (poca integración) y la creación de patrones de uso de recursos que retardan el desarrollo económico.

4. Supresión de las políticas autónomas

Algunos de los autores mencionados anteriormente, teorizan acerca de la relación entre élites y subdesarrollo, asegurando que las primeras retardan el desarrollo a través de la supresión de políticas autónomas gubernamentales que podrían movilizar un desarrollo balanceado. Así la dependencia distorsiona las políticas y propicia la formación de una élite nacional.

Las élites nacionales tienen una fuerte conexión con las élites extranjeras. Nos encontramos con factores retardantes del desarrollo, cuando los vínculos internos son más débiles que los vínculos externos. A través de este proceso se produce la descapitalización. Un papel importante en este proceso lo tienen los bancos extranjeros y las compañías transnacionales. La estructura política apoya los salarios bajos y concentra el desarrollo en el sector internacional. Como resultado tenemos el incremento en la desigualdad de ingresos. El poder de las élites al ser resguardado por el gobierno crea una situación política que retarda el desarrollo al vincular los intereses de las élites a los intereses de los países del centro. Ello previene la emergencia de fuerzas autónomas que busquen el desarrollo balanceado y mantiene las desigualdades extremas.

5. La difusión del modernismo

La teoría de la modernización pregona que las transnacionales producen un flujo de recursos o la difusión del modernismo de países desarrollados.

El hecho que la inversión extranjera y el crédito constituyan una forma de dominación es vista como paranoia y reaccionaria, como un remanente de un pasado colonial desafortunado. Viner y Pearson conciben el control externo como una concepción política errónea. La siguiente cita de Pearson lo esclarece: "otra común malinterpretación es que los créditos financieros conducen a un menor control sobre los países deudores que la inversión interna. De hecho, los intereses fijos sobre los créditos están en una posición más fuerte con respecto a las autoridades nacionales que los inversionistas extranjeros, quienes son influidos por políticas fiscales y monetarias".

La concepción del comercio internacional desde la perspectiva neoclásica, considera el flujo de capitales de los PD a los PMD, como una máquina del crecimiento económico. El capital al ser invertido debe conducir a un incremento en la producción de la empresa hacia la cual se canaliza, así también, se da el crecimiento paralelo de otros sectores al incrementarse la demanda. El flujo de capital internacional no restringido a aquellas áreas que proporcionan las más altas tasas de retorno, resultará en la maximización de crecimiento del sistema como un todo y supuestamente también de las áreas periféricas hacia donde se dé el flujo de capital.

Los beneficios de la inversión extranjera se expandirán al mismo tiempo que los ingresos generados por los nuevos empleos y el incremento de la demanda. La ayuda extranjera debe resultar en crecimiento por las mismas razones y también porque propicia el incremento del ahorro haciendo posible el incremento de la inversión.

El comercio internacional es "como una oportunidad de especializarse en la producción, de intercambiar lo que no produce eficientemente por los que otros producen, también, eficientemente y, así, acabar teniendo más (Bhagwati, 1991:40)

La teoría de las ventajas comparativas, sostiene que la especialización en la producción de materias primas no tendrá efectos negativos en el crecimiento, si es más económico intercambiar materias primas por productos manufacturados, que producir esos bienes importados en el país. Esto es una contradicción directa de la idea de "distorsión estructural" discutida antes.

El comercio ha sido la espada que los PD estaban preparando para el libre comercio con los PMD, y para que así fuese había que eliminar la competencia del desarrollo industrial latinoamericano. Con la victoria de los grupos de intereses económicos orientados hacia el exterior sobre los grupos nacionalistas, la economía en los países latinoamericanos tenía que subordinarse aún más a los PD. Solo entonces se llegaría al libre comercio y regresaría al capital extranjero a sus dominios.

El libre comercio entre los fuertes monopolios y los débiles países latinoamericanos produjo inmediatamente una balanza de pago deficitaria para los últimos. Para financiar el déficit, por supuesto, los PD ofrecieron, y los gobiernos de los PMD aceptaron, capital extranjero; el déficit de la balanza y su financiación redundaron en sucesivas devaluaciones e inflación. El desarrollo del capitalismo industrial y el libre comercio implicaron más que la apertura de América latina al comercio, la adaptación de toda su estructura económica política y social a las nuevas necesidades de los PD.

La teoría de la modernización enfatiza la transferencia de tecnología avanzada, formas de organización modernas, modernos hábitos de trabajo y actitudes hacia la persona misma. Este acercamiento implica que un país que es penetrado con inversión extranjera debe desarrollarse más rápidamente que un país que no lo sea. Similarmente, la ayuda extranjera (económica, técnica, etc.) debe facilitar el desarrollo del país.

6. Los efectos positivos y negativos

La inversión extranjera, la deuda externa y las transnacionales pueden tener efectos positivos o negativos, de acuerdo al manejo que de ellos se haga y de las condiciones estructurales de los PMD. A continuación resumimos esos efectos.

a.). Mecanismos por medio de los cuales la inversión y la deuda externa afectan negativamente el crecimiento económico: La inversión extranjera es actualmente - parte integrante del desarrollo capitalista mundial, y depende no de la buena voluntad sino de las necesidades y contradicciones del capitalismo, y de su desenvolvimiento histórico.

El verdadero flujo de capital extranjero ha sido de América Latina hacia los PD, vía repatriación de utilidades. Esto significa que América Latina ha transferido capital al exterior y no a la inversa. Ha sido evidentemente la causa principal de las necesidades latinoamericanas de más capital para inversión, aportado por extranjeros.

Si se pretende determinar cuáles fueron las actividades económicas dinámicas en los últimos veinte años, se concluye que fueron aquellas estrechamente ligadas al comercio exterior. La minería, los cultivos tropicales, la pesca, la caza y la explotación forestal dedicadas fundamentalmente a la exportación. Tanto la estructura del sector exportador como la concentración de la riqueza constituyeron obstáculos básicos de la diversificación de la estructura productiva interna, la elevación consecuente de los niveles técnicos y culturales de la población y el surgimiento de grupos sociales vinculados a la evolución del mercado interno y a la búsqueda de líneas de exportación no controladas por los PD. de tal forma que:

1.- El dominio de los PD drena los recursos de los PMD que son necesarios para el desarrollo. Las utilidades de la inversión extranjera y los intereses sobre créditos son transferidos del PS al PD retardando el desarrollo de aquellos.

2.- La producción orientada hacia el exterior y las transnacionales distorsionan las estructuras económicas de los PS. La diferenciación y la integración de las economías nacionales son obstruidas y los patrones de uso de recursos es creada para mantener un estado de subdesarrollo dinámico.

3.- Las relaciones de la élite de los PS con la élite de los PD suprimen la movilización autónoma del desarrollo nacional.

b.). Mecanismos por medio de los cuales la inversión y al deuda externa afectan positivamente el crecimiento económico

Al realizarse la inversión extranjera puede convertirse en el catalizador del crecimiento económico. Si la deuda externa es canalizada a proyectos productivos se estimulará la inversión y el empleo. Los siguientes son los mecanismos que favorecen el crecimiento:

1.- El capital extranjero crea producción directamente en la empresa en la cual se invierte y genera demanda de otros insumos que contribuyen el crecimiento económico.

2.- Los créditos externos financian la infraestructura requerida para el desarrollo.

3.- La difusión de tecnología, hábitos de trabajo y las formas modernas de organización estimulan el desarrollo económico.

c.). Mecanismos por medio de los cuales la inversión y la deuda externa afectan la desigualdad del ingreso en los PMD

1.- Efecto positivo. La penetración por estructuras externas, permite a los grupos gobernantes obtener un largo porcentaje del ingreso nacional y a prevenir la distribución del ingreso.

2.- Efecto negativo. La inversión extranjera y el crédito expande los salarios de la clase media que hace que el porcentaje obtenido sea amplio y se propicie la desigualdad en los bajos niveles entorpeciendo el ahorro, la inversión y el desarrollo.

VII. CONCLUSIONES.

La teoría del desarrollo predice un efecto negativo del comercio sobre el crecimiento económico y un efecto positivo en la desigualdad del ingreso. La teoría económica de los neoclásicos y la teoría de la modernización predicen un efecto positivo sobre el crecimiento económico y negativo sobre la desigualdad de ingresos. Las siguientes proposiciones se encaminan únicamente al efecto de la inversión, el comercio internacional y la deuda externa sobre el desarrollo.

Los PMD tienen que exportar para procurarse esos bienes y la producción primaria normalmente es insuficiente, por lo cual se impone la exportación de manufacturas, es aquí donde se encuentran serios problemas pues los centros son renuentes a admitir manufacturas periféricas.

De aquí se desprenden dos formas de corregir gradualmente la disparidad del intercambio: una lo es el exportar otros bienes a los PD además de los tradicionales que sería muy conveniente; otra es acrecentar el ritmo de producción interna para lograr de esta manera aquello que por falta de medios no es posible exportar, esta segunda opción se denomina industrialización sustitutiva.

En el proceso substitutivo de importaciones, con frecuencia se han sustituido bienes finales en detrimento de los bienes de otras etapas. Ha desaparecido en gran parte el margen comprimible de importaciones de bienes finales, y no tienen otro recurso que acudir a préstamos internacionales.

No fueron pocos quienes creyeron que la penetración de las transnacionales en los PMD contribuiría notablemente a la exportación de manufacturas a los PD.

Sin embargo los hechos no han ocurrido así, ya que esas empresas han promovido con gran intensidad la internacionalización del consumo en los PMD, antes que la internacionalización de la producción; los PMD quedan de nuevo en gran parte marginados, tal es la consecuencia de la disparidad estructural en las relaciones PD-PMD.

El comercio intra industrial de productos similares es una característica de los PD. Esto sólo puede implicar "una mayor relación entre el comercio y el Producto Nacional Bruto, a medida que al renta aumenta y que el consumo se diversifica en términos de variedad dentro de grupos industriales amplios, mientras que los países continúan especializándose en la producción de bienes similares con características diferenciales"(Bhagwati, 1991:24).

La superioridad técnica y económica de los PD se fue acentuando con el retardo del desarrollo en los PMD, explica la necesidad de protección a la industrialización sustitutiva y de subsidios a las exportaciones industriales. Los PD siempre se han opuesto a la protección y a los subsidios en vez de alentar su aplicación racional, e insisten en reducirlos o eliminarlos de sus negociaciones, esgrimen la vieja tesis de la reciprocidad, según la cual, toda la liberalización de las importaciones provenientes de los PMD, debiera acompañarse de una liberalización similar de las importaciones de estos.

Las preguntas finales son: ¿puede analizarse un tema tan complejo como la dualidad riqueza-pobreza desde un solo ángulo? ¿Son las variables aisladas, capaces de explicar la dinámica de un país y del mundo? ¿Las fórmulas para resolver problemas específicos pueden en realidad hacerlo?

En el contexto mundial, donde cada día se acepta más la interdependencia existente, encontraremos que la respuesta es: NO. El análisis y las propuestas deben basarse en la observación del conjunto total de variables específicas que contribuyen a la configuración del fenómeno pobreza-riqueza, las soluciones deben ir encaminadas a propiciar un cambio estructural y no solamente una adecuación momentánea a necesidades específicas.

Tomando una expresión prestada de Sir Dennis Robertson, Ragnar Nurkse a principio de siglo sugería que el comercio era una máquina de crecimiento y que éste era trasmitido a través del intercambio internacional. Su visión incluía la concepción de que los PD "en términos del ingreso real per cápita estaban avanzando vigorosamente, pero no trasmitían su tasa de crecimiento al resto del mundo a través del incremento de su demanda de productos primarios"(Nurske, 1961:294)

12 EL SIGNIFICADO DE LA PRESIDENCIA DE TRUMP PARA MÉXICO

El presidente de Estados Unidos, Donald Trump, inició una presidencia tratando de cumplir con sus promesas de campaña, y lo hizo a un ritmo frenético, como si quisiera que su diferente modo de gobernar se notara desde el inicio. Sin embargo, las críticas arreciaron inmediatamente pues si el partido republicano descalificó duramente a Obama por gobernar por decreto, por encima del poder legislativo, y eso que fueron tan sólo 5 órdenes ejecutivas polémicas. Quizá por ello, en el escenario de cada firma ha estado ausente el mismo Partido Republicano que durante los últimos ocho años criticó cada orden ejecutiva de Barack Obama como un abuso de poder, y que ahora ni siquiera ha exigido poder valorar esas políticas en un Congreso que domina con mayoría parlamentaria. Con ello los republicanos pierden calidad moral ante una sociedad altamente dividida.

En ese sentido, todavía se recuerdan las palabras del senador republicano y excandidato a la presidencia Marco Rubio tras la aprobación en 2016 de las medidas para el control de las armas por parte del mandatario demócrata: "El presidente Obama está abusando de su posición para imponer sus políticas a través de órdenes ejecutivas en vez de permitir que se debatan en el Congreso", "Su frustración con nuestra República y con cómo funciona no le da permiso para ignorar la Constitución". ¿Está Trump, según los republicanos, ignorando la constitución?

Las imágenes que registran cada firma de Trump para la historia, es una escena montada con precisión y calculada escrupulosamente y ante una muralla de fotógrafos, ahí aparece siempre uno de sus principales asesores, Reince Priebus.

Durante su etapa de presidente del Comité Nacional Republicano, Priebus comparó cada decreto de Obama como "una toma de poder ejecutivo" y le acusó de "ignorar" el proceso legislativo. Hoy esas palabras se le revierten escandalosamente.

Así pues, Trump acaba de dar el mismo paso que Obama, sólo que en grandes dimensiones. A pesar de que el Partido Republicano cuenta con mayorías en las dos cámaras del Congreso y no sería tan complicado sacarlas como leyes, el presidente ha irrumpido en la Casa Blanca con una forma peculiar de gobernar y con la férrea la voluntad de dejar su sello en el poder legislativo sin esperar a que se celebre ni un solo debate parlamentario que presumiblemente le acabaría dando la razón.

Trump empezó derogando la reforma sanitaria de Obama, su promesa que más atractivo tenía entre sus seguidores pues se iban a ahorrar millones, y continuó con una congelación en las contrataciones de empleados federales, retiró fondos a las organizaciones que promueven el aborto, dio luz verde a dos oleoductos rechazados anteriormente por su impacto medioambiental, propuso la construcción del muro con México, tomó medidas migratorias con el objetivo de aumentar las deportaciones de indocumentados y Trump lanzó el veto a la entrada de inmigrantes musulmanes y refugiados de siete países musulmanes. Así es como ha transformado en leyes, en apenas una semana, sus posturas más radicales y ante la mirada de un Partido Republicano al que ni siquiera ha dejado —ni parece querer— pronunciarse en las Cámaras del Congreso.

Exige un verdadero esfuerzo para visualizar el Donald Trump que tras ganar las elecciones se convirtiera en el presidente de Estados Unidos con la popularidad más baja que ha tenido un presidente jamás. La suma de sus malos modales hacia la prensa, la falta absoluta de un discurso mínimamente articulado, -los discursos incompletos y sin estructura -cosa que los traductores tienen que suplir -y los eslóganes simplistas con un lenguaje de sexto año de primaria, todo ello para despachar asuntos de enorme complejidad, no ayudan tampoco, precisamente a asimilar que se está, ya de facto, ante el hombre más poderoso de la tierra. Trump candidato sigue siendo Trump presidente, sigue actuando con la misma imprudencia que le caracterizó en campaña.

Dispara contra todos, tanto en sus twitts como en sus conferencias, sin ser consciente de la enorme repercusión y consecuencias tanto de sus actos como de sus declaraciones. En sus comparecencias, lo mismo arremete contra potencias como China, Irán y México; amedrenta a las industria automovilística y farmacéutica norteamericana; y deja clara su intención de impulsar un inquietante proteccionismo ultranacionalista cuyos efectos pueden ser muy perjudiciales para el crecimiento mundial. Y los expertos alertan de la posibilidad de que Estaos Unidos acabe entrando en recesión y de que se estén poniendo las bases para una guerra comercial internacional e iniciar el fin de la globalización.

LAS GUERRAS DE TRUMP

Es normal que los presidentes choquen contra sus opositores políticos y que tengan fricciones con otros países. También es usual, y muy sano, que los gobiernos y los medios de comunicación no se entiendan. O que los presidentes se enfrenten a la burocracia pública que, según ellos, no ejecuta con entusiasmo las políticas que ellos han prometido.

Todo esto es normal. Lo que no es normal es la diversidad, intensidad, peligrosidad y, a veces, la banalidad de los conflictos que origina el nuevo presidente de Estados Unidos. Pero Donald Trump no es un gobernante normal.

Los presidentes suelen gozar de un periodo de alta popularidad al inicio de su mandato. Trump, en cambio, tiene el porcentaje de aprobación más bajo jamás registrado en estos sondeos de opinión. Los intentos de hacer realidad sus principales promesas electorales están naufragando, afronta amenazantes investigaciones criminales contra miembros de su equipo —algunos de los cuales ya se han visto obligados a renunciar— y no logra llenar las vacantes que le permitirían tener una mejor gestión. Las filtraciones de información que salen de la Casa Blanca son incesantes. China está ocupando rápidamente los espacios de liderazgo mundial que Estados Unidos está abandonando y la Rusia de Putin se crece y trata de influir en las elecciones europeas tanto como lo hizo en las presidenciales americanas.

En vista de todo lo anterior, cabría pensar que Trump intentaría estabilizar la situación y construir alianzas. Pero el presidente está haciendo todo lo contrario. En vez de conciliar, busca la confrontación; en vez de cerrar frentes de batalla está abriendo otros nuevos y en vez de unir está dividiendo. Estas son tres de las principales guerras internas de Donald Trump.

La guerra contra los medios. Trump ha abierto demasiados frentes, uno de ellos es con los medios, como The Wall Street Journal, The Times y Los Angeles Times, CNN, CBS, entre otros de igual importancia, estos fustigan al presidente de Estados Unidos, Donald Trump, por su decisión de intervenir para forzar a las empresas a regresar al país o enfrentar impuestos transfronterizos y por su miopía en algunas decisiones, o por cualquier otra cosa que el presidente da pie diariamente con sus declaraciones y Twitts.

En sus principales páginas de opinión institucional, los rotativos señalan que Trump parece estar siguiendo el mismo "error gigante" del presidente Barack Obama de politizar la ubicación de capital, desde energía verde hasta viviendas. Sostienen que los trabajadores no prosperan cuando los políticos obligan a las empresas a tomar decisiones no-económicas. Estados Unidos no será una nación más próspera forzando a las empresas a hacer inversiones no económicas. Una nación es más rica cuando individuos y negocios toman riesgos en una economía competitiva.

En sus editoriales se dice que "Los políticos son malos inversionistas. El señor Trump le ayudaría mucho más a la economía, y a su presidencia, si se concentra en que el Congreso apruebe una agenda procrecimiento". Y es que si durante la campaña electoral, Donald Trump tuvo una relación de enorme tensión y abierta hostilidad hacia los medios de comunicación, ya instalado en la Casa Blanca, el presidente de Estados Unidos parece estar decidido a recrudecer su pulso con los periodistas, a quienes considera "los seres humanos más deshonestos de la Tierra".

Los ha acusado de falsear los datos y mentir solo por haber expuesto que la asistencia de público a su toma de posesión fue inferior a la registrada durante la inauguración del mandato de Barack Obama. Sus diatribas son insólitas, intolerables e impropias de un mandatario. No hace falta más que ver las imágenes aéreas difundidas por los principales rotativos y televisiones norteamericanos para comprobar que Obama estuvo arropado por mucha más gente que Trump. Que el equipo del presidente de la nación más poderosa del mundo rebata datos de una obviedad aplastante afirmando que son "hechos alternativos" es un insulto a la inteligencia.

En un breve discurso ante la plana mayor de la inteligencia estadounidense, reunida en el cuartel de la CIA, dijo: "Estoy en guerra con los medios. (Los periodistas) están entre los seres humanos más deshonestos de la Tierra", era una de sus primeras reuniones oficiales tras haber jurado como presidente el viernes 20 de enero.

El ex periodista Stephen K. Bannon, principal asesor comunicacional del mandatario, expresó con toda claridad la visión del nuevo gobierno en una entrevista con The New York Times. "Los medios de comunicación deberían estar avergonzados, sentirse humillados y mantener la boca cerrada. Deberían empezar a escuchar. Quiero que tome esta cita textual: los medios de comunicación son el partido de la oposición".

El punto culminante de la "guerra contra los medios" se dio el viernes 24 de febrero en una conferencia con el secretario de prensa de Donald Trump, Sean M. Spicer para el resumen semanal, donde periodistas de "The New York Times", "CNN" y "Politico" no pudieron entrar a la sala de la Ala Oeste, pues les fue negada la entrada. Otros medios como BBC, LA Times, New York Daily News y Daily Mail, tampoco pudieron entrar, los cuales se han destacado por ser objeto de ataques y críticas del presidente Donald Trump.

El secretario de prensa eligió a los medios conservadores favorables a Trump que sí podían entrar, como Breitbart News, One America News Network, The Washington Times, ABC, CBS, NBC, Fox News, Reuters y Bloomberg. De acuerdo a la Casa Blanca se permitió el acceso a estas últimas ya que habían confirmado previamente su asistencia. Reporteros de la revista Time y de The Associated Press, decidieron no asistir a la conferencia como protesta, a pesar que tenían acceso a la sala.

Esto nunca había pasado en la Casa Blanca, en la larga historia de cobertura de las múltiples administraciones de los diferentes partidos. Varios medios protestaron contra la exclusión de The New York Times y otras organizaciones. El acceso libre a un gobierno transparente es crucial para el interés nacional", declaró Dean Baquet, editor ejecutivo de NYT.

La Asociación de Corresponsales de la Casa Blanca (WHCA por sus siglas en inglés) reprobó esta acción. La WHCA protesta en contra de cómo se llevaron a cabo las acciones por la Casa Blanca. Alentientan a las organizaciones que pudieron entrar a compartir el material con otros medios que no les fue permitida la entrada.

Esta decisión llega unas pocas horas después que el presidente Trump atacara una vez más a la prensa en la Conferencia de Acción Política Conservadora, donde los acusó de filtrar información falsa. "Estamos combatiendo las noticias falsas. Son falsas, embustes, falsas. Hace unos días llamé a las noticias falsas el enemigo del pueblo y lo son", aseguró Trump. "Tenemos que luchar contra ellos. Los medios son muy inteligentes, muy astutos y deshonestos (...). Se enfadan cuando exponemos sus noticias falsas", indicó el presidente ante ese foro, el más importante del conservadurismo.

Trump matizó que no está en contra de los medios de comunicación, sino contra los que divulgan "noticias falsas", aunque volvió a arremeter contra medios como el canal de noticias CNN, cuyas historias están contrastadas y cuya organización tiene un consejo ético y de redacción.

El presidente estadounidense ahondó en la idea de que los principales medios del país publican noticias falsas, algo que plasmó en un polémico tuit en el que llamaba a reputadas organizaciones como The New York Times, ABC, NBC, CBS o CNN, los "enemigos del pueblo".

Trump ha reanudado sus ataques a la prensa, que expone a diario sus imprecisiones y datos erróneos que presenta en discursos, por publicar filtraciones internas de su equipo citando a fuentes anónimas dentro del Gobierno.

"No tienen fuentes. Se las inventan", dijo Trump, quien pidió a los medios que citen solo fuentes con nombre, no anónimas, en sus historias.

Es claro que a ningún gobernante le gustan los periodistas, porque por más buenas que puedan ser sus políticas, siempre hay cosas que no quieren que se sepan. Y la función de la prensa es contar lo que pasa, especialmente aquello que se pretende ocultar. Matthew Powers, profesor de comunicación en la Universidad de Washington, afirma que "En la presidencia estadounidense moderna, hay una tensión recurrente entre el presidente y la prensa. Los mandatarios se quejan de que los periodistas privilegian el espectáculo político por sobre la substancia. Y tanto presidentes demócratas como republicanos han buscado limitar la libertad de prensa. Lo distintivo de Trump es que sus críticas a la prensa se basan en el supuesto de que al hacerlo llegará a sus seguidores". Siendo extremadamente graves las descalificaciones a la prensa, lo más aterrador es que ni Trump ni sus asesores parecen haber entendido que son los periodistas quienes tienen que someter a escrutinio al poder y no al revés.

Cuestionar la credibilidad de los medios, limitarles el acceso selectivo a conferencias de prensa, burlarse de ellos, calificarlos de "escoria" y acusarlos de actuar por intereses políticos formó parte de una estrategia de campaña. Lo verdaderamente peligroso es que su Administración considere que los periodistas son un obstáculo para gobernar y deslegitime su labor. Si el presidente estadounidense sigue por ese camino, tiene todas las probabilidades de convertirse en una seria amenaza para la libertad de expresión y la democracia. Lo que está haciendo se convertirá en el peor bumerang en la administración Trump.

La guerra contra su propio partido: Todas las formaciones políticas tienen facciones y el Partido Republicano no es una excepción. Sus divisiones internas impidieron que se aprobara la ley que desmantelaría la reforma sanitaria impulsada por Barack Obama. ¿La reacción de Trump? "Debemos pelear contra ellos", refiriéndose a los miembros de su partido que no estuvieron a favor de su propuesta. También ha dicho que en las elecciones parlamentarias de 2018 promoverá candidatos que hagan perder la reelección a los congresistas que no lo apoyen. Las reacciones de los republicanos disidentes no se ha hecho esperar: "La intimidación no funciona", "esas amenazas pueden dar resultados en la escuela primaria, pero nuestro gobierno no funciona así"... Si bien ambas partes harán esfuerzos por mostrar que han superado sus diferencias, la realidad demostrará que estas divisiones tienen efectos duraderos. Trump seguirá en guerra contra quienes no apoyen sus iniciativas. Aunque esto implique luchar abiertamente contra los líderes de su propio partido.

La guerra contra las agencias de inteligencia. Los servicios de inteligencia de EEUU emplean a más de 100 mil personas que trabajan en 17 organizaciones diferentes. Si bien, en el pasado, han existido fricciones entre esta comunidad y la Casa Blanca, nunca antes el conflicto había sido tan fuerte como ahora. El presidente Trump ha dicho que estas agencias son tan deshonestas como los medios de comunicación que diseminan noticias falsas. También las ha llamado "nazis". Por su parte, las agencias de inteligencia emitieron un informe cuya conclusión es que el Kremlin influyó en las elecciones de Estados Unidos y que Vladímir Putin tiene una clara preferencia por Donald Trump. James Comey, el director del FBI, ha confirmado que su organización está investigando la posible colusión de miembros del equipo de Trump durante la campaña electoral con agentes de inteligencia rusos. El presidente ha dicho que ahora confía más en las agencias de inteligencia y explica la razón: "Ya hemos puesto allí a gente nuestra". Sin duda. Pero hay cerca de 100 mil personas que no todavía no son "gente de Trump".

La guerra contra la Reserva Federal. Esta guerra contra el Banco Central de EEUU aún no ha comenzado, pero se ve venir. A los presidentes les gusta que las tasas de interés sean más bien bajas, lo cual suele estimular el consumo, la actividad económica y el empleo. Pero si el déficit fiscal aumenta, el dinero en circulación también y los precios comienzan a subir, es deber del banco central aumentar las tasas de interés para mitigar los riesgos de una alta inflación y otros males económicos. De nuevo, esta tensión entre la presidencia y el banco central, que es común en todas partes, en el caso de Trump puede escalar hasta convertirse en un conflicto con graves consecuencias económicas. Cuando aún era candidato, el actual presidente ya había expresado su opinión sobre la gobernadora de la Reserva Federal, Janet Yellen. "Debería avergonzarse de sí misma", dijo Trump. ¿Por qué? Porque Yellen declaró que quizás habría que subir las tasas de interés.

La guerra contra el multilateralismo. El líder más eficaz es el que es capaz de situarse en el medio y unir a la sociedad. Trump es completamente diferente. Nunca Estados Unidos ha tenido un presidente así. Es una montaña rusa emocional, aunque se espera que el pragmatismo se imponga a la retórica de la campaña. El equipo de la gente con más experiencia puede ser capaz de reconducir la Administración. Los internacionalistas vieron en Trump un peligro para el orden internacional. ¿Va a derrumbarse inexorablemente el mundo tal y como lo conocíamos hasta ahora? Trump ha dado la vuelta a las políticas construidas en los últimos 30 años. La Unión Europea es una de las experiencias más exitosas de las últimas siete décadas. Europa supo superar la guerra y crear unas sociedades extraordinarias, justas, prósperas, tolerantes, que creen en los derechos humanos. Trump dice que le da igual que se hunda, es una declaración muy radical. Es muy irresponsable. No puede ser aislacionista y unilateral, justo en el peor momento posible; en el que hay una guerra en Siria, el cambio climático avanza y la economía sufre.

El sistema internacional de organizaciones multilaterales creado en la posguerra ha traído la paz y la prosperidad para mucha gente. Muchos odiarían ver que Estados Unidos se atrinchera en una nacionalismo estrecho y perverso que nos devuelve a los años 20 y 30. A Trump le encantan las relaciones bilaterales donde puede amedrentar al oponente.

El 11 de septiembre fue un punto de inflexión. Fue un shock psicológico que alguien entrara a Estados Unidos y los atacara. El fracaso de Irak, la recesión económica y la enorme desigualdad entre los muy ricos y los muy pobres. La regla ética de que cada generación sería más próspera que la anterior se quebró. Está sucediendo para el 1 por ciento de la población, pero no para la mayoría. La gente se sintió abandonada por Washington y Trump explotó esas divisiones.

¿Cómo explicar el florecimiento de las pulsiones nacionalistas en Estados Unidos y también en Europa? ¿De dónde nacen esos anhelos? Al parecer Estados Unidos se atrinchera en un nacionalismo alt-right, estrecho y perverso. Trump excita el resentimiento hacia las fuerzas oscuras — llamémoslas establishment — y ha resultado ser un resorte tremendamente eficaz.

Estas cinco son guerras internas, pero la pugnacidad de Trump también se manifiesta en las relaciones internacionales de su país. Y el peligro más grande es que sus derrotas domésticas lo motiven a buscar peleas afuera. No sería el primer líder de un país que usa un conflicto externo para distraer de sus problemas internos. Putin le puede dar lecciones sobre eso.

EL REY DESNUDO

Donald J. Trump mintió durante las primarias republicanas, pero aquello sólo parecía un show gracioso pues, vamos, era sólo la competencia interna del conservadurismo. Siguió mintiendo en la carrera presidencial, pero la sociedad todavía podía distraerse mirando hacia Hillary y sus emails indiscretos. Ahora, al frente del poder, cuando todos los focos apuntan hacia él, ya no hay donde correr: Donald J. Trump está desnudo.

En su último intento por fugarse de la realidad, Trump acusó por Twitter al presidente Barack Obama de intervenir su Trump Tower durante la campaña presidencial. Ante el Congreso esta semana, James Comey, el director del FBI, desmintió toda posibilidad: no hay evidencia de tal espionaje. Ahora es posible que Trump procure salvar la cara otra vez. ¿Es baladí suponer que retuitee a un ignoto conspiracionista que acuse a alguna extraña división de la burocracia gubernamental —el supuesto "Deep State"— de investigarlo sin permiso de sus jefes? Alguien podría deslizarle —Twitter es tan delicioso— la evidencia de un Ethan Hunt olisqueando en sus cosas y él, con el dedo intranquilo, reproducirlo sin pensarlo dos veces. Tal vez la CIA y el FBI trabajen para Angela Merkel. O tal vez Comey sea un espía dormido enviado por los bad hombres de México.

Trump parece un discípulo aplicado de Joseph Goebbels: miente que alguien se lo creerá. A mayor el desastre, mayor la fabulación, la provocación y la amenaza. En la lógica de Trump siempre se trató de correr hacia delante. No enfrentar las consecuencias: escapar. Culpar a alguien más. Esquivar responsabilidades. Esas fueron las lecciones que le enseñaron sus principales mentores: su padre Fred y Roy Cohn, un abogado de la era McCarthy. Trump las aprendió a pie juntillas. El problema es que, ahora, las decisiones no son de los demás: es su gobierno, es el presidente de su gobierno. El monarca de sus propias decisiones. El emperador, otra vez, desnudo.

Como un anciano aburrido que pasa demasiadas horas frente a la TV, el presidente de la mayor potencia del mundo abraza teorías conspiranoicas para usarlas en su favor. Cada vez que el escándalo lo rozó, Trump apeló a sus mecanismos de defensa tradicionales: matar al mensajero, manchar a sus acusadores, distraer con un invento tan grande que no podía ser otra cosa que verdad. Mentir.

Seis hombres clave en su campaña y gobierno —Paul Manafort, Roger Stone, Carter Page, Michael Flynn, Rex Tillerson, Jeff Sessions— tienen vínculos más o menos cercanos con la Rusia de Vladimir Putin. No un vecino, sino el hijo que lleva su propio nombre, Donald Trump Jr., admitió que su familia recibió dinero de los oligarcas de Moscú de manera "muy desproporcionada". Cuando esos vínculos fueron revelados —y reiterados, una y otra vez— Trump acusó a alguien más de mentir para dañarlo. La prensa —el Partido del "fake news", los enemigos del pueblo americano—, ha sido su adversario favorito. Tiene perfecto sentido llamar mentirosos a quienes descubren mentiras: si acabo con mis fiscales, ¿quién queda para acusarme?

Ya vemos el resultado del rey al desnudo: cuando no llevaba 50 días en el poder, tres altos funcionarios —y su propio vicepresidente— habían contradicho y corregido en público al presidente Donald J. Trump. Estados Unidos empieza a sonar como el canto trágico de los imperios en caída: no hagan caso al rey, que vive en su mundo; el poder real lo ejerce la corte.

En realidad, el poder real también es de la sociedad. Los oportunistas en los gobiernos suelen aprovechar la incertidumbre para forzar un mundo más a su medida, pero la sociedad civil de Estados Unidos tiene capacidades para dar esta pelea. Cuando consiguió que un juez rechace la primera prohibición de ingreso de migrantes musulmanes al país, la Unión de Libertades Cívicas de Estados Unidos (ACLU, por su sigla en inglés) demostró que hay canales institucionales para confrontar mentiras peligrosas convertidas en acciones políticas..

El trabajo que hacen la prensa, las organizaciones sociales y hasta el FBI por forzar al gobierno de Donald J. Trump a abandonar el delirio ficcional y gobernar de manera realista es parte de la lucha de la sociedad estadounidense contra la ignorancia, la mentira y la manipulación. Mientras espera por las próximas elecciones legislativas para recuperar mayor racionalidad democrática, la sociedad civil deberá denunciar sin respiro los embustes del emperador desnudo.

El hechizo del emperador se acaba cuando es el último en la línea para dar cuenta por su responsabilidad. Cuando ya nadie más queda para ser acusado de sus propias decisiones. Donald J. Trump seguirá estando más desnudo cuanto más sea señalado con el dedo. Y estará definitivamente expuesto cuando los ojos de sus votantes también descubran el tamaño de sus mentiras. Este último paso no será inocuo, pues comenzará a suceder cuando las decisiones económicas, sociales y políticas del gobierno alcancen sus bolsillos y libertades.

EL FRENTE LEGAL

El juez federal James Robart, de Seattle, otorgó el viernes 3 de febrero en la noche una medida de amparo que cesa temporalmente la orden ejecutiva de Trump sobre el veto para viajeros de siete países musulmanes. La decisión de Robart era temporal, mientras termina de estudiar en profundidad el recurso presentado por el fiscal general del estado de Washington (oeste), Bob Ferguson.

El presidente de Estados Unidos, Donald Trump, abrió otro frente de guerra con el poder judicial al considerar "ridícula" la decisión de un juez federal que bloqueó su decreto migratorio contra los nacionales de siete países musulmanes, y aseguró que será "anulada".

""¡La opinión de ese supuesto juez, que básicamente priva a nuestro país de su policía, es ridícula y será anulada!", advirtió el presidente estadounidense en una serie de tuits, un día después de que el juez bloqueara temporalmente su decreto. La orden ejecutiva de Trump sobre inmigración provocó caos en varios aeropuertos de Estados Unidos, generó numerosas protestas y dejó a mucha gente que esperaba llegar a Estados Unidos en un limbo.

El Gobierno del presidente de Estados Unidos, Donald Trump, inició el proceso de apelación de la decisión de un juez federal. En un corto documento presentado ante la Corte de Apelaciones del Noveno Circuito, con sede en San Francisco (California), Trump y su gabinete apelan formalmente la decisión judicial que ha bloqueado temporalmente la polémica orden ejecutiva y ha abierto de nuevo las puertas del país a millones de inmigrantes y refugiados. La notificación de apelación se presentó en nombre de Trump, el secretario de Seguridad Nacional, John Kelly; el secretario de Estado, Rex Tillerson; y los Estados Unidos de América.

Todos ellos "apelan por la presente ante la Corte de Apelaciones del Noveno Circuito la decisión del 3 de febrero" que "restringe la aplicación de parte de la orden ejecutiva del 27 de enero para proteger al país de la entrada de terroristas extranjeros", según la notificación presentada ante el tribunal. El documento comienza un proceso de apelación que, según expertos legales, irá seguido de una solicitud de suspender la decisión judicial que bloqueó el veto migratorio, y un informe con argumentos sobre por qué, a juicio del Gobierno, la Corte de Apelaciones debería concederles esa petición.

Por el momento, sigue en pie la decisión del juez federal James Robart, quien bloqueó la aplicación del decreto de Trump con efecto inmediato sobre todo el país, lo que ha obligado al Gobierno a restaurar más de 60 mil visados y a cambiar sus protocolos de actuación ante los inmigrantes anteriormente vetados.

Washington presentó horas antes una apelación contra la orden del juez federal en Seattle James L. Robart quién el viernes suspendió temporalmente el decreto presidencial antiinmigración. El rechazo del alto tribunal a reinstaurar el veto de inmediato suponía que la batalla legal continuaría al menos durante una semana.

El Procurador General interino de Estados Unidos Noel Francisco defendió enérgicamente el sábado en la noche que la autoridad presidencial es "ampliamente inmune al control judicial"" cuando se trata de decidir quién puede entrar o quedarse en el país.

Horas antes el gobierno había suspendido la aplicación del decreto de Trump que entró en vigor apenas una semana antes. El texto prohibía el ingreso de migrantes de Siria Irak Irán Yemen Libia Somalia y Sudán además de refugiados. El estado de Washington con el apoyo de Minnesota y grandes corporaciones como Microsoft Amazon y Expedia impulsó el proceso judicial. Finalmente, la corte de apelaciones decidió por unanimidad que la Casa Blanca no había aportado suficientes argumentos para considerar a esos países como un peligro para la seguridad nacional. Trump respondió con un twitt diciendo que se verían en la Corte Suprema. Después expresó que podría cambiar la orden ejecutiva para adecuarla a la constitución. Por lo tanto, este asunto podría llevar meses para ver el desenlace final.

Trump y su equipo desistieron de luchar en las cortes, como lo había dicho Trump, en su lugar presentarían otra orden ejecutiva mejor diseñada. Esta también fue suspendida.

LOS ERRORES DE TRUMP

Cuando vemos las contradicciones de Trump que deben ser aclaradas por sus asesores para que no parezca que va contra todos, podemos ver los errores del presidente de Estados Unidos.

1. Salirse del guion.

Las declaraciones de Trump realmente no deben ser una sorpresa para la mayoría. Siempre ha sido muy franco acerca de sus extrañas creencias y nunca ha tenido "pelos en la lengua". El problema es que no sólo necesita una imagen pública positiva para el éxito de su carrera política, también es presidente de un país donde reina la diversidad y cuyos votantes también son los propios inmigrantes a los que insulta continuamente.

Teniendo en cuenta estos factores, la única explicación posible de por qué dice lo que dice es que sus pasiones superan a su sentido común.

Tanto se sale del guion que sus asesores han decidido (The Washington Post) no darle información completa de asuntos de seguridad nacional, por temor a que Trump pueda ser imprudente, tal como lo hizo en presencia del Premier de Japón, donde se saltó los protocolos de seguridad.

2. Dejar que su ego tome el control.

Todos cometemos errores, pero ser capaz de rectificar es fundamental para que haya un buen liderazgo. Detrás de cada error de Trump debería haber una disculpa inmediata. Puede que no borre por completo el daño que sus declaraciones hicieron a mucha gente, pero habría sido un buen camino para apaciguar la ira contra él. Incluso podría haber creado un diálogo público acerca de sus creencias, permitiendo participar a los electores sobre la opinión que tienen acerca del tema de la inmigración, del muro, del aborto, del obamacare, etc.

Un líder inteligente se habría disculpado rápidamente. Otros presidentes lo han hecho en el pasado. Eso no significa que Trump no pueda tener una opinión particular, pero si quiere ser el líder de un país como Estados Unidos, tiene que mostrar la voluntad de evolucionar y considerar otros puntos de vista de una sociedad tan plural.

3. Doblar en una mala apuesta.

Cuando Univisión dijo que no iba a retransmitir los concursos de Miss Universo y Miss USA en sus canales, Trump debería haberse dado cuenta de la gravedad de la situación y haber tomado medidas inmediatamente para recuperar la relación con la empresa. Una disculpa podría haber amainado el dolor, pero en lugar de eso Trump demandó a Univisión por $500 USA millones. En lugar de reconocer que a su toma de protesta no hubo la multitud que acompañó a Obama, insiste en que fue la más grande de todas las aperturas de la historia. Con los medios, las mentiras fueron ventiladas en forma inadecuada, y llamar a los medios "los enemigos del pueblo" es un exceso. Esto es sin duda alguna hacer malas relaciones públicas. Le hace parecer arrogante y vengativo, y destruye cualquier posibilidad de que el público lo perdone. En lugar de retar al sistema judicial con un "nos vemos en la corte", pudo ser más asertivo y decir que revisarían la orden de veto. En esos temas, Donald Trump se hundió aún más profundo en el agujero que él mismo se había cavado.

Por doblar una mala apuesta, Donald Trump ha mostrado al mundo el peor rasgo que cualquier líder puede exhibir: el ego. La puesta en escena de Trump sólo ha servido para hacer más famosos a sus negocios, pero no ha mejorado su seriedad en el escenario político. Puede que pague un precio muy alto por haber ido demasiado lejos, pero se niega a corregirlo.

Apelar la decisión de, y llamarlo, un "supuesto juez" federal y decir que no tiene razón para vetar sus medidas sobre visas de 7 países musulmanes, es otra apuesta perdida.

Donald Trump dijo que el Acuerdo de Libre Comercio de América del Norte (Nafta, por sus siglas en inglés) "es tal vez el peor acuerdo comercial firmado en cualquier parte y seguramente el peor firmado" por Estados Unidos. Esta retórica hiperbólica, incluyendo la descuartizada sintaxis, fue elogiada sin duda por sus partidarios en campaña, pero ahora es presidente. Sin embargo, no se basa en la evidencia.

Otra vez sin evidencia, culpó a Obama de intervenir las comunicaciones en la Torre Trump. Las agencias de seguridad nacional atestiguan que no existe evidencia de tal cosa, pero ¿qué hace Trump? Siguió acusando a Obama.

NAFTA -TLCAN Y MAS ERRORES DE TRUMP

El presidente de Estados Unidos pide agilizar una renegociación del Nafta que, por ley, requiere de 90 días para su revisión, pero no parece darse cuenta de que México cedió más protecciones arancelarias que Estados Unidos cuando el acuerdo fue firmado en 1993. Si el Nafta se renegocia, es poco probable que México acepte nuevos límites a su acceso al mercado estadounidense. Si un enfrentamiento conduce al fin del Nafta, los dos países asumirán sus compromisos de manera bilateral, que es lo que quiere Trump, bajo las reglas de la Organización Mundial del Comercio y el cronograma de aranceles de "nación más favorecida". Eso perjudicaría en lugar de beneficiar a la economía estadounidense.

Por desgracia, Trump no sabe mucho de economía en este tema clave, pero los asesores republicanos de Trump deberían saber lo que está en juego. Su intento de vilipendiar el Nafta al señalar un impuesto al valor agregado de 16 por ciento que pagan los importadores mexicanos es engañoso. Este impuesto se aplica tanto a bienes fabricados en el extranjero como dentro de México, similar al impuesto a las ventas de Nueva York. No discrimina contra las importaciones y el importador lo recupera al cobrarlo a los clientes. Eso es economía básica.

El Nafta perturbó el statu quo económico en Estados Unidos al igual que en México. Ha habido ganadores y perdedores. Sin embargo, los trastornos en ese país son menores comparados con los producidos por los adelantos tecnológicos o cuando las empresas trasladan producción de estados estadounidenses dominados por los sindicatos y con gravámenes altos a estados con impuestos más bajos y donde las leyes laborales permiten a los trabajadores no pertenecer a un sindicato, especialmente cuando se compara con las ganancias en eficiencia económica.

Trump reconoció rápidamente una desventaja genuina de su país cuando habló de reducir los impuestos a las empresas para estimular la inversión dentro del país, pero su mensaje principal es que, bajo el Nafta, México le está "robando" empleos a Estados Unidos.

En realidad, una economía interconectada en América del Norte ha hecho que el sector manufacturero estadounidense sea competitivo en todo el mundo. Las empresas le compran componentes de México y Canadá y agregan valor en innovación, diseño y marketing. El resultado final son productos que están entre los de mayor calidad y menor precio del mundo.

La competitividad automotriz es altamente dependiente del libre comercio global. Según la consultora de Ciudad de México De la Calle, Madrazo, Mancera, 37 por ciento de las autopartes importadas por Estados Unidos en 2015 procedieron de México y Canadá. Esta tercerización en el extranjero es importante para los empleos bien remunerados de ensamblaje estadounidenses. No obstante, las autopartes también se movieron en la dirección contraria. Los fabricantes estadounidenses de repuestos enviaron en 2016 alrededor de 61 por ciento de sus exportaciones a México y Canadá.

Estas sinergias han vuelto atractiva la industria automotriz estadounidense para los inversionistas. Luego de la crisis financiera de 2008, la inversión en el sector se contrajo. Sin embargo, entre 2010 y 2014, se invirtieron casi US$70 mil millones en esta industria en América del Norte. Trump asegura que esa inversión se fue a México, pero dos tercios se dirigieron a Estados Unidos., según un informe de enero de 2015 del Centro para la Investigación Automotriz, con sede en Michigan. El dinamismo de la inversión ayudó a generar 264 mil 800 nuevos empleos en la fabricación de vehículos y autopartes en Estados Unidos entre enero de 2010 y junio de 2016, según la Oficina de Estadísticas Laborales.

Esto representa un aumento de empleos de 40 por ciento a pesar de la creciente tendencia hacia la robótica en la industria. Si se cancela el Nafta, estos trabajadores y aquellos que busquen empleo en un futuro pagarán los platos rotos.

La agricultura de Estados Unidos también sufriría. Los productos agrícolas estadounidenses entran a México prácticamente exentos de aranceles y en 2016 México fue el tercer mayor mercado extranjero para la producción agrícola estadounidense después de China y Canadá.

Supongamos que México no ceda en la nueva ronda de negociaciones y que Trump tenga éxito en su campaña por revocar el Nafta. Eso significaría un regreso a los aranceles acordados bajo las reglas de la OMC y que cada país cobra a los países con los que no tiene un acuerdo de libre comercio. En 2015, el arancel promedio ponderado de México sobre productos agrícolas era de 38,4 por ciento, un alza marcada frente al arancel cero que los exportadores estadounidenses pagan ahora. Los fabricantes de Estados Unidos que despachan a México serán golpeados con un arancel promedio ponderado sobre bienes industriales de 7,7 por ciento.

No hay que olvidar que México tiene muchos pactos comerciales bilaterales. Los competidores de esos países tendrán grandes ventajas arancelarias sobre los agricultores y fabricantes estadounidenses.

En otro ejemplo de la ignorancia de Trump y sus asesores, al visitar la planta de Boeing se puso como modelo porque la empresa produce en Estados Unidos con mano de obra y materia prima del país.

El único problema es que otra vez mentía y como lo ha explicado una y otra vez esa empresa, sus más modernas plantas son en realidad ensambladoras de partes aeronáuticas que se hacen en otros países. Boeing es un ejemplo de todo lo que la administración Trump quiere destruir: es una empresa global, integrada y que ensambla en sus plantas lo que se construye en otras partes del mundo.

Según un informe de la propia empresa, su avión estrella, el Dreamliner, está producido casi por completo en el exterior. Ese avión, el mismo que opera Aeroméxico y que es el que utiliza la Presidencia de la República de México, es montado en la planta de Everett, en el estado de Washington, desde el 2003 es una planta empleada como una línea de ensamblaje que se nutre de diversos proveedores, la mayoría extranjeros, lo que hace, de acuerdo a información de la empresa Boeing, que la cadena de montaje ganase en agilidad y en sencillez, a la vez que genera una reducción del inventario, gracias a los sistemas preinstalados que reducen el tiempo de montaje final en tres cuartas partes del tiempo anteriormente estipulado.

En la información de la empresa se destaca que, por ejemplo, las alas se producen por Mitsubishi, de Japón; el estabilizador horizontal, por Alenia Aeronáutica, de Italia y Korea Aerospace, de Corea del Sur; las secciones de fuselaje provienen de Global Aeronáutica, de Italia, de la propia Boeing, de Kawasaki Heavy Industries, de Japón, de Spirit AeroSystems, estadunidense y de Korean Air, de Corea del Sur; la puertas para pasajeros son de Latécoère, de Francia; las puertas de carga, puertas de acceso y de escape de la tripulación, las hace Saab AB, de Suecia; el software del avión lo desarrolló HCL Enterprise, de India; las vigas del piso de cabina vienen de TAL Manufacturing Solutions Limited, de India; todo el cableado de Labinal, de Francia; todos los dispositivos de punta alar, flaps, carenados, portones del tren de aterrizaje y largueros, son construidos por Korean Air, de Corea del Sur; el tren de aterrizaje viene de Messier-Dowty, de Francia; y los sistemas de gestión y aire acondicionado son de Hamilton Sundstrand, de Estados Unidos. En la actualidad cada vez más partes de esos equipos, como arneses, puertas y el tren de aterrizaje provienen de México cuya industria aeroespacial le vende partes y componentes a Boeing por más de mil millones de dólares al año. Eso es lo que hace a Boeing una de las empresas más prósperas del mundo y la nueva economía global se sustenta en ese tipo de integración industrial.

No hay nada que deslegitime más a un político y, sobre todo, a un Presidente que la mentira, peor aun cuando se suma a la ignorancia. Sea para denunciar atentados en Suecia, masacres inexistentes de niños, falsear conscientemente el costo de los aviones presidenciales y no entender que la realidad es mucho más terca, más complicada, que sus declaraciones.

Se supone que las "extravagancias son una de las virtudes de Trump, pero cuando se trata de comercio, el candidato republicano no es políticamente incorrecto, sino que es un ignorante de cómo funciona la economía, ese es un error fáctico" (El Universal, 4 de febrero 2017).

El primer desafío en la renegociación del TLCAN - NAFTA es desmarcarse de la manipulación y el arte de mentir como estrategia de poder. De su manera de "aplastar" a la contraparte a partir de crear ambientes emocionales adversos al interlocutor, que logra —como advirtiera The Economist— como máximo exponente hoy del fenómeno de la posverdad con que demagogos y populistas lo mismo ganan elecciones, hacen negocios y amenazan a las democracias.

Trump o arrincona con hechos falsificados, aunque justo es decir que no es el único sorprendido por su show de seudorealidad virtual. Los ataques contra México reflejan que los gobiernos soberbios y autoritarios con baja credibilidad y desconfianza pública son más débiles para contrarrestar la propaganda sin veracidad, porque tienen menos legitimidad y contacto con los hechos, y menos aliados para defenderse con la verdad.

La tergiversación de la realidad o menospreciar hechos para influir en la opinión pública es vieja. El cinismo político que permite a gobernantes mentir con desvergüenza nos es familiar -y es una de las razones de la desconfianza en las instituciones – también lo es la picaresca cultura de la conspiración y la intriga de los círculos del poder. Pero es distinto cuando la mentira se convierte en estrategia deliberada para crear caos y atemorizar como parte central del ejercicio del poder para modelar percepciones. Y aún más si lo hace el presidente de Estados Unidos.

Como hombre de negocios y "fajador" de callejón, la política de Trump no es "convencer y tejer alianzas con las élites, sino influir en la opinión pública y usarla para crear condiciones favorables a sus negocios. Le basta que sus aseveraciones "suenen ciertas" sin base fáctica, pero, sobre todo, que apelen a creencias y prejuicios personales que usa como garrote para ablandar a sus contrapartes" (José Buendía Hegewisch).

LA OPINION DE LOS EXPERTOS SOBRE EL TLCAN – NAFTA

La posibilidad de que Estados Unidos abandone el Tratado de Libre Comercio de América del Norte (TLCAN) en los próximos meses, en un arranque de xenofobia irracional de Donald Trump, despertó la preocupación en México por la posibilidad de un regreso al pasado, en donde importar mercancías era complicado y caro, lo que alentaba al mercado negro.

Pero la probabilidad de un regreso a la situación de los años 70 y de la primera mitad de los 80, cuando ocurrió el auge del comercio ilegal y el contrabando hormiga es sumamente remota, debido a que la economía mexicana de 2017 es muy distinta de la que prevalecía en aquellas épocas.

La probabilidad de un regreso de México a la situación de los años 70s y 80s, la época pre TLCAN, cuando importar mercancías era complicado y caro, lo que alentaba al mercado negro y llevaba a abastecerse de electrónicos vía el contrabando, es sumamente remota.

Antes de 1986, año en que el país ingresó al GATT (Acuerdo General de Aranceles Aduaneros y Comercio) la economía del país estaba prácticamente cerrada, sin ningún acuerdo de libre comercio. Todavía a principios de los años 80, el ciento por ciento de las importaciones estaban reguladas con permisos y el arancel promedio era de 27 por ciento, lo que provocaba que las importaciones fueran tortuosas. Hoy, México tiene Tratados de Libre Comercio con 46 países, de donde puede abastecerse de mercancías e insumos en caso de una poco probable guerra comercial con Estados Unidos.

Expertos que han participado en diferentes foros han explicado que en caso de que Estados Unidos abandone el Tratado de Libre Comercio y suba sus aranceles, existen TLC similares con 46 países, por lo tanto, lo que se dejara de comprar en Estados Unidos se podría comprar en esos países. Hoy son pocos los productos de los cuales se dependa única y exclusivamente de Estados Unidos. Nuestra mayor dependencia es en los productos del campo y ya se están negociando tratados de libre comercio con Brasil y Argentina que nos podrían proveer de granos, cereales y carne, que es lo que más compra México a Estados Unidos.

Ricardo Ramírez, el primer juez mexicano del Órgano de Apelación de la Organización Mundial del Comercio; Beatriz Leycegui, exsubsecretaria de Comercio Exterior, y Fernando Ruiz, director del Consejo Mexicano de Comercio Exterior, afirman que Estados Unidos se vería obligado a acatar las reglas de comercio de la Organización Mundial de Comercio (OMC).

Jaime Zabludovsky, subjefe de la negociación del TLC, advierte que la única opción para Estados Unidos sería salirse del acuerdo de la Organización Mundial de Comercio para aplicar mayores aranceles a México, sin embargo, eso le generaría problemas con los 160 países socios. Adicionalmente, los especialistas sugirieron hacer entender a Estados Unidos que le problema no es el déficit comercial con México, sino el de China y Alemania que son cuatro y siete veces superiores a los que tiene con México.

Ricardo Ramírez Hernández, el primer juez mexicano del Órgano de Apelación de la Organización Mundial del Comercio (OMC); Beatriz

Leycegui, exsubsecretaria de comercio Exterior, de la Secretaría de Economía, y Fernando Ruíz Huarte, director del Consejo Mexicano de Comercio Exterior (Comce), afirman que en un escenario extremo de "denuncia" del TLCAN (que EU se saliera del acuerdo), ese país se vería obligado a cumplir con las reglas multilaterales comerciales de la OMC, organización a la cual México entró en 1995.

Ricardo Ramírez expresó que a todo mundo se le olvida que de manera paralela al TLCAN, Estados Unidos y México son miembros de la OMC; si bien es cierto que el TLCAN es un tratado trilateral y contiene una liberalización más profunda, la OMC tiene reglas casi en las mismas materias que el TLCAN. Entonces, básicamente ante una "denuncia" del TLCAN, las reglas que van a regir entre México y EU serán las mismas de la OMC.

Beatriz Leycegui, autora del libro Reflexiones sobre la Política Comercial Internacional de México de 2006 a 2012, coincidió al afirmar que si se llegara al caso extremo de "denuncia" del TLCAN, EU se vería obligado a cumplir con las reglas multilaterales comerciales de la OMC y los aranceles aplicables bajo esta organización obligan al cobro de topes máximos por arancel y los niveles en general son ya muy bajos, y los topes consolidados son iguales a los que ya aplican de la nación más favorecida.

Luis de la Calle, quien fue ministro para Asuntos Comerciales de la Embajada de México en Washington cuando se negoció el TLCAN, explicó que el promedio arancelario de Estado Unidos para productos industriales es de 2 por ciento y para productos agrícolas de 7 por ciento, es el nivel de arancel que pagarían las mercancías de México en EU en caso de que se abandone el TLCAN, lo que da una idea de que no sería un escenario de encarecimiento de las exportaciones mexicanas al país vecino, precisó.

Existe la posibilidad de que EU se fuera por la libre y no respete los acuerdos, como el de la OMC, pero ojalá que no lo decida hacer porque también sería contrario a sus intereses porque se les revertiría.
Jaime Zabludovsky, quien fungió como subjefe de la negociación del TLCAN, advirtió que si EU se sale de la OMC le generaría problemas con los 160 países socios de dicha organización.

LO QUE IGNORA TRUMP SOBRE EL TLCAN -NAFTA

Trump y sus asesores comerciales tienen una visión mercantilista del comercio, en el que sólo consideran el déficit comercial de Estados Unidos con México, pero las ventas de México tienen un alto contenido de materias primas y partes estadunidenses.

Jaime Serra Puche, quien fuera el negociador en jefe del TLCAN con EU, explicó que de cada 100 dólares que México exporta a Estados Unidos, 40 son insumos estadunidenses que previamente se importaron para ser reexportados.

Por ello, entrar en una visión mercantilista del comercio, sería un desastre para todos, enfatizó en la plática difundida en el portal de su firma SAI Derecho y Economía.

A Estados Unidos le preocupa el déficit comercial de mercancías con México, el cual, durante 2016, creció 4.16 por ciento y se ubicó en 63 mil 192 millones de dólares, —de acuerdo con cifras del Departamento de Comercio de EU—, por lo que quieren renegociar el TLCAN para buscar la forma de revertirlo.

En caso de que Trump piense que puede subir aranceles a México sin que suban para su país, eso no es cierto y subir los aranceles para los dos países, lo único que hará es beneficiar a otras regiones del mundo.

México es un mercado muy grande, le compra a Estados Unidos 16 por ciento de lo que venden y en cambio representamos 14 por ciento de lo que compran, somos más grandes del lado de sus ventas que de sus compras.

Estados Unidos también sale perdiendo

En un escenario de "guerra comercial" podría ser que México decida aplicar también medidas de represalia como lo ha sugerido el ex Canciller Castañeda.

México ya castigó a Estados Unidos con aranceles más altos durante la administración de Felipe Calderón, fue por incumplimiento de Estados Unidos en la apertura de su mercado al transporte de carga mexicano.

Las sanciones se aplicarían no en productos iguales; sino en aquellos en los que se pueda causar más daño en la represalia, el país ha sido muy estratégico cuando ha aplicado medidas de represalia por incumplimiento, seguiría los criterios de no afectar las cadenas productivas, de no perjudicar insumos básicos. Con el TLCAN ciento por ciento de todos los productos entre México y EU tienen cero aranceles, con las reglas de la OMC sería de 7.7 por ciento en promedio.

Lo que sí es cierto es que México tiene un arancel más alto en la OMC que el que tiene con Estados Unidos. Entonces, si importar mercancías se encarecería un poco ante la ausencia del TLCAN, se le encarecerían aún más a Estados Unidos las importaciones desde México.

Si Estados Unidos denuncia el TLCAN, las importaciones de Estados Unidos desde México pagarían el arancel de la nación más favorecida y el arancel promedio está en 7.7 por ciento, claro que hay picos para algunos productos sensibles, como textil, vestido y calzado. Pero este sería un costo más caro para los estadunidenses comparado con el arancel cero del TLCAN.

Si se abandona el TLCAN no habría un caos para México, obvio sí se perdería algo, ya que hay más liberalización en el TLCAN, pero el que se vayan a quedar sin reglas entre Estados Unidos y México esto no va a ocurrir, además de que la economía mexicana está muy abierta por su red de tratados de libre comercio, por lo que podría importar mercancías de otras naciones.

Líder mundial en exportaciones

Si por alguna situación se encarecieran las mercancías provenientes de Estados Unidos, México no tendría que recurrir a tantas importaciones como sucedía en los años 70 y 80, cuando el país era mayoritariamente productor y exportador de materias primas.

Datos de ProMéxico detallan que hoy en día, el país es líder mundial en exportaciones de pantallas planas y en refrigeradores de dos puertas. En 2013 México fue el mayor vendedor mundial de computadoras; el octavo mayor exportador de teléfonos móviles en el mundo y el cuarto exportador global de aspiradoras, así como el tercero mayor exportador de estufas de gas, lavaplatos y calentadores de agua eléctricos. En el mismo año, las exportaciones de electrónicos de México sumaron 75 mil millones de dólares.

TLCAN, vivirá un año y medio

Las negociaciones y las consultas ya iniciaron y tardaran 90 días previos a las reuniones bilaterales, hasta donde se está hablando actualmente, toda la intención de Estados Unidos es revisar el acuerdo, de tal manera que si lo quiere denunciar sería al terminar la negociación si es que no le satisfizo.

Primero la negociación del acuerdo comenzará en mayo, y ésta, por lo menos, se llevará a fin de año, y si entonces no les gustó como quedó, denunciaría el TLCAN, y ésta se llevaría seis meses más, entonces tenemos como año y medio con acuerdo... serían más o menos los tiempos.

Ahora se está preparando una negociación con Estados Unidos y Canadá, se revisaría todo el acuerdo, se hará un análisis sectorial para ver fuerzas y debilidades y buscar modernizar el Tratado, meter temas como el e-commerce, que no está en el TLCAN, como energía, que no está; seguramente también el tema laboral, etcétera; es decir, los temas que negociamos en general con el TPP que no estaban en el TLCAN, probablemente sean los que se incorporen a esta modernización.

LA VISION ECONOMICA DEL SISTEMA MUNDIAL DE COMERCIO**

El Gobierno de Donald Trump tiene razón en condenar el costo que suponen para la economía estadounidense los desequilibrios comerciales persistentes, pero se equivoca al centrarse en los bilaterales. El comercio mundial es complejo y el desequilibrio comercial entre dos países puede deberse a descompensaciones causadas por políticas de cualquier otro lugar, en cuyo caso las intervenciones pensadas para reducir el déficit del comercio con un país concreto no solo fracasarán, sino que incluso pueden agravar el déficit comercial general de Estados Unidos.

México es un ejemplo evidente. Con un comercio total entre ambos países de 600 mil millones de dólares, México es el tercer socio comercial de Estados Unidos. Sus exportaciones a Estados Unidos ascienden a casi 63 mil millones de dólares más que sus importaciones de dicho país. Solo tres países más superan ese superávit comercial con Estados Unidos, lo que convierte a México en un objetivo evidente para aquellos a quienes preocupa el alto déficit comercial estadounidense.

Pero la función de México en el comercio estadounidense no es lo que parece. A pesar del mencionado superávit, México registra un déficit general por cuenta corriente que equivale al 2,8 por ciento de su PIB. Se trata del séptimo déficit por cuenta corriente más alto del mundo, y la mitad de él se debe al déficit del comercio exterior. Como los países con déficit por cuenta corriente invierten más dinero del que ahorran, y deben financiar la diferencia con capital extranjero, México es un importador neto de capital.

Compárenlo con el excedente comercial de China con Estados Unidos, de 367 mil millones de dólares, el de Alemania, de 75 mil millones, y el de

Japón, de 69 mil millones. Estos tres superávits forman parte de los excedentes aún mayores que cada país tiene con el mundo en general. Por supuesto, los países con superávit comercial deben exportar ese ahorro excesivo que no pueden invertir en el propio país, lo que también convierte a esos tres países en los tres mayores exportadores netos de capital, con 293 mil millones de dólares, 285 mil millones y 138 mil millones, respectivamente.

Su elevada tasa de ahorro refleja su bajo porcentaje de consumo del PIB, y el consumo es bajo en los tres países no porque sus ciudadanos sean extraordinariamente ahorradores, como se suele creer, sino porque a las familias corrientes se les paga un porcentaje desproporcionadamente bajo del PIB. Esos bajos porcentajes benefician a los Gobiernos municipales en el caso de China, a las empresas en los casos de Alemania y Japón, y a los ricos en los tres casos .

Como su bajo consumo impide que estos países absorban todo lo que producen, tienen que exportar el excedente de producción, junto con el excedente de ahorro, a un mundo reticente a aceptar ambos. Los países que directa o indirectamente restringen la entrada de capital pueden acotar su vulnerabilidad a esos excedentes. Los que no pueden, como España en el caso del capital alemán, no tienen otra opción que absorber la entrada de capital y compensarlo con déficit comercial. Es lo que le pasaba a España antes de que la crisis de 2009 invirtiese el sentido del flujo de capital, e hiciese que la subida del paro socavase su capacidad de seguir manteniendo un déficit comercial.

Estados Unidos, con su consolidado y flexible mercado financiero, no impone ninguna restricción al capital, lo que lo convierte automáticamente en el amortiguador del excedente de ahorro del mundo. Casi la mitad de las exportaciones netas de capital del mundo van a parar a Estados Unidos, así que es, por defecto, el mayor acumulador neto de capital del mundo, y no puede evitar compensar esta entrada de capital mediante el déficit comercial correspondiente.

La mayoría de los economistas no entienden la relación entre el comercio y los flujos de capital, tal vez porque la situación era mucho más simple durante la mayor parte de nuestra historia. Antiguamente, el comercio entre dos países reflejaba sobre todo las diferencias entre los costes de producción. El capital se movía entre ambos principalmente para equilibrar las importaciones y las exportaciones. El sentido del comercio, en otras palabras, determinaba la dirección del flujo neto de capital.

México 2018, en la encrucijada

Pero ya no. Los flujos de capital han crecido hasta ser un múltiplo enorme de los flujos comerciales, y el comercio de mercancías solo representa algo más del 1 por ciento del volumen comercial diario en divisas, según la UNCTAD. Ahora, las decisiones de inversión independientes que toman los gestores de fondos obligan al comercio a adaptarse, y la variación del precio relativo de los productos vendidos suele producirse mediante la modificación de los tipos de interés o los tipos de cambio, o el aumento del paro. Esta es la razón por la que no podemos entender los desequilibrios comerciales si no nos fijamos en los flujos de capital que los impulsan.

A diferencia de los países con superávit comercial, México no puede exportar capital ni tener excedente en su comercio exterior. En vez de eso, absorbe los ahorros y los productos manufacturados mundiales en exceso que, de otro modo, habrían agravado los desequilibrios mundiales e incrementado el déficit comercial estadounidense. El gran superávit comercial bilateral de México con Estados Unidos es, sobre todo, consecuencia de la comodidad logística de una frontera compartida y unos reglamentos eficientes. Un país con una demanda nacional insuficiente, como Japón, exportará directamente su ahorro excesivo a Estados Unidos, lo que exigirá que este tenga un déficit comercial con el mundo. Japón exportará indirectamente su exceso de producción a Estados Unidos mediante un superávit comercial de productos intermedios con otro país de la cadena de valor, quizás México, que a su vez tendrá un excedente respecto a Estados Unidos.

El déficit de Estados Unidos, en este caso, se origina en Japón, pero solo se manifiesta en el déficit con México. Si Washington penaliza las importaciones mexicanas, casi seguro que se reduce el déficit comercial de Estados Unidos con México, pero, paradójicamente, el déficit comercial de Estados Unidos con el resto del mundo podría aumentar todavía más. ¿Por qué? Porque la intervención de Estados Unidos haría que México resultase menos atractivo para el capital extranjero. A medida que se reduzca la entrada de capital, el déficit comercial de México tendría que disminuir, probablemente arrastrado por una mezcla de debilidad del peso y subida del paro.

Resulta inevitable que el capital que, en otras circunstancias, habría acabado en México termine en Estados Unidos, y mucho más si otros países latinoamericanos sufriesen un efecto de contagio de México. El aumento de la entrada neta de capital en Estados Unidos obligaría inexorablemente a ajustar los precios, lo cual elevaría el déficit comercial estadounidense de forma proporcional, aun cuando el déficit con México se redujese.

Washington no debería caer en el error de malinterpretar el superávit comercial de México con Estados Unidos. Un mayor déficit comercial de México con el resto del mundo reduce los desequilibrios mundiales y, en consecuencia, contribuye a frenar el déficit estadounidense. Está claro que el sistema mundial de comercio necesita arreglos, pero castigar a los exportadores mexicanos iría en contra de la decisión de Washington de reformar el comercio mundial. Y, lo peor de todo, solo serviría para desequilibrar aún más el comercio estadounidense.

**Aportación de Michael Pettis, economista. Reside en Pekín y es miembro de la Fundación Carnegie.

INMIGRACION

Estados Unidos es una idea, y una parte importante de esa idea es que es un país de inmigrantes. Trump es un retrógrado. Todo movimiento populista necesita un mito del pasado ("que América vuelva a ser grande de nuevo"), y un enemigo, que para Trump son los mexicanos y los musulmanes. Está tomando un camino muy peligroso, el del miedo. Ganó y fue capaz de intuir algo que está ocurriendo, de captar el miedo, la ansiedad ante la precariedad económica, el resentimiento, el sentimiento de que las élites actuaron con total impunidad en el crash de 2008. Y, al igual que en el caso del Brexit, se basó en mentiras, no hay otra palabra para ello.

Una vieja idea que tiene muchas bases para ser aplicada, es la de Huntington, quien afirma que la inmigración latina presenta un riesgo a la "seguridad societal" estadunidense, porque el volumen y la naturaleza continua del flujo migratorio, aunados a las características de los migrantes (católicos, poco orientados a la educación, interesados en la defensa de su propia lengua y cultura), ponen en riesgo la reproducción de la matriz angloprotestante que según Huntington está en el ADN cultural de Estados Unidos. De manera análoga, aunque todavía más estridentemente racista, el ideólogo de Trump, Steve Bannon, se refiere recurrentemente en sus discursos a una novela francesa de los años setenta, The Camp of the Saints, para explicar la naturaleza y gravedad del problema de la inmigración. Se trata de una historia de tonalidades virulentamente racistas que imagina un complot contra Europa, orquestado por un fanático religioso hindú que organiza una migración (invasión) masiva desde su país que acaba por sumergir a Europa entera en el primitivismo. La idea de Huntington, Bannon y Trump es encastillar la sociedad estadunidense para garantizar la seguridad societal.

Vista desde este ángulo, la inversión en el muro es una pieza simbólicamente clave para aumentar el compromiso del Estado estadunidense con el diseño y la operación de una ingeniería poblacional que procurará aumentar todo lo posible la capacidad reguladora de flujos migratorios. Se trata de que el Estado pueda escoger exactamente quiénes y cuántos extranjeros entran al país. Como para que esta meta quedara perfectamente clara, Trump propuso admitir a los refugiados sirios que fuesen cristianos, al tiempo que prohibía el ingreso de los que fuesen musulmanes. Estos sí, aquellos no. Queremos tantos de estos y tantos de aquellos. El muro es, en resumen, una inversión en un modelo de sociedad en que el Estado regula a la población, con la finalidad de proteger una matriz cultural que definiría a la sociedad misma. Es el sentido del muro.

Aún así, los muros tienen siempre dos caras, por lo cual no pueden tener un sentido unívoco. Se pretende que la cara que el muro le dará a Estados Unidos será un espejo de la sociedad que Trump busca defender, y por eso el presidente ha insistido en que será "bello". Pero, ¿qué es lo que reflejará la cara que el muro le dará a México? Los apoyadores de Trump pretenden que los mexicanos que se vean reflejados en ella se descubrirán bárbaros; en este aspecto, el paralelo de este muro con la Gran Muralla china es evidente. Lo cierto es que el muro obligará a México a pensar en la clase de sociedad que opondrá a la de Estados Unidos, que opondrá a la sociedad que lo excluye, porque no habrá ya ni siquiera la ilusión de una integración norteamericana.

Una alternativa evidente para México será cultivar un nacionalismo paralelo al estadunidense: la raza del maíz enfrentada a la raza del trigo, como imaginó alguna vez Francisco Bulnes, o quizá la exaltación de aquello que Guillermo Bonfil soñó como un "México profundo", enfrentado a una matriz consumista y culturalmente "artificial".

Aunque en parte esta clase de reacción nacionalista será inevitable, optar masivamente por ella sería desperdiciar un muro que le costará mucho dinero a Estados Unidos. Será mucho mejor que México desarrolle para sí una versión propia de la sociedad abierta, como imagen contrastada a la nueva cerrazón estadunidense. Que una sociedad mexicana libre y abierta juegue frontón en el "bello muro" que terminará por asfixiar a la sociedad estadunidense en sus ínfulas de pureza.

Sería ingenuo decir que los Estados no se saltan constantemente el derecho de asilo. Pero ningún país democrático se había atrevido a suspenderlo de manera total y unilateral como hizo durante la primera semana del mandato de Trump, después de que firmara una orden ejecutiva que prohibía la entrada a todos los refugiados y a los ciudadanos de siete países de mayoría musulmana.

El jurista británico Philippe Sands, profesor de Derecho en el University College de Londres cuyo libro East West Street: On The Origins Of Genocide And Crimes Against Humanity aparecerá en español en 2017 en Anagrama, se pronuncia en un sentido parecido: "Durante su conversación el pasado fin de semana, la canciller Merkel le recordó a Trump la Convención de Ginebra y el derecho de asilo. Esta convención fue adoptada como una parte del acuerdo internacional posterior a 1945. El asilo es un derecho fundamental, una de las armas de nuestro pacto global para prevenir el genocidio y los crímenes contra la humanidad". Con su orden ejecutiva, Trump no sólo borra de un plumazo todo este acervo jurídico, sino que se salta la tradición de su país, que desde su nacimiento fue una tierra de asilo para millones de irlandeses, italianos, suecos, noruegos o rusos que escapaban del hambre, de la pobreza o de la injusticia.

Para entender lo que significa la negación del derecho de asilo se debería viajar hasta la localidad catalana de Portbou, casi en la frontera con Francia. Allí se suicidó en 1940 el filósofo judío alemán Walter Benjamin, uno de los autores más influyentes y citados del siglo XX, cuando comprendió que el régimen de Franco le iba a entregar a los nazis.

El artista israelí Dani Karavan construyó un sencillo memorial, una estructura de hierro que abre una ventana al mar, para recordar que negar el refugio al que huye para salvar su vida es negar el futuro y la vida. Representa olvidar lo poco que hemos aprendido después de siglos de guerras, catástrofes y persecuciones.

Los dos decretos presidenciales que ha firmado Donald Trump en materia de inmigración contienen algunas de las restricciones más amplias aprobadas hasta ahora y ordena la expulsión de indocumentados sospechosos de haber cometido un delito antes de ser juzgados por ellos. Repasamos los decretos y los argumentos esbozados por Trump y que van más allá de la construcción del muro en la frontera con México:

"Muchos inmigrantes que entran ilegalmente o que se quedan en el país una vez caducados sus visados suponen una amenaza significativa para la seguridad nacional".

"Las ciudades santuario han causado un daño inconmensurable al pueblo estadounidense y la fundación de nuestra República".

"El aumento reciente de la inmigración ilegal en la frontera sur con México ha puesto una carga innecesaria en el presupuesto federal".

"Entre quienes entran ilegalmente se encuentran los que buscan dañar a los estadounidenses mediante actos de terrorismo o criminales".

"La inmigración ilegal presenta una amenaza constante a los intereses de EE UU".

La orden indica que se deberá priorizar la expulsión de Estados Unidos a aquellas personas que han sido condenadas o acusadas por una ofensa criminal, aunque la acusación no haya sido resuelta; han cometido actos que constituyen "una ofensa criminal punible", han cometido un fraude o empleado una identidad falsa ante una agencia gubernamental, han abusado de los programas de ayudas públicas, han recibido una orden de deportación o que "a juicio de un agente de inmigración" supongan un riesgo para la seguridad pública o nacional.

Esto supone ampliar las categorías legales de aquellas personas que pueden ser deportadas de Estados Unidos, que bajo la Administración Obama se limitaba a quienes hubieran sido condenados por delitos.

La polémica ley de Arizona que en 2011 bloqueó la Corte Suprema por ser anticonstitucional, por ejemplo, tenía como objetivo a "sospechosos" de ser indocumentados. El texto firmado por Trump va más allá y amenaza con la deportación a quienes, a juicio de un agente, puedan suponer una amenaza para la seguridad y aquellos acusados de delitos y que aún no han sido juzgados.

Trump recupera el programa "comunidades seguras". Se trata de una directiva federal que da permiso a las agencias de seguridad estatales a operar como agentes de inmigración. Es decir, los agentes de tráfico que den el alto a un indocumentado y detecten su estatus ilegal, podrán entregarles a las autoridades de inmigración para detenerles y proceder a su deportación.

El expresidente Obama congeló este programa para dar prioridad a las deportaciones de aquellos indocumentados que habían cometido delitos. "Comunidades seguras" está considerado como uno de los sistemas que dispararon la detención de indocumentados en los últimos años de la Administración Bush.

Fin de las "ciudades santuario". Son lo contrario que el programa de "comunidades seguras": ciudades que se niegan a que sus agentes de seguridad entreguen a indocumentados a las autoridades de inmigración. La orden de Trump quiere terminar con ellas retirando los fondos federales a cualquier localidad que incurra en esta práctica. "Decenas de miles de indocumentados han sido liberados en nuestras comunidades por todo el país (...) Su presencia es contraria a nuestros intereses nacionales".

Detención de indocumentados. La Administración Trump también ha puesto fin a una práctica conocida como "catch and release" y que ordenaba la puesta en libertad de aquellos indocumentados detenidos nada más entrar ilegalmente hasta que recibieran una citación judicial. La medida fue aplicada especialmente por el gobierno de Barack Obama durante la oleada migratoria que llevó a miles de centroamericanos menores de edad, algunos de ellos solos, hasta la frontera estadounidense en el verano de 2014. Según la orden ejecutiva firmada este miércoles, todos los apresados por entrada ilegal quedarán detenidos en los centros para inmigrantes hasta su juicio.

Un muro y nuevos centros de detención. El secretario de Seguridad Nacional "tomará todas las medidas necesarias para identificar los recursos disponibles para construir, operar y controlar inmediatamente instalaciones para detener indocumentados en o cerca de la frontera" sur del país. Este apartado responde a la creciente demanda que provocaría la detención masiva de indocumentados. Trump ha prometido expulsar a entre dos y tres millones de indocumentados que han cometido delitos en Estados Unidos, aunque diversos estudios disputan esa cifra. Obama batió el récord de deportaciones en los primeros años de su mandato, por lo que los mismos indocumentados de los que habla Trump podrían no encontrarse ya en el país.

Más agentes de inmigración. Las órdenes piden respectivamente la contratación de 5 mil agentes de seguridad más para trabajar destinados en la frontera y otros 10 mil profesionales de inmigración para las agencias encargadas de detectar y deportar a indocumentados.

WALL STREET

En un área clave para prevenir futuras consecuencias funestas de los excesos de los banqueros, un Trump poseído de sí mismo ha iniciado la destrucción de los restos del contrato social rooseveltiano, apuntalado con no pocas dificultades y limitaciones por Barack Obama. El presidente Estados Unidos acaba de firmar dos decretos para revocar la redacción de la llamada ley Dodd-Frank, titulada exactamente Ley de Reforma de Wall Street y Protección al Consumidor. Esta ley fue firmada por Obama en 2010 para evitar que se repitieran las irregularidades y latrocinios con los que se inició la Gran Recesión y la crisis de 2008, y que tuvieron su icono más representativo en la quiebra del cuarto banco de inversión estadounidense, Lehman Brothers.

La ley Dodd-Frank pretendía recuperar algunos equilibrios como la separación entre la banca comercial y la banca de inversión, la protección a los consumidores de las prácticas heterodoxas en materia de créditos e hipotecas.

Además, los contrapesos necesarios para las situaciones derivadas de los excesos de los bancos demasiado grandes para caer (too big to fail), o proteger a los contribuyentes de los costes de los próximos rescates de las entidades financieras en apuros.

Un presidente demócrata, Obama, tuvo que corregir los excesos desreguladores de otro presidente demócrata, Bill Clinton. No han sido sólo administraciones republicanas las causantes de la ausencia de supervisión al todopoderosísimo sector financiero. A finales del siglo pasado, Clinton derogó la ley Glass-Steagall, aprobada por Roosevelt en tiempos de la Gran Depresión, que separaba las actividades de los bancos que basan su negocio en los depósitos, de los que los hacen con la especulación bursátil. La medida derogatoria de Clinton está en el origen de los abusos de Wall Street durante la primera década del presente siglo. Mark Twain escribió que un banquero es un señor que nos presta un paraguas cuando hace sol y nos lo exige cuando empieza a llover.

Se dice que Trump está cumpliendo todo lo que prometió en la campaña electoral. No en el terreno financiero. El candidato que acusó a Wall Street de ser parte del problema tras presentarse como un millonario antisistema, se apoya en Wall Street para ejercer su labor de Gobierno. Su secretario del Tesoro es un hombre de la banca de inversión (Goldman Sachs), y firmó la revisión de la Dodd-Frank en presencia de algunos de los banqueros más importantes del mundo (JP Morgan Chase, Blackstone) que aplaudían de manera frenética. Inmediatamente, la Bolsa de Nueva York comenzó a subir hasta superar todos los récords.

Lo peor de lo sucedido en materia económica en la última década tuvo su origen en Wall Street, primero a través de las hipotecas locas y luego de los problemas de liquidez y de solvencia de muchos de sus bancos, algunos de los cuales tuvieron que ser nacionalizados (y, una vez limpios, vueltos a privatizar). La iniciativa de Trump de desregular las finanzas semeja una de esas "ideas zombis" que definió Krugman: toda proposición económica concienzudamente refutada tanto por el análisis como por una masa de evidencias, que debería estar muerta pero no lo está porque sirve a propósitos políticos ajenos, apela a los prejuicios, o ambas cosas. Según el periodista de investigación David Cay Johnson, autor de la biografía "Cómo se hizo Donald Trump (Capitán Swing)", uno de los principios favoritos del nuevo presidente dice: "Devuelve un golpe más fuerte que el que recibiste". Eso es lo que está haciendo con el legado de Obama.

MEXICO Y TRUMP

La llegada de Donald Trump a la Casa Blanca el pasado 20 de enero y las primeras órdenes ejecutivas firmadas, ha encendido todas las alarmas en México, el país que ha ocupado un lugar central en el decálogo de promesas del presidente electo para "hacer a Estados Unidos grande de nuevo".

Si bien incluso los mercados dan por descontada una renegociación del Tratado de Libre Comercio de América del Norte (TLCAN) y medidas migratorias más estrictas, aún quedan dudas sobre el alcance de las negociaciones.

Tres negociadores del TLCAN y un Embajador Emérito de México se reunieron la última semana de enero para discutir con qué municiones cuenta México para sentarse en la mesa. Los cuatro expertos coincidieron: México tiene varios ases bajo la manga que le pueden hacer llevar la voz cantante de las negociaciones, y no viceversa.

1. Estados Unidos tiene menor margen para aplicar aranceles comerciales que México.

El ex titular de la Secretaría de Hacienda y Crédito Público, Jaime Serra Puche, explicó que el 66 por ciento de lo que Estados Unidos comercia lo hace con países con los que no tiene un tratado de libre comercio, con lo cual se derrumba el argumento de que la apertura comercial es la causa de los males económicos del país vecino. De hecho, el déficit comercial que Estados Unidos tiene con México (del 9 por ciento) es significativamente menor al que tiene con China (del 56 por ciento); con la Unión Europea (del 17 por ciento); o con Japón (del 10.6 por ciento).

Debido al tamaño de su economía, al imponer aranceles del 35 por ciento a todos los productos que compañías estadounidenses importen a ese país desde México, la Unión Americana no sólo estaría violando las normas del TCLAN, sino también las de la Organización Mundial del Comercio, cuyas reglas establecen que, de eliminarse el tratado, Estados Unidos solo podría imponer un arancel promedio de 2.5 por ciento a los productos que se compren a México.

México, explicó Serra, se benefició de la apertura comercial que trajo el TLCAN, no de la política de aranceles cero. Esta apertura volvió a México más competitivo, pero permitió a Estados Unidos contar con un proveedor de productos y servicios más baratos, lo que lo hacen competitivo en el mundo.

La amenaza de Donald Trump de imponer aranceles a los automóviles de firmas estadounidenses fabricados en México que se vendan en Estados Unidos ha causado, con razón, preocupación —próxima al pánico— en la industria del automóvil y, en particular, en la rama de componentes del automóvil. Las razones de la inquietud hay que buscarlas en primer lugar en que el presidente electo confirma el frenesí proteccionista que anunció durante la campaña. Cada vez quedan menos dudas de que, en lo que se refiere a la industria y al comercio, Trump no se va a apear de la idea regresiva de que la economía americana es para los americanos, con las consecuencias que ello implica: bloqueo de mercados, aumentos de costes y pérdida de rentas, para Estados Unidos y para el resto del mundo.

Trump, al menos por lo que transmite en sus tuits, parece ignorar que la mayoría de las industrias tecnológicamente avanzadas, como la del automóvil, operan con cálculos integrados de costos y subcontratación de componentes al precio más bajo. Por la vía de nacionalizar el empleo y la producción, Trump convertirá la producción de coches de su país en una industria local.

2. México tiene alternativas de proveedores en otros países.

El ex ministro de Asuntos Comerciales en la Embajada de México en Washington, Luis de la Calle, asegura que México debe diversificar su estrategia comercial. Si bien a México le afecta que Estados Unidos adopte medidas proteccionistas por ser el destino del 80 por ciento de sus exportaciones, es en las importaciones en las que México puede forzar la mano de Trump. De acuerdo con la Oficina de Censos de Estados Unidos, México es el segundo destino de las exportaciones estadounidenses, al comprarle cerca de 300 mil millones de dólares en bienes y servicios sólo durante 2015. Así, el gabinete de Trump "debe saber que México tiene alternativas de proveeduría, sobre todo en el sector agropecuario, con países como Canadá, Australia o Brasil". Cabe mencionar que México es el país con el mayor número de tratados de libre comercio en el mundo, con un total de 45.

3. Una agenda migratoria que incluya a América Central.

Si bien México aporta 5.8 millones de los 11.1 millones de migrantes que viven en el país vecino, una buena parte proviene de países centroamericanos. De acuerdo con el Pew Research Center, de El Salvador han salido 700 mil migrantes; de Guatemala 525 mil; y de Honduras 350 mil, la mayoría de los cuales transita por México para llegar a la Unión Americana. Luis de la Calle opina que México debe poner en la mesa la creación de un fondo para el desarrollo de América Central, financiado por los dos países, mediante el cual se provea de infraestructura de transporte y para el traslado de combustibles como el gas natural. Además, México debería establecer un programa ambicioso de visados para 100 mil centroamericanos que les dé derecho a trabajar en México. Este tipo de medidas le darían a México "autoridad moral" para negociar este tema con Estados Unidos.

De hecho, sólo durante 2015, México deportó a 150 mil inmigrantes indocumentados, de los cuales el 97 por ciento provenía de El Salvador, Guatemala y Honduras, un 44 por ciento más que el año anterior. De acuerdo con Rozental, este es un trabajo que México hace por Estados Unidos, y que les ayuda para contener el flujo de inmigración ilegal a su país.

4. Los migrantes estadounidenses en México

De acuerdo con el INEGI, el grupo poblacional más grande de extranjeros que reside en nuestro país es precisamente el estadounidense. Las cifras oficiales del Departamento de Estado del país vecino registran a un millón de ciudadanos estadounidenses residiendo en México de manera legal, mientras que de acuerdo con el embajador Rozental, "hay un tema del que nunca se habla, los dos millones de estadounidenses indocumentados que viven en México", la mayoría personas mayores jubiladas, que entraron como turistas y simplemente se quedaron a vivir, gozando del buen clima y menor costo de vida. Aunque no existen cifras oficiales sobre el tema, dada su naturaleza ilegal, algunos expertos aseguran que los estadounidenses conforman la vasta mayoría de la población indocumentada en nuestro país, sin sufrir las consecuencias que sí enfrentan los inmigrantes centroamericanos.

5. Política anti-narcotráfico.

En México se cumplieron ya 10 años de guerra contra el narcotráfico que ha costado la vida a alrededor de 150 mil personas -las cifras varían dependiendo de la fuente- y la desaparición de otras 28 mil. Además, el gobierno mexicano ha incrementado su presupuesto en materia de seguridad a una tasa de 15 por ciento anual. De acuerdo con la Coparmex, sólo en 2014 el gobierno mexicano gastó el 1.38 por ciento del PIB, equivalente a 212 mil millones de pesos al combate al crimen organizado. Esa cifra superó al crecimiento económico que el país alcanzó en 2013 (de 1.1 por ciento). Mientras tanto, a la par de la elección de Trump, el pasado 8 de noviembre los estados de California, Massachusetts y Nevada legalizaron el uso recreativo de la Marihuana, sumándose al Distrito de Columbia, Oregon, Washington, Colorado y Alaska. En total son ya 28 los estados de la Unión Americana en los que la marihuana es legal, ya sea para su uso recreativo o medicinal.

De acuerdo con The Tax Foundation, la derrama fiscal de la legalización de esta sustancia ha dejado sólo en el estado de Colorado 113 millones de dólares en 2014, y se espera que se alcance la cifra récord de 140 millones al término de 2016. "Mientras tanto, México sigue actuando como policía de las drogas", dijo el Embajador Rozental. "Hay que pensar si debemos seguir haciendo ese favor a Estados Unidos".

EL RETO PARA ESTADOS UNIDOS

El gobierno de Donald Trump tendrá que decidir si acepta el papel que ha sostenido Estados Unidos desde la Segunda Guerra Mundial o retirarse y aceptar una etapa de inestabilidad global, advirtió el historiador y politólogo Robert Kagan. De acuerdo con Kagan, el "orden mundial liberal" que dominó la política internacional por 70 años entró en un proceso de fragmentación "bajo la presión de tensiones económicas sistémicas, creciente tribalismo y nacionalismo y una pérdida generalizada de confianza en las instituciones internacionales y nacionales establecidas". Peor aún, la última vez que Estados Unidos decidió dejar de lado su "responsabilidad internacional" y ensimismarse en sistemas internos, fue después de la Primera Guerra Mundial y en alguna medida la consecuencia fue, en su opinión, la Segunda Guerra Mundial.

Exconsejero de temas internacionales para las campañas presidenciales de John McCain, Kagan es un intelectual "neoconservador" globalista que rehusó apoyar la candidatura de Donald Trump y actualmente es uno de los principales analistas internacionales y de seguridad de la influyente Institución Brookings de Washington.

En un texto divulgado por Brookings, en el marco de una serie de trabajos sobre ideas para el futuro próximo, el historiador hizo notar que el nuevo gobierno estadunidense deberá decidir "si desea seguir manteniendo este orden liberal", que ha sido sostén de un sistema internacional estable "ante los desafíos de las potencias regionales y otras amenazas potenciales", o asume las consecuencias de abandonar "el papel clave de los Estados Unidos como garante del sistema que ayudó a fundar y sostener".

Autor de libros y ensayos como A Dangerous Nation (Una Nación Peligrosa-sobre la historia de los Estados Unidos) y The World America Made (El Mundo que Crearon los Estados Unidos), Kagan afirmó en su ensayo que "si la historia es una guía, los próximos cuatro años son un punto de inflexión crítico".

Bajo el titulo El Ocaso del Orden Mundial Liberal, Kagan alega que ese sistema puede estar en sus momentos finales, "desafiado por fuerzas tanto dentro como fuera".

Los desafíos externos, siempre según esa visión, surgen "de la ambición de las grandes y medianas potencias insatisfechas por revocar el orden estratégico existente, dominado por Estados Unidos y sus aliados y socios". El objetivo es "ganar hegemonía en sus respectivas regiones". En ese marco, según Kagan, China y Rusia son los mayores retos debido a su relativo poder militar, económico y político, así como "su evidente disposición a utilizarlo", lo que los convierte en actores internacionales significativos. Son el mayor desafío al relativamente pacífico y próspero orden internacional creado y sostenido por Estados Unidos". Kagan es un defensor de la idea de que su país es el gran árbitro mundial. "En mi opinión, la disposición de los Estados Unidos a usar la fuerza para defender sus intereses y el orden mundial liberal ha sido una parte esencial e inevitable de sostenerlo".

De acuerdo con esa visión, ha sido gracias al predominio estadunidense que "ha habido menos agresión, menos limpieza étnica, menos conquista territorial durante los últimos 70 años".

Según el analista, sólo su país tiene las condiciones y ventajas geográficas para asegurar la seguridad global. "No hay un equilibrio estable de poder en Europa o Asia sin los Estados Unidos", opinó y afirmó que "poder blando y poder inteligente" son de valor limitado frente el poder militar bruto.

Sin embargo, sin una voluntad estadunidense de utilizar el poder militar para establecer el equilibrio en regiones remotas del mundo, el sistema se doblará bajo la competencia militar sin restricciones de las potencias regionales.

De hecho, anotó que las cosas pueden cambiar si Rusia o China "fueran a lograr sus metas de establecer hegemonía en sus áreas de influencia deseadas". En ese caso, "el mundo volvería a la condición en que estaba a fines del siglo XIX, con grandes poderes competidores en choques por esferas de interés que inevitablemente se sobreponen. Esas fueron las desordenadas y trastornadas condiciones que produjeron el campo fértil para las dos destructivas guerras mundiales de la primera mitad del siglo XX".

Kagan afirmó que el mayor logro estadunidense después de la Segunda Guerra Mundial fue el establecer alianzas y constituirse en un freno para potencias o alianzas competidoras, una situación que ha logrado mantener por más de 70 años.

Pero ese "orden mundial liberal" que dominó la política internacional por 70 años entró en un proceso de fragmentación "bajo la presión de tensiones económicas sistémicas, creciente tribalismo y nacionalismo y una pérdida generalizada de confianza en las instituciones internacionales y nacionales establecidas". Siempre de acuerdo con Kagan, los grupos que ahora amenazan la paz y la estabilidad mundiales son China y Rusia, cada una por su parte, toda vez que "las regiones donde buscan la hegemonía estratégica —Asia y Europa— han sido históricamente fundamentales para la paz y la estabilidad mundiales.

A un nivel menor, pero aún significativo, Irán busca la hegemonía regional en Oriente Medio y el Golfo Pérsico, estimó el analista. De lograrla, añadió, "tendría un impacto estratégico, económico y político en el sistema internacional".

Corea del Norte busca el control de la península coreana, y si lo obtiene "afectaría la estabilidad y la seguridad del noreste de Asia".
Para Kagan, "en un nivel mucho más bajo de preocupación, está el esfuerzo de ISIS y otros grupos islamistas radicales para establecer un nuevo califato islámico en Oriente Medio. Si se logra, eso también tendría efectos en el orden global".

Pero el actual interés de Estados Unidos se encuentra "principalmente en el terrorismo internacional -el menor de los desafíos al actual orden mundial", agregó.

En su versión, el gobierno de Trump parece enfocado sobre el Islam radical y no cree que su principal problema pueda ser una gran confrontación de poderes. Pero en realidad, escribió, "va a tener que enfrentar ambos conjuntos de desafíos". El primero, que aborda la amenaza del terrorismo, es relativamente manejable. Pero el segundo, el de la competencia de poder y la confrontación, es "históricamente el más difícil y también el más costoso cuando se maneja mal".

Kagan destacó que no es posible hacer pequeñas concesiones a potencias ascendentes o que se sienten "agraviadas". De esa misma forma, apuntó, "la esfera de influencia histórica de Rusia no termina en Ucrania. Comienza en Ucrania. Se extiende a los países bálticos, a los Balcanes, y al corazón de Europa Central". En ese marco, para Kagan "la mejor manera de evitar grandes enfrentamientos de poder es hacer que la posición de los Estados Unidos sea clara desde el principio" y que ésta implique la aceptación de un grado de competencia, que consideró como "necesaria e incluso saludable".

China puede competir económicamente y con éxito con los Estados Unidos; Rusia puede prosperar en el orden económico internacional sostenido por las potencias liberales, aunque no sea liberal.

Hace apenas un año, la posibilidad de que los Estados Unidos se convirtiera en el feroz crítico del actual orden económico y político mientras China pudiera convertirse en su ardiente defensor era casi inconcebible. Pero, en una nueva era de la política mundial, en la que lo que es normal se vuelve anormal y viceversa, parece que una revocación irreal de los roles está ahora en el aire.

Durante las últimas siete décadas, Estados Unidos ha liderado una orden liberal, también conocida como Pax Americana, que se basa en el libre comercio, las instituciones internacionales, el imperio de la ley y los valores democráticos. Sin embargo, bajo la dirección de Donald Trump, Estados Unidos está abandonando este papel de liderazgo.

Con "American first" como su lema y principio rector, el presidente está adoptando una política nativista, proteccionista y aislacionista que promete acabar con los avances de integración económica y política en el mundo.

Desprecia la OTAN y la Unión Europea, dos pilares clave en el mundo occidental de la posguerra, y devalúa los vínculos de Estados Unidos con sus aliados y socios tradicionales en Europa y Asia-Pacífico. Su decisión de abandonar el TPP -un pacto comercial amplio y amplio que el gobierno de Obama firmó con 11 naciones en la Cuenca del Pacífico- es un ejemplo obvio de su aversión al libre comercio, la cooperación internacional y su indiferencia hacia las relaciones de Estados Unidos con sus principales aliados y socios. Trump no está interesado en promover la libertad, la democracia, la transparencia y el estado de derecho. Ha expresado su admiración por los líderes de "hombres fuertes" como el ruso Vladimir Putin, a pesar de la anexión de Crimea por parte de Moscú y las acusaciones de su participación en las elecciones estadounidenses. A diferencia de otros candidatos presidenciales y presidentes, el magnate multimillonario convertido en político se ha negado a publicar sus declaraciones de impuestos y ha atacado repetidamente a los medios de comunicación estadounidenses. Por eso es visto a menudo como xenófobo, autoritario y deshonesto. Ante el vacío que deja Estados Unidos, China quiere liderar el Nuevo Orden Mundial porque siente que Trump está cediendo el papel de largo plazo de los Estados Unidos como líder del orden mundial liberal, Xi Jinping, presidente de China, se está acercando para presentar a su país como el nuevo campeón de ese orden.

Para posicionar a su país comunista como el robusto defensor del libre comercio y la economía abierta, Xi prometió que "China mantendrá su puerta abierta y no la cerrará", permitiendo que "ambos países accedan al mercado chino y la propia China para integrarse con el mercado chino y el mundo."

Más precisamente, prometió que el país más poblado del mundo "ampliará el acceso al mercado de los inversionistas extranjeros, construirá zonas de libre comercio piloto de alto nivel, reforzará la protección de los derechos de propiedad y nivelará el campo de juego para que el mercado de China sea más transparente y mejor regulado. "

Sin embargo, además de defender el libre comercio y promover el nuevo papel de China como el campeón de una economía global abierta, pidió un orden internacional basado en reglas y posicionó a su país como un jugador benigno, responsable y vinculante en ese orden.

En ambos discursos en el foro de Davos, 2017, mencionó el Acuerdo de París sobre el cambio climático, afirmando que todos los firmantes de este acuerdo deben adherirse a él, en lugar de "alejarse de él, ya que es una responsabilidad que debemos asumir para las generaciones futuras".

El líder del Estado Unipartidario instó al mundo a "promover la democracia en las relaciones internacionales y rechazar el dominio de uno o varios países" y subrayó: "Los países grandes deben tratar a los pequeños como iguales en lugar de actuar como hegemón imponiendo su voluntad en otros."

En un momento en el que el mundo está preocupado por las políticas opresivas de Trump, tales declaraciones del líder de la segunda economía más grande del mundo fueron alentadoras.

Como el mayor exportador mundial de bienes, China es el principal beneficiario del libre flujo de mercancías. Está disfrutando de enormes superávits comerciales con muchos, si no todos, sus principales socios comerciales a nivel mundial y regional. Si Trump impone un arancel del 45 por ciento a las importaciones chinas como ha amenazado, China sufrirá más por su proteccionismo.

DAVOS 2017

Imaginemos un mundo en el que las relaciones y los roles que han definido el orden global de los últimos 75 años han sido trastocados. La China comunista es campeona mundial del libre comercio y la globalización. Estados Unidos ha dado la espalda a los valores liberales y se está acercando a Rusia. Europa, rechazada por Washington y Londres, está mirando a Pekín para llenar el vacío. Bienvenidos al Foro Económico Mundial de Davos edición 2017. Esto no es un sueño. Esta es, o podría ser, la nueva realidad en un mundo sacudido por turbulencias económicas y geopolíticas que no se han visto al menos desde la caída del Muro de Berlín, posiblemente desde la Segunda Guerra Mundial.

En los últimos años, esta reunión anual de líderes, presidentes ejecutivos de grandes empresas y banqueros que se realiza en los Alpes suizos ha tenido un perfil bajo debido a las sucesivas crisis, principalmente de naturaleza financiera, que ocurrieron alrededor del mundo.

Pero este año hubo una sensación de que algo mucho más grande estaba ocurriendo. Un corrimiento en las placas tectónicas de la política global que está generando una profunda incertidumbre, y que podría anunciar un retorno a un mundo más hostil y difícil definido por el interés propio nacional.

"Cautelosamente pesimista" es cómo Robin Niblett, director del centro de estudios Chatham House, con sede en Londres, describió el actual estado de ánimo global, mientras que la directora de política exterior de la Unión Europea, Federica Mogherini, habló de un nuevo paradigma en política exterior. "Nos hemos acostumbrado a amistades, sociedades naturales basadas principalmente en valores e historia y probablemente estamos entrando en una fase en la que seremos quizás más pragmáticos, transaccionales, algunos dicen impasibles", dijo a Reuters.

El presidente de China, Xi Jinping, acaparó las miradas en Davos con un discurso que dejó claro que Pekín está ansioso de llenar cualquier vacío en el liderazgo mundial que surja por la llegada de Donald Trump a la Casa Blanca.

Su discurso -pronunciado en una enorme sala repleta y en el que defendió la globalización, el libre comercio y el multilateralismo- fue a la vez diplomático y oportunista.

Xi sacó a relucir indirectamente a Trump, pocos días antes de su asunción presidencial. Y envió un mensaje inconfundible a una Europa sin rumbo: China está aquí por ustedes.

"Los chinos han aprovechado la oportunidad", dijo un alto funcionario de la Comisión Europea. "Han desarrollado un conocimiento tan profundo de nosotros en los últimos 10 años que saben exactamente cómo ajustar su mensaje a una audiencia occidental que está confundida por el Brexit y por Trump", agregó el funcionario. "Si queremos tratar de mantener un modelo económico mundial basado en la apertura y el libre comercio, podría ser liderado por la Unión Europea y China si lo hacemos con inteligencia".

Este es un mundo nuevo, dijo Niblett, en el que los europeos ven a Rusia como una amenaza y a China como una oportunidad, mientras que la mirada de Trump es inversa: ve a Pekín como una amenaza y a Moscú como una oportunidad.

Pero ese mundo nuevo ¿ya está aquí? La respuesta parece depender mucho de Trump. Sus primeras acciones indican que sí. Los interrogantes sobre la presidencia de Trump se dividieron en Davos en tres categorías principales: ¿Cómo se resolverán las contradicciones en sus políticas económicas y extranjeras?; ¿Quién tendrá realmente la voz en su Gobierno?; ¿Por qué esa afición desconcertante por Vladimir Putin?

En cuanto a política económica, algo deberá ceder. Durante su campaña presidencial, Trump acusó a la Reserva Federal de mantener las tasas de interés muy bajas durante mucho tiempo. El mes pasado comenzaron a subir por expectativas de que el crecimiento y la inflación tomen ritmo, avivados por el plan de Trump de gastar en infraestructura y recortar los impuestos. Ahora eso está alimentando expectativas de una apreciación del dólar, y Trump está diciendo que la fortaleza del dólar es un problema.

En Davos, David Rubenstein del Carlyle Group describió a la fortaleza del dólar como el más grave desafío económico del 2017, alertando de que podría incitar una crisis en los mercados emergentes similar a la ocurrida en la década de 1990, porque los países que se han endeudado fuertemente en dólares están apretados.

EL VIEJO -NUEVO ORDEN MUNDIAL

(Contribución de Antonio Sosa, licenciado en Letras por la Pennsylvania State University y Master en Relaciones Internacionales de la New School).

Los aspectos que más damos por sentados del orden mundial actual, que son a su vez los aspectos más esenciales de ese orden –la globalización económica, la expansión progresiva de la democracia, el predominio de normas liberales en el derecho internacional y la ausencia de guerra entre las grandes potencias– existen como resultado directo de la preponderancia mundial, tanto militar como económica, de Estados Unidos. Esto implica, claro está, que, si el poderío de Estados Unidos decayese, tal decadencia necesariamente menoscabaría, en proporción a su grado de profundidad, la integridad y viabilidad del orden mundial sustentado por ese poderío.

Para defender esta tesis, Kagan desarrolla dos puntos principales. En primer lugar, mantiene que todo orden mundial existe en virtud de la potencia mundial (o grupo de potencias mundiales) que lo garantiza, tanto militar como económicamente. "No puede haber un orden mundial", según el autor, "sin el poder necesario para preservarlo, darles forma a sus normas, garantizar sus instituciones, defender los cimientos de su economía y mantener la paz".

Como ejemplos de este principio, el autor alude a la historia de dos antiguos órdenes mundiales –basados, respectivamente, en el Imperio romano y en el inglés– recalcando con notable claridad el hecho de que los mismos siempre estuvieron sustentados por el poder, y consecuentemente supeditados al destino de las potencias mundiales dominantes de la época. "Cuando el Imperio romano cayó, el orden [mundial] que este sustentaba también cayó".

En vista de lo anterior, el autor lógicamente mantiene, en segundo lugar, que todo orden mundial no solo existe en virtud de la sustentación militar y económica proveída por la potencia mundial predominante, sino que también existe como un orden mundial de cierto tipo, en virtud del tipo de potencia que predomina. Según explica el autor, todo orden mundial "ha reflejado las creencias e intereses de sus potencias más fuertes, y todo orden internacional ha cambiado [de carácter] cuando el poder pasó a estar en manos de otras [potencias] con creencias e intereses distintos".

Por ende, un orden mundial liberal solo puede existir si una potencia mundial liberal, como el Imperio británico durante la segunda mitad del siglo XIX o la hegemonía estadounidense a partir de la segunda mitad del siglo XX, existe para garantizarlo. "Históricamente", afirma Kagan, "un orden económico liberal ha florecido solo bajo un conjunto de condiciones —una gran potencia con una armada globalmente dominante y un profundo interés por un sistema internacional basado en el mercado libre y el comercio libre—".

En este sentido, una de las funciones más beneficiosas que ha cumplido el poderío militar estadounidense, según Kagan, ha sido la de "moderar y frenar las tendencias normales de las otras grandes potencias" que, en la ausencia de tal poderío, buscarían "competir y empujarse en formas que históricamente han llevado a la guerra". Dado que Estados Unidos es indudablemente más poderoso que el resto de las grandes potencias regionales, la amenaza del ejercicio de su poder, supone costes demasiado altos y predecibles para aquellas potencias regionales que pudiesen estar considerando ejercer su poder militar modesto en busca de algún objetivo político.

La competencia abiertamente militar por la supremacía entre las distintas potencias regionales pierde sentido; en otras palabras, a la luz de la existencia de una potencia militar global inalcanzable que, en última instancia, tiene el poder para decidir el desenlace final de cualquier conflicto militar entre estas potencias regionales, cualquier potencia regional tiene mayor probabilidad de lograr su cometido persuadiendo a Estados Unidos de la justicia de su causa que venciendo o intimidando a un rival regional militarmente. La supremacía de Estados Unidos imposibilita la "paridad de poder" mundial y, por ende, apacigua la competencia mundial por el poder.

Siguiendo esta línea de pensamiento, Kagan mantiene que la razón por la cual las grandes potencias de la actualidad, como China o Rusia, han estado actuando de manera relativamente comedida no se debe a que, por medio de un proceso histórico progresivo, se hayan vuelto "inherentemente comedidas", sino a que el poderío avasallante de Estados Unidos "pone límites a sus ambiciones". Kagan utiliza el ejemplo particular de China para ilustrar este punto. El hecho de que, en la actualidad, China "no se comporte más agresivamente con Japón, la India o los países del sudeste asiático con los que mantiene disputas", no se debe a que China "sea inherentemente pasiva y cautelosa", sino a que China sabe que Japón, la India y los países del sudeste asiático están respaldados por el poder de Estados Unidos. "Si el poderío estadounidense fuese eliminado de la ecuación", añade el autor, "los chinos harían un cálculo distinto" a la hora de juzgar cómo utilizar su poder militar y cómo relacionarse con sus vecinos.

En un sentido parecido, Estados Unidos ha utilizado su poderío naval desde finales de la Segunda Guerra Mundial para mantener abiertas y seguras las rutas marítimas por las que transita el comercio global. Este nivel de seguridad marítima global, que Estados Unidos ha proveído prácticamente por sí solo, ha beneficiado a potencias comerciales como Alemania, Japón, Brasil, la India, Rusia y China, entre otras; también ha sido, como asevera Kagan, "una de las contribuciones más importantes de Estados Unidos al orden mundial liberal actual". Asimismo, como Estados Unidos es una potencia liberal cuya riqueza depende, en gran parte, de su capacidad para comerciar con otras economías, y por tanto de su capacidad para promocionar el modelo de libre comercio a nivel mundial, tiene un interés consistente en mantener abiertas y seguras las rutas que posibilitan el comercio mundial.

Al ser la paz entre las grandes potencias un prerrequisito para el comercio entre las mismas, Estados Unidos se ve en la obligación de tratar de mantener la paz para poder preservar el comercio entre y con las mismas. Estados Unidos es, en este sentido, una potencia mundial sin precedentes: en virtud de su carácter liberal, posee la voluntad, y en virtud de su poder militar, posee la capacidad, para preservar un orden de libertad y seguridad comercial en los mares del mundo.

Si Estados Unidos decayese como potencia mundial, asegura Kagan, significaría el fin de esta seguridad comercial marítima. Cambiar de un mundo en donde Estados Unidos vigila las rutas marítimas a uno en donde las rutas están sujetas al "patrullaje colectivo de múltiples grandes potencias" podría llevarnos hacia "la competencia y el conflicto en vez de al reforzamiento del orden económico liberal".

Al imaginarnos el porvenir del orden mundial liberal en ausencia del poderío estadounidense, vemos que la viabilidad del orden mundial liberal depende del poderío estadounidense. El problema de hoy yace en que, precisamente como consecuencia del "éxito del orden mundial estadounidense", según escribe Kagan, muchas personas han terminado por creer "que el mismo puede ser trascendido, que el poder estadounidense ya no es necesario para sostener el orden mundial liberal." La prolongada ausencia de guerra entre las grandes potencias ha aupado la idea de que las grandes potencias de alguna manera han trascendido el alcance de aquellas pasiones humanas (como el orgullo nacional, por ejemplo) que en el pasado las habían impulsado hacia la guerra; la actual paz prolongada entre las grandes potencias, lejos de ser entendida como una excepción histórica, es gradualmente asumida como la nueva regla histórica.

La existencia e influencia prolongada del poderío mundial estadounidense ha hecho parecer que el orden mundial liberal es el orden mundial inevitable; es decir, que el mundo como hoy lo conocemos es el mundo como tiene que ser o el mundo que eventualmente hubiese terminado por ser. Una de las consecuencias geopolíticas más significativas de esta creencia historicista, como explica Kagan, es "una Europa que se desarma cada vez más a sí misma mientras que las otras grandes potencias", como Rusia o China, "rehúsan seguirla en su viaje" hacia el paraíso "posmoderno" en donde el estadio de la guerra ha quedado trascendido.

Para recalcar su escepticismo frente a esta manifestación de historicismo europeo, Kagan incluso se pregunta de manera retórica si la "Europa posmoderna" pudiera "siquiera sobrevivir si de verdad tuviese que valerse por sí misma en un mundo que no jugase según sus reglas". En el mismo sentido, Kagan sobriamente le recuerda al lector que "cuando se trata de las relaciones entre Estados, y particularmente en materia de poder y guerra y paz, las reglas e instituciones rara vez sobreviven el declive del poder o poderes que las erigieron".

Creer que el orden mundial liberal puede llegar a trascender su dependencia de Estados Unidos sería, para el autor, creer que el orden mundial liberal puede llegar a trascender aquellas condiciones que lo hacen posible.

Cabe añadir que el escepticismo de Kagan frente al proyecto "posmoderno" europeo no representa una crítica de la Unión Europea en sí misma. En este sentido, el escepticismo de Kagan frente a ciertas tendencias del europeísmo es un reflejo de su crítica de la idea del progreso en sí mismo, de la percepción según la cual el advenimiento y la perpetuación del orden mundial liberal obedecen a un proceso histórico racional e inevitable: "Aquellos que viven en este extraordinario mundo tienden a asumir que tanto la explosión global de la democracia como el orden económico liberal basado en el libre comercio y los mercados libres que han extendido la prosperidad durante los últimos sesenta años, simplemente representan una etapa natural en el progreso ascendente de la humanidad.

Nos gusta creer que el triunfo de la democracia es el triunfo de una idea y que la victoria del capitalismo de mercado es la victoria de un mejor sistema, y que ambos son irreversibles". Knowlton, Brian (2010).

Lejos de representar el advenimiento de "una nueva condición permanente de la humanidad", la historia del siglo XX sugiere la existencia permanente del conflicto entre concepciones opuestas de justicia; por tanto, demuestra la responsabilidad ineludible que tienen las naciones liberales de preservar el orden mundial liberal. "Los estadounidenses, europeos y otros hijos de la Ilustración", escribe Kagan, "tienden a creer que la historia tiene una dirección ascendentemente progresiva, ya sea en línea recta o como el producto de la dialéctica, a medida que la especie humana aprende a controlar y darle forma tanto al mundo natural como a la naturaleza humana". Pero lejos de confirmar esta concepción historicista, Kagan mantiene que "la lección del siglo XX," que parece haber sido olvidada en el siglo XXI, "es que si se quiere un orden [mundial] más liberal, se necesitan naciones liberales poderosas que lo construyan y defiendan. El orden internacional no es una evolución; es una imposición. Es la dominación de una visión sobre otras –en este caso, la dominación de principios liberales en la economía, políticas domésticas y las relaciones internacionales, sobre otros principios no liberales.

Solamente durará en la medida que aquellos que lo impusieron retengan la capacidad de defenderlo. Esta es una realidad incómoda para los internacionalistas liberales. [...] Preferimos imaginar que un orden liberal es aceptado de manera voluntaria o, mejor aún, que es el producto de fuerzas naturales, no del ejercicio del poder. Por eso es que el "Fin de la Historia" fue una tesis tan atractiva para muchos, y sigue siéndola a pesar de haber sido desacreditada por [distintos] acontecimientos. La teoría de evolución inevitable significa que no existe el requerimiento de imponer un orden liberal. Simplemente ocurrirá".

Como el orden mundial liberal no es inevitable ni irreversible, el posible declive del poder económico y militar de la potencia mundial de la que este orden depende se convierte en la pregunta decisiva. Kagan asevera que no hay razón para creer, como muchos parecen creer, que Estados Unidos esté decayendo como potencia mundial. En lo concerniente a influencia económica, Kagan mantiene que el crecimiento económico de naciones como China y la India no representa un reto a la hegemonía económica estadounidense, ya que el mero tamaño de una economía no es "una buena medida del poder total" que esa economía es capaz de ejercer a nivel mundial. La riqueza de una economía, su nivel de PIB per cápita, importa mucho más que el tamaño en términos de la preponderancia e influencia mundial que una potencia pueda ser capaz de ejercer. En relación a este aspecto decisivo, China sigue siendo mucho más atrasada que Estados Unidos y Europa.

Dado que Estados Unidos no puede determinar, de manera absoluta, el curso de los acontecimientos humanos, tampoco puede asegurar, de manera absoluta, la perpetuación de su hegemonía mundial ni, por ende, la perpetuación del orden mundial liberal que de esta depende.

En este sentido, el hecho de que Estados Unidos no esté decayendo ahora no significa, ni puede llegar a significar, que no vaya a decaer jamás. Más bien, la decadencia eventual de todo aquello que esté sujeto a la fortuna, que es todo aquello que ha sido hecho por manos humanas, es inevitable. "Estados Unidos no es algo eterno", como señaló el filósofo político Harvey Mansfield, ya que "fue hecho por seres humanos y por tanto no durará para siempre".

Por más poderoso que Estados Unidos sea, la fortuna siempre puede deshacer lo que el hombre ha hecho. Lo único que Estados Unidos puede hacer es utilizar su poder para tratar de influenciar el devenir de la fortuna.

En este empeño, aprendemos a distinguir cuándo debemos conformarnos de cuándo no debemos conformarnos con el estado de las cosas a medida que mejor conservemos un prudente respeto por las limitaciones permanentes del poder humano y de todo régimen político. Estas limitaciones son permanentes porque la naturaleza humana es permanente; esto es, no puede ser trascendida: el hombre no le puede dar soluciones finales o definitivas a los problemas que son inherentes a la condición humana. No puede haber, por tanto, tal idea como el progreso moral o social del hombre en el sentido más profundo y riguroso del término, ni puede haber potencias u órdenes mundiales perpetuos. La decadencia, la guerra, la tiranía y la barbarie siempre permanecerán como posibilidades, más o menos latentes, en todo régimen político, y en todo orden mundial compuesto por seres humanos.

La postura de Trump rompe el paradigma de un Estados Unidos en favor de la democracia, el libre comercio y el orden mundial, con sus restricciones, y de seguir adelante, pone el primer clavo en el ataúd de la globalización.

NEGOCIATOR O TERMINATOR

En una conferencia sobre Trump, el empresario mexicano Carlos Slim, uno de los hombres más ricos del mundo, aseveró que Trump es un negociador no un terminador. En palabras coloquiales y haciendo la analogía con la película dijo que es un negociator no un terminator.

Varios analistas ven una constante de una personalidad sicótica: destruir y, de pasada, autodestruirse. Obviamente, Trump no es un populista de extrema derecha cualquiera. Es, además, un actor impredecible que hace uso repetidamente de la misma mentira como manera de construir el "sentido común" de su público con sus "hechos alternativos.

Para José Luis Valdés, se trata de un manipulador en jefe y, a la vez, de un distractor en jefe que evade la verdad en tanto que inventa la propia sobre la base de falsedades varias y ésta acaba de ser impuesta al escucha en turno. Es lo que ha dado en llamar en las redes sociales como la posverdad. Otra constante es el uso de la coerción, el chantaje y la amenaza vociferante propia de un déspota o de un dictador. Su personalidad tiránica ha sido ya puesta de manifiesto en los escasos 25 días que tiene de ocupar la Presidencia.

El estratega en jefe empieza a devenir en lo que realmente es siguiendo a Valdés: un apostador de poca monta y con ocurrencias locuaces e irracionales, más que ideas de gran calado, pero, ojo, con el poder nuclear más avasallador del planeta y una economía local que aún domina la economía global. Ciertamente, no poca cosa, toda vez que sus decisiones han puesto de cabeza a la Casa Blanca, si atendemos las noticias aparecidas en The Washington Post (Joseph Rogin, Inside the White House-Cabinet battle over Trump"s immigration order, 4 de febrero) sobre confrontaciones entre Stephen Bannon, asesor superpoderoso de Trump y enlace con el supremacismo blanco, y John Kelly, secretario de Seguridad Nacional; Jim Mattis, secretario de Defensa, y Rex Tillerson, secretario de Estado designado, quienes se han inconformado por haber sido excluidos por Bannon del proceso de emisión de las múltiples órdenes ejecutivas de Trump, especialmente la que prohíbe la entrada de refugiados previamente aceptados y de residentes legales (incluidos los poseedores del permiso de trabajo conocido como green card).

Según revela The New Yorker (Benjamin Wallace-Wells, A dangerously isolated president, enero, 29), la orden ejecutiva que prohibía la entrada a Estados Unidos de nacionales de siete países árabes, entre ellos Irán, Irak, Siria y Libia (redactada presumiblemente por Bannon), y que acaba de ser revocada temporalmente por un juez federal, no fue revisada por nadie dentro del gabinete con la autoridad para poder ofrecer insumos que la clarificaran.

Se trata de una disposición que pretende proteger la seguridad nacional contra el terrorismo, pero atentando de remate contra ciudadanos que tienen residencia legal permanente, tales como los ya mencionados green cards.

Por lo demás, existe evidencia empírica suficiente que demuestra que los países vetados en la orden ejecutiva no han sido responsables de los fatales atentados terroristas en territorio estadunidense.

Como hemos descrito anteriormente, esta iniciativa de Trump ha sido congelada, aunque hay otras que prosperaron y que afectan los intereses de la comunidad homosexual y los derechos reproductivos de las mujeres. Además, Trump también ha emprendido una confrontación con México, Irán, China y Australia, a cuyo primer ministro le colgó el teléfono cuando éste le exigió honrar el compromiso de Obama de recibir más de mil refugiados asentados temporalmente en aquel país. Trump también se resiste a seguir los consejos de influyentes republicanos que no están de acuerdo con algunas de sus medidas, existen reportes acerca de la resistencia de miembros del Partido Republicano que se oponen a la construcción del muro por caro e inefectivo.

China ha reaccionado a los ataques con firmeza y amenazas de endurecimiento. El presidente del Consejo Europeo, Donald Tusk, ha afirmado que "Trump es una amenaza para la Unión Europea" y la Eurocámara rechazó al embajador designado por Trump, Ted Malloch, antieuropeísta de cepa. En Estados Unidos, el general David Petraeus, exdirector de la CIA, ha advertido que Trump está a punto de destruir la estabilidad mundial.

Así pues, Trump se ha quedado solo en apenas 100 días. ¿En dónde quedó el genial negociador?

CONCLUSIONES

La llegada de Donald Trump a la presidencia de la mayor potencia mundial está produciendo escalofríos en la inmensa mayoría de cancillerías del mundo.

En primer lugar, por su afición a mostrar sus opiniones a través de las redes sociales, en particular de Twitter: por lo que supone de inmediatez y riesgo de reacciones irreflexivas o insuficientemente informadas, y, por consiguiente, de imprevisibilidad y ruptura de las formas tradicionales en las relaciones internacionales y usos diplomáticos, tan apegados a la discreción y a los códigos implícitos.

De seguir así, es indudable que tendremos que afrontar un período de sobresaltos e incertidumbre desconocido desde hacía mucho tiempo, entre otras cosas porque por mucho que un comentario en Twitter sea limitado y, por ende, incompleto, no dejaría de ser la opinión de una figura con un gran poder a su alcance (militar, económico, financiero, comercial, etcétera). Por otro lado, sus propuestas de política económica no parecen generar grandes preocupaciones.

Una gran inversión en infraestructuras y aumento del gasto militar, a pesar de la incógnita sobre su financiación, significarían, a corto plazo, un impulso a la actividad económica y un aumento de la inflación. Los mercados financieros parecen descontar positivamente este escenario.

Por el contrario, las perspectivas en política comercial no son nada halagüeñas: proteccionismo y revisión de los tratados internacionales. Un escenario de este tipo, de materializarse en términos de mayores aranceles a las importaciones y de las subsiguientes represalias de los socios comerciales, supondría una reducción significativa del comercio mundial y, por tanto, el riesgo de una nueva recesión económica. Es cierto que si se respetan los tratados internacionales (bilaterales y multilaterales), una actitud proteccionista encontraría un freno en su ejecución, pues los cambios en los mismos o su denuncia exigen períodos de transición y negociaciones entre los socios comerciales que podrían retardar y suavizar sus consecuencias.

Pero lo más inquietante sería una vuelta al unilateralismo de antaño en el que la potencia militar y económica hegemónica dictaba las reglas de juego en las relaciones internacionales, lo que supondría un golpe mortal para la gobernanza internacional. Actualmente, existen unas instituciones y reglas internacionales que ofrecen un marco de referencia estable y predecible y que sirven para canalizar la resolución de conflictos no solo militares sino sobre todo económicos, comerciales, de inversión, seguridad, etcétera.

Mal que bien, el conjunto de este entramado (que podría subsumirse en un genérico Derecho Internacional) es particularmente útil y necesario para países pequeños y de potencia media como México, al ofrecerles las herramientas para protegerse de posibles abusos o ante situaciones conflictivas con estados dotados de mayor capacidad disuasoria.

Por ejemplo, las reglas de la OMC permiten que los países puedan hacer valer sus derechos ante una subida de aranceles a sus exportaciones hacia Estados Unidos más allá de los límites consolidados en esta organización.

México 2018, en la encrucijada

Por ello, el desdén mostrado por Donald Trump hacía varias de estas instancias supondría, de materializarse una actitud unilateral de no respeto de sus normas, un verdadero terremoto de alcance impredecible y mucho peor que el que podría producirse en el contexto limitado de la política comercial. El no respeto de las normas de la ONU (en términos de conflictos y derecho internacional general), OTAN (en caso de necesidad de activación de la cláusula de defensa colectiva), OMC (comercio), OCDE (movimientos de capitales), Basilea (regulación bancaria), IOSCO (regulación de los mercados de valores), solo por citar algunos ejemplos, significaría una vuelta al pasado donde la fuerza era el principal argumento para hacer valer los derechos de un estado. Una vuelta a un pasado donde la "política de la cañonera" era practicada con especial énfasis por países antaño hegemónicos como el Reino Unido ante impagos de deuda u obstáculos al comercio internacional.

Pero esta actitud es aún más preocupante cuando otros países con credenciales de respeto a los valores democráticos y el Derecho Internacional de largo alcance exhiben similares actitudes unilaterales que podrían deteriorar o incluso destruir el actual marco de gobernanza internacional (que aun siendo mejorable es el único que tenemos).

Sin embargo, y en clave positiva, quizás sería una oportunidad única si Donald Trump, aplicando la misma actitud proteccionista que anuncia para su futura política comercial, aprovechara la ocasión para declarar ilegales las transacciones financieras con los paraísos fiscales dificultando, así, la vida de los defraudadores estadounidenses. Soñar es gratis.

Entre el posible triunfo de López Obrador y las presiones de Trump, México sellará su destino como nación en el 2018, éste será el año en que el país se encontró en la peor encrucijada de la historia.

BIBLIOGRAFIA

Ahluwalia, Montek S. Redistribución con crecimiento. Tecnos, Madrid, 1976.

Aguilera Gómez, Manuel. La desnacionalización de la economía mexicana. FCE, México, 1975.

Ayala, José. Estado y desarrollo, México, UNAM. 2000.

Baca, E. An interpretation of unequal exchange from Prebish-Singer- to Emmanuel. Journal of Development Economics. 5, 1978:319-330.

Barkin, David y Esteva, Gustavo. Inflación y democracia: el caso de México. Siglo XXI, México 1976.

Balassa, Bela. The structure of protection in developing Countries. Baltimore, John Hopkins University Press, 1989.

Balassa, Bela. Policy Choices for the 1990s. Washington, New York University Press, 1994.

Balassa, Bela. Futuro comercial de los países en desarrollo. México, Fondo de Cultura Económica, 1987.

Bazdresch, Carlos y Santiago Levy "El populismo y la política Económica de México, 1970-1982", en Dornbusch y Edwards El Trimestre económico No. 75, México, FCE, 1992.

Bhagwati, Jagdish. El proteccionismo. Alianza Universidad. España, 1991.

Bhagwati, Jagdish y T.N. Srinivasan. Lectures on International Trade. Cambridge, MIT Press,1983.
Bowles, Samuel et al. Tras la economía del despilfarro. Alianza Universidad. España, 1992.

Cárdenas, Jaime. La política económica en México (1950-1994), México, Fondo de Cultura Económica, 1996.

Carmona, Fernando. El milagro mexicano. Nuestro Tiempo, México, 1978.

Chabat, J. "La respuesta del gobierno de Calderón al desafío del narcotráfico: entre lo malo y lo peor", Documentos de trabajo, CIDE, no. 196. 2010.

Chenery, Hollis. Cambio estructural y política de desarrollo. Ed. Tecnos, Madrid, 1980

Clark, Reynolds. La economía mexicana: su estructura y crecimiento en el siglo XX. F.C.E., México, 1973.

Emmerich, G. "Las elecciones de 2006 y su impacto sobre la democracia en México", El Cotidiano, UAM-Azcapotzalco, no. 145, septiembre-octubre, año/vol. 22. 2007.

Findlay, R. The terms of trade and equilibrium growth in the world economy. American Economic Review, 70,1980:291-99.

Fowler, Will, coord. Presidentes mexicanos, México, Fondo de Cultura Económica, 2004.

Hansen, Royer D., La política de desarrollo mexicano 5a. edición, México, Siglo XXI Editores, 1974.

Hayek, F. Ideologies of a Social Order. Oxford U.P.,1975.

Hayek, F.. ¿Inflación o pleno empleo? Diana, México, 1979.
Harrod, Roy, F.. Hacia una economía dinámica. Ed. Tecnos, Madrid, 1979.

Heller, H. Robert. Comercio internacional. Ed. Tecnos, Madrid, 1978

Hicks, J.R.. Ensayos sobre economía mundial. Ed. Tecnos, Madrid, 1976

J.S. Mill. On Liberty. Collins,1962.

J.S. Mill. Considerations on Representative Goverment. Oxford U. P. 1912.

Kaldor, Nicholas. Ensayos sobre estabilidad y desarrollo económicos. Ed. Tecnos, Madrid, 1979.

Klamer, Arjo. Conversations with economist. Rowman & Litlefield, 1983.

Krugman, Paul R. Strategic Trade Policy in the New International Economics. Cambridge, MIT Press, 1986.

Krugman, Paul R. Monopolistic Competition and the International Economics. Oxford University Press, 1984.

Krugman, Paul R. Una política comercial estratégica para la nueva economía internacional. Fondo de Cultura económica. México, 1991.

Leal, G. "México: el gobierno derechista de Calderón. Reforma sin consenso.", Gaceta Laboral, Universidad del Zulia, no. 02, mayo-agosto, vol. 13. 2007.

Levine, D y Molina, J 2007, "La calidad de la democracia en América Latina: una visión comparada", Revista América Latina Hoy, Universidad de Salamanca, vol. 45

Leyva, M y Pichardo, S. "Conflictos y la lucha de los trabajadores durante el gobierno de Calderón", El Cotidiano, UAM-A, no. 154, vol. 24, marzo-abril. 2009.

Losada, A. "Entre la ciencia política básica y la ciencia política aplicada; de la política a las políticas, del análisis a la gestión", Revista de Investigaciones Políticas y Sociológicas, Universidad de Santiago de Compostela, no. 1-2, vol. 2. 2003.

Lujambio, A 2000, El poder compartido: un ensayo sobre la democratización mexicana, Océano, México.

Lucas, Robert. Econometric Policy Evaluation: a Critique. Journal of Monetary Economics. 1976

Medin, Tzvi, 1973. Ideología y praxis política de Lázaro Cárdenas, México, Editorial ERA.

Medin, Tzvi, 1990. El sexenio alemanista, México, Editorial ERA.

Moreno-Brid, Juan Carlos y Jaime Ros (2009). Development and growth in the mexican eocnomy, Nueva York, Oxford University Press

Molina, J y Pereira, V "La democracia en América Latina: ¿Éxito o fracaso?", Cuestiones Políticas, Universidad de Zulia, no. 37, diciembre. 2006.

Mota, L "La política social del gobierno del cambio", Convergencia,

Universidad Autónoma del Estado de México, no. 30, septiembre-diciembre. 2002.

Navarrete, J. "Liderazgo partidista en el sistema de partidos en México", Confines, Instituto Tecnológico de Estudios Superiores de Monterrey, no. 10. 2009.

Nozic, R. Anarchy, State and Utopia. Blackwell, 1974

Nurske, R.. Equilibrium and Growth in the World Economy. Cambridge, Harvard University Press, 1961.

Nurske, R.. Economic Development for Latin America. London, McMillan, 1966.

Olson, M. The Logic of Collective Action. Schocken, 1971.

Ornelas, C 2008, "El SNTE, Elba Esther Gordillo y el gobierno de Calderón", Revista Mexicana de Investigación Educativa, no. 37, abril-junio, vol. 13.

Ortiz Mena, Antonio (1998), El desarrollo estabilizador: Reflexiones sobre una época, México, FCE/Colmex.

Piore, J. Michael y Charles F. Sabel. La segunda ruptura industrial. Alianza Universidad. España, 1992.

Poot, E "Las dificultades del primer gobierno de la era de la alternancia en México: el PAN en el gobierno Federal", El Cotidiano, Universidad Autónoma Metropolitana-Azcapotzalco, no. 133, septiembre-octubre, vol. 21, 2005.

Ravelo, R. La herencia maldita: el reto de Calderón y el nuevo mapa del narcotráfico, Ediciones de Bolsillo, México, 2008.

Reynoso, D. "Alianzas electorales y contingentes legislativos en los estados mexicanos (1988-2006)", en Revista Mexicana de Sociología, UNAM, no. 1, enero 2010.

Reveles, F. "El PAN y sus alianzas en el 2010", en El Cotidiano, UAM-A, no. 165, enero-febrero 2011.

Robinson, Joan. Aspectos del desarrollo y el subdesarrollo. México, Fondo de Cultura Económica, 1987.

Seers, Dudley y Leonard Joy. El desarrollo en un mundo dividido. México, Fondo de Cultura Económica, 1985.

Tello, Carlos, Estado y desarrollo económico: México 1920-2006, México, UNAM. 2009.

Tinbergen, Jan. Ensayos de teoría económica. Madrid, Ed. Tecnos, S.A., 1985

Waterson, Albert. Development Planning. Baltimore, The John Hopkins University Press, 1994.

□

SOBRE POLITICA

BIBLIOGRAFÍA

1. Althusser, Louis. Ideología y los aparatos ideológicos del estado. México: 1970
2. Amin, A. y Thrift, N. Globalization, Institutions and Regional Development in Europe. Oxford University Press, 1994.
3. Bailey, D., Harte, G., y Sugden, R. Making transnational Accountable. London, Routledge, 1994.
4. Bakunin, Mijail. Escritos de filosofía política, I.G.P.Maximoff, comp. Alianza Editorial. 1978.
5. Barnet, Richard. J. Global Dreams: Imperial Corporations and the New World Order. Touchstone, 1995.
6. Bhagwati, Jagdish. In Defense of Globalization. Oxford University Press, 2004.
7. Benjamin, Roger y S.L. Elkin. The Democratic State. University of Kansas. 1985
8. Berlin, Isaiah. Cuatro ensayos sobre la libertad, Madrid. Alianza Universidad, 1988.
9. Bigellow, Bill. Rethinking Globalization: Teaching for Justice in an Unjust World. Rethinking School Publishing, 2004.
10. Barón, Enrique. Europa en el alba del milenio. Acento editorial. Madrid, 1999.
11. Boyer, R. y Drache, D. (editores). States Against Markets: The Limits of Globalization. Routledge Press, 1996.
12. Benetti, Carlo. La Acumulación en los Países Capitalistas Subdesarrollados. FCE/ Economía Contemporánea, México, 1987.
13. Camilleri, J.A., y Falk, J. The End of Sovereignty. Aldershot: Edward Elgar. London, 1992.

14. Castells, M. (2000): La era de la información. La sociedad red. Segunda edición. Madrid: Alianza Editorial.
15. Castells, Manuel. 1998. La era de la información. Economía, sociedad y cultura. Vol. 3. Finde Milenio. Madrid. España Alianza Editorial.
16. Cannon, Tom. Welcome to the Revolution. Pitman Publishing, London, 1996.
17. CEPAL Transformación Productiva con Equidad: Un Enfoque Integrado. Chile. 1992.
18. Chatelet, Francois y E. Pisier-Kouchner. Las concepciones políticas del siglo XX. Espasa Universidad, España 1996.
19. Collins, Susan M. (Editor). Brookings Trade Forum, 2004: Globalization, Poverty, and Inequality. Brookings Institution Press. 2005.
20. Cox, Austin. Why you should vote for Donald Trump in 2020. Whitman Publishing; 2017
21. Christopher Hall, Brandon. Donald Trump: 45th President of the United States. Melville House; 2017
22. Debreu, Gerard. Theory of Value: An Axiomatic Analysis of Economic Equilibrium. Yale University Press, 1972.
23. Dervis, Kemal y Ceren Ozer. A Better Globalization: Legitimacy, Governance, and Reform. Center for Global Development, 2005.
24. Dicken, Peter. Global Shift. Guilford. 2003.
25. Dobb, Maurice, Teorías del Valor y de la Distribución desde Adam Smith, Ideología y Teoría Económica. Siglo XXI, 1982.
26. Featherston, M. (ed.) (1990): Global culture: nationalism, globalization and modernity. London: Sage.
27. Friedman, Millton y Rose Friedman. Libertad de elegir. Grijalbo 1980.
28. Friedman, Thomas L. Tradición versus innovación. Atlántida, 1999.
29. Friedman, Thomas L. The World Is Flat: A Brief History of the Twenty-first Century. Farrar, Straus and Giroux, 2003.
30. Fukuyama, Francis. La gran ruptura. Atlántida, 1999.
31. Gereffi, Gary (Editor). Commodity Chains and Global Capitalism. Praeger, 2003.
32. Giddens, A. (1999): Consecuencias de la modernidad. Madrid: Alianza Editorial (versión de Ana Lizón Ramón).
33. -, (2001): "Introduction". En Giddens, A. (ed.). The Global Third Way Debate. Cambridge: Polity Press.
34. Giménez, Gilberto. "Globalización y cultura". Estudios Sociológicos del Colegio de México, vol. XX, No. 58, enero-abril, 2002, pp. 18-19.
35. Greenspan, Alan. La era de las turbulencias. Ediciones B, 2008.
36. Gwynne, Robert (Editor). Latin America Transformed:

Globalization and Modernity. Arnold Publishers, 2004.
37. Habbermas, J. et all. La posmodernidad. Kairós. 2002.
38. Hamel, Gary. Leading the Revolution. Harvard Business School Press, 2000.
39. Heal, G.M. Planning, Prices and Increasing Returns. Review of Economic Studies 38; 281-94, 1971.
40. Held, David. Political Theory and the Modern State. Stanford University Press, 1999
41. Held, D. y McGrew; A. (2000): The Global Transformation Reader. Cambridge: Polity Press.
42. Held, David y Anthony McGrew. Globalization / Anti-Globalization. Polity Press, 2002.
43. Henderson, Jeffrey. The Globalizations of High Technology Production. Routledge, London. 1999.
44. Hinsley, F. H. Power and the Pursuit of Peace: Theory and Practice in the History of Relations Between States. Cambridge University Press, 1986.
45. Hirst, P. Globalization in Question: The International Economy and the Possibilities of Governance. Polity Press, 1999.
46. Hitt, Michael A. et al. Strategic Management: Competitiveness and Globalization, Concepts. South-Western College Publishing, 2004.
47. Hoffman, K. y R. Kaplinsky. Driving Force: the global restructuring of technology, labor and investment in the automobile and components industries. Westview Press, Boulder, Co., 1988.
48. Hobsbawm, Eric. Age of Extremes: The short Twentieth Century. Vintage, 1996.
49. Horowitz, David. Big Agenda: President Trump's Plan to Save America. : Humanix Books; 2017
50. Huerta, Arturo. Riesgos del Modelo Neoliberal Mexicano. Ed. Diana. México. 1992.
51. Huntington, Samuel P. El orden político en las sociedades en cambio. Editorial Paidós. Barcelona, 1996.
52. Huntington, Samuel P. The Third Wave. University of Oklahoma Press. 1991.
53. Johnston, David Cay. The Making of Donald Trump. Skyhorse Publishing; 2016
54. Julius, A. Global Companies and Public Policy. RIIA, London, 1990.
55. Julius, A. Imagining the World Economy. RINTER, IDC, Washington, 1994.
56. Kapstein, Ethan. Governing the Global Economy: International Finance and the State. Harvard University Press, 1996.
57. Kitson, Michael y Mitchie Jonathan. Political Economy of